Rechtliche Fragen der Dienstaufsichtsbeschwerde

Europäische Hochschulschriften

European University Studies

Publications Universitaires Européennes

Reihe II	**Rechtswissenschaft**
Series II	Law
Série II	Droit

Band/Volume **5904**

Ingo Becker-Kavan

Rechtliche Fragen der Dienstaufsichtsbeschwerde

PL ACADEMIC RESEARCH

Bibliografische Information der Deutschen Nationalbibliothek
Die Deutsche Nationalbibliothek verzeichnet diese Publikation in der Deutschen Nationalbibliografie; detaillierte bibliografische Daten sind im Internet über http://dnb.d-nb.de abrufbar.

Zugl.: Hamburg, Univ., Diss., 2016

D 18
ISSN 0531-7312
ISBN 978-3-631-70193-5 (Print)
E-ISBN 978-3-631-70194-2 (E-PDF)
E-ISBN 978-3-631-70562-9 (EPUB)
E-ISBN 978-3-631-70563-6 (MOBI)
DOI 10.3726/b10659

PL Academic Research ist ein Imprint der Peter Lang GmbH.
Peter Lang – Frankfurt am Main · Bern · Bruxelles · New York · Oxford · Warszawa · Wien

Diese Publikation wurde begutachtet.

www.peterlang.com

Inhaltsverzeichnis

Abkürzungsverzeichnis

A.	Auflage
a. A.	anderer Ansicht
Abl	Amtsblatt
a. F.	alte Fassung
AGGerStrGMV	Gesetz zur Ausführung des Gerichtsstrukturgesetzes Mecklenburg-Vorpommern v. 10.06.1992 (GVBl. M-V 1992, 314)
AEUV	Vertrag über die Arbeitsweise der Europäischen Union aufgrund des am 01.12.2009 in Kraft getretenen Vertrages von Lissabon (konsolidierte Fassung bekanntgemacht im ABl EG Nr. C 115 v. 09.05.2008, S. 47
AGVwGOLSA	Ausführungsgesetz zur VwGO des Landes Sachsen-Anhalt v. 28.01.1992 (GVBlLSA 1992, 34)
AGVwGONRW	Ausführungsgesetz zur VwGO Nordrhein-Westfalen v. 07.03.2006 (GVBl NRW 2006 S. 107
AGVwGO	Ausführungsgesetz zur VwGO
AltKomm.	Alternativkommentar zum Grundgesetz
Anm.	Anmerkung
AöR	Archiv für öffentliches Recht (bis 1910) Archiv des öffentlichen Rechts (ab 1911)
Art.	Artikel
Az.	Aktenzeichen
BeamtStG	Beamtenstatusgesetz v. 15.05.2008 (BGBl. I. S.1010)
Bad-Württ.	Baden-Württemberg
Bay.	bayerisch
BayAGVwGO	Bayerisches Ausführungsgesetz zur VwGO v. 20.12.2007 (GVBl S. 958)
BayVBl.	Bayerische Verwaltungsblätter
BayVerf.	Verfassung des Freistaates Bayern
BayVGH	Bayerischer Verwaltungsgerichtshof
BBG	Bundesbeamtengesetz
Bd.	Band
BDG	Bundesdisziplinargesetz v. 09.07.2001 (BGBl. I 2007,1510)
BDSG	Bundesdatenschutzgesetz neu gefasst am 14.01.2003 (BGBl. I 2003, 66)
BFDG	Gesetz über den Bundesfreiwilligendienst v. 28.04.2011 (BGBl. I 2011, 278)
BGBl.	Bundesgesetzblatt
BRRG	Beamtenrechtsrahmengesetz
bearb. v.	bearbeitet von
Beschl.	Beschluss

betr.	betreffend
BGB	Bürgerliches Gesetzbuch
BGH	Bundesgerichtshof
BFH	Bundesfinanzhof
BK	Bonner Kommentar zum Grundgesetz
BVerfG	Bundesverfassungsgericht
BVerfGE	Entscheidungen des Bundesverfassungsgerichts
BVerfGK	Kammerentscheidung des Bundesverfassungsgerichts
BVerwG	Bundesverwaltungsgericht
BVerwGE	Entscheidungen des Bundesverwaltungsgerichts
DBB	Deutscher Beamtenbund
ders.	Derselbe
dejure.org	Rechtsinformationssysteme www.dejure.org
DNeuG	Dienstrechtsneuregelungsgesetz v. 05.02.2009 (BGBl. S. 160)
DÖD	Der öffentliche Dienst
DÖV	Die öffentliche Verwaltung
DRiG	Deutsches Richtergesetz v. 19.04.1972 (BGBl. I 1972, 713)
DStZ	Deutsche Steuer-Zeitung
DVBl	Deutsches Verwaltungsblatt
DVP	Deutsche Verwaltungspraxis
EGV	Vertrag zur Gründung der Europäischen Gemeinschaft vom 25.03.1957 in der Konsolidierten Fassung des Vertrages von Amsterdam vom 02.10.1997
Einl.	Einleitung
EuGH	Europäischer Gerichtshof
EuR	Zeitschrift für Europarecht
EUV	EU-Vertrag. Fassung aufgrund des am 01.12.2009 in Kraft getretenen Vertrages von Lissabon (Abl. C-115 vom 09.05.2008, S. 13)
f.	folgend
FamFG	Gesetz über das Verfahren in Familiensachen und in den Angelegenheiten der freiwilligen Gerichtsbarkeit v. 17.12.2008 (BGBl.S.2586, 2587)
ff.	folgende
Fn.	Fußnote
GG	Grundgesetz v. 23.05.1949 (GVBl 1949, 1)
GRCh	Charta der Grundrechte der Europäischen Union v. 07.12.2000 (ABl. C-364/01)
GVBl	Gesetz- und Verordnungsblatt
GVG	Gerichtsverfassungsgesetz neugefasst am 09.05.1975 (GVBl I 1975, 77)
h. M.	herrschende Meinung
HbStR	Handbuch des Staatsrechts der Bundesrepublik Deutschland, hrsg. von J. Isensee/P.Kirchhof, Bd. II
HmbBG	Hamburgisches Beamtengesetz v. 15.12.2009 (HmbGVBl. 2009 S. 405)

HmbVerf	Verfassung der Freien und Hansestadt Hamburg v. 06.06.1952 (HmbGVBl S. 106)
HmbVwVfG	Hamburgisches Verwaltungsverfahrensgesetz
HmbOVG	Hamburgisches Oberverwaltungsgericht
Hrsg.	Herausgeber
HessAGVwGO	Hessisches Ausführungsgesetz zur VwGO v. 27.10.1997, gültig von 01.01.2004 bis 31.12.2015 GVBl I 1997, 381)
JA	Juristische Arbeitsblätter
Juris	Juristisches Rechtsportal www.juris.de
JZ	Juristenzeitung
LBG NRW	Beamtengesetz für das Land Nordrhein-Westfalen i. d. Fass. v. 01.05.1981; Neufass. v. 21.04.2009 (GV NRW S. 224)
m. Nw.	mit Nachweisen
Nds.	Niedersächsische
NdsVBl	Niedersächsisches Verwaltungsblatt
NJ	Neue Justiz
NJW	Neue Juristische Wochenschrift
NordÖR	Zeitschrift für Öffentliches Recht in Norddeutschland
Nr., Nrn	Nummer, Nummern
NRW	Nordrhein-Westfalen
NVwW	Neue Zeitschrift für Verwaltungsrecht
NVwZ-RR	NVwZ – Rechtsprechungs-Report
OVG	Oberverwaltungsgericht
OVGE	Entscheidungen des Oberverwaltungsgerichts
PersV	Die Personalvertretung
prALR	Preußisches Allgemeines Landrecht von 1794
Rdnr., Rdnrn.	Randnummer, Randnummern
Rs	Rechtssatz
RiA	Recht im Amt
Rspr.	Rechtssprechung
RV	Reichsverfassung vom 16.4.1871
S.	Seite
SächsVerf	Verfassung des Freistaates Sachsen v. 27.05.1992 (Sächs. GVBl 1992, 243)
SächsVBl	Sächsisches Verwaltungsblatt
SGG	Sozialgesetzbuch, neu gefasst am 23.09.1975 (BGBl.. 1975, 2535)
Slg.	Entscheidungssammlung des Gerichtshofes der Europäischen Union
st. Rspr.	ständige Rechtsprechung
StGB	Strafgesetzbuch
StVollZG	Strafvollzugsgesetz
ThürVerf	Verfassung des Freistaates Thüringen v. 25.10.1993 (GVBl 1993, 625)
TVöD	Tarifvertrag für den öffentlichen Dienst v. 13.9.2005

TV-L	Tarifvertrag für den öffentlichen Dienst – Länderbereich v. 12.10.2006
u. a.	und andere
v.	vom
Verf.	Verfassung
VerfM-V	Verfassung des Landes Mecklenburg-Vorpommern v. 23.05.1993 (GVBl M-V 1992, 372)
VerwArch	Verwaltungsarchiv
VG	Verwaltungsgericht
Vorbem.	Vorbemerkung
VwGO	Verwaltungsgerichtsordnung, neu gefasst am 19.03.1991 (BGBl. I 1991, 686)
VwVfG	Verwaltungsverfahrensgesetz v. 25.05.1976 (BGBl. I 1976, 1253)
WBO	Wehrbeschwerdeordnung, neu gefasst am 22.01.2009 (BGBl. 2009 I 2009, 81)
WBeauftrG	Gesetz über den Wehrbeauftragten des Deutschen Bundestages v. 16.06.1982 (BGBl. I 1982, 160)
WRV	Die Verfassung des Deutschen Reiches (Weimarer Reichsverfassung) vom 11.8.1919
ZBR	Zeitschrift für Beamtenrecht
ZfG	Zeitschrift für Geschichtswissenschaft
ZDG	Gesetz über den Zivildienstgesetz der Kriegsverweigerer, neu gefasst am 17.05.2005 (BGBl. I 2005, 1346)
ZEuS	Europa-Institut der Universität des Saarlandes
zit.	zitiert
ZParl	Zeitschrift für Parlamentsfragen
ZRP	Zeitschrift für Rechtspolitik

Literaturverzeichnis

ACHTERBERG, NORBERT: Allgemeines Verwaltungsrecht, 2. A. Heidelberg 1986.

ALEXY, ROBERT: Theorie der Grundrechte. Berlin 1985.

ANSCHÜTZ, GERHARD: Die Verfassung des Deutschen Reiches vom 11. August 1919. Berlin 1933 (Nachdruck 1960).

–: Die Verfassungs-Urkunde für den preußischen Staat vom 31.Januar 1830. Berlin 1912.

ASSENBRUNNER, BENEDIKT: Die praktische Umsetzung der Europäischen Bürgerinitiative nach dem Vertrag von Lissabon, in SächsVBl 2011, 201–204.

BAUER, HARTMUT: Partizipation durch Petitionen – Zur Renaissance und Aufstieg des Petitionsrechts in Deutschland und Europa, in DÖV 2014, S. 453–464

BAUER-KIRSCH, ANGELA: Der Verfassungsentwurf von Herrenchiemsee – Wegbereiter des Parlamentarischen Rates, Diss. Bonn 2005.

BEAUCAMP, GUY/RINGERMUTH, PETRA: Empfiehlt sich die Beseitigung des Widerspruchsverfahrens? In: DVBl 2008. S. 426–432.

BECHER, JOACHIM: Die querulatorische Justizaufsichtsbeschwerde. 1986.

JÖRG BECKER, RALF KNACKSTEDT, MATHIAS EGGERT, STEFAN FLEISCHER: In: Jörn von Lucke (Hrsg.), Fachkonzeptionelle Modellierung von Berichtspflichten in Finanzaufsicht und Verwaltung mit dem H2-Toolset. Auf dem Weg zu einer offenen, smarten und vernetzten Verwaltungskultur, Lecture Notes in Informatics (LNI), Gesellschaft für Informatik, Bonn 2012. S. 83–95. http://subs.emis.de/LNI/Proceedings/Proceedings197/83.pdf.

BECKER-KAVAN, INGO: Die Dienstaufsichtsbeschwerde. In: DÖD 2000. S. 273–278.

–: Pflichtverletzungen von Beamten und anderen Mitarbeitern des öffentlichen Dienstes. In: DÖD 1999. S. 249–255.

–: Verwaltungsrecht und Verwaltungsverfahren, Grundriss. Heidelberg/Hamburg 1980.

BERGER, PETER: Flotte Schreiben vom Amt. Köln 2004. Interview im Hamburger Abendblatt v. 07./08.12.2012. Ich verstehe auch nicht alles.

BERNET, WOLFGANG: Eingabe als Ersatz für Rechte gegen die Verwaltung in der DDR. In: Kritische Justiz 2/1990. S. 153–161.

BERNSDORFF, NORBERT/BOROWSKY, MARTIN: Die Charta der Grundrechte der Europäischen Union – Handreichungen und Sitzungsprotokolle. 2002.

BICKLE, RENATE: Supplikationen und Demonstrationen. Mittelalterliche Wege der Partizipation im bayerischen Nationalstaat. In: WERNER RÖSNER (HRSG.): Kommunikation in der ländlichen Gesellschaft vom Mittelalter bis zur Moderne. Göttingen, 2000. S. 263ff.

Blomeyer-Bartenstein, Horst/ Närger, Heribald: Die Dienstaufsichtsbeschwerde und die sogenannte Beamtenbeleidigung. 2. Studie der Gesellschaft für bürgerliche Freiheiten München (Studiengruppe). München 1950.

Bornhak, Conrad: Das Petitionsrecht in AÖR 16. 1901. S. 403–424.

Bouvier, Beatrix: Die DDR – ein Sozialstaat? Sozialpolitik in der Ära Honecker. Braunschweig, Bonn 2002.

Breier, Alfred/Anette Dassau/Kiefer, Karl-Heinz/ Thiessen, Rolf u.a: TV-L Tarifvertrag für den öffentlichen Dienst – Stand 5/2007.

Burmeister, Joachim: Das Petitionsrecht. In: Josef Isensee/Paul Kirchhof: Handbuch des Staatsrechts der Bundesrepublik Deutschland. Bd. II, 2. A. Heidelberg 1998. § 32.

Callies, Christian/Ruffert, Matthias: EUV, AEUV. Kommentar, 4. A. 2011.

Classen, Kai-Dieter: Gute Verwaltung im Recht der Europäischen Union: Eine Untersuchung zur Herkunft, Entstehung und Bedeutung des Art. 41 Abs. 1 und 2 der Europäischen Grundrechtecharta. 2008; www:europarl..de/de/europa_undsie/europa_vorstellung/grundrechtecharta.html.

v. Danwitz, Thomas: Europäisches Verwaltungsrecht. Berlin 2000.

Dreier, Horst (Hrsg.): Kommentar zum Grundgesetz. Band 1 Art. 1–19, 3. A. Tübingen 2013.

Eckhard, Saskia: Die Akteure des außergerichtlichen Grundrechtsschutzes in der Europäischen Union. Frankfurt 2009.

Ehlers, Dirk: Europäische Grundrechte und Grundfreiheiten. 3. A. Berlin 2009.

Elsner, Steffen H.: Zur praktischen Bedeutung von Eingaben in der DDR. In: Reinhard Bockhofer (Hrsg): Mit Petitionen Politik verändern, Baden-Baden 1999. S. 48–68.

–: Das Petitionswesen zwischen politischer Teilhabe und Partizipationsplacebo. In: Newsletter Bürgerschaft Bremen 16/2009 v. 14.08.2009.

Fehling, Michael/Kastner, Bertold/Störmer, Rainer (Hrsg.): Verwaltungsrecht, 3. A. Baden-Baden 2013.

Feldkamp, Michael F.: Der Parlamentarische Rat und das Grundgesetz für die Bundesrepublik Deutschland 1948–1949. Göttingen 2008.

Forsthoff, Ernst: Lehrbuch des Verwaltungsrechts. Band 1. Allgemeiner Teil, 6.A., 1966; 10. A. München 1973.

Gaderer, Rupert, Querulatorische Schreiben, Paranoia, Aktenberge und mimetischer Parasitismus, in: Zeitschrift für Medien und Kulturforschung, Heft 2, 2013, S. 47–51.

Glombik, Manfred: Aus dem ABC der Europäischen Union – Der EU Bürgerbeauftragte. In: VR 2005. S. 15f.

GRUNDRECHTE-CHARTA: Charta der Grundrechte der EUR v. 07.12.2000 (200/C 364/01).

GUCKELBERGER, ANNETTE: Aktuelle Entwicklungen des parlamentarischen Petitionswesens. In: HOFFMANN-RIEM, WOLFGANG/ SCHNEIDER, JENS-PETER/ FOLKE SCHUPPERT, GUNNAR (HRSG.): Studien zu Staat, Recht und Verwaltung. Bd. 19. 2011.

–: Neue Erscheinungen des Petitionsrechts: E-Petition und öffentliche Petition. In: DÖV 2008. S. 85–94.

–: Der Europäische Bürgerbeauftragte und die Petitionen zum Europäischen Parlament. Eine Bestandsaufnahme zu Beginn des 21. Jahrhunderts. Schriftenreihe der Hochschule Speyer 162. Speyer 2004.

–: Das Petitionsrecht zum Europäischen Parlament sowie das Recht zur Anrufung des Europäischen Bürgerbeauftragten im Europa der Bürger. In: DÖV 2003. S. 829–838.

GRZESNICK, BERND: Das Grundrecht auf eine gute Verwaltung – Strukturen und Perspektiven des Charta-Grundrechts auf eine gute Verwaltung. http://www.europarecht.nomos.de/fileadmin/eur/Aufsatz_EUR_06_02.pdf; Europarecht (EuR), Heft 2, 2006. S. 161–181.

GÜNTER, PETER: Rechtssicherheit vs. materielle Gerechtigkeit – Außerordentliche Rechtsbehelfe im Zivilprozess. 2006.

HAASE, SÖREN: in jusline.de, Art. 17 GG, 31.07.2012.

HÄRTEL, INES: Rettungsanker für das Widerspruchsverfahren? In: VerwArch 2007. S. 53–77.

HARNACK, ERNST VON: Die Praxis der öffentlichen Verwaltung. 1951.

HEINZ, KARL ECKHART: Die Dienstaufsicht über Beamte und Richter. In: DÖD 2009. S. 109–118.

HESSELBERGER, DIETER: Grundgesetz, Kommentar für die politische Bildung, 13. A. Neuwied 2003.

HILL, HERMAN: Verwaltungskommunikation und Verwaltungsverfahren unter europäischem Einfluss. In: HILL, HERMANN/PITSCHAS, RAINER: Europäisches Verwaltungsverfahrensrecht. 2004. S. 273–301.

HOFFMAN, DIETHER: Das Petitionsrecht. Frankfurt 1959.

HOFFMANN-RIEM, WOLFGANG: Zum Gewährleistungsgehalt der Petitionsfreiheit. In: OSTERLOH, LERKE/ SCHMIDT, KARSTEN/WEBER, HERMANN (HRSG): Staat, Wirtschaft, Finanzverfassung. Festschrift für Peter Selmer zum 70. Geburtstag. Berlin 2004. S. 93–108.

HOFFMANN-RIEM, WOLFGANG/SCHMIDT-ASSMANN, EBERHARD/VOSSKUHLE, ANDREAS: Grundlagen des Verwaltungsrechts, Band 3. Berlin 2009.

HÖHN, REINHARD: Die Dienstaufsicht und ihre Technik. Berlin 1967.

Höhn, Reinhard/Böhme, Gisela: Die Dienstaufsicht und ihre Technik. Ein Grundproblem moderner Menschenführung. Berlin 1984.

Holzner, Thomas: Die Abschaffung des Widerspruchsverfahrens – Problemstellung und rechtliche Erwägungen. In: DÖV 2008. S. 217–226.

Hölscheidt, Sven: Die Ausgestaltung des Petitionsrechts in der EU- Grundrechtecharta. In: Europarecht (EuR), Heft 3, 2002. S. 440–448.

Hömig, Dieter: Grundgesetz für die Bundesrepublik Deutschland, 10. A. Baden-Baden 2013.

Hornig, Michael: Das Petitionsrecht als Element der Staatskommunikation: Grundrechtsfunktionen und einfachgesetzliche Ausgestaltung. Baden-Baden 2001.

Huber, Ernst Rudolf: Deutsche Verfassungsgeschichte seit 1789. 2. A. Stuttgart 1957.

–: Dokumente zur deutschen Verfassungsgeschichte, Bd. 2. Stuttgart 2000.

Huber, Peter Michael: Konkurrenzschutz im Verwaltungsrecht. München 1991.

Hufen, Friedhelm: Verwaltungsprozessrecht, 8. A. München 2011.

Hüfner, Karl (Hrsg.): Petitionsrecht (Bitt- und Beschwerderecht) in Nipperdey, Die Grundrechte und Grundpflichten der Reichsverfassung, Bd. 2, Art. 118–142. Berlin 1930.

Jarass, Hans D./Pieroth, Bodo: Grundgesetz für die Bundesrepublik Deutschland, Kommentar. 13. A. München 2014.

Jellinek, Georg: Das System der subjektiven öffentlichen Rechte, 2. A. Tübingen 1905.

Jellinek, Walter: Verwaltungsrecht, 3. A. 1931 (Neudruck 1966 Bad Homburg).

Juchum, Heike: Verwaltungsrecht und Verwaltungsprozessrecht. Tübingen 2004.

Kellner, Martin: Die E-Petition zum Bundestag: ein Danaergeschenk. In: NJ 2007. S. 56–59.

Kettinger, Alexander: Die Verfahrensgrundrechtsrüge: Das Anhörungsrügengesetz in der zivilprozessualen Praxis (§ 321a ZPO). Hamburg 2007.

Kleine-Cosack, Michael: Verfassungsbeschwerden und Menschenrechtsbeschwerde, 2. A. Heidelberg 2007.

Klinkhardt,Volker: Die dienstliche Beurteilung, in: Schriftenreihe des DBB. Heft 84. 1987.

–: Dienstliche Beurteilungen, Beförderungsentscheidungen, Dienstpostenbewertung, 3. A. 1987.

Kohler-Gehring, Magdalena: Methodenlehre, Skript Stand 08–2011. Hochschule für Verwaltungswissenschaften Speyer, Verwaltung und Finanzen.

Kopp, Ferdinand/ Ramsauer, Ulrich: Verwaltungsverfahrensgesetz. 15. A. München 2014.

Korinek, Karl: Das Petitionsrecht im demokratischen Rechtsstaat. Tübingen 1977.

KRATZER, JAKOB: Die Dienstaufsichtsbeschwerde. In: BayVBl 1969. S. 189–195.

KUMPF, JOHANN HEINRICH: Rechtshistorische Reihe 29: Petitionsrecht und öffentliche Meinung im Entstehungsprozess der Paulskirchenverfassung 1848/49. Frankfurt 1983.

LABAND, PAUL: Das Staatsrecht des Deutschen Reiches, Bd. 1, 1. A. 1876, 5. A., 1913, 7. A. Tübingen 1919.

LAUBINGER, HANS WERNER: Art. 41 GRCh (Recht auf eine gute Verwaltung) und der Europäische Kodex für gute Verwaltungspraxis im Lichte des deutschen Verwaltungsrechts. In: MEHDE, VEITH/RAMSAUER, ULRICH/SECKELMANN, MARGRIT (HRSG.): Staat, Verwaltung, Information – Festschrift für Hans-Peter Bull. 2011. S. 659–682; und Vortrag v. 06.11.2011 – http://www.jura.uni-mainz.de/Dateien/Laubinger_FS_Bull.pdf.

LAIS, MARTINA: Das Recht auf eine gute Verwaltung unter besonderer Berücksichtigung der Rechtsprechung des Europäischen Gerichtshofes. www:jura.uni-sb.de/projekte/bibliothek. In: ZEuS (Heft 2) 2002. S. 447ff

LÄSSIG, CURT LUTZ: Deutsch als Gerichts- und Amtssprache. Studien und Gutachten aus dem Institut für Staatslehre, Staats- und Verwaltungsrecht der Freien Universität Berlin. 1980.

LIEBSCHER, OTFRIED: Das Petitionsrecht im öffentlichen Dienst. In: DVBl 1972. S. 9–12.

LICHSENRING, HEIKE: Die Verböserung von Verwaltungsakten nach der Abschaffung des Widerspruchsverfahrens. In: BayVBl 2009. S. 263–267.

LINCK, JOACHIM/JUTZI, SIEGFRIED/HOPFE, JÖRG: Verfassung des Freistaates Thüringen. Kommentar. Stuttgart 1994.

LINDNER, RALF/RIEHM, ULRICH: Modernisierung des Petitionswesens und der Einsatz neuer Medien. In: Zeitschrift für Parlamentsfragen (ZParl). Halle 2009. S. 495–512.

LINDGEN, ERICH: Handbuch des Disziplinarrechts für Beamte und Richter in Bund und Ländern. In: Formelles Disziplinarrecht Band 2. Berlin 1968.

LITTEN, RAINER/WALLERATH, MAXIMILIAN: Verfassung des Landes Mecklenburg-Vorpommern. Baden-Baden 2007.

LOTTERMOSER, ECKART: Der Vorgesetzte und die Dienstaufsichtsbeschwerde. In: DÖV 1990. S. 336–337.

LÜCKE, JÖRG: Begründungszwang und Verfassung: Zur Begründungspflicht der Gerichte, Behörden und Parlamente. Tübingen 1987.

LÜCKE, TJARK: Die dienstliche Beurteilung. In: Schriftenreihe des DBB. Heft 117. Berlin 1997.

MARGIES, BURKHARD: Warum das Amtsdeutsch so beharrlich ist – und wie man es verändern kann. In: Karin M. Eichhoff-Cyrus und Gerd Antos (Hrsg.):

Verständlichkeit als Bürgerrecht? Die Rechts- und Verwaltungssprache in der öffentlichen Diskussion, S. 257–267. Mannheim, 2008.

Maunz, Theodor/Dürig, Günter/Herzog, Roman/Scholz, Rupert: Grundgesetzkommentar, Band II. Art. 14–37. Loseblatt. München Stand Januar 2012.

Mayer, Franz: Allgemeines Verwaltungsrecht, 4. A. Stuttgart 1977.

Merkel, Ina/Mühlberg, Felix: Eingaben und Öffentlichkeit. In: Merkel, Ina (Hrsg.): Wir sind doch nicht die Mecker-Ecke der Nation! – Briefe an das DDR-Fernsehen. Berlin 1998.

Meese, Jon Marcus: Das Petitionsrecht beim Europäischen Parlament und das Beschwerderecht beim Bürgerbeauftragten der Europäischen Union. Frankfurt 2000.

von Mohl, Robert: Beiträge zur Lehre vom Petitionsrecht. In: von Mohl, Robert: Staatsrecht, Völkerrecht und Politik. Band. I. Tübingen 1860.

Mohme, Dietrich: Das Petitionsrecht im Vormärz. Pfaffenweiler 1992.

Mühlberg, Felix: Informelle Konfliktbewältigung. Die Geschichte der Eingaben in der DDR. Chemnitz 1999.

Müller-Grune, Sven/Grune, Jaenette: Abschaffung des Widerspruchsverfahrens in Bayern. In: BayVBl 2007. 65–72.

von Mutius, Albert: Nichtförmliche Rechtsbehelfe in der öffentlichen Verwaltung. In: Jura 1989. S. 105–108.

Neuhaus, Helmut: Reichstag und Supplikationsausschuss. Ein Beitrag zur Reichsverfassungsgeschichte der ersten Hälfte des 16. Jahrhunderts. Schriften zur Verfassungsgeschichte. Band 24. Berlin 1977.

Niclaus, Karlheinz: Der Weg zum Grundgesetz. Demokratiegründung im Weststaat 1945–1949. Stuttgart 1998.

Niesler, André: Individualrechtsschutz im Verwaltungsprozess. Berlin 2012.

van Nieuweland, Herwig: Abschaffung des Widerspruchsverfahrens in Niedersachsen – Bilanz nach knapp zwei Jahren. In: NdsVBl 2007. S. 38–41.

Otto, Walter: Kosten der Aufsichts- und Dienstaufsichtsbeschwerde. In: BayVBl 1969. S. 16–18.

Papier, Hans-Jürgen: Richterliche Unabhängigkeit und Dienstaufsicht. In: NJW 1990. S. 8–14.

Peters, Cornelia: Das Dienstrecht des Bundes nach der Föderalismusreform. In: RiA 2008. 97–110.

Peters, Hans: Lehrbuch des Verwaltungsrechts. Berlin 1949.

Pflaum, Ulrich: Straftaten als außerdienstliche Dienstvergehen. In: NVwZ 2011. S. 280f.

Plog, Ernst/Wiedow, Alexander/Lemhöfer, Bernt (ab 2007 Tegetthoff, Carsten): Bundesbeamtengesetze, Kommentar. München Stand September 2009.

PLOHMANN, MARTIN: Das Recht auf eine gute Verwaltung gemäß Art. 41 der Charta der Grundrechte der Europäischen Union. Walter Hallstein-Institut für Europäisches Verfassungsrecht, Humboldt-Universität zu Berlin, WHI-Paper 01/2014. http://www:whi-berlin.eu/tl_files/WHI-Papers%20ab202013/WHI%20Paper%20 01-2014.pdf.

PÖSCHL, MAGDALENA: Verhandlungen des 16. Österreichischen Juristentages Graz 2006. I, 2, Öffentliches Recht, Subjektive Rechte und Verwaltungsrecht, S. 6–43.

QUAAS, MICHAEL/ZUCK, RÜDIGER: Prozesse in Verwaltungssachen, 2. A. Stuttgart 2011.

RAMSAUER, ULRICH:: Die Bestimmung des Schutzbereichs von Grundrechten nach dem Normzweck. In: VerwArch 1981. S. 89–106.

REDEKER, MARTIN: Die Dienstaufsicht über Richter. In: SächsVBl 2007. S. 73–79.

RIEDMAIER, KARL: Das Petitionsrecht der Beamten als Staatsdiener und Bürger. In: RiA 1978. S. 210–216.

RIEHM, ULRICH/COENEN, CHRISTOPHER/LINDNER, RALF/BLÜMEL, CLEMENS: Studien des Büros für Technikfolgen-Abschätzung beim Deutschen Bundestag 29 (TAB): Bürgerbeteiligung durch E-Petitionen: Analysen von Kontinuität und Wandel im Petitionswesen. Berlin 2009.

RIEHM, ULRICH/BÖHLE, KNUD: Studien des Büros für Technikfolgen-Abschätzung beim Deutschen Bundestag (TAB). Nr. 146. Elektronische Petitionen und Modernisierung des Petitionswesens in Europa. Berlin 2011.

RÖPER, ERICH: Über Administrativpetitionen, in: DÖV 2015. S. 456–464.

–: Petitionsrecht und Privatisierung – ein Spannungsverhältnis. 30. Jg. Heft 3. In: ZParl 1999. S. 748–761.

RÜHL, ULLI: Der Umfang der Begründungspflicht von Petitionsbescheiden. In: DVBl. 1993. S. 14–20.

RÜSKEN, REINHART: Wird die Gegenvorstellung abgeschafft? Die Anrufung des Gemeinsamen Senats durch den BFH. In: NJW 2008. S. 481–484.

RÜSSEL, ULRIKE: Zur Zukunft des Widerspruchsverfahrens. In: NVwZ 2006. S. 523–528.

RÜTHERS, BERND: Rechtstheorie: Begriff, Geltung und Anwendung des Rechts. München 1999.

RUX, JOHANNES: Das Remonstrationsrecht. Eine Tradition des liberalen Rechtsstaats? In: Beamte heute. 1992. S. 10–14.

SCHENKE, WOLF-RÜDIGER: Außerordentliche Rechtsbehelfe nach Erlass des Anhörungsrügengesetzes. In: NVwZ 2005. S. 729–739.

SCHICK, RUPERT: Petitionsrecht, 3. A. 1996.

SCHMID, MICHAEL J.: Dienstaufsichtsbeschwerde und Petitionsrecht. In: BayVBl. 1981. S. 267–268.

SCHMIDT-BLEIBTREU, BRUNO/HOFMAN, HANS/HOPFAUF, AXEL: Kommentar zum Grundgesetz. 11. A. 2008.

SCHMITT, CARL: Verfassungslehre. 1993.

SCHIMPFF, VOLKER/RÜHMANN, JÜRGEN: Die Protokolle des Verfassungs- und Rechtsausschusses zur Entstehung der Verfassung des Freistaates Sachsen, Materialien und Studien des Sächsischen Landtages. Rheinbreitbach 1997.

SCHMITZ, HERIBERT: Behandlung von Petitionen, die per e-Mail eingehen. Überarbeitete und erweiterte Fassung, veröffentlicht in NVwZ 2003. S. 1437–1440; http://www.schmitz-www.de/SiteH1.data/komponenten/petition03.pdf.

SCHNABL, DANIEL: Die Anhörungsrüge bei versäumten Rechtsmitteln. In: Neue Justiz 2007. S. 289–293.

SCHELLENBACH, HELMUT: Zur Plausibilisierung von Werturteilen in dienstlichen Beurteilungen. In: ZBR 2003. S. 1–13.

SCHRÖTER, ANJA: Eingaben im Umbruch. Bundeszentrale für politische Bildung. Deutschlandarchiv (Webseite). 12.01.2012.

SCHÜTZ, ERWIN/MAIWALD, JOACHIM: Beamtengesetze des Bundes und der Länder. Kommentar 5. Aufl. München Stand April 2008.

SCHÜTZ, ERWIN/MAIWALD, JOACHIM/BROCKHAUS, ROBERT: Beamtengesetze des Bundes und der Länder, dargestellt anhand des BeamtStG und des LBG NRW. Loseblatt. München ab Nov. 2009.

SCHWAN, HARTMUT: In. WICKLER, PETER (HRSG.): Handbuch Mobbing-Rechtsschutz. Heidelberg 2004.

SIEGEL, THORSTEN: Europäisierung des Öffentlichen Rechts. 2012.

SIEGFRIED, MATTHIAS: Begründungspflicht bei Petitionsbescheiden. In: DÖV 1990. 279–284.

SODAN, HELGE/ZIEKOW, JAN: Verwaltungsgerichtsordnung. Kommentar. 4. A. 2014.

STAADT, JOCHEN: Eingaben: Die institutionalisierte Meckerkultur in der DDR. Forschungsverbund SED- Staat, 1996.

STEIN, ECKHART/DENGER, ERHARD/HOFFMANN-RIEM, WOLFGANG/SCHNEIDER, HANS-PETER: Kommentar zum Grundgesetz für die Bundesrepublik Deutschland, 2001.

STELKENS, ULRICH: Europäische Rechtsakte als »Fundgruben« für allgemeine Grundsätze des Verwaltungsverfahresrechts. http://www.dhv-speyer.de/stelkens/Materialien/Zeus-1-2004-Stelkens1.pdf; In: ZEuS Heft 1 2004. S. 129ff.

STOEBENAU, EDWIN: Die Dienstaufsichtsbeschwerde. In: PersV 1968. 228–233.

STRUNZ, WILLI: Einspruch, Beschwerde und Dienstaufsichtsbeschwerde. In: DStZ 1992. S. 272.

THIELE, BURKHARD/PIRSCH, JÜRGEN/WEDEMEYER, KAI: Die Verfassung des Landes Mecklenburg-Vorpommern. Berlin 1995.

THIEME, WERNER: Verwaltungslehre. Köln 1984.

–: Einführung in die Verwaltungslehre. Köln 1995.

–: Der Bürger und der Vorgesetzte. In: DÖV 1989. S. 986–988.

–: Die Dienstaufsichtsbeschwerde. In: DÖD 2001. S. 77–79.

Tipke, Klaus/Kruse, Wilhelm: Abgabenordnung, Finanzgerichtsordnung. Kommentar. Loseblatt Stand Nov. 2012.

Umbach, Dieter C./Clemens, Thomas/Dollinger, Franz-Wilhelm: Grundgesetz. Mitarbeiterkommentar in 2 Bänden. Heidelberg 2002.

Unterreitmeier, Johannes: Die Neuregelung des Widerspruchsverfahrens in Bayern. In: BayVBl. 2007. 609–614.

Vahle, Jürgen: Die nichtförmlichen Rechtsbehelfe. In: VR. 1987. S. 425–426

–: Nichtförmliche Rechtsbehelfe und förmliche Rechtsgehelfe gegen hoheitliches Handeln. In: DVP. 2007. S. 397–402.

Vetter, Stefan: Mediation und Vorverfahren – Ein Beitrag zur Reform des verwaltungsgerichtlichen Vorverfahrens. Berlin 2003.

Vitzthum, Wolfgang Graf: Petitionsrecht und Volksvertretung. Zu Inhalt und Schranken des parlamentarischen Petitionsbehandlungsrechts. 1985.

Vitzthum, Wolfgang Graf/ März, Wolfgang: Das Grundrecht der Petitionsfreiheit. In: JZ. 1985, 809–817.

Vosskuhle, Andreas: Bruch mit einem Dogma: Die Verfassung garantiert Rechtsschutz gegen den Richter. In: NJW 2003. 2193–2198.

Wedde, Rainer: Steine statt Brot – Petitionen in der sächsischen Rechtspraxis. In: SächsVBl. 2004. S. 97–101.

Welcker, Karl: Petition. Staatslexikon. 1864.

Wermeckes, Bernd: Der erweiterte Rechtsschutz in den Länderverfassungen: Zu Erscheinungsformen, Wirklichkeit und Bestand weitergehender Ländergrundrechte im Bundesstaat des Grundgesetzes. Köln 2000.

Wenicke, Kurt-Georg/Booms, Hans/Vogel, Walter: Parlamentarischer Rat 1948–1949. Akten und Protokolle. Band 2 – Der Verfassungskonvent auf Herrenchiemsee. Bearb. v. Peter Bucher 1981. »Chiemseer Entwurf« Grundgesetz für einen Bund deutscher Länder. Bericht über den Verfassungskonvent auf Herrenchiemsee. Jahrbuch des öffentlichen Rechts 25.05-30.05.2004. München 2004.

Wittrock, Karl: Gedanken zum Petitionswesen und seine Bedeutung. In: DÖV. 1987. S. 1102–1106.

Woike, Ulrich: Die Behandlung von Petitionen durch Behörden. In: DÖV. 1984. S. 419–426.

Zatlin, Jonathan: Ausgaben und Einnahmen. Das Petitionsrecht und der Untergang der DDR. In: ZfG 45 (1997). S. 902f.

Zuck, Rüdiger: Die Anhörungsrüge im Zivilprozess. ZPA-Schriftenreihe. Köln 2008.

–: Rechtspolitik am Scheideweg: Was wird aus der Gegenvorstellung? In: ZRP 2008. S. 44–47.

1. Abschnitt: Einleitung und empirische Erhebung

I. Die Dienstaufsichtsbeschwerde in der Praxis

Während des Untersuchungszeitraums von 1995 bis 2005 konnte bei einer hamburgischen Fachbehörde ein Anstieg der Dienstaufsichtsbeschwerden im Vergleich zu den Vorjahren festgestellt werden. Das hat mehrere Gründe.

Nach dem Krieg hatte das Vertrauen der Bürger in die staatliche Verwaltungstätigkeit beträchtlich gelitten. Unter anderem war das eine Folge der rechtsstaatswidrigen Auswüchse in der Zeit des Nationalsozialismus von 1933 bis 1945. Die ehedem »alte deutsche bzw. preußische Verwaltung« hatte sich zu ihrer Zeit einen guten Ruf erworben, begründet durch die »Integrität und Gerechtigkeit vieler Generationen von Staatsbediensteten«[1]. Dass diese staatliche Macht im Regelfall keine Willkür darstellte, war die Folge »weiser Selbstbeschränkung«[2] bei ihrer Ausübung. Vor diesem Hintergrund wurde die Macht der Obrigkeit durch das weitgehend rechtmäßige Handeln ihrer Organe von den Bürgern kaum als solche wahrgenommen.[3] Ein erheblicher Einschnitt in dieses Vertrauensverhältnis war das Jahr 1933 mit dem Machtantritt der Nationalsozialisten. Von da an sah sich der Bürger nicht selten einer ständig anwachsenden und undurchsichtigen, ineinander übergehenden Staats- und Parteimacht bis weit in seinen Privatbereich hinein wehrlos gegenüber. Diese Empfindung des Ausgeliefertseins gegenüber allmächtigen Verwaltungsbehörden und deren Dienststellen wurde durch die steigende Anzahl von Ämtern, Rechtsvorschriften, Verordnungen und Erlasse noch verstärkt. Beigetragen hat hierzu vor allem auch die undurchschaubare Vermischung von Partei und Staat während der Zeit von 1933 bis 1945. All dies zusammen genommen hat Kritik an Handlungen und Maßnahmen der staatlichen Stellen verstummen lassen und das Vertrauen der Bürger in staatliche Verwaltungstätigkeit erschüttert.[4]

Die Folge war, dass nach Kriegsende und dem Ende der Militärregierung in Deutschland die Verwaltungsbehörden nur schwer ein normales Verhältnis des Bürgers zur Obrigkeit und Vertrauen in ihr Handeln wieder aufbauen konnten. Aber es gab ab 1945 nach zwölf Jahren staatlich gelenkter wieder eine freie Presse. Diese hatte wieder einen kritischen Blick auf die Tätigkeit der Verwaltungsbehörden und

---

1 Vgl. *Horst Blomeyer-Bartenstein/Heribald Närger*, Die Dienstaufsichtsbeschwerde und die sogenannte Beamtenbeleidigung, 2. Studie der Gesellschaft für bürgerliche Freiheiten, München (Studiengruppe), 1950, S.9.

2 Vgl. *Blomeyer-Bartenstein/Närger*, aaO.

3 Vgl. *Blomeyer-Bartenstein/Närger*, aaO.

4 Vgl. *Blomeyer-Bartenstein/Närger*, aaO.

trug in Einzelfällen dazu bei, manche rechtswidrige staatliche Akte, die bei jeder Verwaltungstätigkeit vorkommen können, in der Öffentlichkeit bekannt zu machen.

Insgesamt war im Laufe der Jahrzehnte, insbesondere aber nach den 1968er Jahren, ein sich wandelndes Kommunikationsverhalten zwischen Bürger und Obrigkeit festzustellen. Akte der Exekutive, die in der Vergangenheit oftmals als »unabänderlich« hingenommen wurden, wurden nun zunehmend in Frage gestellt mit der Folge, dass nach Mitteln und Wegen gesucht wurde, sich gegen sie zur Wehr zu setzen. Gefördert wurde diese Entwicklung nicht zuletzt auch durch die Medien wie die Presse (z. B. »Bild kämpft für Sie«), Reportagen im Fernsehen – wenn diese auch oft andere Ziele (Quote) verfolgen – und zunehmend vor allen Dingen durch das Internet mit seinen vielfältigen Informations- und Kommunikationsmöglichkeiten.[5] Gerade das Internet hat viel dazu beigetragen, den Bürger zu ermutigen, sich über Handlungen und Maßnahmen der Obrigkeit zu beschweren und damit auch dem Institut der Dienstaufsichtsbeschwerde ein großes Maß an allgemeiner Bekanntheit verschafft. Allerdings steht das Bestreben eines Beschwerdeführers, mit der Ankündigung oder Erhebung einer Dienstaufsichtsbeschwerde seinem Begehren an die Verwaltung mehr Nachdruck zu verleihen, oftmals mehr im Vordergrund als die Kenntnis, welche konkreten Möglichkeiten das Institut der Dienstaufsichtsbeschwerde tatsächlich eröffnet. Auch hierzu soll diese Arbeit einen Beitrag leisten.

Vor diesem Hintergrund ist es erstaunlich, wie wenig Beachtung die einschlägige Literatur und Rechtsprechung der Aufsichts- bzw. Dienstaufsichtsbeschwerde schenken. Im Jahr 1950 erschien ein Band,[6] der sich mit der Dienstaufsichtsbeschwerde befasste, und in dessen Vorwort bereits beklagt wird, dass es kaum ein Gebiet des öffentlichen Rechts gäbe, dass so vernachlässigt werde wie das Dienstaufsichtsverfahren. Diese

---

5 Allerdings ist hier zwischen berechtigter Kritik und scheinbar »sensationellem Aufdecken von Missständen und Willkürakten« der Verwaltungsbehörden zu trennen. Unbestreitbar gibt es kritikwürdige Fälle und tatsächlich kann die öffentliche Wirkung zu einer Revidierung unangemessener Verwaltungsentscheidungen beitragen. Aber dass derart herausgestelltes Verwaltungshandeln nicht der Regelfall ist, sollte jedem klar sein. Insgesamt hat sich aber im Untersuchungszeitraum die Kommunikation zwischen Bürger und Verwaltung verbessert. Beigetragen hat hierzu auch die zunehmende Praxis der Verwaltungsbehörden ihre Maßnahmen und Entscheidungen nicht mehr in dem über Jahrzehnte tradierten »Amtsdeutsch« abzufassen. Vgl. auch *Burkhard Margies*, Warum das Amtsdeutsch so beharrlich ist – und wie man es verändern kann. In: Karin M. Eichhoff-Cyrus und Gerd Antos (Hrsg.): Verständlichkeit als Bürgerrecht? Die Rechts- und Verwaltungssprache in der öffentlichen Diskussion, S. 257–267. 2008, Mannheim m. Nw. Vgl. dazu auch *Peter Berger*, Flotte Schreiben vom Amt, 2004; ders. Interview im Hamburger Abendblatt v. 7./8.12.2012, Ich verstehe auch nicht alles; ebenda Artikel v. *Nico Binde*, Wenn Sie das mal kurz ausfüllen würden.

6 *Horst Blomeyer-Bartenstein/Heribald Närger*, Die Dienstaufsichtsbeschwerde und die sogenannte Beamtenbeleidigung, aaO.

»Klage« wiederholte Werner Thieme 2001[7] und führt aus, dass sich innerhalb dieser fünfzig Jahre nichts daran geändert habe. In jüngster Zeit wies Röper[8] darauf hin, dass »Bitten und Beschwerden an die zuständigen Stellen« ein »rechtstatsächlich nur wenig erschlossenes Gebiet« sei und daher laufen »die Administrativpetitionen Gefahr, in einer abgedunkelten Schattenecke des Petitionsrechts zu verharren«. Damit, so fährt Röper fort, würden sie »sowohl im politischen als auch im wissenschaftlichen Diskurs nicht mit der gebotenen Aufmerksamkeit wahrgenommen werden«.[9]

In nahezu keiner verwaltungsrechtlichen Darstellung der letzten Jahrzehnte findet sich ein eigenständiger Abschnitt über die Dienstaufsichtsbeschwerde. Vereinzelt wird von einigen Autoren[10] zu Recht darauf hingewiesen. Dies wird dem Umstand, dass die Dienstaufsichtsbeschwerde in der täglichen Verwaltungspraxis keine zu vernachlässigende Rolle spielt, nicht gerecht.[11] Die vorliegende Arbeit soll dazu beitragen, diese Lücke zu schließen.

II. Untersuchungsziel der Arbeit

Es ist Ziel dieser Arbeit, den Standpunkt der Dienstaufsichtsbeschwerde in dem System der förmlichen und nicht förmlichen Rechtsbehelfe zu bestimmen und dazu die einzelnen Rechtsbehelfe zu definieren. Dies ist vor allem in Bezug auf die

---

7 *Werner Thieme,* Die Dienstaufsichtsbeschwerde, in DÖD 2001, 77ff; vgl. auch *Karl Eckhart Heinz,* Die Dienstaufsichtsbeschwerde über Beamte und Richter, in DÖD 2009, 109.

8 *Erich Röper,* Über Administrativpetitionen, in DÖV 2015, 456–464 (456): »Während Parlamentspetitionen in der Literatur inzwischen wieder stärker beachtet werden, bleiben Administrativpetitionen immer noch merkwürdig unterbelichtet. Die in der Praxis zahlreichen Bitten und Beschwerden an die Regierungen, Behörden und deren Bearbeitung bewegen sich über weite Strecken jenseits der öffentlichen Wahrnehmung«.

9 Vgl. dazu auch *Hartmut Bauer,* Partizipation durch Petition – Zu Renaissance und Aufstieg des Petitionsrechts in Deutschland und Europa, in DÖV 2014, 453–464.

10 z. B. *Eckart Lottermoser,* Der Dienstvorgesetzte und die Dienstaufsichtsbeschwerde, in DÖV 1990, 336f; *Thieme, aaO.*

11 *Röper,* aaO, in DÖV 2015, 456ff (456) führt u.a. aus, dass hinsichtlich der Parlamentspetitionen für den Bundestag und die Länderparlamente Zahlenangaben in den jeweiligen Jahresberichten der Petitionsausschüsse enthalten sind: »Für Administrativpetitionen existieren keine vergleichbaren Zahlenangaben«. Dieses liege an den »rechtstatsächlich ganz allgemein nur wenig erschlossenen Bitten und Beschwerden an die zuständigen Stellen«. Vgl. auch *Ulrich Riehm/Christopher Coenen/Clemens Blümel,* Bürgerbeteiligung durch E-Petitionen, Analysen von Kontinuität und Wandel im Petitionswesen, in (29) Studien des Büros für Technik-Abschätzungen beim Deutschen Bundestag (TAB), 2009, III, S. 55: »Im Wesentlichen außer Acht bleiben auch die Eingaben bei den „zuständigen Stellen"; d. h. bei den Behörden selbst – ein wenig öffentliches, zentral nicht dokumentiertes und daher schwer zu erschließendes Feld«.

Dienstaufsichtsbeschwerde notwenig, da ihr – wie erwähnt – in der Literatur nur wenig Aufmerksamkeit gewidmet wird, ihre praktische Beachtung indes während des Untersuchungszeitraums zugenommen hat. Um die Relevanz der Dienstaufsichtsbeschwerden herauszuarbeiten, wurden Dienstaufsichtsbeschwerden aus dem Bereich einer hamburgischen Fachbehörde innerhalb eines bestimmten Zeitraumes erfasst und ausgewertet.

Ziel dieser Arbeit soll es zudem sein, Anstoß zu einer Diskussion darüber zu liefern, ob das »Institut der Dienstaufsichtsbeschwerde« einer gesetzlichen Regelung zugeführt werden sollte. Zu diesem Zweck wird der Entwurf einer gesetzlichen Regelung in den Verwaltungsverfahrensgesetzen zur Diskussion gestellt.

III. Untersuchungsgegenstand

Die Arbeit soll die Dienstaufsichtsbeschwerde in ihren Erscheinungsformen und die nicht förmlichen Rechtsbehelfe gegenüber Verwaltungshandeln und deren dogmatischen Hintergrund erfassen. Dabei war es Problemschwerpunkt, der Frage nachzugehen, ob zurückweisende Beschwerdeentscheidungen einer sachlichen, für den Beschwerdeführer inhaltlich nachvollziehbaren, einschlägigen Begründung bedürfen oder ob eine »bloße Bescheidung«[12] ohne die Angabe von Gründen in einer zurückweisenden Dienstaufsichtsbeschwerde ausreicht. Zu diesem Zweck war es notwendig, sich der Geschichte und Ausgestaltung des Eingabenrechts zuzuwenden, da die Aufsichtsbeschwerden ihre Wurzeln in der allgemeinen Petition haben.

Empirische Grundlage dieser Arbeit sind Aufsichtsbeschwerden, das heißt Rechts-, Fachaufsichts-, Sachaufsichts- und Dienstaufsichtsbeschwerden innerhalb des Zeitraums von 1995 bis 2005, die bei einer hamburgischen Fachbehörde (Ministerialverwaltung) erhoben wurden.

IV. Auswertung von Dienstaufsichtsbeschwerden über einen Zeitraum von elf Jahren (1995–2005)

Im Folgenden wird der wesentliche Inhalt der Untersuchungsergebnisse vorgestellt. Die Untersuchung wurde anhand der einschlägigen Fachakten einer hamburgischen Fachbehörde durchgeführt, die während des Untersuchungszeitraums ca. 750 Beschäftigte hatte. Während des Untersuchungszeitraums hat sich diese Anzahl nur geringfügig verändert.

Zunächst werden einige statistische Angaben über die in dieser Zeit bei der Behörde eingegangenen Dienstaufsichtsbeschwerden mitgeteilt und Anmerkungen zu der Aufteilung der verschiedenen Begehren in den Dienstaufsichtsbeschwerden und die Art und Weise ihrer Erledigung durch die Behörde angefügt.

---

12 Das heißt in der Regel, dass dem Beschwerdeführer im Wesentlichen die formale Behandlung seiner Beschwerde in der Bescheidung dargestellt wird.

In Anlage 1 wird ein Vorschlag zu einem möglichen Verfahren der Bearbeitung von Dienstaufsichtsbeschwerden in der Praxis einer Verwaltungseinheit vorgestellt und in Anlage 2 drei Bescheidentwürfe.

1. Statistische Angaben

Bei den statistischen Angaben wird eine Aufteilung der Dienstaufsichtsbeschwerden nach Jahren, Beschwerdeführern und dem Inhalt der Beschwerden vorgenommen.

a. Aufteilung nach Jahren:

Insgesamt gingen während des Untersuchungszeitraums 43 Dienstaufsichtsbeschwerden ein, die sich wie folgt auf die Jahre verteilten:

1995	3
1996	6
1997	5
1998	0
1999	3
2000	3
2001	4
2002	3
2003	5
2004	6
2005	5
Gesamt	**43**

b. Aufteilung nach Beschwerdeführern:

Natürliche Personen	
männlich	25 = 58,13 v. H.
weiblich	14 = 32,55 v. H.
Anonym	2 = 4,65 v. H.
Sammelbeschwerden	1 = 2,32 v. H.
Nichtbetroffener	1 = 2,32 v. H.
Juristische Personen	0 = 0 v. H.
Gesamt	**43 = 100 v. H.**

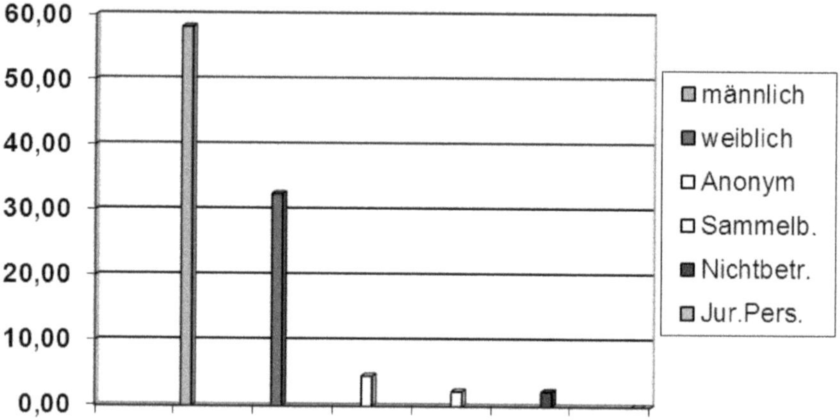

c. Inhaltliche Aufteilung:

persönliche Dienstaufsichtsbeschwerden	13 = 30,23 v. H.
sachliche Dienstaufsichtsbeschwerden	18 = 41,86 v. H.
Verbundene Dienstaufsichtsbeschwerden	4 = 9,30 v. H.
querulatorische Dienstaufsichtsbeschwerden	5 = 11,62 v. H.
beleidigender Inhalt	3 = 7,97 v. H.
innerbehördliche Dienstaufsichtsbeschwerden	1 = 2,32 v. H.
Gesamt	**43 = 100 v.H.**

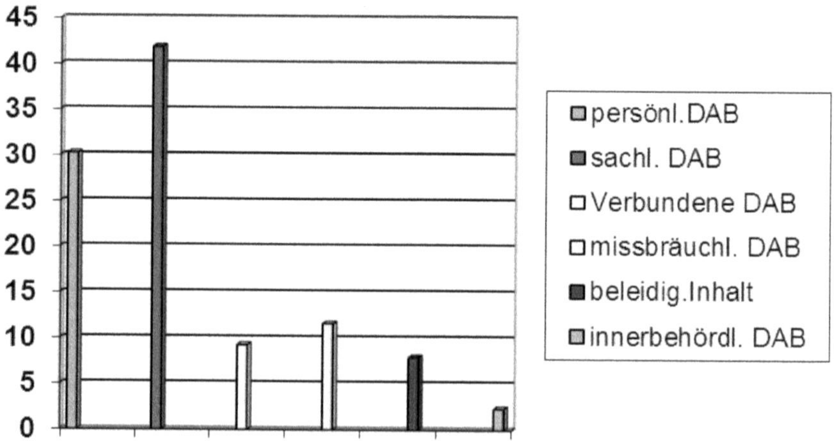

d. Erledigung der Dienstaufsichtsbeschwerden

Keine inhaltliche Prüfung aus formalen Gründen	0 = 0 v. H.
Erledigung durch Rat, Auskunft, Informationsmaterial	1 = 2,32 v. H.
persönliche DAB wurde entsprochen	5 = 11,62 v. H.
sachliche DAB wurde entsprochen	1 = 2,32 v. H
persönliche DAB wurde teilweise entsprochen	0 = 0 v. H.
sachliche DAB wurde teilweise entsprochen	2 = 4,65 v. H.
DAB wurde nicht entsprochen	34 = 79,06 v. H.
wegen Unzuständigkeit verwiesen	0 = 0 v. H.
Gesamt	**43 = 100 v. H.**

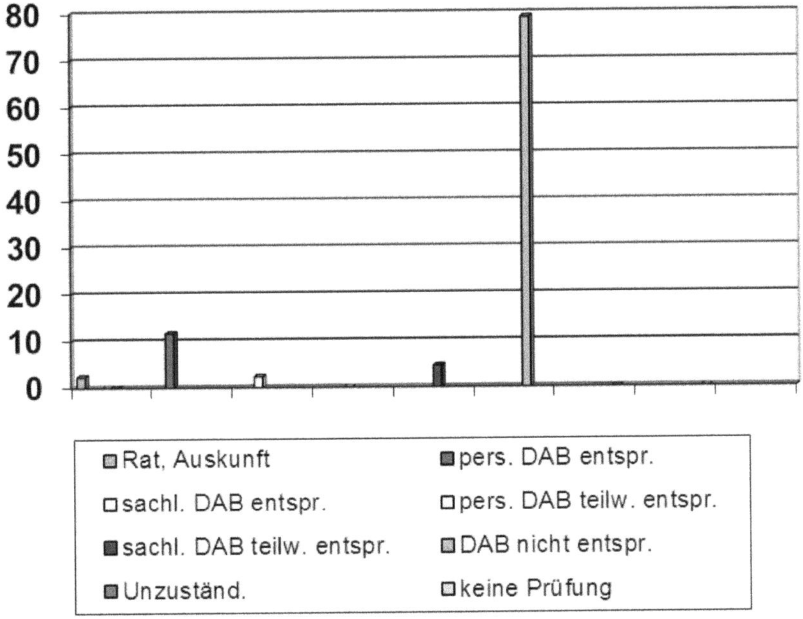

2. Anmerkungen und Erläuterungen zu den Ergebnissen

Ausgehend von dem Inhalt, der Anzahl und der Art der Erledigung der im Untersuchungszeitraum eingegangenen Dienstaufsichtsbeschwerden, ergaben sich im Wesentlichen folgende Erkenntnisse:

a. Würdigung der Gesamtzahl

Die absolute Zahl von 43 Dienstaufsichtsbeschwerden innerhalb eines Zeitraumes von elf Jahren, erscheint nicht groß.[13] Dabei ist allerdings zu berücksichtigen, dass die Verwaltungseinheit, auf die sich die Untersuchung bezog, nur 750 Beschäftigte hatte. Hinzu kommt, dass es sich bei dieser Behörde nicht um eine solche mit überwiegend Außenkontakten handelte. Bei den Dienststellen, in deren Zuständigkeitsbereich z.B. die Polizeiverwaltung fällt, also in der Regel die Innenressorts, würde das wahrscheinlich anders aussehen.

In der untersuchten Verwaltungseinheit ergibt sich eine durchschnittliche Anzahl von 3,9 Dienstaufsichtsbeschwerden pro Jahr. Das ist nicht zu vernachlässigen, selbst wenn aus dieser Zahl diejenigen Dienstaufsichtsbeschwerden herauszurechnen sind, die auf Grund ihrer querulatorischen Verworrenheit einer zielorientierten Überprüfung nicht zugänglich waren. Das ist mit 11,62 % aller Dienstaufsichtsbeschwerden mehr als jede zehnte Dienstaufsichtsbeschwerde.

Festzustellen ist, dass sich tendenziell ein leichter Anstieg der Dienstaufsichtsbeschwerden im Laufe des Untersuchungszeitraums gezeigt hat. Das ist nicht überraschend, haben sich doch die Medien als Informationsquellen ab 1995 mit großer Geschwindigkeit erheblich ausgeweitet. Besonders zu beachten ist hier die Informationsfülle, die das Internet bietet. Gerade zu dem Stichwort »Dienstaufsichtsbeschwerde« erhält der Suchende im Internet nicht nur erläuternde Ausführungen, sondern zudem eine Vielzahl an Beispielfällen, die ihn über Erfolg oder Nichterfolg von Dienstaufsichtsbeschwerden in bestimmten Bereichen, wie zum Beispiel Schule und Polizei, informieren.

Das Internet bietet vorformulierte Texte für die Einlegung von Dienstaufsichtsbeschwerden mit Hinweisen über die wirkungsvollste Art und Weise des Vorgehens. So

---

13 13 davon waren persönliche Dienstaufsichtsbeschwerden. Eine Umfrage bei den Wirtschaftsressorts der Bundesländer (diese wurden angeschrieben, um entsprechend der Untersuchung des hamburgischen Wirtschaftsressorts eine Vergleichbarkeit zu erreichen) ergab – soweit die Wirtschaftsressorts auf die Anfrage antworteten – folgendes Bild: die Zahl von persönlichen Dienstaufsichtsbeschwerden innerhalb des angefragten Zeitraums von elf Jahren (hier von 2004 bis 2014) betrug in Niedersachsen 15, in Hessen 5 und im Saarland 1, das Ministerium für Wirtschaft, Energie, Mittelstand und Handwerk des Landes Nordrhein-Westfalen teilte mit, dass Dienstaufsichtsbeschwerden statistisch nicht erfasst würden. Ingesamt ist zu bemerken, dass in den Aufstellungen der genannten Bundesländer nur die persönlichen Dienstaufsichtsbeschwerden enthalten sind, da – wie mitgeteilt wurde – die Fachaufsichtsbeschwerden (sachliche Dienstaufsichtsbeschwerden) in den jeweiligen Fachabteilungen der Ministerien entschieden würden und nicht erfasst werden könnten. Die unterschiedliche Anzahl der persönlichen Dienstaufsichtsbeschwerden ist u.a. auch darauf zurückzuführen, dass die einzelnen Wirtschaftsressorts der Länder teilweise von einander abweichende Zuständigkeitsbereiche mit unterschiedlichen Außenkontakten der Dienststellen haben. Letzteres spielt eine zu beachtende Rolle bei der Anzahl der Dienstaufsichtsbeschwerden.

kann sich ein potentieller Beschwerdeführer per Internet heute weitgehend rechtlich und tatsächlich in die Lage versetzen, ohne große Schwierigkeiten eine Dienstaufsichtsbeschwerde zu formulieren. Das hat sicherlich zu einer Ermutigung der Bürger beigetragen, eine Dienstaufsichtsbeschwerde einzulegen.

Zudem könnte die in den letzten Jahrzehnten weiter zurückgegangene Obrigkeitsgläubigkeit und das zunehmende Selbstvertrauen der Bevölkerung gegenüber der Verwaltung eine Rolle spielen, einhergehend mit der Erkenntnis, dass dort auch nur Menschen arbeiten, die Fehler machen und sich im Ton vergreifen können. Wurde in früheren Jahren noch überwiegend Behördenhandeln oder -unterlassen hingenommen, weil man dem Staat die bessere Kenntnis der Sach- und Rechtslage zugestand, ist das heute offensichtlich nicht immer so.

Es ist festzustellen, dass der Anteil der männlichen Beschwerdeführer mit 58,13 % deutlich den weiblichen Anteil mit 32,55 % übersteigt. Absolut betrachtet ist der Anteil der Frauen bei den Beschwerdeeinlegungen gegenüber den Jahren vor dem Untersuchungszeitraum angestiegen. Jedoch ergibt die Untersuchung, dass der Umgang mit den Behörden in Familien nach wie vor regelmäßig Sache der Männer ist.

Darüber hinaus wurde in diesem Zusammenhang hinsichtlich der persönlichen Dienstaufsichtsbeschwerden deutlich, dass Männer eher bereit sind, sich gegen unangemessenes Verhalten von Behördenangehörigen mit einer Dienstaufsichtsbeschwerde zur Wehr zu setzen als Frauen.[14] Letztere scheinen in dieser Beziehung eher Gelassenheit und Nachsicht an den Tag zu legen.

Weiterhin hat die Auswertung ergeben, dass keine der 4,65 % der anonymen Beschwerden, in denen der betroffene Beschäftigte in der Dienststelle benannt oder ermittelt werden konnte, vor allem aber keine der 11,11 % querulatorischer Dienstaufsichtsbeschwerden von einer Frau eingereicht wurde. Das scheint eine Domäne der Männer zu sein.

Hinsichtlich der Art der Darstellung in der Dienstaufsichtsbeschwerde hat der Anteil derjenigen Beschwerdeführer zugenommen, die sich in der Beschwerde ausdrücklich auf Normen beziehen, die diese stützen sollen. Auch in diesem Zusammenhang hat die Normenkenntnis offensichtlich durch die Nutzung des Internets zugenommen.

Konstant geblieben ist dagegen die Ankündigung oder Androhung, weitere Instanzen oder bekannte Persönlichkeiten aus Verwaltung oder Politik einzuschalten, falls das Begehren keinen Erfolg haben sollte. Das gleiche gilt bezüglich der Drohung, die mediale Öffentlichkeit zu informieren.

Dass – im Gegensatz zu den Sammelpetitionen an den Bundestag – in dieser Untersuchung keine »Sammel-Dienstaufsichtsbeschwerde« festzustellen war, ergibt sich aus der Natur der Sache. Petitionen, beispielsweise eine gesetzliche Regelung auf den Weg zu bringen oder außer Kraft zu setzen, bekommen regelmäßig mehr Gewicht, je

---

14 Aus der vom Niedersächsischen Ministerium für Wirtschaft, Arbeit und Verkehr übermittelten Aufstellung ergibt sich, dass Beschwerdeführer persönlicher Dienstaufsichtsbeschwerden ausschließlich Männer waren.

mehr Personen sich an ihr beteiligen. Das ist bei Dienstaufsichtsbeschwerden nicht der Fall, handelt es sich doch regelmäßig um ein individuelles Verhältnis zur Verwaltung aus der der Beschwerdeführer die Notwendigkeit zur Erhebung einer Dienstaufsichtsbeschwerde ableitet. Ausgangssituation und Zielrichtung sind hier verschieden, so dass der statistische Wert bei der Sammel-Dienstaufsichtsbeschwerde mit 2,32 % nicht überraschen kann.

Anders sieht es bei juristischen Personen aus. Hier wäre die Erhebung von Dienstaufsichtsbeschwerden in einem gewissen Umfang denkbar. Dennoch war dies in dem Untersuchungszeitraum nicht der Fall, so ergab sich ein Wert von 0 %.

b. Verhältnis von persönlichen zu sachlichen Dienstaufsichtsbeschwerden

Betrachtet man das Verhältnis der persönlichen Dienstaufsichtsbeschwerden (30,23 %) zu den sachlichen Dienstaufsichtsbeschwerden (41,86 %), so halten sich der Unmut über den Umgang mit den Bürgern und die Beschwerden, keine oder eine unrichtige Entscheidung getroffen zu haben, zwar nicht die Waage, sind aber nicht allzu weit voneinander entfernt.

Hier ist zu der Statistik noch zu ergänzen, dass bei den sachlichen Dienstaufsichtsbeschwerden ein Fall vorlag, in dem ein Beschwerdeführer im Zusammenhang mit der Durchführung eines Raumordnungsverfahrens eine Dienstaufsichtsbeschwerde über den Staatsrat an den Senator gerichtet hatte. Er warf dem Staatsrat vor, die an dem Raumordnungsverfahren Beteiligten getäuscht und »hinter das Licht geführt« zu haben. In diesem speziellen Fall hat der Behördenleiter die Dienstaufsichtsbeschwerde nach Würdigung des Beschwerdevorbringens durch eigenen Bescheid zurückgewiesen.

Insgesamt war festzustellen, dass Dienstaufsichtsbeschwerden verstärkt in denjenigen Bereichen auftraten, in denen durch gesetzliche Vorgaben Genehmigungen, Erlaubnisse und Gestattungen zu erteilen oder zu entziehen waren und Publikumskontakt bestand. Vor allem waren Dienstaufsichtsbeschwerden dort aufgetreten, wo Befähigungsnachweise der Beschwerdeführer (wie beispielsweise Prüfungsentscheidungen, Zuverlässigkeitstestate, Lizenzen) zu erteilen, zu überprüfen oder zu entziehen waren. Dass hier auf Grund der Schwierigkeiten bei der Ausfüllung unbestimmter Rechtsbegriffe und der Art und Weise der Ausübung des Ermessens durch Behördenmitarbeiter unterschiedliche Auffassungen nicht selten sind, die bei den Beschwerdeführern schnell den Verdacht der Benachteiligung oder gar persönlicher Misshelligkeiten durch die vermeintliche Einbeziehung sachfremder Erwägungen (Feindschaft, Sympathie, Antipathie) hervorgerufen haben, ist nachvollziehbar.

c. Sachliche Dienstaufsichtsbeschwerden

Der Schwerpunkt der Beschwerdeeinlegung hat sich in der Untersuchung mit 41,86 % bei den sachlichen Dienstaufsichtsbeschwerden ergeben. Im Vergleich zu den persönlichen Dienstaufsichtsbeschwerden überrascht das nicht, da man »Ärger mit Behördenmitarbeitern« mit einigem zeitlichen Abstand oft nicht mehr als so gravierend ansieht (»Zorn verraucht«), während eine beanstandete Maßnahme einer Behörde weiter wirkt. Interessant ist hier der relativ geringe Unterschied im Zahlenwerk von 41,86 % bei den sachlichen Dienstaufsichtsbeschwerden zu 30,23 % bei den persönlichen Dienstaufsichtsbeschwerden. Dieses Ergebnis spiegelt wider, dass aus der Sicht der Beschwerdeführer eine unangemessene Art und Weise des Handelns des Behördenangehörigen um 11,63 % Prozentpunkte hinter sachlichen Beanstandungen zurückbleibt.

Dazu ist zu bemerken, dass sachbezogene Auseinandersetzungen zwischen Bürger und Verwaltung keine Besonderheit sind und es sie immer in einem gewissen Umfang geben wird. Anders sieht es mit dem Auftreten der öffentlichrechtlich Beschäftigten gegenüber den Bürgern aus. Der Umgang von Verwaltung und Bürger ist auf Seiten des Staates sehr wohl zu beeinflussen und sollte möglichst keinen Anlass zu Beschwerden geben.

d. Persönliche Dienstaufsichtsbeschwerden

Die Vorhaltungen in persönlichen Dienstaufsichtsbeschwerden (31,75 %) sind in der Öffentlichkeit, vornehmlich in den Medien, der am meisten diskutierte Aspekt aus der Statistik der Dienstaufsichtsbeschwerden. Im Wesentlichen waren folgende, in einer Dienstaufsichtsbeschwerde geltend gemachte Vorwürfe, festzustellen:

- Amtsmissbrauch
- Datenmissbrauch
- zu Unrecht verweigerte Akteneinsicht
- vorsätzliche Falschaussage
- Verfahrensverschleppung
- allgemeine »Willkür«
- falsche Rechtsauskunft und Rechtsanwendung
- Überziehen der Amtskompetenzen
- barscher und unhöflicher Ton
- beleidigender Ton
- unangemessen hoheitliches Verhalten (»herrisches Auftreten«)
- Androhen besonders scharfer Kontrollen.

In diesen Fällen wurden nach einer inhaltlichen Prüfung der Vorwürfe 11,62 % der persönlichen Dienstaufsichtsbeschwerden entsprochen. Dies führte teilweise zu innerdienstlichen Konsequenzen, die von der mündlichen Ermahnung durch den Vorgesetzten bis zur schriftlichen Verwarnung durch den Bearbeiter der Dienstaufsichtsbeschwerde zur Personalakte reichten.

Im Gegensatz zu den sachlichen Dienstaufsichtsbeschwerden, bei denen nur 2,32 % des Beschwerdevortrages entsprochen wurde, ist das ein bemerkenswertes Ergebnis. Es zeigt, dass die Behörde offen mit dem Fehlverhalten von Beschäftigten umgeht und sich nicht scheut, Fehler und Fehlverhalten einzugestehen und bereit ist, Konsequenzen zu ziehen.

In den Fällen, in denen Aussage gegen Aussage von Beschwerdeführer und Behördenangehörigen stand, wurde den Einlassungen der Mitarbeiter nicht von vornherein Vertrauen geschenkt, sondern sie wurden geprüft und in Abwägung mit dem Beschwerdevortrag bewertet. Die Zeiten, in denen dem angegriffenen Behördenangehörigen von vornherein geglaubt wurde, sind vorbei. Die Auswertung der persönlichen Dienstaufsichtsbeschwerden hat ergeben, dass dem angegriffenen Behördenangehörigen nicht automatisch von vornherein geglaubt wurde. Dass diese Art der Bearbeitung von Dienstaufsichtsbeschwerden innerdienstlich nicht einfach durchzusetzen war, hat die Untersuchung ebenfalls gezeigt, ist doch der den Mitarbeiter tadelnde Bearbeiter nicht gerade beliebt.

Das hat sich z. B. deutlich in einem Beschwerdefall gezeigt, in dem es um das Nichtbestehen einer Prüfung zum Wirtschaftsprüfer ging, zu der der Beschwerdeführer wegen Krankheit nicht erschienen war. Der Beschwerdeführer hatte dem Prüfungsausschuss in der Behörde vorher ein privatärztliches Attest vorgelegt, nach dem er »aus Krankheitsgründen an der Prüfung nicht teilnehmen« könne. Daraufhin wurde er von der Dienststelle aufgefordert, sich von dem zuständigen Amtsarzt untersuchen zu lassen. Der Amtsarzt bestätigte das privatärztliche Attest. Nun forderte der Vorsitzende des Prüfungsausschusses den Amtsarzt auf, die Art der Erkrankung genauer zu beschreiben, damit das entschuldigte Fernbleiben festgestellt werden könne und die Möglichkeit der Wiederholung der Prüfung gewahrt wurde. Hierzu war der Amtsarzt unter Hinweis auf seine ärztliche Schweigepflicht nicht bereit, denn der Beschwerdeführer hatte den Amtsarzt zunächst nicht von der ärztlichen Schweigepflicht entbunden. Als der Vorsitzende des Prüfungsausschusses auf einer Auskunft beharrte, legte der Beschwerdeführer Dienstaufsichtsbeschwerde bei dem Leiter der Behörde ein.

Hier kam es zu intensiven Diskussionen innerhalb der Dienststelle zwischen dem Bearbeiter der Dienstaufsichtsbeschwerde und dem Vorsitzenden des Prüfungsausschusses, der die Überspannung seines Auskunftsersuchens an den Amtsarzt nicht einsehen wollte, weil er allein über die Frage des Bestehens oder Nichtbestehens der Prüfung mangels Erscheinens zu entscheiden habe und nicht der Amtsarzt.

Es ist zutreffend, dass ein Amtsarzt nicht über das Bestehen oder Nichtbestehen einer Prüfung entscheidet. In Verkennung der Ausfüllung des Begriffes »wegen Krankheit« durch den Amtsarzt und der damit vorgegeben Entscheidung, wollte der Vorsitzende des Prüfungsausschusses die Feststellung des Amtsarztes durch die Mitteilung der Umstände und Art der Erkrankung des Prüflings noch einmal aus eigener Kenntnis nachvollziehen. Auf die Idee, dass er dazu nicht berechtigt sein und der Beschwerdeführer schwerwiegende Gründe der Nicht-Offenbarung der Art seiner Erkrankung haben könnte, kam der Vorsitzende offenbar nicht.

In einem anderen Fall hatte sich telefonisch eine Bürgerin an einen Beamten gewandt mit der Bitte, sich einer von ihr beanstandeten Sache anzunehmen. Der Beamte ging auf die Bitte überhaupt nicht ein, sondern fragte lediglich in unfreundlichem Ton, woher die Anruferin seine Telefonnummer habe und legte dann auf. Die Frau legte daraufhin wegen des Verhaltens des betreffenden Beamten Dienstaufsichtsbeschwerde ein.

Bei der Anhörung des Beamten bestritt dieser den Vorgang. Es stand Aussage gegen Aussage. Aus dem Detaillierungsgrad der Dienstaufsichtsbeschwerde ergab sich aber, dass der in ihr erhobene Vorwurf glaubwürdig war. In diesem Fall entschuldigte sich der Bearbeiter der Dienstaufsichtsbeschwerde bei der Beschwerdeführerin für das Verhalten des Mitarbeiters und verwarnte diesen schriftlich zur Personalakte. Auch hier hatte die Kollegialität eine Grenze erreicht, so dass kein Beschäftigter mehr davon ausgehen konnte, dass bloßes Bestreiten des Fehlverhaltens gleichsam automatisch zur Abweisung der Dienstaufsichtsbeschwerde führen würde.

Es bleibt festzustellen, dass bei einem Prozentsatz von 30,23 % der persönlichen Dienstaufsichtsbeschwerden in 11,62 % der Fälle ein Abhilfebescheid ergangen ist. Das ist eine vergleichsweise hohe Quote und sie zeigt, dass das »Decken« der Beschäftigten durch die Vorgesetzten nach außen mit gleichzeitigen Konsequenzen nach innen, die oft auch nur halbherzig waren, im Untersuchungszeitraum nicht mehr vorgekommen ist.[15] Es zeigt aber auch, dass die untersuchte Verwaltungseinheit persönliche Dienstaufsichtsbeschwerden ernst nahm, ihnen gründlich und vorurteilsfrei nachgegangen war und sich nicht scheute, Fehlverhalten einzugestehen.

e. Verbundene Dienstaufsichtsbeschwerden

Die Untersuchung ergab weiterhin, dass in 9,30 % der Fälle persönliche und sachliche Dienstaufsichtsbeschwerden miteinander verbunden wurden. Dieses Ergebnis war nicht unbedingt zu erwarten, da man auf den ersten Blick annehmen möchte, dass diese Konstellation nicht selten sein würde. Da dies nicht der Fall war, kann man sagen, dass die Beschwerdeführer in den Fällen der sachlichen Dienstaufsichtsbeschwerde, und das sind 41,86 %, das persönliche Verhalten der Verwaltungsangehörigen für nicht beanstandungswürdig hielten. Das ist positiv festzustellen, denn die Kombination von unangemessenem persönlichem Umgang und unvertretbarer Entscheidung in einer Sache ist in besonderem Maße negativ zu bewerten.

f. Missbräuchliche Dienstaufsichtsbeschwerden

Erstaunlich hoch ist der im Untersuchungszeitraum festgestellte Prozentsatz der querulatorischen Dienstaufsichtsbeschwerden mit 11,62 %. In diesen Fällen ging es oft um Angelegenheiten mit monatelangem »Verwaltungsvorlauf«, so dass die

---

15 Derartiges Verhalten der Verwaltung – Verteidigung nach außen, Rüge nach innen –, also das »Decken« des Mitarbeiters, wurde im Jahr 1951 in *Ernst Harnack:* Die Praxis der öffentlichen Verwaltung, S. 123f ausdrücklich empfohlen. *Werner Thieme*: Die Dienstaufsichtsbeschwerde. In: DÖD 2001, 77ff (78); ders., Der Bürger und der Vorgesetzte, in DÖV 1989, 986ff (987) schreibt, dass der »Geist des Deckens«, d.h. des gemeinschaftlichen Abwehrens von Kritik nach außen, des Zusammenhaltens als Einheit und die Erwartung der Beschäftigten an den Vorgesetzten, ihn auch gegen berechtigte Kritik zu verteidigen, der Vergangenheit angehören sollte. So auch *Willi Strunz,*: Einspruch, Beschwerde und Dienstaufsichtsbeschwerde, in DStZ 1992, 272.

durch den Beschwerdeführer aus seiner Sicht erkannten angeblichen Missstände sich in seinem Denken festgesetzt hatten.[16]

Zum Beispiel ging es in dem Untersuchungszeitraum in einem Fall ursprünglich um die Diskussion über Leistungen nach dem Sozialgesetzbuch und den Umfang der Mitwirkungspflichten des Beschwerdeführers hierbei. Nach der sachlichen Auseinandersetzung verfasste der Beschwerdeführer zahlreiche Dienstaufsichtsbeschwerden über den Sachbearbeiter wegen »fortgesetzter Verleumdung«. All seine Schreiben waren auf zahlreichen Seiten mit engem Zeilenabstand in kleinen Lettern verfasst und mit einer Vielzahl von Anlagen in Altgriechisch und Althebräisch versehen.

Eine solche Eingabe deutet nach Form und Inhalt i.d.R. auf einen querulatorischen Charakter hin. In diesem Fall kam noch hinzu, dass die Beschwerden mit einem umfangreichen Verteiler weit gestreut wurden. Auch daran kann deutlich werden, dass der Beschwerdeführer sich bereits dem Zustand der Störung seiner Wahrnehmensfähigkeit und Geistestätigkeit genähert hatte. Dennoch setzte sich die Dienststelle mit ihm über eine gewisse Zeit sachlich auseinander. Der Beschwerdeführer, der in seinem Briefkopf folgende Berufsbezeichnungen führte: »Dipl. Ing. (FH), Dipl. Holzwirt, Jurist, Germanist, magister, gote, August«, legte elektronische Datenträger mit mehreren hundert Seiten Text als Anlage seiner Beschwerde bei. Zu diesem Zeitpunkt schließlich wurde ihm von der Behörde bedeutet, dass die Dienststelle die Korrespondenz nicht weiter fortzusetzen gedenke. Diese Art der Bearbeitung war zwar zeitaufwendig, aber insgesamt gesehen angebracht, und auch vertretbar, da das Vorbringen des Beschwerdeführers zumindest anfänglich ein Grenzfall war.

Anders war die Situation in zwei weiteren Fällen: Im Fall der abgelehnten Zulassung des Geschäftes eines Schaustellers zu einem Volksfest – dem »Hamburger Dom« – durchlief der spätere Beschwerdeführer zunächst eine Vielzahl von Widerspruchsverfahren und Verwaltungsgerichtsprozessen. Als er damit nicht erfolgreich war, verlegte er sich auf die Ablehnung der jeweiligen Entscheidungsträger. Er stellte in den mündlichen Widerspruchsverhandlungen zunächst gegen den Vorsitzenden des Ausschusses einen Befangenheitsantrag und später auch gegen den gesamten Widerspruchsausschuss. Meist ging es um denselben Vorhalt, nämlich dass nach seinem Vortrag ein mit ihm konkurrierender Schausteller den Vorsitzenden des Ausschusses bestochen habe, um damit die Zulassung des Beschwerdeführers zu verhindern.

Nach etlichen erfolglosen Befangenheitsanträgen gegen den Vorsitzenden des Widerspruchsausschusses und den Ausschuss insgesamt begann er, seine Vorwürfe in Dienstaufsichtsbeschwerden zu wiederholen. Diese wurden abschlägig beschieden. Ohne auf die Ausführungen der Behörde mit nur einem Wort einzugehen, wiederholte der Beschwerdeführer in beleidigendem Ton seine Beschuldigungen. Hätte jedes Mal ein behördliches Verfahren zur Bescheidung einer Dienstaufsichtsbeschwerde stattgefunden, wäre allein mit der Korrespondenz

16 Vgl. dazu im Einzelnen 7. Abschn. III.

mit diesem Beschwerdeführer ein Mitarbeiter in nicht unerheblichem Umfang beschäftigt gewesen. Nachdem unabweisbar zu erkennen war, dass der Beschwerdeführer zumindest partiell nicht fähig war, seine Angelegenheit sachgemäß zu vertreten, teilte die Dienststelle ihm mit, dass sie auf seine weiteren Dienstaufsichtsbeschwerden nicht mehr antworten werde. Das gelte, solange er seine bekannten Anschuldigungen lediglich wiederhole und nicht erkennen lasse, dass er auf die Ausführungen der Dienststelle einzugehen in der Lage sei.[17]

Ein weiterer Fall einer querulatorischen Dienstaufsichtsbeschwerde war diejenige eines Juristen, der im Rahmen einer Arbeitsbeschaffungsmaßnahme probeweise bei der Behörde eingestellt und dem dann wegen ständiger Reibereien über die referatsinterne Leitzeichenvergabe – der er einen hohen Stellenwert zumaß – in der Probezeit gekündigt werden musste. Auch dieser Beschwerdeführer verfasste Dienstaufsichtsbeschwerden persönlicher und sachlicher Art mit stets steigender Seitenzahl, die zuletzt 49 Seiten engzeiligen Text ohne Rand enthielten und sich immer weiter vom eigentlichen Beschwerdegegenstand entfernten. Damit bewies er nicht nur Sturheit und Uneinsichtigkeit, sondern stellte auch nachträglich seine Unfähigkeit unter Beweis, die ihm ursprünglich zugedachte Aufgabe in diesem Referat zu erkennen und zu erfüllen. Zudem wurde deutlich, dass er an einem »die freie Willensbestimmung ausschließenden Zustand krankhafter Störung der Geistestätigkeit litt, die zumindest während der laufenden Korrespondenz nicht nur vorübergehender Natur war«.[18]

Auch hier war es angebracht und nicht zu beanstanden, die Kommunikation, deren Inhalt bereits mehrere Ordner füllte, mit einem Schreiben zu beenden, das mitteilte, dass die Dienststelle künftig in dieser Sache auf seine Vorwürfe nicht mehr eingehen werde.

g. Dienstaufsichtsbeschwerden mit beleidigendem Inhalt

6,97 % der Dienstaufsichtsbeschwerden hatten beleidigenden Inhalt oder falsche Anschuldigungen zum Gegenstand. Das ist ein hoher Prozentsatz, vor allem wenn man bedenkt, dass ein Beschwerdeführer kaum erwarten kann, dass er auf diese Weise sein Ziel, d. h. ein bestimmtes Verhalten oder Unterlassen der Behörde, erreicht.

Der Umgang mit Dienstaufsichtsbeschwerden mit beleidigendem Inhalt ist nicht unproblematisch.[19] In Fällen, in denen Beschwerdeführer die Grenze der sachlichen Auseinandersetzung überschritten hatten (hier 6,97 %), oblag es der Verwaltung, eine für die Dienststelle und den betroffenen Mitarbeiter unter dem Gesichtspunkt der Fürsorgepflicht angemessene Entscheidung herbeizuführen und dabei dem Beschwerdeführer die Konsequenzen seines Handelns aufzuzeigen.

Da das Institut der Dienstaufsichtsbeschwerde nicht rechtfertigt, strafbare Handlungen zu begehen, kommt der Dienststellenleiter im Einzelfall manchmal nicht

17 Vgl. 7. Abschn. III, IV, 2.

18 HambOVG, Urt. v. 30.10.1990 – OVG Bf VI 95/90 – (nicht veröffentlicht).

19 Nr. 4. Abschn. 5b.

umhin, Strafantrag zu stellen. Ein potentieller Beschwerdeführer muss damit rechnen, dass er im Fall der Formulierung einer Dienstaufsichtsbeschwerde, in der er sich nicht an die gesetzlichen Grenzen hält, persönliche Konsequenzen zu erwarten hat. Der Dienststellenleiter hat bei einer beleidigenden Dienstaufsichtsbeschwerde abzuwägen, was im Interesse des betroffenen Mitarbeiters und der Dienststelle als Reaktion auf eine solche Dienstaufsichtsbeschwerde angemessen ist, d.h. ob es angebracht ist, den Mitarbeiter vor unberechtigten Vorwürfen durch Stellen eines Strafantrages zu schützen. Das gilt im besonderen Maße für Dienstaufsichtsbeschwerden, die wider besseres Wissen erhoben werden. Die Einkleidung in eine Dienstaufsichtsbeschwerde rechtfertigt nicht, haltlose Behauptungen über einen Behördenangehörigen aufzustellen. Die Probleme, die beispielsweise bei dem Tatbestand der falschen Anschuldigung für den Beschuldigten entstehen können, sind ersichtlich. Einerseits hinsichtlich der subjektiven Tatseite, aber auch in Bezug auf die Frage einer eventuellen Unaufklärbarkeit des Beschwerdevorbringens und der Aufbürdung des Beweisrisikos seitens des Beschuldigten. Denn der Tatvorsatz wird praktisch nie nachzuweisen sein. Problematisch ist insbesondere die Öffentlichkeitswirkung, die entsteht, wenn aus Beweisschwierigkeiten oder mangels nachgewiesenen Tatvorsatzes ein Freispruch des Beschwerdeführers erfolgt. Das wirkt gleichsam wie die Bestätigung des Vorwurfs.[20]

Unter den 6,97 % der genannten Dienstaufsichtsbeschwerden findet sich ein beispielhafter Fall, in dem die Dienststelle gegen einen Beschwerdeführer, mit Einverständnis des betroffenen Beamten, Strafantrag wegen falscher Anschuldigung gestellt hatte.

In einem weiteren Fall wurde Strafantrag wegen übler Nachrede gestellt. In beiden Strafverfahren waren die Ergebnisse unbefriedigend und haben den Dienststellenleiter veranlasst, bei den drei übrigen Fällen auf Strafanträge zu verzichten. In dem Fall der Beleidigung eines Mitarbeiters, der der »Urkundenunterdrückung und Aktenmanipulation« beschuldigt wurde, kam es erst gar nicht zur Zulassung einer Hauptverhandlung. Das Verfahren wurde bereits vorher mangels öffentlichen Interesses eingestellt. Die Begründung, dass die Öffentlichkeit an einer Verfolgung eines solchen Beleidigungsvorwurfs, der ja nicht in der Öffentlichkeit erhoben wurde, sondern in einer Dienstaufsichtsbeschwerde, kein Interesse habe, war allerdings wenig überzeugend. Sie zeigte, dass die Staatsanwaltschaft sich mit derartigen »Verwaltungsquerelen« möglichst nicht beschäftigen will und dem öffentlich Beschäftigten damit zumutet, dieses als Folge seiner Amtstätigkeit hinzunehmen.

Wesentlich massiver war der Fall einer falschen Verdächtigung, der zudem noch eine private Vorgeschichte hatte[21]. Hier wurde dem betreffenden Beamten vorgeworfen, eine streng vertrauliche Regierungsunterlage – Senatsdrucksache – für private Zwecke benutzt zu haben, nicht zuletzt, um den Beschwerdeführer zu benach-

20 Im Einzelnen dazu 4. Abschn. 5b und 5. Abschn. V, 2.

21 Der betroffene Beamte hatte den Beschwerdeführer als Vorsitzenden eines exklusiven Seglervereins abgelöst.

teiligen. Nach einem Strafantrag der Dienststelle gegen den Beschwerdeführer kam es zur Hauptverhandlung vor dem Amtsgericht. Das Verfahren nahm beträchtlichen Umfang an. Es wurden von beiden Seiten zahlreiche Akten vorgelegt und Zeugen benannt. Obwohl sich in der mündlichen Verhandlung der objektive Tatbestand der falschen Verdächtigung als erwiesen herausstellte, konnte nach Ansicht des erkennenden Gerichts dem Beschwerdeführer nicht die Kenntnis der objektiven Unwahrheit seiner Verdächtigungen bzw. der behaupteten Tatsachen nachgewiesen werden. Die Folge war, dass er freigesprochen wurde.

Dieser Freispruch wurde von dem Beschwerdeführer umgehend öffentlich als Bestätigung seiner Verdächtigungen gedeutet. Damit war festzustellen, dass die Dienststelle in dem Bestreben, ihren Mitarbeiter vor unberechtigten Angriffen zu schützen, ihm mit dem Strafantrag keinen guten Dienst erwiesen hatte. Das Verfahren hatten nachhaltige psychische Folgen für den Beamten.

h. Rückschlüsse

Eine Betrachtung der Persönlichkeiten der Beschwerdeführer auf der einen Seite und derjenigen der Behördenangehörigen auf der anderen Seite hat das Folgende ergeben: Unter den 30,23 % der persönlichen Dienstaufsichtsbeschwerden waren allein vier Beschwerden, die über denselben Mitarbeiter geführt wurden, und zwar von verschiedenen Beschwerdeführern, sodass man nicht von einer andauernden Misshelligkeit im Verhältnis zweier Personen ausgehen konnte. Das kann ein zu beachtendes Indiz für die Amtsführung des betreffenden Beschwerdegegners sein. In einem solchen Fall muss sich der Dienstvorgesetzte die Frage stellen, ob er seine Dienstaufsicht in hinreichendem Maße ausgeübt oder ob er es möglicherweise versäumt hatte, diesen Mitarbeiter durch Aufklärung und Schulung besser auf seine Amtsführung einzustellen. In den Beschwerdefällen stellte sich heraus, dass das Verhalten des Beschäftigten den Beschwerdeführern gegenüber tatsächlich unangemessen, d. h. unhöflich, autoritär und teilweise verletzend war.

In drei der angesprochenen vier Fälle wurde dem betreffenden Mitarbeiter im Rahmen der Bearbeitung der Dienstaufsichtsbeschwerden zunächst mündlich geraten, sein Verhalten den Bürgern gegenüber zu überprüfen und entsprechend zu ändern. Als die erhoffte Wirkung dieser Maßnahme ausblieb, vielmehr erneut Beschwerden eingingen, bei denen sich herausstellte, dass sich der Mitarbeiter unangemessen verhalten hatte, wurde er schriftlich zur Personalakte ermahnt. Gleichzeitig wurde sein Dienstvorgesetzter gebeten, auf Grund der Tatsache der verstärkt aufgetretenen Dienstaufsichtsbeschwerden über den Mitarbeiter, Konsequenzen in Bezug auf die Ausübung der Dienstaufsicht zu ziehen. Dies geschah nur in beschränktem Umfang. Die Folge war, dass der betreffende Mitarbeiter sein Verhalten nur geringfügig und kurzzeitig änderte, sah er sich doch in einer Art Abwehrposition gegen alle Seiten: Die Bürger, die er auf aus seiner Sicht normgerechtes Verhalten nachhaltig hinweisen müsse, und seine Dienststelle, die ihn dabei nicht hinreichend unterstütze. Dieser Problemfall konnte letztendlich nur durch einen Wechsel des Dienstpostens gelöst werden.

Ebenso wie man Rückschlüsse auf das dienstliche Verhalten eines Mitarbeiters ziehen kann[22], über den von verschiedenen Personen Dienstaufsichtsbeschwerden eingehen, haben sich im Untersuchungszeitraum auch Erkenntnisse über die Persönlichkeitsstruktur eines Beschwerdeführers ergeben, der wiederholt Dienstaufsichtsbeschwerden über eine Reihe verschiedener Behördenmitarbeiter einlegte. Tatsächlich widerspricht es regelmäßig der Lebenserfahrung, dass verschiedene Behördenbeschäftigte stets bei der gleichen Person Anlass zu Beschwerden geben. Vieles spricht in einem solchen Fall dafür, dass dieser Beschwerdeführer ein besonders kritisches, möglicherweise gestörtes Verhältnis zur öffentlichen Verwaltung hat. Das zeigt sich oft auch darin, dass er keinen Mitarbeiter als Korrespondenz- oder Gesprächspartner akzeptiert, vielmehr über jeden Klage führt und im Falle der Zurückweisung seiner Beschwerden weitere Beschwerden bis in die Führungsebene der jeweiligen Verwaltungseinheit einlegt. In einem solchem Fall nähert sich sein Verhalten desjenigen eines Querulanten und entsprechend kann dann verfahren werden.

i. Fazit

Hinsichtlich der Erledigung von Dienstaufsichtsbeschwerden durch die Behörde während des Untersuchungszeitraumes ist festzustellen, dass keine Dienstaufsichtsbeschwerde allein aus formalen Gründen abgewiesen wurde. Es wurde auch keine Dienstaufsichtsbeschwerde abgewiesen und dem Beschwerdeführer allein die Art der Erledigung seiner Dienstaufsichtsbeschwerde mitgeteilt. Im jedem Fall einer zurückgewiesenen Dienstaufsichtsbeschwerde erhielt der Beschwerdeführer einen mit einer einschlägigen, nachvollziehbaren Begründung versehenen Bescheid. Die Bescheidung von zurückweisenden Dienstaufsichtsbeschwerden unter Beifügung einer einschlägigen Begründung ist ebenfalls Praxis in den Wirtschaftsressorts der angefragten Bundesländer. Niedersachsen, Hessen und das Saarland teilten mit, dass alle Bescheide über Dienstaufsichtsbeschwerden mit »einer einschlägigen, nachvollziehbaren« Begründung erfolgt seien.

Positiv ist zudem zu vermerken, dass eine Dienstaufsichtsbeschwerde, die in Wahrheit eher ein Ersuchen um Hilfestellung war, durch Erteilung von Rat und Übersendung von Informationsschriften und Antragsformularen erledigt werden konnte und dass keine Dienstaufsichtsbeschwerde allein wegen Unzuständigkeit abgewiesen wurde.

Von den Dienstaufsichtsbeschwerden wurden nur 79,06 % als unbegründet abgewiesen. Das hat sich gewandelt und ist ein bemerkenswertes Ergebnis der Untersuchung. Es zeigt, dass die untersuchte Verwaltungseinheit die Dienstaufsichtsbeschwerden nicht nur ernst nahm und ihrem Inhalt in dem erforderlichen Rahmen nachging, sondern sich auch nicht scheute, Fehler einzugestehen, persönliches Fehlverhalten zu benennen und sich dafür zu entschuldigen.

---

22 Das erwähnt auch *Willi Strunz*, Einspruch, Beschwerde und Dienstaufsichtsbeschwerde, in DStZ 1992, 272: »(...) ist schon die Quantität der Dienstaufsichtsbeschwerden, die sich jemand einhandelt, dafür bezeichnend, wie er sein Amt ausübt«.

2. Abschnitt: Geschichtliche Entwicklung des Eingabenrechts

In dem Verhältnis von Bürger und »Obrigkeit«, haben sich zu allen Zeiten im Einzelfall Probleme ergeben, wenn ein Mitglied der Gemeinschaft das Handeln der Obrigkeit für nicht sinnvoll oder gar ungerecht hielt und sich deshalb darüber »beschweren« wollte. So hat der Umstand, dass der einzelne Betroffene sich bestimmte Handlungsweisen der Obrigkeit nicht ohne weiteres »gefallen lassen« möchte, eine lange Geschichte.

Der »Untertan und Bürger« wandte sich in früherer Zeit mit Anliegen, mit denen er in den staatlichen Stellen nicht weiter kam, direkt an seinen Souverän, um von ihm ein Eingreifen in seinem Sinne zu erbitten. Diese Möglichkeit der Eingabe in Form einer Petition stand ihm unabhängig von den gegebenenfalls zulässigen Rechtsbehelfen gegen die beanstandete Maßnahme zu.[23] Die Petition soll gerade unabhängig von den Rechtsmitteln mit ihren Frist- und Formerfordernissen einen zusätzlichen Weg eröffnen, auf dem man ein Anliegen an den Staat herantragen kann, mit anderen Worten: ein Recht auf Zugang zum Staatsoberhaupt außerhalb der förmlichen Verfahrensrechte.[24] Insofern besteht eine »prinzipielle Doppelspurigkeit von Rechtsweg und dem an keine Förmlichkeiten gebundenen direkten Petitionsweg«.[25]

In diesen weiten Bereich der »Petition« fallen auch die Möglichkeiten eines Betroffenen, sich über die Art und Weise der Amtsführung eines Amtsträgers ihm gegenüber oder über die sachliche Beurteilung der Handlungsweise bzw. der Entscheidung des Amtsträgers mit einer Gegenvorstellung oder der Dienstaufsichtsbeschwerde an die »nächst höhere Stelle« zu wenden.

Um die Dienstaufsichtsbeschwerde als besondere Ausgestaltung des allgemeinen Petitionsrechts zu erhellen, ist es geboten, der geschichtlichen Entwicklung des Eingaben- bzw. Petitionsrechts nachzugehen. Das ist auch vor dem Hintergrund eines grundsätzlichen Meinungsstreites, der ein Kernstück der Beschäftigung mit dem Institut der Dienstaufsichtsbeschwerde ausmacht, notwendig: Nämlich die Frage, ob die Beschwerdeentscheidung eine sachliche, für den Beschwerdeführer nachvollziehbare, einschlägige Begründung enthalten muss.[26]

23 Vgl. *Hans H. Klein* in Theodor Maunz/Günter Dürig/Roman Herzog/Rupert Scholz, Grundgesetzkommentar, Band II, Art. 14–37, Stand Januar 2012, Rdnr. 46 zu Art. 17 GG.

24 Vgl. *Klein* in Maunz/Dürig/Herzog/Scholz, aaO, Rdnr. 46 zu Art. 17 GG.

25 *Klein* in Maunz/Dürig/Herzog/Scholz, aaO, Rdnr. 46 zu Art. 17 GG.

26 Vgl. dazu 4. Abschn. II.

I. Antike

Das Recht eines Einzelnen, sich mit einer Eingabe an den Souverän zu wenden, geht zurück bis in die Antike[27]. Es bestand also die Möglichkeit sich in Form einer Supplication mit Bitten – *supplicina* –, Beschwerden – *gravamina* – und Wünschen – *desideria* – an den Herrscher zu wenden, ohne dass der Petent eine förmliche Rechtsstellung erhielt oder dem Souverän eine Verpflichtung zur Befassung oblag.[28] Der von dem lateinischen Wort *supplicium* abgeleitete Begriff bedeutet soviel wie »Bitten, Flehen«.[29]

Der Supplikant ist also ein Bittsteller, jemand der ohne einen Rechtsanspruch etwas erbittet oder erfleht. Er übergab eine »demütigende Bittschrift«, ein Bittgesuch.[30] Hier wird das damalige Verhältnis des Bürgers zur Obrigkeit deutlich, das Unterwerfung zeigt und die Entgegennahme von Bürgerbitten in den Bereich eines »fürstlichen Gnadenakts« verweist.[31]

Im römischen Kaiserreich war die Eingabe einer Supplikation an den Kaiser ein oft genutztes Mittel, ein Eingreifen des Souveräns zu erreichen. Man spricht davon, dass das antike Rom über ein »bürokratisch voll durchgebildetes Petitionswesen«[32] verfügte.

Was mit der »flehentlichen Bitte«, die mit viel Respekt und Unterwürfigkeitsformeln wie z.B. der Wendung »alleruntertänigste Bitte« versehen war, zu geschehen hatte, war zwar nicht weiter festgelegt, sie wurde aber regelmäßig in der kaiserlichen Kanzlei bearbeitet.[33] Trotz dieser dem Wortsinn von *supplicare* nach

---

27 Dieses Recht wurde als »natürliches« Recht angesehen, vgl. *Conrad Bornhak*, Das Petitionsrecht, in AÖR 1901, 403ff (406f); kurze Zusammenfassung der Entwicklung bei *Felix Mühlberg*, Informelle Konfliktbewältigung. Zur Geschichte der Eingaben in der DDR, Diss. 1999, S. 39ff; in der Veröffentlichung des Deutschen Bundestags, Stichwort Petition: Von der Bitte zum Bürgerrecht. 2010 wird auf S. 10 darauf hingewiesen, dass »die antiken Demokratien kein ausdrückliches Petitionsrecht kannten«, dieses vielmehr sich erst im kaiserlichen Rom herausbildete. Vgl. auch »Von der Untertanenbitte zum politischen Bürgerrecht, http://www.bundestag.de/ausschuesse18/a02/dokumente/petitionsrecht_einfuehrung/260 (v. 30.07.2015). Dazu auch *Röper*, aaO, in DÖV 2015, 456ff (456).

28 *Johann Heinrich Kumpf*, Petitionsrecht und öffentliche Meinung im Entstehungsprozess der Paulskirchenverfassung 1848/49, 1983, S. 9.

29 Das Verb supplicare (lat.) bedeutet soviel wie »vor jemandem auf die Knie fallen« oder auch »flehentlich bitten«.

30 *Röper*, aaO, in DÖV 2015, 456ff (456) erwähnt in diesem Zusammenhang ein Gemälde Adolph Menzels mit dem Titel »Die Bittschrift«, auf dem »offenbar die gegenüber dem Bittsteller deutlich erhöhte Position von Friedrich II. hoch zu Ross auf einem Schimmel reitend eine wichtige Rolle spielt«.

31 Veröffentlichung des Deutschen Bundestags, aaO, S. 10.

32 Vgl. *Klein* in Maunz/Dürig/Herzog/Scholz, aaO, Rdnr. 4 zu Art. 17 GG.

33 Vgl. *Mühlberg*, aaO, S. 40 und Fn. 70; Veröffentlichung Deutscher Bundestag, aaO, S. 11.

schwächster Position wurden Supplikationen in der Antike ernst genommen und beschieden. Sie waren nicht zuletzt auch ein Gradmesser der jeweiligen kaiserlichen Regierungsausübung.

Für ihre Erledigung hatte die antike römische Verwaltung Regeln aufgestellt, um eine möglichst gleichmäßige und ordnungsgemäße Handhabung der Anliegen zu gewährleisten.[34]. Das Eingabenwesen in der Antike hatte insgesamt bereits einen beachtlichen Entwicklungsstand erreicht.

II. Mittelalter

Der in der Antike übliche Umgang mit Eingaben hat sich im Mittelalter erhalten und fortgesetzt.[35] In den Unterlagen der päpstlichen Kurie und den Urkunden des Heiligen Römischen Reiches Deutscher Nation[36] sind Supplikationen vielfach belegt.[37] Die Bearbeitung erfolgte hier in besonderen Einrichtungen der päpstlichen Kurie oder in den Kanzleien der jeweiligen Souveräne. Zu diesem Zweck waren feste Bearbeitungsregeln aufgestellt worden.[38] Die antike Verfahrensweise wurde übernommen, d.h. die Entgegennahme einer Eingabe war ein fürstlicher Gnadenakt.[39]

Die fürstlichen Kanzleien waren verpflichtet, den Supplikanten im Falle einer schriftlichen Eingabe von Erfolg oder Misserfolg seiner Supplikation zu unterrichten. Das hatte bei einer schriftlich eingelegten Eingabe ebenfalls schriftlich zu erfolgen.[40] An der Stellung des Supplikanten als Bittsteller, d.h. sein Verhältnis zur Obrigkeit, hatte sich nichts geändert. Wenn es dem Kaiser, König oder Fürsten gefiel,

---

34 *Klein* in Maunz/Dürig/Herzog/Scholz, aaO, Rdnr. 4 zu Art. 17 GG; vgl. Veröffentlichung Deutscher Bundestag, aaO, S. 10f.

35 Vgl. *Kumpf*, aaO, S. 36f, der darauf hinweist, dass es für die Herrscher des fränkischen und deutschen Reiches eine »Königspflicht« war, für jedermann »zugänglich zu sein«, um so Gnade vor Recht gewähren zu können.

36 Unter dem Heiligen Römischen Reich Deutscher Nation (962–1806) versteht man den Herrschaftsbereich der römisch-deutschen Kaiser des Mittelalters. Das Reich ging in den Stürmen der napoleonischen Zeit unter. Als die acht deutschen Fürsten des Rheinbundes von Napoleon Rangerhöhungen entgegennahmen (Bayern und Württemberg wurden Königreiche), legte Kaiser Franz II. von Österreich als letzter deutsche Kaiser 1806 die Kaiserkrone nieder.

37 Vgl. *Kumpf*, aaO, S. 30f; *Klein* in Maunz/Dürig/Herzog/Scholz, aaO, Rdnr. 4 zu Art. 17 GG; Deutscher Bundestag, Von der Untertanenbitte zum politischen Bürgerrecht (auch Webseite).

38 *Helmut Neuhaus*, Reichstag und Supplikationsausschuss, 1977, S. 79ff; *Klein* in Maunz/Dürig/Herzog/Scholz, aaO, Rdnr. 4 zu Art. 17 GG; dazu auch *Renate Bickle*, Supplikationen und Demonstrationen. Mittel und Wege der Partizipation im bayerischen Territorialstaat, in Kommunikation in der ländlichen Gesellschaft vom Mittelalter bis zur Neuzeit, Hrg. *Werner Rösner*, 2000, S. 263ff.

39 Vgl. *Kumpf*, aaO, S. 30.

40 *Neuhaus*, aaO, S. 144.

hörte er den Bittsteller an und half seiner Eingabe ab, auch wenn Gerichte zuvor anders entschieden hatten.

Dieses Prinzip prägte auch später im Zeitalter des Absolutismus das Verhältnis zwischen Untertan und Souverän.[41] Der Wille des Souveräns war absolut. Obwohl er im Staat »über den Dingen stand«[42], trat er mit dem Eingabewesen doch vereinzelt in direkte Beziehung zu seinen Untertanen. Damit konnte er deutlich machen, dass er seine Herrscherverantwortung ernst nahm und dass er nur seinem eigenem Willen unterworfen war und nach eigenem Ermessen handeln konnte.

III. Neuzeit

Für die frühe Neuzeit weist Kumpf[43] darauf hin, dass Kanzleiordnungen einiger Souveräne überliefert seien, in denen die Bearbeitung von Supplikationen geregelt war. Hierzu seien »besondere Beamte abgestellt« worden.[44] Im Übrigen wurde das Eingabenrecht an den Souverän ausgeweitet. Es duften nun Eingaben nicht nur an den Kaiser, sondern auch an den Reichstag und die Landstände gerichtet werden.[45] Die Supplikation allgemeiner und individueller Art wandelte und erweiterte sich damit zu einem »übergeordneten Beschwerdeweg«[46] gegenüber staatlichen Einrichtungen aller Art.[47] Weiterhin wurde sie zunehmend dazu genutzt, auf allgemeine Missstände hinzuweisen.[48] Gerade Letzteres führte allerdings auch dazu, dass der Supplikant im Zeitalter des Absolutismus oft als unerwünschter Kritiker ausgemacht wurde, dem man misstrauen musste. Das galt vor allem dann, wenn er keine eigene Beschwerde vortrug, sondern auf allgemeine Missstände hinwies und deren Änderung anmahnte.[49] Teilweise wurde er gar als Umstürzler angesehen. Ein allgemeines Anliegen vorzutragen oder einen als misslich erkannten Umstand im Staat zu beklagen, konnte somit in diesen Fällen zum Risiko für den Supplikanten werden[50].

---

41 Vgl. Deutscher Bundestag, aaO, S. 11.
42 Vgl. Deutscher Bundestag, aaO, S. 11.
43 aaO, S. 37.
44 Ebenda; vgl. auch *Mühlberg*, aaO, S. 40, der auf eine »Antwortpflicht« der Fürsten hinweist.
45 *Kumpf* aaO S. 40f; *Klein* in Maunz/Dürig/Herzog/Scholz, aaO, Rdnr. 4 zu Art. 17 GG; *Neuhaus* aaO, der darauf hinweist, dass beim Reichstag »vorübergehend ein Supplikationsausschuss eingerichtet wurde«.
46 Vgl. *Klein* in Maunz/Dürig/Herzog/Scholz, aaO, Rdnr. 4 zu Art. 17 GG spricht von »einer Art Generalbehelf«; ebenso Kumpf, aaO, S. 36.
47 *Michael Hornig*, Die Petitionsfreiheit als Element der Staatskommunikation, 2001, S. 25, 27f.
48 *Conrad Bornhak*, aaO, in AÖR 1901, S. 403ff.
49 Vgl. *Klein* in Maunz/Dürig/Herzog/Scholz, aaO, Rdnr. 4 zu Art. 17 GG.
50 Vgl. *Klein* in Maunz/Dürig/Herzog/Scholz, aaO.

Dieses Klima änderte sich erst mit dem Entstehen des Verfassungsstaates. Hier begann die Entwicklung, die mit dem Petitionsrecht als subjektivem öffentlichem Recht des Einzelnen später ihren Abschluss fand. Man kann sagen, dass die Entwicklung des Petitionsrechts »ein Spiegelbild der Entwicklung bis zur parlamentarischen Demokratie und demokratischer Teilhaberrechte«[51] war. »Wie in der Regel bei allen Bestrebungen über staatsbürgerliche Rechte und über Einrichtungen eines Verfassungsstaates«[52] nahm diese Entwicklung ihren Anfang in der Bill of Rights von 1689.[53] Dort wurde das Petitionsrecht bereits als Teilhabe- und Beschwerderecht verstanden.[54] Aus der Bitte um Gehör und Recht wurde »ein Gesetz der Rechte«.[55]

Damit war eine Änderung des Verhältnisses des Bürgers zum Souverän bzw. der Obrigkeit eingetreten. Das Petitionsrecht drückte einen Anspruch auf bestimmte Rechte aus.

Ähnliche Entwicklungen fanden in den USA und Frankreich statt. 1789 bestimmte der US Kongress in der Auflistung der Grundrechte, der »Bill of Rights«, in den Zusatzartikeln der Verfassung das Recht des Volkes, »sich friedlich zu versammeln und an die Regierung Petitionen zur Abstellung von Missständen zu richten«. Im selben Jahr fand in Frankreich die Revolution statt und in Art. 122 der Verfassung von 1793 wurde allen Franzosen das Petitionsrecht »verbürgt«.[56]

Im deutschen Rechtsraum war die Entwicklung noch nicht so weit fortgeschritten. Trotzdem wurden sich die Landesfürsten unter dem Einfluss der Aufklärung ihrer Verpflichtung den Untertanen gegenüber bewusster. So erklärte Friedrich II. von Preußen unter dem Einfluss der Aufklärung kurze Zeit nach seiner Regierungsübernahme, dass »jeder seine Bitten, Gesuche und Beschwerden eigenhändig bei mir vorbringen und der genausten Erwägung sicher sein könne«.[57]

Zu dieser Zeit war es nicht ungewöhnlich, sich mit einem Anliegen an den Souverän zu wenden, wenn einem auf dem Rechtsweg der Erfolg versagt geblieben war. Der Fürst war immer noch imstande, selbst ein rechtskräftiges Urteil gegen

---

51 Vgl. Deutscher Bundestag, aaO, S. 11.

52 *Robert v. Mohl*, Beiträge zur Lehre vom Petitionsrecht, in Staatsrecht, Völkerrecht und Politik, 1860, Bd. 1, S. 234.

53 Vgl. *Klein* in Maunz/Dürig/Herzog/Scholz aaO, Rdnr. 5 zu Art. 17 GG.

54 Deutscher Bundestag, aaO, S. 12: »Das zeigt bereits die Begriffswahl in den Auseinandersetzungen zwischen König und Parlament in England. Als der Konflikt 1628 eskalierte, richtete das Parlament eine ‚Petition of rights' an den König, in der es den Monarchen beschuldigte, die 1215 dem Adel zugesicherten Rechte verletzt und umgangen zu haben. Nach dem englischen Bürgerkrieg des 17. Jahrhunderts mündeten die Formulierungen der ‚Petition of rights' in die ‚Bill of rights'«.

55 Deutscher Bundestag aaO: »That is the right of the subjects to petition the King, and all Commitments and prosecution for such petitioning is illegal«.

56 Vgl. Deutscher Bundestag, aaO, S. 13.

57 Zitiert nach *Rupert Schick*, Petitionsrecht, 3. A. 1996, S. 10; vgl. Debatte zum Tätigkeitsbericht 2006 des Petitionsausschusses des Deutschen Bundestages am 20. September 2007 (Drs. 16/6270).

einen Petenten aufzuheben. Das galt im Mittelalter und auch noch zur Zeit Friedrich II. von Preußen. Auch während seiner Regierungszeit waren Eingriffe in die Gerichtsbarkeit keine Seltenheit. Einem Brief Friedrichs an Voltaire ist folgendes zu entnehmen:

> *»Ich für meinen Teil such in meinem Lande bloß zu verhindern, dass der Mächtige den Schwachen unterdrückt, und zu weilen mildere ich Urteile, die mir zu hart erscheinen. Jedermann hat Zutritt zu mir; alle Klagen werden entweder von mir selbst oder anderen untersucht. Diese Revision macht die Richter aufmerksamer und verhütet zu strenges Vorgehen«.*[58]

Hiermit und mit der unter dem weiteren Einfluss der Aufklärung in § 156 II Ziff. 20 preußischen Allgemeinen Landrecht (prALR) von 1794 zum Ausdruck gekommener erster normativer Formulierung waren erste Ansätze für die Zuerkennung eines Rechtes auf Petition des Einzelnen gegeben. Ob damit bereits ein subjektives öffentliches Recht des Einzelnen geschaffen worden ist, ist umstritten, kann aber dahingestellt bleiben, da sich die Normierung im allgemeinen Preußischen Landrecht zumindest als praktikabel erwies.[59]

§ 156 II 20 prALR besagte:

> *»Dagegen steht es einem Jeden frey, seine Zweifel, seine Einwendungen und Bedenklichkeiten gegen Gesetze und andere Anordnungen im Staate, so wie überhaupt seine Bemerkungen und Vorschläge über Mängel und Verbesserungen sowohl dem Oberhaupt des Staates als den Vorgesetzten des Departements anzuzeigen, und letztere sind dergleichen Anzeigen mit erforderlicher Aufmerksamkeit zu prüfen verpflichtet.«*[60]

---

58 Vgl. Sächsischer Landtag, Geschichte des Petitionsrechts, Webseite (Stand 2012 – http://www.landtag.sachsen.de/de/petition/geschichte_des_petitionsrechts/index.aspx.)

59 Zur Frage der Zuerkennung eines subjektiven öffentlichen Rechts im Einzelnen vgl. *Klein* in Maunz/Dürig/Herzog/Scholz, aaO, Rdnr. 5 zu Art. 17 GG m. Nw.

60 Dass das Beschwerderecht in Preußen normativ verankert war, zeigt auch § 2 des Patentes wegen Abstellung des tumultuarischen Verfahrens bei Beschwerdeführungen von 1794 nach dem es Pflicht der Behörden war, »alle bei ihnen eingebrachten Beschwerden über gesetz- oder ordnungswidriges Verfahren oder über Verzögerungen unweigerlich anzunehmen und sorgfältig zu prüfen, den selben, sofern sie begründet waren, mit Nachdruck abzuhelfen, wenn sie aber als unbegründet befunden wurden, dem Bittsteller mit Glimpf, Mäßigung und Herablassung zu seinen Fähigkeiten und Begriffen zu bedeuten und zurecht zu weisen«.
Ferner besagte § 180 II Ziff. 20 prALR, dass »alle obrigkeitlichen Personen, besonders aber die Vorgesetzten, die Magistrate, Gerichte und andere Kollegien schuldig sind, einem jeden, welcher sich in Angelegenheiten ihres Amtes bei ihnen meldet, persönlich zu hören und auf schleunige Untersuchung und Abhilfe begründeter Beschwerden bedacht zu sein«.

Damit schlug sozusagen die Geburtsstunde der politischen Petition, die nicht nur individuelle, sondern allgemeine Interessen des Gemeinwesens beinhaltete. Das Verhältnis von Bürger und Obrigkeit hatte sich also in diesem Bereich verändert. Eingaben konnten fortan nicht mehr einfach zu den Akten gelegt werden, sondern mussten aufmerksam geprüft werden. Dieser Bedeutungswandel der Eingabe löste schließlich das Verschwinden des Begriffs »Supplikation« zugunsten des Wortes »Petition«[61] ab. Es war dem Bürger nun rechtlich garantiert, sich zu Wort zu melden, er musste nicht mehr »flehentlich bitten«.

Die Ausgestaltung des Petitionsrechts machte im Zeitalter der konstitutionellen Monarchie weitere Fortschritte, wenngleich seine Aufnahme in die Verfassungen des Frühkonstitutionalismus eher die Ausnahme blieb.[62] Fortschrittlich zeigte sich die Verfassung des Königreichs Württemberg. Nach §§ 36 bis 38 dieser Verfassung von 1819 hatte jedermann das Recht, sich über gesetz- und ordnungswidriges Verhalten der Obrigkeit zu beschweren, und die Obrigkeit hatte die Pflicht zur Bescheidung der Beschwerde. Ferner konnte sich der Petent bei Erfolglosigkeit seiner Beschwerde an die Ständeversammlung wenden.[63] Damit war es einem Petenten möglich, seine individuellen Interessen oder Anliegen außerhalb des Rechtsweges bei der Obrigkeit geltend zu machen. Aber auch in den übrigen Länderverfassungen des 19. Jahrhunderts finden sich Regelungen zum Petitionsrecht. In der ersten Sächsischen Verfassung vom 04.09.1831 wird in § 36 beispielsweise jedem das Recht gewährt, bei der zunächst vorgesetzten Behörde »schriftlich Beschwerde zu führen« (Absatz 1) oder aber »seine Wünsche und Beschwerden bei dem Regenten unmittelbar anzubringen« (Absatz 3)[64].

Einen weiteren Entwicklungsschritt machte das Petitionsrecht nach der Revolution von 1848/49. In § 159 des Verfassungsentwurfs der Paulskirche[65] wurde eine Norm formuliert, die als der Grundstein für das heutige Petitionsrecht zu sehen ist. § 159 lautete:

> *»(1) Jeder Deutsche hat das Recht, sich mit Bitten und Beschwerden über öffentliche Angelegenheiten schriftlich an die Behörden, an die Volksvertretungen und an den Reichstag zu wenden.*

---

61 Lat. petere – begehren, erstreben, ersuchen.

62 Vgl. *Klein* in Maunz/Dürig/Herzog/Scholz, aaO, Rdnr. 6 zu Art. 17 GG.

63 Vgl. *Klein* in Maunz/Dürig/Herzog/Scholz, aaO.

64 Verfassungsurkunde für das Königreich Sachsen vom 04.09.1831, vgl. Sächsischer Landtag, Geschichte des Petitionsrechts, Webseite (Stand 2012 – http://www.landtag.sachsen.de/de/petition/geschichte_des_petitionsrechts/index.aspx).

65 Der Entwurf der Paulskirchenverfassung ist eine sog. »freiheitliche Verfassung«. Er enthält einen neuzeitlichen Entwurf von Grundrechten in 9 Artikeln, die in Paragraphen unterteilt sind. Die Paulskirchenverfassung gab maßgebliche Impulse für die Weimarer Reichverfassung von 1919 und für das Bonner Grundgesetz, vgl. *Dieter Hesselberger*, Das Grundgesetz, Kommentar für die politische Bildung, 13. A. 2003, Einl. S. 13.

(2) Dieses Recht kann sowohl von Einzelnen als von Corporationen und von Mehreren im Vereine ausgeübt werden; beim Heer und der Kriegsflotte jedoch nur in der Weise, wie es die Diciplinarvorschriften bestimmen.«[66]

Die Verfahrensvorschrift des § 48 der »Geschäftsordnung für die »Constituirende Nationalversammlung« schenkte dem Petitionsrecht eine starke Beachtung und trug damit zu einer nachhaltigen Absicherung des Petitionsrechts bei:

»Den Petitions-Ausschüssen ist ein bestimmter Tag in jeder Woche zur Vorlegung seiner Berichte einzuräumen. Erst nach völliger Erledigung dieser Berichte kann zur anderweitigen Tagesordnung übergegangen werden.«[67]

Wenn auch die Paulskirchenverfassung nicht in Kraft trat[68], bewirkte sie doch eine weitere Entwicklung: In Preußen und in anderen Mitgliedstaaten des Deutschen Bundes wurden ähnliche Formulierungen übernommen. So lautete Art. 32 der preußischen Verfassung von 1850:

»Das Petitionsrecht steht allen Preußen zu. Petitionen unter einem Gesamtnamen sind nur Behörden und Korporationen gestattet.«[69]

Das Petitionsrecht bezog sich zwar nur auf preußische Staatsangehörige, aber auch Bürgern anderer Staatsangehörigkeit war die Einreichung einer Petition oder Bittschrift nicht verboten. Diese Zeit war die »Hochzeit« des Petitionsrechts, das dann allerdings in der Folgezeit mit dem Ausbau des Rechtsstaates und den normierten Möglichkeiten des förmlichen Rechtsschutzes an Bedeutung »als übergeordneter allgemeiner Generalrechtsbehelf« verlor[70]. Das Petitionsrecht wandelte sich vielmehr in der ersten Hälfte des 19. Jahrhunderts zu einem besonderen Instrument der

66 *Ernst Rudolf Huber*, Dokumente zur deutschen Verfassungsgeschichte, Bd. 2; dazu *Klein* in Maunz/Dürig/Herzog/Scholz, Fn. 1 zu Rdnr. 7 zu Art. 17 GG; dazu *Dietrich Mohme*, Das Petitionsrecht im Vormärz, 1992, S. 54ff. Das individuelle, kollektive und korporative Petitionsrecht als »Grundrecht des deutschen Volkes« behielt der Sache nach auch Bestand nach dem Scheitern der bürgerlichen Revolution. Das galt sowohl für das politische, kollektive Petitionsrecht, also auch für das Vorbringen von individuellen Anliegen, wobei Letzteres kaum politischen Sprengstoff in sich barg. Es war damit Bestandteil der deutschen Verfassungswirklichkeit geworden.

67 Zitiert nach Sächsischer Landtag, aaO, vgl. im Einzelnen *Klein* in Maunz/Dürig/Herzog/Scholz, aaO, Rdnr. 6 zu Art. 17 GG.

68 Der preußische König Friedrich Wilhelm IV. lehnte die ihm angetragene deutsche Kaiserkrone ab, weil er »die Kaiserkrone nicht aus der Hand des Volkes, sondern aus der Hand der deutschen Fürsten annehmen wolle«; vgl. Hesselberger, aaO, Einl. S. 14.

69 Verfassungsurkunde für den Preußischen Staat vom 31.01.1850 – http:/www.verfassungen.de/de/preussen50-index.htm.

70 Vgl. *Kumpf*, aaO S. 62ff; *Klein* in Maunz/Dürig/Herzog/Scholz, aaO, Rdnr. 8 zu Art. 17 GG.

politischen Auseinandersetzung, man kann sagen zu einer Art »Agitationsmittel«.[71] Adressaten derartiger Petitionen waren vornehmlich die versammelten Repräsentanten des Volkes und anderer Institutionen, die nicht selten das an sie herangetragene Gedankengut an die Regierungen weiterleiteten.[72] Diese gerieten damit in eine ihnen unliebsame Situation, wollten sie doch nach den Restaurationsbestrebungen, die sich an die Zeit des sogenannten Vormärz anschlossen, keinesfalls ein politisches Agitationsmittel dulden.[73] Von diesem Gedankengut zeugt die Verfassung des Großherzogtums Hessen von 1820, nach deren Art. 81 Absatz 3 ein Petitionsrecht frühzeitig vorsorglich ausdrücklich verneint und Zuwiderhandlungen gar unter Strafe gestellt wurden:

»Ein Petitionsrecht der Einzelnen und der Corporationen in Hinsicht allgemeiner politischer Interessen, welche zu wahren blos den Ständen gebührt, findet nicht statt und eine Vereinigung Einzelner oder ganzer Corporationen für einen solchen Zweck ist gesetzeswidrig und strafbar.«[74]

Dieser Artikel hatte das gemeinschaftliche Vertreten »politischer Interessen« zum Regelungsgegenstand. Er zielte also nicht auf das Herantragen von individuellen Anliegen und Beschwerden an die Obrigkeit. Das heißt, dass Beschwerden nicht eingeschlossen waren und weiter erhoben werden konnten. Art. 81 Absatz 3 der Verfassung des Großherzogtums Hessen von 1820 wurde im März 1848 im Zuge der Revolution aufgehoben. Immerhin zog er vorher noch einen Beschluss des Deutschen Bundes vom 28.10.1831 nach sich, der wie folgt lautete:

»Da der Bundesversammlung gemeinschaftliche Vorstellungen oder Adressen über öffentliche Angelegenheiten des Deutschen Bundes eingereicht worden sind, eine Befugnis hierzu aber in der Bundesverfassung nicht zu begründen ist, das Sammeln von Unterschriften und dergleichen Adressen vielmehr nur als ein die Autorität der Bundesregierungen und die öffentliche Ordnung und Ruhe gefährdender Versuch, auf die gemeinsamen Angelegenheiten und Verhältnisse Deutschlands einen ungesetzlichen, mit der Stellung der Unterthanen zu ihren Regierungen und dieser letztern zum Bunde unvereinbaren Einfluss zu üben, anzusehen ist; so erklärt die Bundesversammlung, dass alle dergleichen Adressen als unstatthaft zurückzuweisen seien.«[75]

---

71 Vgl. *Klein* in Maunz/Dürig/Herzog/Scholz, aaO, Rdnr. 8 zu Art. 17 GG.

72 Vgl. *Michael Hornig*, Die Petitionsfreiheit als Element der Staatskommunikation: Grundrechtsfunktionen und einfachgesetzliche Ausgestaltung, S. 32ff; *Kumpf*, aaO, S. 62ff; *Klein* in Maunz/Dürig/Herzog/Scholz, aaO, Rdnr. 8 zu Art. 17 GG.

73 Vgl. *Klein* in Maunz/Dürig/Herzog/Scholz, aaO.

74 Verfassungs-Urkunde für das Großherzogtum Hessen (17.12.1820) in documentArch.de. Dieser Artikel wurde im März 1848 aufgehoben.

75 Zitiert nach *Karl Welcker*, Petition, Staatslexikon, 1864, S. 469; vgl. auch *Klein* in Maunz/Dürig/Herzog/Scholz aaO, Rdnr. 9 zu Art. 17 GG.

Hieran ist zu erkennen, dass bei allen im Deutschen Bund vereinigten Regierungen das »Petitionieren«[76] an die Stände politisch unerwünscht war. Sie vertraten die Auffassung, dass ausschließlich die Stände, also das Parlament, dazu berufen seien, allgemeine oder politische Interessen zu vertreten.[77] Das bezog sich auf die allgemeine politische Interessenwahrnehmung bzw. die Wahrnehmung von Allgemeininteressen, deren Verfolgung durch eine Petition nach wie vor unzulässig war. Außerdem war »gegen die Urheber und Verbreiter solcher Protestaktionen, Petitionen und Adressen, die Untersuchung ein(zu)leiten und nach den Gesetzen (zu) verfahren«.[78] Wer sich wegen der Art und Weise des Gegenübertretens der Hoheitsgewalt oder wegen des Inhaltes einer ihn betreffenden Maßnahme an das Parlament oder den Landesherrn wandte, konnte das nach wie vor tun. Doch war die Aussicht mit einer individuellen Eingabe tatsächlich erfolgreich zu sein, gering.

In diese Richtung ging auch das »Patent« Friedrich Wilhelms IV. von Preußen vom 03.02.1847, nach dem die »Anbringung von Petitionen« und deren Zulassung durch den vereinigten Landtag verboten war[79]. Der Preußenkönig wollte mit diesem Verbot weniger in die Problematik des Petitionsrechts der einzelnen Bürger eingreifen, als vielmehr deutlich machen, dass es sich bei dem vereinigten Landtag nicht um eine Volksvertretung handele, sondern lediglich »um eine beratende Ständeversammlung, die bei Bedarf dem Souverän Rat zu geben habe, wenn sie vom Fürsten gefragt würden.«[80]

Aber das politische Petitionsrecht war durch die rückwärtsgewandten Restaurationsbemühungen nicht aufzuhalten. Nach und nach wurden alle das Petitionsrecht beeinträchtigenden oder gar verbietenden Gesetze aufgehoben und ein Petitionsrecht auch in kollektiver Form anerkannt. Die Folge war eine verstärkte Inanspruchnahme dieses Instrumentes, um damit an dem politischen Prozess im Lande teilzunehmen.[81] Hier gibt es keine überlieferte Erkenntnis, welchen Erfolg derartige Eingaben hatten. Es ist davon auszugehen, dass bei der großen Zahl der

---

76 Vgl. *Klein* in Maunz/Dürig/Herzog/Scholz aaO, Rdnr. 9 zu Art. 17 GG.

77 Vgl. *Klein* in Maunz/Dürig/Herzog/Scholz, aaO.

78 »Bundesbeschluß betreffend Petitionen und Protestaktionen gegen die von der Gesamtheit des Bundes im Interesse der inneren Ruhe und gesetzlichen Ordnung gefaßten Bundesbeschlüsse« vom 9. August 1832 – http://www.verfassungen.de/de/de06-66/bundesbeschluss24.htm (Quelle, *Ernst Rudolf Huber*, Dokumente zur deutschen Verfassungsgeschichte, 2000, Bd.1, S. 136); *Bauer*, aaO, in DÖV 2014, 453–464(454) u. Fn. 15; *Ulli Rühl*, Der Umfang der Begründungspflicht von Petitionsbescheiden, in DVBl 1993, 14ff (16).

79 Zitiert nach *Kumpf* in Erler/Kaufmann (Hrsg), Handwörterbuch der Deutschen Rechtsgeschichte, Bd. III, S. 1642 Fn. 25.

80 Vgl. *Robert v. Mohl*, Beiträge zur Lehre vom Petitionsrecht in Constitutionellen Staaten, in Staatsrecht, Völkerrecht und Politik, 1860, Bd. I, S. 253.

81 Vgl. *Kumpf*, aaO, S. 81ff; 144ff; vgl. *Klein* in Maunz/Dürig/Herzog/Scholz, aaO, Rdnr. 10 zu Art. 17 GG.

eingegangenen Petitionen vieles zur Routine wurde und tatsächliche Änderungen oder gar Neuerungen in eher sehr bescheidenem Maß eintraten[82].

Die ständischen Beschränkungen des Petitionsrechts wurden ein Jahr später mit der Preußischen Verfassungsurkunde von 1850 beseitigt.[83] Art. 32 gewährte allen Preußen das Petitionsrecht und Art. 81 regelte die Befugnisse des Landtages, der die an ihn gerichteten Eingaben an die jeweiligen Minister überweisen konnte.

Das Recht der Bürger, sich ungehindert mit Bitten und Beschwerden an die Kammern zu wenden, war ein großer Schritt nach vorne.

IV. Zeit von 1871 bis 1945

Da die Reichsverfassung von 1871[84] auf einen Grundrechtsteil verzichtete, findet sich in ihr auch kein Individualrecht des Petenten. Der Begriff Petition wird in Zusammenhang mit den Rechten des Reichstages erwähnt. Danach war der Reichstag befugt, an ihn gerichtete Petitionen an den Bundesrat oder den Reichskanzler zu überweisen.

Art. 23 der Reichsverfassung von 1871 war demnach eine Kompetenznorm[85]. Er begründete die Befugnis des Reichstages, sich einer an ihn gerichteten Petition anzunehmen, über sie zu beschließen und diesen Beschluss dann dem Bundesrat oder dem Reichskanzler zuzuleiten.[86] Die Behandlung der Petition im Reichstag war

---

82 Vgl. *Klein* in Maunz/Dürig/Herzog/Scholz aaO, Rdnr. 9 zu Art. 17; *Kumpf* aaO, S. 393.

83 (revidierte) Verfassungsurkunde für den Preußischen Staat vom 31.01.1850 Artikel 32: »Das Petitionsrecht steht allen Preußen zu. Petitionen unter einem Gesamtnamen sind nur Behörden und Korporationen gestattet.« Artikel 81: »[1] Jede Kammer hat für sich das Recht, Adressen an den König zu richten.
[2] Niemand darf den Kammern oder einer derselben in Person eine Bittschrift oder Adresse überreichen.
[3] Jede Kammer kann die an sie gerichteten Schriften an die Minister überweisen und von denselben Auskunft über eingehende Beschwerden verlangen.«
Verfassungs-Urkunde des Preußischen Staates (31.01.1850) in documentArch.de und http:/www.verfassungen.de/de/preussen50-index.htm.
Dazu auch *Gerhard Anschütz*, Die Verfassungsurkunde für den Preußischen Staat vom 31. Januar 1850, 1912, S. 942f.

84 Nach dem Krieg gegen Frankreichs Napoleons III. von 1870/71 wurde das Deutsche Kaiserreich gegründet, das die Verfassung vom 16. April 1871 (RGBl. 1871, S. 63) erhielt.

85 Art. 23 RV: »Der Reichstag hat das Recht, innerhalb seiner Kompetenz Gesetze vorzuschlagen und an ihn gerichtete Petitionen dem Bundesrate resp. Reichskanzler zu überweisen«. Vgl. *Klein* in Maunz/Dürig/Herzog/Scholz aaO, Rdnr. 12 zu Art. 17 GG.

86 *Klein* in Maunz/Dürig/Herzog/Scholz aaO, Rdnr. 12 zu Art. 17 GG spricht von einem »Petitionsüberweisungsrecht«.

in dessen Geschäftsordnung geregelt.[87]. Danach wurde sie, wenn es der Reichstag für erforderlich hielt, in einer Petitionskommission beraten, die das Plenum des Reichtages wöchentlich über den Inhalt der Petitionen zu informieren hatte. Eine inhaltliche Beratung im Plenum des Reichstages fand nur in Ausnahmefällen statt.[88] Es wurde aber ein Bescheid erstellt, der den Petenten über den Ausgang des Verfahrens in Kenntnis setzte.[89] Eine weitergehende Verpflichtung in Richtung einer erkennbaren inhaltlichen Auseinandersetzung mit dem Anliegen des Petenten, wurde nicht festgelegt. Insgesamt kann man sagen, dass durch das Petitionswesen der Reichstag einen hohen Informationsstand über »Verwaltungsvorgänge, Missstände und Fehlentwicklungen«[90] in der Verwaltung erhielt, der ihn in die Lage versetzte, die Abstellung dieser Dinge bei der Exekutive anzumahnen und auf diesem Wege eine Kontrollfunktion auszuüben.

Bereits zur Zeit des Kaiserreiches (1871 bis 1918) war umstritten, ob die Reichsverfassung das Petitionsrecht als subjektives öffentliches Recht garantiert.[91] Nicht streitig war, dass Art. 23 der Reichsverfassung von 1871 als »Kompetenznorm«[92] das Recht voraussetzt, Eingaben an alle Reichsorgane zu richten. Ob diese faktische Möglichkeit aber ein subjektives Recht gerichtet auf eine Bescheidungspflicht war, ist umstritten.[93] Auf der einen Seite wurde das Petitionsrecht auf eine Stufe mit dem »Recht« des »Briefeschreibens oder Singens« gestellt, während andere[94] die Pflicht des Adressaten zur Annahme und Erledigung einer Petition herausstellten und dem Petenten einen Anspruch auf Vornahme bestimmter Handlungen, die dem »Anspruch auf Rechtsschutz analog« seien, zubilligten.

87 Vgl. §§ 26, 28, 35, 50 GORT, abgedruckt bei *Ernst Rudolf Huber*, Deutsche Verfassungsgeschichte seit 1789, 2. A.; 1957, Dokumente II Nr. 234; vgl. *Klein* in Maunz/Dürig/Herzog/Scholz aaO, Rdnr. 12 zu Art. 17 GG.

88 Vgl. *Klein* in Maunz/Dürig/Herzog/Scholz, aaO, Rdnr. 12 zu Art. 17 GG.

89 Vgl. *Klein* in Maunz/Dürig/Herzog/Scholz aaO.

90 Vgl. *Klein* in Maunz/Dürig/Herzog/Scholz aaO.

91 Vgl. *Klein* in Maunz/Dürig/Herzog/Scholz aaO, Rdnr. 13 zu Art. 17 GG.

92 Vgl. *Klein* in Maunz/Dürig/Herzog/Scholz, aaO, Rdnr. 12 zu Art. 17 GG.

93 *Paul Laband*, Das Staatsrecht des Deutschen Reiches, Bd. 1, 5. A. 1913, S. 282, 306 bemerkt z.B. zu dem Umstand der fehlenden positiven Erwähnung des Petitionsrechts, dass es sich bei diesem Recht um ein »natürliches Recht wie das Recht, Briefe zu schreiben oder Lieder zu singen« handele; *Bornhak*, aaO, S. 405, der das Recht zu bitten mit dem Recht zu schlafen auf eine Stufe stellte.

94 *Georg Meyer/Gerhard Anschütz,* Lehrbuch des deutschen Staatsrechts, 7. A. 1919, S. 972; *Klein* in Maunz/Dürig/Herzog/Scholz aaO, Rdnrn. 12, 13; dazu *Rühl* in DVBl. 1993, 17; vor allem *Anschütz*, Die Verfassungs-Urkunde für den Preußischen Staat vom 31. Januar 1830, 1912, S. 942f bezeichnet das Petitionsrecht als subjektives öffentliches Recht mit einer negativen und einer positiven Dimension. Der status negativus beträfe die Freiheit, ungehindert Bitten und Beschwerden einzubringen (S. 544) und der status positivus beinhalte das Recht auf ein bestimmtes Tätigwerden des Staates (S. 445).

Insgesamt gab es in der Zeit ab 1871 bis zum Ende des Ersten Weltkrieges aber keine Abwehrhaltung staatlicher Organe gegenüber Petitionen.[95] Tatsächlich bestand nicht nur ein Petitionseinbringungsrecht,[96] sondern die Petitionen wurden auch beschieden, das heißt, die damalige Praxis kam de facto einem subjektiven öffentlichen Recht auf Einbringung und Bescheidung einer Petition nahe.[97].

Diese Entwicklung fand in Art. 126 der Weimarer Reichsverfassung von 1919 ihren normativen Ausdruck. Art. 126 WRV[98] stellte klar, dass das Petitionsrecht als unmittelbar geltendes subjektives öffentliches Recht einzuordnen war.[99] Nach diesem Artikel hatte »jeder Deutsche das Recht, sich schriftlich mit Bitten oder Beschwerden an die zuständige Behörde oder Volksvertretung zu wenden.«[100] Und weiter wird zur Klarstellung bestimmt, dass »dieses Recht sowohl von einzelnen als auch von mehreren gemeinsam ausgeübt« werden könne. Damit war das Petitionsrecht ein Teil des status positivus und war qua Verfassungssatz ein subjektives öffentliches Recht, dem einerseits abwehrrechtliche, andererseits leistungsrechtliche Funktion zukam.[101] Art. 126 WRV gewährte dem Petenten nunmehr einen Anspruch auf Entgegennahme, Erledigung und Bescheidung seines Anliegens.[102] Somit stand auch fest, dass bei Aufsichtsbeschwerden die zuständige Stelle oder Dienststelle diese entgegennehmen, »erledigen«, und dem Beschwerdeführer eine Beschwerdebescheidung mitteilen musste.

In Art. 126 WRV wurde mit der Formulierung »jeder Deutsche« eine auf den ersten Blick deutliche Einschränkung des Kreises der Grundrechtsberechtigten vorgenommen. Allerdings wurde diese Regelung schon bald für missverständlich angesehen. Es kamen Meinungsverschiedenheiten darüber auf, ob das Petitionsrecht auch Ausländern zustehen könne oder ob es nur Deutschen vorbehalten war.[103] Hinter diesem Meinungsstreit[104] standen die unterschiedlichen Auffassungen über die Rechtsnatur des Petitionsrechts: Ist es ein bürgerliches auf Teilnahme an der

---

95 Vgl. *Klein* in Maunz/Dürig/Herzog/Scholz, aaO, Rdnr. 14 zu Art. 17 GG.

96 Vgl. *Klein* in Maunz/Dürig/Herzog/Scholz, aaO, Rdnr. 13 zu Art. 17 GG.

97 Vgl. *Klein* in Maunz/Dürig/Herzog/Scholz, aaO, Rdnr. 14 zu Art. 17 GG.

98 Vom 11.08.1919,(Veröffentlichung im RGBl. Nr. 52, S. 1383.

99 Vgl. *Anschütz* , Kommentar, aaO, Anm. 2 zu Art. 126 WRV; *Karl Hüfner*, Petitionsrecht (Bitt- und Beschwerderecht) in Nipperdey (Hrsg.) Die Grundrechte und Grundpflichten der Reichsverfassung, Bd. 2, Art. 118–142, 1930, S. 179.

100 Art. 126 WRV: »Jeder Deutsche hat das Recht, sich schriftlich mit Bitten und Beschwerden an die zuständige Behörde oder an die Volksvertretung zu wenden. Dieses Recht kann sowohl von einzelnen als auch von mehreren gemeinsam ausgeübt werden.«

101 Vgl. *Klein* in Maunz/Dürig/Herzog/Scholz aaO, Rdnrn. 15, 16 zu Art. 17 GG.

102 Vgl. *Anschütz* , Kommentar, aaO, Anm. 2 zu Art. 126 WRV.

103 Vgl. K*lein* in Maunz/Dürig/Herzog/Scholz aaO, Rdnr. 16 zu Art. 17 GG m. Nw.

104 *Hüfner*, aaO, S. 180; *Carl Schmitt*, Verfassungslehre, 1993, S. 169 wollte das Petitionsrecht nur Deutschen gewähren; *Anschütz*, Kommentar, aaO, Anm. 2 zu Art. 126 WRV gestand das Petitionsrecht auch Ausländern zu.

Willensbildung des Staates gerichtetes Recht oder steht es einem kollektiv ausgeübten, dem Volksbegehren als demokratischem Staatsbürgerrecht ähnlichem Recht näher.[105] Der Meinungsstreit wurde nicht ausgetragen, da er überwiegend akademischer Art war und fast nie relevant wurde. Die Fälle wurden auf pragmatische Weise erledigt.[106]

So sprach letztlich alles dafür, das Petitionsrecht als Mittel der Verfolgung individueller Interessen auch für nicht deutsche Staatsbürger zuzulassen. Es gab schon damals keinen nachvollziehbaren Grund, ein individuelles Anliegen eines Ausländers nicht entgegenzunehmen, nicht zu »erledigen« und nicht zu bescheiden, ebenso wie es keinen Grund dafür geben kann, einem Ausländer zu verwehren, sich über die Art und Weise der Amtsführung eines Behördenmitarbeiters im Wege der Aufsichtsbeschwerde zu beklagen und um Abhilfe zu bitten.[107]

Festzustellen ist, dass in der Kaiserzeit die Petition an den Reichstag eher einen Hinweis des Reichstages an die Regierung bewirkte, die verwaltungsmäßige Kontrollfunktion über die Exekutive in Angelegenheiten von allgemeinem Interesse auszuüben.[108] Nachdem die Kontrollfunktion des Parlamentes gegenüber der Regierung sich verfestigt hatte, stand nunmehr der Schutz der mit einer Petition verfolgten individuellen Interessen im Vordergrund.[109] Entsprechend waren die Bestimmungen der Geschäftsordnung des Reichstages ausgerichtet[110], die verschiedene Arten der Erledigung der Petition vorsahen und festlegten, dass den Petenten die Art der Erledigung mitzuteilen sei.[111] Diese Formulierung über die verwaltungsmäßige Abarbeitung einer Petition oder Aufsichtsbeschwerde sollte sich als langlebig erweisen, im Grunde genommen bis zum heutigen Tag.

Während der Zeit des Nationalsozialismus von 1933 bis 1945 wurde das Petitionsrecht seiner kritischen Funktion und oppositionellen Seite entkleidet, Art. 126 WRV jedoch offiziell nicht außer Kraft gesetzt.[112] »Demokratisch legitimierte,

---

105 Vgl. *Klein* in Maunz/Dürig/Herzog/Scholz aaO, Rdnr. 16 zu Art. 17 GG m. Nw.

106 Vgl. *Klein* in Maunz/Dürig/Herzog/Scholz aaO, Rdnr. 12 zu Art. 17 GG.

107 Vgl. auch *Blomeyer-Bartenstein/Närger*, aaO, S. 34.

108 Wobei immer die Frage zu beantworten war, inwieweit die Legislative ohne Verstoß gegen das Prinzip der Gewaltenteilung tatsächlich auf die Exekutive Einfluss nehmen konnte.

109 Vgl. *Klein* in Maunz/Dürig/Herzog/Scholz aaO, Rdnr. 17 zu Art. 17 GG.

110 Vgl. §§ 63ff GORT vorm 12.12.1922 (RGBl 123 II. S. 101).

111 Vgl. *Klein* in Maunz/Dürig/Herzog/Scholz aaO.

112 Allerdings beschloss der Reichstag am 23.03.1933 mit 441 zu 91 Stimmen das sog. »Ermächtigungsgesetz«, nach dem auf vier Jahre anstelle des Parlaments die Regierung das Recht zur Gesetzgebung erhielt. Dieser Verstoß gegen das Prinzip der Gewaltenteilung besiegelte das Ende der Weimarer Republik und des Rechtsstaates. Durch weitere Gesetze (z.B. Gleichschaltungsgesetze) wurde die WRV praktisch gegenstandslos. Nach dem Tod des Reichspräsidenten Paul v. Hindenburg wurde mit dem Gesetz vom 01.08.1934 das Amt des Reichspräsidenten beseitigt und dessen Befugnisse auf den »Führer und Reichskanzler« übertragen, der damit Staatsoberhaupt, Gesetzgeber und Gerichtsherr (ab 26.04.1942), Oberbefehlshaber der

transparente Nachprüfungsmechanismen und -verfahren«[113] waren nicht erwünscht und fanden nicht mehr statt. Das Petitionsrecht verlor für die Bürger seine bis dahin ausgleichende und schützende Funktion gegenüber staatlicher Maßnahmen. In den Folgejahren nach 1933 konnte jeder verfolgt werden, der der Staatsgewalt auffiel. Wer sich mit Eingaben und Beschwerden an öffentliche Stellen wandte und von den Funktionsträgern der NS-Staatsmacht als »Quengler, Querulant oder Nörgler« ausgemacht wurde, konnte festgenommen und in die gefürchtete »Schutzhaft« genommen werden.[114]

Um 1943 hatte sich hinsichtlich der an Adolf Hitler und an die »Kanzlei des Führers«[115] gerichteten Schreiben und Eingaben der Zuständigkeitsbereich des »NSDAP Reichsleiters« Martin Bormann herausgebildet. Er sichtete in seiner Funktion als »Sekretär des Führers« sämtliche Eingaben und Beschwerden aus dem Bereich der Partei und ihrer Organisationen. Bormann entschied zunehmend allein, wer direkten Zugang zu Hitler bekam, um sein Anliegen vorzubringen. Im Einzelfall schlug er Hitler vor, der Eingabe oder Beschwerde vor Ort durch Beauftragte nachgehen zu lassen.[116]

Mit dem historisch gewachsenen Petitionsrecht hatte das nichts mehr zu tun. Das Petitionsrecht als Grundrecht war während der Zeit des Nationalsozialismus nicht existent.[117]

Wehrmacht und Führer der einzigen Partei (NSDAP) war (Gesetz zur Sicherung der Einheit von Partei und Staat vom 01.12.1933). Damit war eine absolute Diktatur installiert. Der parlamentarische Staat war ein »völkischer Führerstaat« geworden. Vgl. dazu *Hesselberger*, aaO, Einl. S. 21.

113 Deutscher Bundestag, Von der Untertanenbitte zum politischen Bürgerrecht, Einführung in das Petitionsrecht, Webseite.

114 Deutscher Bundestag, Stichwort Petition, S.17; *Mühlberg*, aaO, S. 47, 83ff; dazu auch *Riehm/Coenen/Blümel*, Bürgerbeteiligung, aaO, 2009, II, 6, S. 51.

115 »Kanzlei des Führers der NSDAP«. Sie war eine 1934 eingerichtete Parteieinrichtung der NSDAP, unterstand als Privatkanzlei unmittelbar Adolf Hitler und war insbesondere für an Adolf Hitler gerichtete Bitt- und Gnadengesuche zuständig. (Hitler unterstanden zudem die Präsidialkanzlei [als Staatsoberhaupt ab 1934], die Reichskanzlei [als Reichskanzler] und die Parteikanzlei [ab 1941 unter Martin Bormann, davor »Stab des Stellvertreters des Führers« unter Rudolf Heß]. Bormann konnte ab 1942 seinen Einfluss auf Hitler verstärken und bestimmte ab dem 12.04.1943 als »Sekretär des Führers« praktisch alles, was Hitler vorgelegt wurde.)

116 Deutscher Bundestag, aaO, S. 17.

117 Vgl. *Mühlberg*, aaO, S. 47, der zu Recht darauf hinweist, dass die Petitionspraxis im »3. Reich« weitgehend unbearbeitet ist (S. 39); so auch *Riehm/Coenen/Lindner/Blümel*, Bürgerbeteiligung, aaO.
Typisch für demokratische Regierungssysteme ist die Macht- bzw. Eingriffsbeschränkung des Petitionsadressaten gemäß dem Grundsatz der Gewaltenteilung. Das ist bei absolutistischen bzw. diktatorischen Regimes anders. Hier gibt es diese Einschränkung nicht. Der absolute Herrscher oder Diktator kann unmittelbar auf

V. Die Dienstaufsichtsbeschwerde nach dem Grundgesetz und den Verfassungen der Bundesländer

1. Entwicklungen des Eingaben- und Beschwerderechts nach 1945

Nach der Unterbrechung der Entwicklung des Eingabe- und Beschwerderechts in der Zeit des Nationalsozialismus, in der das Recht der Bürgerbeschwerde über das Handeln der öffentlichen Verwaltung praktisch nicht mehr existent war, war nach dem Krieg die weitere Entwicklung des Eingaben- und Aufsichtsbeschwerdenrechts mit Art. 126 WRV vorgezeichnet und setzte sich mit der Formulierung des Grundgesetzes fort. In Art. 17 des Grundgesetzes vom 23.05.1949 fand nach ausführlichen Beratungen die folgende Fassung Eingang:

> *»Jedermann hat das Recht, sich einzeln oder in Gemeinschaft mit anderen schriftlich mit Bitten und Beschwerden an die zuständigen Stellen und an die Volksvertretung zu wenden.«*

Positivrechtlich war damit auch die Zulässigkeit von Sammel- und Massenpetitionen geklärt.[118] Hinter der Ersetzung des Begriffs »Behörde« aus dem Entwurf des Verfassungskonvents von Herrenchiemsee durch »zuständige Stelle« stand die Überlegung, dass Petitionen auch an internationale Organisationen möglich seien.[119] Insofern gingen die »Väter des Grundgesetzes« davon aus, dass der Begriff »Stelle« umfassender ist als derjenige der »Behörde«. Dem ist zuzustimmen, da der Ausdruck »Stelle« keinen Sach- und Adressatenbezug hat und mehr als ein »Oberbegriff« ist.[120] Damit war eine Entwicklung abgeschlossen und das Petitionsrecht und mit ihm das Recht, Aufsichts- und Dienstaufsichtsbeschwerden zu erheben, in dem Rechtsbewusstsein der Menschen verankert.[121]

Grund einer Eingabe in den Sachverhalt eingreifen, selbst dann, wenn der Petent sich über ein Gerichtsurteil beklagt. Vgl. *Riehm/Coenen/Blümel*, Bürgerbeteiligung, aaO, 2009, II, 6, S. 50, Fn. 9, die auf den historischen Fall hinweisen, in dem Friedrich II. von Preußen auf Grund der Eingabe des Müllers Arnold, der sich durch ein Gerichtsurteil in seinen Rechten verletzt sah, dieses aufhob.

118 Vgl. *Klein* in Maunz/Dürig/Herzog/Scholz aaO, Rdnr. 12 zu Art. 22 GG.

119 Vgl. *Klein* in Maunz/Dürig/Herzog/Scholz aaO, Rdnr. 12 zu Art. 22 GG m. Nw.

120 Vgl. *Klein* in Maunz/Dürig/Herzog/Scholz aaO, weist darauf hin, dass das englische »agency« dabei Pate stand.

121 Zu der Entwicklung der Formalien in Art. 17 GG im Einzelnen *Klein* in Maunz/Dürig/Herzog/Scholz aaO, Rdnrn 22–25 zu Art. 17 GG; vgl. auch *Bauer*, aaO, in DÖV 2014, 453–464(453).
Die Aufnahme des Petitionsrechts in den Katalog der Grundrechte war nicht unumstritten. Bei den Beratungen zum Grundgesetz wurde von dem Redaktionsausschuss des Parlamentarischen Rats das Petitionsrecht als »antiquiert und deshalb entbehrlich« angesehen (vgl. *Karl Korinek*, Das Petitionsrecht im demokratischen Rechtsstaat, 1977, S. 5). Obwohl sich diese Ansicht nicht durchsetzte, gab es bis in

In der 7. Wahlperiode 1975 des deutschen Bundestags erfuhr das Petitionsrecht insofern eine Ausweitung, als der Petitionsausschuss, dessen Arbeit seit 1949 in der Geschäftsordnung des Deutschen Bundestages geregelt war, als selbständiger Ausschuss eine eigene Normierung in Art. 45c GG erhielt. Mit seinen erweiterten Rechten zur Sachaufklärung[122] rückte er in die Nähe der parlamentarischen Untersuchungsausschüsse.[123]

Ein weiterer Schritt zur zeitgemäßen Petitionseinlegung mit der Reform vom 01.09.2005[124] war die Gestattung, neben der schriftlichen Einsendung bzw. Übermittlung von Petitionen diese auch per Telefax oder online mit einem Web-Formular über das Internet an den Ausschuss zu senden[125] und gegebenenfalls im Internet zu

---

die 1970er Jahre Diskussionen darüber, ob das Petitionsrecht ein »Verfassungsrelikt der konstitutstionellen Epoche« (*Korinek*, aaO) sei; dazu auch *Riehm/Coenen/Lindner/Blümel*, Bürgerbeteiligung, aaO, 2009, II, 6, S. 51. Im Jahr 2007 wird in einer Forschungsarbeit (des Instituts für Kooperationsmanagement und interdisziplinärer Forschung, Das Petitionswesen im internationalen Vergleich unter besonderer Berücksichtigung neuer Informations- und Kommunikationstechnologien) festgestellt, dass das deutsche Petitionswesen »nicht auf der Höhe der Zeit« sei. International habe sich erfolgreich die Einrichtung des Ombudsmannes durchgesetzt, weil sie eine Beteiligungsmöglichkeit an administrativen Verfahren biete sowie neue Kommunikations- und Kosultationsformen zwischen Bürgern und Entscheidungsträgern sowie indirekt demokratische Verfahren. Vgl. *Riehm/Coenen/Lindner/Blümel*, Bürgerbeteiligung, aaO).

122 Vgl. Gesetz über die Befugnisse des Petitionsausschusses v. 19.07.1975 (BGBl. I. S. 1921: Aktenvorlage, Akteneinsicht, Auskunftserteilung, Inspektionsrecht vor Ort [nur bei Behandlung von Beschwerden]).

123 Art. 45 c GG: »Der Bundestag bestellt einen Petitionsausschuss, dem die Behandlung der nach Art. 17 an den Bundestag gerichteten Bitten und Beschwerden obliegt. Die Befugnisse des Ausschusses zur Überprüfung von Beschwerden regelt ein Bundesgesetz.« Art. 45 c GG ist einer der »Verfassungsausschüsse«, d. h. er gehört zu den Gremien, die vom Grundgesetz ausdrücklich verlangt werden: Nach Art. 45 GG sind stets folgende Ausschüsse vom Bundestag einzusetzen: Ausschuss für Auswärtige Angelegenheiten, für Verteidigung, für Angelegenheiten der Europäischen Union, der Petitionsausschuss und im Verteidigungsfall drn Gemeinsame Ausschuss (Art. 53a GG).
Vgl. dazu Deutscher Bundestag, Von der Bitte zum Bürgerrecht, 2010, S. 18f.

124 Im September 2005 beschloss der Deutsche Bundestag einen Modellversuch »Öffentliche Petitionen«. 2007 wurden dem Parlament die Ergebnisse vorgelegt und es beschloss die Überführung des Modellversuchs in den Regelbetrieb; vgl. *Riehm/Coenen/Blümel*, Bürgerbeteiligung, aaO, 2009, S. 26 und zu den Ergebnissen des Modellversuchs im Einzelnen, VI, 1ff, und S. 207ff; zur Online-Petition auch *Steffen Elsner*, Das Petitionsrecht zwischen politischer Teilhabe und Partizipationsplacebo, in Newsletter Wegweiser Bürgerschaft 16/2009 v. 14.08.2009.

125 *Riehm/Coenen/Lindner/Blümel*, Bürgerbeteiligung, aaO, 2009, III, S. 59; *Klein* in Maunz/Dürig/Herzog/Scholz aaO, Rdnr. 63 zu Art. 17 GG; *Dieter Hömig*, Grundgesetz für die Bundesrepublik Deutschland, 10. A. 2013, Rdnr. 6 zu Art. 17 GG.

veröffentlichen und um Unterstützer zu werben (»öffentliche Petition«). Die gleiche Entwicklung vollzog sich auch bei der Einlegung der Dienstaufsichtsbeschwerde.[126] Heute kann jedermann mit einem Anliegen von allgemeinem Interesse in Form einer »öffentlichen Petition«[127] an der Aufdeckung von Schwachstellen behördlicher Maßnahmen und Gesetzeslücken mitwirken und sich mit einem Beitrag in einem Diskussionsforum auf der Internetseite des Petitionsausschusses beteiligen.[128]

2. Das Eingabe- und Beschwerderecht in den Bundesländern

Ein Blick auf die Verfassungen der Bundesländer hinsichtlich des Eingabe- und Beschwerderechts ergibt Folgendes: In einigen Verfassungen – wie in den Verfassungen von Bayern, Berlin, Brandenburg, Hessen, Mecklenburg-Vorpommern, Rheinland-Pfalz, Sachsen, Sachsen-Anhalt und Thüringen – gibt es ein normiertes Petitionsrecht.[129] Andere Bundesländer – wie Baden-Württemberg, Niedersachsen, Nordrhein-Westfalen – haben in ihrem Verfassungstext ausdrücklich auf die Grundrechte des Grundgesetzes Bezug genommen und somit auch Art. 17 GG übernommen. Die Bremische und Hamburgische Verfassung, diejenige des Saarlandes und Schleswig-Holsteins haben keinen eigenen Grundrechtsteil und verfügen damit über kein landesrechtlich normiertes Petitionsrecht. Das war auch nicht notwendig.

---

126 vgl. 4. Abschn. I, 3.

127 »E-Petition«. Online-Petitionen und öffentliche Petitionen sind elektronische Petitionen. Die Online-Petition wird über ein Web-Formular elektronisch eingereicht und wie eine herkömmliche Petition behandelt. Die öffentliche Petition wird ebenfalls elektronisch eingereicht, aber als Anhang einer E-Mail an den Petitionsausschuss. Sie wird im Internet veröffentlicht und andere Personen können sie unterstützen (mitzeichnen) oder in einem Forum diskutieren.

128 Deutscher Bundestag, aaO, S. 18ff; *Ralf Lindner/Ulrich Riehm*, Modernisierung des Petitionswesens und der Einsatz neuer Medien, ZParl, Heft 3, S. 495–512 m. Nw. *Riehm/Coenen/Blümel*, Bürgerbeteiligung, aaO, S. 26f und 107ff zur Nutzung des Internets »für bürgerschaftliche Partizipation« in Deutschland und im internationalen Vergleich.

129 Art. 115 BayVerf, Gesetz über die Behandlung von Eingaben und Beschwerden an den Bayerischen Landtag nach Art. 115 der Verfassung vom 09.08.1993 /GVBl. S.544, §§ GOLT; Art. 34, 46 BerlVerf, Gesetz über die Behandlung von Petitionen an das Abgeordnetenhaus von Berlin vom 25.11.1969 (GVBl. S. 2511), §§ 22 GOAbgH; Art. 24, 71 BdgVerf; Gesetz über die Behandlung von Petitionen an den Landtag von Brandenburg vom 13.12.1991 (GVBL. S. 643), § 86 GOLT; Art. 16, 94 HessVerf, § 38 GOLT; Art. 5 Abs. 3, 10, 35 LVerfM-V, Gesetz über die Behandlung von Vorschlägen, Bitten und Beschwerden der Bürger sowie über den Bürgerbeauftragten des Landes Mecklenburg-Vorpommern vom 05.04.1995 (GVBl. S. 190); Art. 11, 90, 90a Rhl-PfVerf, §§ 99ff GOLT; Art. 35, 53 SächsVerf, Gesetz über den Petitionsausschuss des Sächsischen Landtags vom 11.06.1991 (GVBl. S. 90), §§ 90ff GOLT; Art. 19, 61 SachsAnhVerf, §§ 47ff GOLT; Art.14, 65 ThürVerf, Gesetz über die Behandlung von Petitionen vom 28.06.1994 (GVBl. S. 79), §§ 94ff GOLT.

So ist beispielsweise die Verfassung der Freien und Hansestadt Hamburg am 6. Juni 1952 in Kraft getreten und damit eine nachkonstitutionelle Landesverfassung. Dies bedeutete, dass die Grundrechte der übergeordneten Verfassung des Bundes festgelegt waren und nicht wiederholt zu werden brauchten. Der Hamburgische Verfassungsgeber setzte das Bestehen eines Petitionsrechts als selbstverständlich voraus, da der sachliche Geltungsbereich des Art. 17 GG nicht auf die Bundesebene beschränkt ist, sondern stets seine Wirkung auf die Länder erstreckt, deren »zuständige Stellen« und die Parlamente verpflichtet, und zwar unabhängig von einer Normierung des Petitionsrechts in den Länderverfassungen.[130]

Auffallend ist, dass alle fünf Bundesländer des Beitrittsgebietes – also der sog. neuen Bundesländer – in ihren Verfassungen das Grundrecht auf Petition festgeschrieben haben.[131] Das wäre nach den eben dargelegten Erwägungen entbehrlich gewesen. Eine Erklärung hierfür ist in der historischen Entwicklung dieses Teils Deutschlands bis zur Vereinigung zu finden, aber auch in einer später zu erörternden Weiterentwicklung des Petitionsrechts des Art. 17 GG. Von besonderer Relevanz ist weiterhin, dass die Länder Thüringen, Sachsen und Mecklenburg-Vorpommern in ihren jeweiligen Verfassungen über das Recht, jederzeit eine Petition einzureichen, im Gegensatz zu Art. 17 GG auch die Petitionsverpflichteten angesprochen haben.

Einschränkungen des Petitionsrechts finden sich in den Verfassungen der neuen Bundesländer somit nicht. Vielmehr ist beispielsweise in den Verfassungen der Länder Mecklenburg-Vorpommern, Sachsen und Thüringen ein erweiterter Funktionsbereich des Petitionsrechts festzustellen, auf den besonders einzugehen ist.[132]

VI. Die Herausbildung der Dienstaufsichtsbeschwerden

Das allgemeine Eingabe- und Beschwerderecht unterlag im Laufe seiner Entwicklung einem Wandel. Das gilt auch für das Recht des Bürgers, sich mit einer Beschwerde an die Verwaltungsbehörden zu wenden, wenn er glaubt, durch eine Maßnahme beeinträchtigt zu sein. Ihre Wurzeln hat die Dienstaufsichtsbeschwerde nach der Überwindung der ständischen Beschränkungen des Petitionsrechts im Art. 32 Preußische Verfassungsurkunde von 1850[133], nach dem sich erstmals jedermann ungehindert an die Volksvertretungen bzw. Kammern wenden konnte mit der Formulierung der Begriffe: »Bitten und Beschwerden«.

Ausgehend von der Erkenntnis, dass eine Petition gemäß ihrer historischen Entwicklung eine Vielzahl unterschiedlicher Begehren zum Inhalt haben kann und vor

130 Vgl. *Klein* in *Maunz/Dürig/Herzog/Scholz* aaO, Rdnr. 27 zu Art. 17; Art. 28 HmbVerf setzt das Petitionsrecht voraus und regelt, dass die Bürgerschaft Eingaben an einen Petitionsausschuss überweist.

131 Art. 24, 71 BbgVerf, Art. 5 Abs. 3, 10, 35 LVerfM-V, Art. 35, 53 SächsVerf; Art. 19, 61 Verf-LSA, Art. 14, 65 ThürVerf.

132 Vgl. 3. Abschn. II, 1, cc, bbb.

133 Verfassungsurkunde für den Preußischen Staat vom 31.01.1850- http:/www.verfassungen.de/de/preussen50-index.htm.

allem, dass die jeweiligen Begehren durchaus unterschiedliche Adressaten betreffen können, wandte sich in der Mitte des 19. Jahrhunderts Robert von Mohl[134] dieser Unterscheidung zu. Er versuchte eine genauere Trennung der Begriffe »Bitten und Beschwerden«. Seine Überlegungen beruhten nicht zuletzt auch auf der zunehmenden Verfestigung der Notwendigkeit der Trennung der legislativen, judikativen und exekutiven Gewalten. Die Zeiten der Allmacht der Souveräne, die auf Grund einer Petition nahezu beliebig in die drei Gewalten eingreifen konnten, waren vorbei. Bei der entwickelten Unterscheidung von Bitten und Beschwerden verstand er die Bitte als eine »Petition im engeren Sinne«[135]. Mit ihr konnte der Petent z.B. einen politischen Missstand beklagen und eine Anregung zur Behebung desselben geben. Jedenfalls empfahl v. Mohl eine Tätigkeit der Legislative.

Der Petent konnte aber auch um eine wie auch immer geartete Verbesserung seiner persönlichen Lebenssituation bitten, was gegebenenfalls die Exekutive, also die Verwaltungsbehörden,betraf.

Eine Definition der Bitte lieferte Anfang des 20. Jahrhunderts Georg Jellinek. Ausgehend von dem Begriff der Petition unterschied er nach Begehren, die die faktischen und solchen, die die rechtlichen Interessen des Petenten betrafen.[136] Ein Begehren, das sich auf die Verbesserung oder Änderung der faktischen Interessen des Einzelnen bezieht, definiert er als »Bitte«. Begehrt der Petent die Berücksichtigung seiner rechtlichen Interessen, das heißt, macht er Ausführungen zu Verwaltungsentscheidungen einer Behörde, dann soll es sich um eine »Beschwerde handeln«.[137]

Die Unterscheidung von Bitten und Beschwerden veranlasste auch v. Mohl seinerzeit, die Beschwerde als eine Klage über eine Rechtsverletzung zu bezeichnen. Demgemäß schloss er die Beschwerde praktisch aus dem Begriff der Petition aus.[138] Zu der Frage der Reaktion auf eine Beschwerde fuhr er fort, dass über diese Rechtsbeschwerde die angerufene Behörde entscheiden müsse. Das heißt, dass eine beim Parlament eingelegte Rechtsbeschwerde an die jeweilige Behörde weiterzuleiten sei.

Dass die Entscheidung der Behörde dem Beschwerdeführer mitzuteilen sei, erwähnt v. Mohl nicht ausdrücklich, dieses ergibt sich aber aus dem Kontext, wenn er fortfährt, dass dieses aber nicht für die Petition – im engeren Sinne – gelte[139],

---

134 *Robert v. Mohl*, Beiträge zur Lehre vom Petitionsrechte in constitutionellen Staaten, in: ders. Staatsrecht, Völkerrecht und Politik, Bd.1, aaO, S. 222ff (253).

135 So *v. Mohl*, aaO, S. 233.

136 Vgl. *Georg Jellinek*, Das System der subjektiven öffentlichen Rechte, 2. A. 1905, S. 130f.

137 Vgl. *Georg Jellinek*, aaO, S. 131 spricht hier von der »Interessenbeschwerde als Unterfall einer Petition und billigt dem Beschwerdeführer einen aus »der Natur der Sache« folgenden formellen Anspruch auf Erledigung und Antwort zu.

138 *v. Mohl*, aaO, S. 224ff.

139 *v. Mohl*, aaO, S. 233: »Weil eine Petition nichts ist als eine Bitte, kann von dem Übergebenden eine Antwort nicht als Recht verlangt werden.«

die lediglich eine Bitte sei. Auf eine Bitte hingegen, so meint v. Mohl, könne der Übergebende »eine Antwort nicht als Recht« verlangen, wenn es auch für »die Staatsbehörden Sache der Billigkeit und Klugheit sei, auf die bei ihnen eingereichten Petitionen eine Entscheidung mitzuteilen.«[140]

In Art. 23 RVerf von 1871 wurde der Terminus »Petition« verwendet. Art. 126 WRV von 1919 orientierte sich an dem Wortlaut des Art. 159 RVerf von 1849 und verwandte die Ausdrücke »Bitten und Beschwerden«.[141] Diese Formulierung wurde in Art. 17 GG übernommen. Im Hinblick auf Art. 17 GG, nach dem »jedermann« das Petitionsrecht zusteht, wird regelmäßig auf eine besondere Unterscheidung der »Bitten und Beschwerden« verzichtet.[142] Bedeutung hat diese Unterscheidung aber dann, wenn Bitten oder Beschwerden an den Deutschen Bundestag gerichtet werden. Da der Petitionsausschuss des Deutschen Bundestages nur zu Entscheidungen über Beschwerden vorbereitet, unterscheiden die Verfahrensgrundsätze des Petitionsausschusses ausdrücklich zwischen Bitten und Beschwerden.[143] Danach sind Bitten »Forderungen und Vorschläge für ein Handeln oder Unterlassen von staatlichen Organen, Behörden oder sonstigen Einrichtungen, die öffentliche Aufgaben wahrnehmen«. Hierzu gehören insbesondere Vorschläge und Anregungen zur Gesetzgebung. Beschwerden sind »Beanstandungen, die sich gegen ein Handeln oder Unterlassen von staatlichen Organen, Behörden oder sonstigen Einrichtungen wenden, die öffentliche Ausgaben wahrnehmen.«[144] Begehrt demnach jemand mit seiner Eingabe eine Verbesserung oder Änderung seiner faktischen Interessen, dann liegt ein Begehr, ein Antrag, also eine Bitte vor. Sie ist auf eine zukünftige Verbesserung seiner augenblicklichen Situation gerichtet.

Macht er aber Beanstandungen zu Maßnahmen und Entscheidungen von Verwaltungsbehörden geltend und begehrt deren Abänderung, dann handelt es sich um eine Beschwerde. Bloße Vorwürfe, Belehrungen, in denen eine Meinung kundgetan oder Informationen ohne konkrete Forderung übermittelt werden, sind demnach keine Beschwerden.[145] Die Beschwerde bei einer »zuständigen Stelle«

---

140 *v. Mohl*, aaO; vgl. *Ulli Rühl*, Der Umfang der Begründungspflicht von Petitionsbescheiden, in DVBl 1993, 14ff (17).

141 Vgl. *Klein* in Maunz/Dürig/Herzog/Scholz, aaO, Rdnr. 40 zu Art. 17 GG.

142 z.B. *Klein* in Maunz/Dürig/Herzog/Scholz, aaO, Rdnr. 40 zu Art. 17 GG.

143 Nr. 2.1 Abs. 2 und 3 der Grundsätze des Petitionsausschusses über die Behandlung von Bitten und Beschwerden (Verfahrensgrundsätze) vom 08.03.1989, zuletzt geändert durch Beschl. v. 09.11.2011, für die 18. Wahlperiode übernommen durch Beschl. v. 15.01.2014.

144 Ebenda. Vgl. z.B. auch *Hans Hofmann* in Bruno Schmidt-Bleibtreu/Hans Hofmann/Axel Hopfauf, Kommentar zum Gundgesetz, 11. A., 2000, Rdnr. 1 zu Art. 17GG, der ausführt, dass drei Fünftel der Petitionen Beschwerden in Einzelfällen ausmachen.

145 Das gilt auch für die Petition nach Art. 17 GG, vgl. *Klein* in Maunz/Dürig/Herzog/Scholz, aaO, Rdnr. 43 zu Art. 17 GG; *Hofmann* in Schmidt-Bleibtreu/Hofmann/Hopfauf, GG, aaO, Rdnr. 19 zu Art. 17 GG .

über eine Maßnahme, ein Unterlassen einer Behörde oder über das Verhalten eines Behördenangehörigen ist damit eine besondere Form der Eingabe – eine Dienstaufsichtsbeschwerde. Sie ist im Gegensatz zur »Bitte«, die auf eine Verbesserung der künftigen Situation des Petenten gerichtet ist, ein Mittel, vergangenes Verwaltungshandeln oder Unterlassen überprüfen zu lassen.

In dieser Unterscheidung von Bitten und Beschwerden im 19. und 20. Jahrhundert ist eine beginnende Herausbildung der Beschwerde aus dem Bereich der Petition, wie sie aus der historischen Entwicklung und Überlieferung verstanden wurde, zu erkennen. Das Verlangen eines Bürgers, sich mit der Rechtmäßigkeit einer ihn betreffenden Behördenentscheidung außerhalb des Rechtsweges auseinanderzusetzen, oder seine Klage über unangemessenes bzw. ungerechtes Verhalten eines Behördenbeschäftigten ist mehr als eine »Bitte«. Vor allem konnte diesem Begehren gemäß dem Prinzip der Gewaltenteilung, wenn überhaupt, dann jedenfalls nur die Verwaltungsbehörde, also die Exekutive, abhelfen. Hieraus ist zu ersehen, dass bereits mit dem Ende des 19. und dem Beginn des 20. Jahrhunderts die Beschwerde über sachliche Verwaltungstätigkeit oder persönliches Verhalten der Verwaltungsangehörigen sich als eine besondere Ausformung der Petition herausgebildet und als Adressaten ausschließlich die Exekutive hatte.

Wann der Begriff der Dienstaufsichtsbeschwerde als Beschwerde über Verwaltungstätigkeiten genau entstanden ist, ist konkret nicht festzumachen. Vieles spricht dafür, dass er schon in der zweiten Hälfte des 19. Jahrhunderts verwendet wurde. Damals waren damit noch vor allem Schreiben über unangemessenes Verhalten von Behördenvertretern gemeint, in denen die vorgesetzten Stellen zur Ausübung ihrer Dienstaufsicht aufgefordert wurden. Das gleiche gilt aber auch für sachliche Behördenentscheidungen, die der Adressat nicht akzeptieren wollte und deshalb außerhalb des Rechtsweges die vorgesetzte Dienststelle um Überprüfung der Maßnahme im Wege der Dienstaufsicht bat.

Festzustellen ist nach alledem, dass seit ungefähr dem Ende des 19. Jahrhunderts der Begriff der Dienstaufsichtsbeschwerde gegen inhaltliche oder persönliche Verwaltungstätigkeit der Behörden Bestandteil der nicht förmlichen Rechtsbehelfe geworden ist.

VII. Das Eingabenwesen in der ehemaligen DDR

Anders verlief die Entwicklung in der ehemaligen DDR (1949 bis 1990). Dort gab es von 1952 bis 1989 kein Verwaltungsrecht und keinen Verwaltungsrechtsschutz dergestalt, dass den Bürgern subjektive öffentliche Rechte gegenüber der Verwaltung zustanden. Es gab somit kein Verwaltungsgerichtssystem zum Schutz dieser Rechte. Das war systemimmanent, da alle Staatsgewalt vom Volke ausging, über die Volkskammer und die Regierung »direkt« ausgeübt wurde und damit stets »Wille des Volkes« war. Verwaltungsgerichte waren deshalb »überflüssig«, da sie sich nicht über den Willen des Volkes hätten hinwegsetzen können.

Jedoch gab es Eingaben an die Obrigkeit. Dieses Eingabenwesen nahm eine eigene Entwicklung. Mit einer Eingabe hatte der DDR Bürger die Möglichkeit, mit der Obrigkeit selbst in Kontakt zu treten.[146] Das geschah in der Praxis in Form von Bitten und Beschwerden zu Themen des Alltags. Politische Themen oder gar Kritik, die öffentlich werden könnten, wurden unterbunden.[147]

Zu Beginn der 1960er Jahre wurde per Erlass des Staatsrates ein Eingabenwesen eingeführt, das als Ersatz für Rechtsbehelfe gegen die Verwaltung anzusehen war.[148] Eingaben sollten dazu dienen, das Vertrauen der Menschen in den Staat und die »sozialistische Gesetzlichkeit« zu festigen. In diesem Rahmen boten sie dem DDR Bürger die Möglichkeit, Konflikte mit der Verwaltung, dem Staat oder der Partei zu beseitigen.[149] Vom Inhalt her waren die Eingaben nicht eingeschränkt und reichten von Beschwerden über die Wohnungssituation bis zu Ausreiseanträgen. Oft dienten Eingaben auch als Mittel, um sich gegenüber staatlichen Organen über Erscheinungen der Mangelwirtschaft in der DDR zu beschweren. Sie dienten jedenfalls nicht einer externen Kontrolle der Verwaltung, sondern im günstigsten Fall gewährten sie »Gnade vor Recht«.[150]

Die Normierung des Eingabenwesens hatte mit der Verordnung über die Prüfung von Vorschlägen und Beschwerden der Werktätigen vom 06.02.1953 begonnen, die durch den Erlass des Staatsrates der DDR über Eingaben und deren Bearbeitung vom 21.02.1961 geändert und am 18.02.1969 aufgehoben wurde. Im Jahr 1975 wurde schließlich das Gesetz über die Bearbeitung von Eingaben der Bürger beschlossen.[151]

---

146 *Anja Schröter*, Eingaben im Umbruch, Bundeszentrale für politische Bildung – http://www.bpb.de/geschichte/zeitgeschichte/deutschlandarchiv/61448/eingaben-im-umbruch?p=all; *Klein* in Maunz/Dürig/Herzog/Scholz, aaO, Rdnr. 3 zu Art. 17 GG: »In der ehemaligen DDR kam dem Eingabewesen wegen des defizitären Petitionsausschusses außerordentliche Bedeutung zu.« Dazu *Steffen H. Elsner*, Zur praktischen Bedeutung von Eingaben in der DDR, S. 48–68, in Reinhard Bockhofer (Hrsg), Mit Petitionen Politik verändern, 1999.

147 *Wolfgang Bernet*, Eingabe als Ersatz für Rechte gegen die Verwaltung in der DDR, in: Kritische Justiz 2/1990 S. 153–161; *Ina Merkel/Felix Mühlberg*, Eingaben und Öffentlichkeit, in: Ina Merkel (Hrsg), Wir sind doch nicht die Mecker-Ecke der Nation. Briefe an das DDR Fernsehen, Köln, 1998, S. 19.

148 Erlass des Staatsrates der Deutschen Demokratischen Republik über die Eingaben der Bürger und die Bearbeitung durch die Staatsorgane vom 27.02.1961, geändert durch den Erlass des Staatsrates vom 18.02.1966 (GBl. I. S. 69). Im Jahr 1969 aufgehoben durch den Erlass des Staatsrates über die Bearbeitung von Eingaben der Bürger vom 20.11.1969 (GBl I. S. 239).

149 *Mühlberg*, Eingabengesetzgebung in der DDR, in Informelle Konfliktbewältigung, aaO, S. 69ff: »Die DDR blickte auf ein normiertes Eingabewesen zurück«.

150 Vgl. dazu: Grundsätze des Petitionsausschusses über die Behandlung von Bitten und Beschwerden (Verfahrensgrundsätze), aaO; *Mühlberg*, Informelle Konfliktbewältigung. Zur Geschichte der Eingabe in der DDR, 1999, S. 37.

151 Eingabengesetz v. 19.06.1975 (GBl 1975 I. S. 461). Faktisch aufgehoben durch den Einigungsvertrag vom 31.08.1990 (BGBl. II. S. 889).

Nach § 1 Abs. 1 EingG hatte jeder Bürger das Recht, sich schriftlich oder mündlich mit Vorschlägen, Hinweisen, Anliegen und Beschwerden an die Volksvertretungen, die staatlichen und wirtschaftlichen Organe, die volkseigenen Betriebe und Kombinate, die sozialistischen Genossenschaften und Einrichtungen sowie an die Abgeordneten zu wenden. Nachteile durften ihm dadurch nicht entstehen (§ 1 Abs. 2 EingG). Das Gesetz garantierte eine Bearbeitung der Eingabe innerhalb von vier Wochen.

Die Besonderheit des Eingabewesens der DDR war, dass die Eingabe auch an volkseigene Betriebe, sozialistische Genossenschaften etc. gerichtet werden konnte und damit praktisch die gesamte Wirtschaft einschloss. Damit stellt es sich als etwas grundsätzlich anderes dar als das herkömmliche Petitionswesen. Einerseits nutzte der DDR-Bürger das Eingabenwesen als Kommunikationsmittel, um sich mit Anliegen an den Staat oder die gesellschaftspolitisch relevanten Einrichtungen zu wenden, andererseits konnte selbst eine Häufung von Eingaben zu demselben Thema keine tatsächliche politische Einflussnahme bewirken.[152]

Insgesamt kann man sagen, dass eine Eingabe den DDR-Bürgern in einigen Fällen half, Konflikte mit der Verwaltung zu bereinigen. Ein tatsächliches Element der Partizipation war die Eingabenregelung allerdings nicht.[153] Zudem war es nicht möglich, mit einer Eingabe Öffentlichkeit herzustellen und damit die Mobilisierung anderer und öffentlichen Druck zu erreichen. Schröter[154] ist zuzustimmen, die der Eingabe in der ehemaligen DDR eine Kommunikationsmöglichkeit des Bürgers mit dem Staat zubilligt, die auch in Einzelfällen erfolgreich sein konnte. Der Eingabe schreibt sie ansonsten die Funktion eines »Stimmungsbarometers« zu, weil sie »keinen nachhaltigen Einfluss auf die politischen Entscheidungen durch Herstellung von Öffentlichkeit erwirken konnte.«

In der Broschüre des Deutschen Bundestages »Petitionen – Von der Bitte zum Bürgerrecht« wird auf Seite 17 vermerkt:

> *»Der SPD-Fraktionschef der frei gewählten Volkskammer, Richard Schröder, erinnert sich, dass dieses Eingabewesen durchaus beliebt war. Wer die Folter der Psychiater und Stasi überstand, hatte gute Erfolgsaussichten gehabt. Allein die Aufforderung des zentralen Eingabebüros an die örtlichen Behörden, zu einer Klage Stellung zu nehmen, habe oft ‚Wunder wirken' können. So seien Anliegen erreichbar gewesen, die nach Gesetzeslage und unter dem Gesichtspunkt der Gleichbehandlung fragwürdig gewesen seien. ‚Aber es war kein Rechtsweg, sondern ein feudaler Gnadenerweis', meint Schröder.«*

---

152 Vgl. *Jonathan Zatlin*, Ausgaben und Eingaben. Das Petitionsrecht und der Untergang der DDR, in ZfG (1997) 10, 902ff. Der Autor vergleicht das System der Eingaben in der DDR mit der Untertanenbitte der vordemokratischen Zeit. *Jochen Staadt*, Eingaben. Die institutionalisierte Meckerkultur in der DDR, Arbeitspapiere des Forschungsverbundes SED-Staat Nr. 24, Berlin, 1996; *Anja Schröter*, Eingaben im Umbruch, aOO; *Beatrix Bouvier*, Die DDR – ein Sozialstaat? Sozialpolitik in der Ära Honecker, 2002, S. 314 bezeichnet das Eingabenrecht der DDR als »vormodern«.

153 Anders wohl *Merkel/Mühlberg*, aaO.

154 *Anja Schröter*, aaO.

VIII. Das Eingabe- und Beschwerderecht in der Europäischen Union

Mit der Fortschreibung des europäischen Gemeinschaftsrechts in einem zusammenwachsenden Europa hat sich gezeigt, dass sich nicht alle Probleme der Bürger der Europäischen Union allein auf der nationalen Ebene lösen lassen, insbesondere dann nicht, wenn sich Probleme ergeben, die auf Regelungen der EU zurückgehen. Für Lösungen solcher Fälle hat die EU in Anknüpfung an die historische Entwicklung des Petitionsrechts Einrichtungen geschaffen, die für die Bearbeitung von Petitionen und Bürgerbegehren auf europäischer Ebene zuständig sind.[155] Das sind der Petitionsausschuss des Europäischen Parlaments, der Europäische Bürgerbeauftragte[156] und die Europäische Bürgerinitiative.

1. Petition an das Europäische Parlament

Am 12.04.1989 trafen das Europäische Parlament und die Kommission eine sogenannte »institutionelle Vereinbarung«[157], in der den Bürgern der Mitgliedstaaten das Recht eingeräumt wird, Petitionen an das Europäische Parlament zu richten und das Europäische Parlament und die Kommission sich verpflichteten, in Petitionsangelegenheiten »Auskünfte zu erteilen«. Diese »primärrechtliche« Verankerung hat das Petitionsrecht wesentlich aufgewertet.[158] Die tatsächliche Regelung des Petitionsrechts erfolgte dann in Art. 21 Abs.1 und Art. 194 EGV[159] durch den Vertrag

155 Zur Geschichte des europäischen Petitionsrechts *Saskia Eckhardt*, Die Akteure des außergerichtlichen Grundrechtsschutzes in der Europäischen Union, 2009.

156 Dazu *Annette Guckelberger*, Das Petitionsrecht zum Europäischen Parlament sowie das Recht zur Anrufung des Europäischen Bürgerbeauftragten in DÖV 2003, 829; vgl. *Klein* in *Maunz/Dürig/Herzog/Scholz* aaO, Rdnr. 30 zu Art. 17.

157 ABl. vom 16.05.1989 Nr. C 120/90; dazu *Eckhardt* aaO, S. 227.

158 Das europäische Petitionsrecht wurde erstmals in der Geschäftsordnung der Gemeinsamen Versammlung von 1953 erwähnt, die in Art. 42 eine Petitionsregelung vorsah (ABl. 1954, 393(402). Sie enthielt aber kein subjektives öffentliches Recht auf Einreichung einer Petition. Ab 1975 war ein Ausschuss für die Bearbeitung von Petitionen zuständig und 1977 verabschiedete das Europäische Parlament eine Entschließung mit der Forderung, den Bürgern der Gemeinschaft ein Petitionsrecht zu garantieren (ABl. 177 Nr. C 299, 26(27 Nr. 3 c). In Art. 108 Abs. 1 GeschO-EP wurde das Petitionsrecht formuliert (ABl. 1981 Nr. C 90, 49(79). Damit war zwar das Parlament durch die eigene Satzung gebunden, ein subjektives Recht der EU-Bürger auf Einreichung einer Petition gab es jedoch nicht. (Vgl. *Eckhardt*, aaO, S. 227, *Jon Marcus Meese*, Das Petitionsrecht des Europäischen Parlaments und das Beschwerderecht beim Bürgerbeauftragten der Europäischen Union, 2000, S.43). 1989 folgte dann die »Institutionelle Vereinbarung«.

159 Jetzt Art. 24 Abs. 2, Art. 227 der Konsolidierten Fassung des Vertrages über die Arbeitsweise der Europäischen Union (ABl. vom 09.05.2008 C 115, S. 47) AEUV in Verbindung mit Art. 201 bis 203 GeschO-EP. Der Vertrag zur Gründung der

von Maastricht, der am 01.11.1993 in Kraft trat. Nach dem Inkrafttreten des AEUV am 01.12.2009 gelten Art. 24 Abs. 2 und Art. 227 AEUV.[160]

Gemäß Art. 227 AEUV (ex Art. 194 EGV) kann jeder Bürger der EU oder jeder mit Wohnsitz in einem Mitgliedstaat[161] der EU allein oder zusammen mit anderen Personen in Angelegenheiten, die in Tätigkeitsbereiche der Union fallen und die ihn oder sie unmittelbar betreffen, eine Petition an das Europäische Parlament[162] richten[163]. Sie kann als Ersuchen oder Beschwerde abgefasst sein und sich auf Angelegenheiten von öffentlichem oder privatem Interesse beziehen. Die Petition kann ein individuelles Ersuchen zum Gegenstand haben, aber auch Beschwerden oder Anmerkungen zur Anwendung von EU-Recht oder eine Aufforderung an das Europäische

---

Europäischen Gemeinschaft (EG-Vertrag [EGV]) ist durch Art. 2 des Vertrags von Lissabon mit Wirkung zum 01.12.2009 in Vertrag über die Arbeitsweise der Europäischen Union umbenannt worden. Bis zum Inkrafttreten des Vertrages von Lissabon bildeten drei sogenannte Gründungsverträge das Fundament der Europäischen Union: der Vertrag über die Europäische Union (EU-Vertrag, EUV), der Vertrag zur Gründung der Europäischen Gemeinschaft (EGV), der Vertrag zur Gründung der Europäischen Atomgemeinschaft (Euratom-Vertrag). Danach wird die Europäische Union nun durch zwei Verträge maßgeblich bestimmt: Vertrag über die Europäische Union (EUV) und Vertrag über die Arbeitsweise der Europäischen Union (AEUV). Die aktuelle Fassung des AEUV beruht auf dem Lissabon-Vertrag vom 01.12.2009. Der AEUV ist neben dem Vertrag über die Europäische Union einer der Gründungsverträge der EU und nach Art.1 AEUV rechtlich gleichrangig. Vgl. *Ferdinand Kopp/ Ulrich Ramsauer*, Verwaltungsverfahrensgesetz, 15. A. 2014, Einf. II, Rdnr. 7. Das Petitionsrecht ist mit dem Inkrafttreten des Vertrages von Lissabon (ursprünglich EU-Grundlagenvertrag bzw. Reformvertrag) am 01.12.2009 in dem zugleich in Kraft getretenen Art. 44 Charta der Grundrechte der Europäischen Union (Abl. Nr. C 364/1 v. 18.12.2000) geregelt. Dazu auch *Dirk Ehlers*, Europäische Grundrechte und Grundfreiheiten, 3. A. 2009, S. 670f.

160 Der Vertrag über die Arbeitsweise der Europäischen Union, der bis zum 30.11.2008 »Vertrag zur Gründung der Europäischen Gemeinschaften« hieß, hatte eine abweichende Artikelfolge.

161 Art. 17 GG gewährleistet dagegen das Petitionsrecht unabhängig von dieser Anknüpfung; vgl. *Klein* in *Maunz/Dürig/Herzog/Scholz* aaO, Rdnrn. 31, 68 zu Art. 17 GG.

162 Die Petition kann somit nicht an »sonstige Stellen« (Art. 17 GG) gerichtet werden, und die Angelegenheit, die sie zum Gegenstand hat, muss den Petenten »unmittelbar betreffen«.

163 Damit kann auch eine juristische Person des öffentlichen Rechts eine Petition an das Europäische Parlament richten. Dieses wird daraus hergeleitet, dass nach der Rspr. des EuGH (EuGHE 1984, 2889[2896] und 1988, 1573[1592]) Personen im Sinne von Art. 263 Abs. 4 AEUV auch diejenigen des öffentlichen Rechts, insbesondere Gebietskörperschaften sind. Es sei nicht nachvollziehbar, diesen ein Klagerecht zum EuGH neu eröffnen, aber kein Petitionsrecht einzuräumen (vgl. *Klein* in *Maunz/Dürig/Herzog/Scholz* aaO, Rdnr. 31 zu Art. 17 GG).

Parlament, zu einer bestimmten Angelegenheit Stellung zu nehmen.[164] Hierdurch erhält das Europäische Parlament Gelegenheit, auf Verletzung der Rechte eines Unionsbürgers durch einen Mitgliedstaat oder lokale Gebietskörperschaften hinzuweisen.[165] Allerdings muss der Petitionsgegenstand eine Angelegenheit sein, die für die EU von Interesse ist oder in »die Tätigkeitsbereiche der Gemeinschaft/Union fällt«. Das sind beispielsweise die Rechte der Petenten als Unionsbürger gemäß den europäischen Verträgen, Umweltfragen, Verbraucherschutz, freier Personen-, Waren- und Dienstleistungsverkehr, Binnenmarkt, Beschäftigungs- und Sozialpolitik, Anerkennung beruflicher Qualifikationen oder Probleme bei der Umsetzung von EU-Recht.[166] Bloße Auskunftsersuchen oder allgemeine Kommentare zur EU-Politik sind keine Petitionen und werden vom Petitionsausschuss nicht bearbeitet.

Der Petitionsausschuss kann dann z.B. die EU-Kommission auffordern, eine Prüfung des Petitionsgegenstandes vorzunehmen[167], sie zur Weiterbehandlung an andere EU-Ausschüsse weiterzuleiten, in besonderen Fällen auch einen Bericht zu erstellen und diesen dem Parlament zur Abstimmung vorzulegen oder gar eine Delegation in das betreffende Land oder die betreffende Region zu entsenden und dann einen Bericht hierüber mit Empfehlungen zu veröffentlichen. Letztlich kann er auch andere zur Lösung des jeweiligen Problems als zweckmäßig erachtete Schritte einleiten oder dem Petenten eine »angemessene Antwort« erteilen.

2. Europäischer Bürgerbeauftragter

Werden mit einer Petition an das Europäische Parlament Mängel in der Amtsführung der Organe oder Institutionen der EU geltend gemacht, dann kann sich der EU-Bürger an eine besondere Einrichtung wenden: den Europäischen Bürgerbeauftragten.[168] Die Art und Weise dieses Verfahrens ist in Art. 228 AEUV (ex Art. 195

164 Vgl. http://www.europarl.europa.eu/atyourservice/de/20150201PVL00037/Petitionen.

165 Vgl. http://www.europarl.europa.eu/atyourservice/de/20150201PVL00037/Petitionen.

166 Vgl. http://www.europarl.europa.eu/atyourservice/de/20150201PVL00037/Petitionen.

167 Oder raten, sich mit dem SOLVIT in Verbindung zu setzen. Seit Juli 2002 gibt es das Online- Netzwerk SOLVIT, das von der Europäischen Kommission zur Verfügung gestellt und von den Mitgliedstaaten betrieben wird. Es dient zur gemeinsamen Problemlösung, um auf pragmatischer Weise Schwierigkeiten vorzubeugen oder zu beseitigen, die durch die fehlerhafte Anwendung von Binnenmarktvorschriften durch die Behörden der EU entstehen. Die Kommission leitet offizielle Beschwerden, die bei ihr eingehen, auch zu einer außergerichtlichen Lösung an SOLVIT weiter; vgl. Deutscher Bundestag, aaO, S. 46; http://ec.europa.eu/solvit/index_de.htm; *Riehm/Coenen/Lindner/Blümel*, aaO, Bürgerbeteiligung durch E-Petitionen, 2009, III, S. 82f.

168 Dazu *Annette Guckelberger*, Das Petitionsrecht zum Europäischen Parlament sowie das Recht zur Anrufung des Europäischen Bürgerbeauftragten, in DÖV 2003, 829ff; *Bauer*, aaO, in DÖV 2014, 453(462).
Bürgerbeauftragte (»Ombudsmen«) haben derzeit die Länder Rheinland-Pfalz (Landesgesetz über den Bürgerbeauftragten des Landes Rheinland-Pfalz v.

EGV) und Art. 204, 205 Geschäftsordnung des Europäischen Parlaments ausführlich geregelt. Danach untersucht der Europäische Bürgerbeauftragte auf eine Beschwerde hin hauptsächlich Beschwerden über Missstände[169] in der Verwaltungstätigkeit der Organe und Institutionen der EU. Er kann aber auch aus eigenem Antrieb tätig werden und Untersuchungen einleiten.[170]

Was unter »Missstand« zu verstehen ist, kann überaus vielfältig sein. Regelmäßig kann ein Missstand iSd. Art. 228 AEUV vorliegen, wenn eine öffentliche Einrichtung der EU nicht in Einklang mit für sie verbindliche Regeln oder Grundsätzen handelt. In der Praxis hat sich gezeigt, dass zu den weitaus am häufigsten behandelten Problemen, die an den Europäischen Bürgerbeauftragten herangetragen wurden, Verzögerungen in den Verwaltungsverfahren oder die Verweigerung von Informationen gehören. Aber auch mit Fällen von Diskriminierung und Machtmissbrauch wurde der Europäische Bürgerbeauftragte befasst.[171]

Betrifft aber eine Beschwerde an den Bürgerbeauftragten der EU nicht Organe und Institutionen der Gemeinschaft, sondern nationale, regionale oder kommunale Verwaltungen, dann ist sie unzulässig. Das ist dann der Fall, wenn selbst sie im Einzelfall europäisches Gemeinschaftsrecht betrifft.[172]

Grundsätzlich gewährt das Recht auf Anrufen des Europäischen Bürgerbeauftragten einen Anspruch auf Befassung mit dem an ihn herangetragenen Sachverhalt. Hingegen besteht kein Anspruch auf Abhilfe in dem vorgetragenen

---

03.05.1974 (GVBl. 1974, 187), Mecklenburg-Vorpommern (Art. 36 Verfassung des Landes Mecklenburg-Vorpommern v. 15.05.1993 (GVOBl. M-V 1993 S. 372), Thüringen (Thüringer Gesetz über den Bürgerbeauftragten v. 15.05.2007 (GVBl. 2007, 54); zu erwähnen ist noch Schleswig-Holstein (Gesetz über die Bürgerbeauftragte oder den Bürgerbeauftragten für soziale Angelegenheiten des Landes Schleswig-Holstein [GVBl. 1992, 42]). *Bauer*, aaO, in DÖV 2014, 453(463) bezeichnet die Einrichtung des Europäischen Bürgerbeauftragten als »Erfolgsgeschichte«, vgl. Fn. 135–139.

169 Dazu *Hans-Werner Laubinger*, in Staat, Verwaltung, Information, Festschrift für Hans-Peter Bull; Hrsg. Veith Mehde/Ulrich Ramsauer/Margrit Seckelmann, 2011 und Vortrag v. 06.11.2011, (S. 659–682 in Festschrift): Art. 41 GRCh (Recht auf gute Verwaltung) und der Europäische Kodex für gute Verwaltungspraxis im Lichte des Verwaltungsrechts – http://www.jura.uni-mainz.de/Dateien/Laubinger_FS_Bull.pdf.

170 Vgl. http://www: europa.eu/about-eu/institutions-bodis/ombudsman/index_de.htm; http://www:europa.eu/media/de/default.htm.

171 Vgl. http://www:euro-ombudsman.eu/home.faces; http://www:bundestag.de/ausschuesse18/a02/grundsaetze/petitionsrecht_eu/260550 (Petitionsrecht auf europäischer Ebene).

172 Dazu *Sven Hölscheidt*, Die Ausgestaltung des Petitionsrechts in der EU-Grundrechtscharta, in EuR 2002, 440ff; *Manfred Glombik*, Aus dem ABC der Europäischen Union – Der EU Bürgerbeauftragte, in VR 2005, 15f; *Jon Marcus Meese*, Das Petitionsrecht beim Europäischen Parlament und das Beschwerderecht beim Bürgerbeauftragten der Europäischen Unon, 2000.

Zusammenhang. Dieser kann schon deshalb regelmäßig nicht gegeben sein, weil der Bürgerbeauftragte nicht die Befugnis hat, eine bei ihm zur Sprache gebrachte Beschwerde selbst zu entscheiden. Der Bürgerbeauftragte spricht vielmehr nach Prüfung einer Beschwerde Empfehlungen aus, die allerdings für die Beteiligten nicht bindend sind.[173]

Abschließend ist noch zu bemerken, dass der Europäische Kodex für gute Verwaltungspraxis[174] auf Vorarbeiten des Europäischen Bürgerbeauftragten zurückgeht.

3. Europäische Bürgerinitiative

Seit dem 01.04.2012 kann zudem von der Einrichtung der Europäischen Bürgerinitiative gemäß Art. 11 Abs. 4 EUV, Art. 24 Abs. 1 AEUV Gebrauch gemacht werden.

Sie ist eine Möglichkeit der politischen Teilhabe der EU-Bürger in einem direktdemokratisch[175] ähnlichen Verfahren. Mit der Europäischen Bürgerinitiative können Unionsbürger erreichen, dass sich die Europäische Kommission mit einem bestimmten Thema befasst zu dem »es nach Ansicht jener Bürgerinnen und Bürger eines Rechtsaktes der Union bedarf, um die Verträge umzusetzen« (Art. 11 Abs. 4 EUV).[176]

Mit der Europäischen Bürgerinitiative wurde die hergebrachte Eingabenform weiterentwickelt und ein »neuer Petitionstyp«[177] geschaffen, »mit dem spezifische Funktionen, Voraussetzungen und Rechtsfolgen«, der die Optionen moderner Informations- und Kommunikationserscheinungen intensiv genutzt werden und der »in der vorliegenden Ausgestaltung«[178] nur durch die elektronische Durchführung des Eingabevorganges möglich ist. Das Verfahren selbst ist in den nach Art. 24 Abs. 1 AEUV vom Europäischen Parlament beschlossenen Verordnungen festgelegt.[179] Sie enthalten Vorschriften über Voraussetzungen, Organisation und Verfahren der Europäischen Bürgerinitiative.[180]

Danach müssen in einem Zeitraum von zwölf Monaten eine Million Unterstützungsbekundungen (Unterzeichner) aus mindestens sieben EU-Ländern gesammelt

---

173 *Bauer*, aaO, in DÖV 2014, 453(463); *Guckelberger*, aaO, in DÖV 2013, 613(618).

174 Dazu im Einzelnen 4. Abschn. II, 1f.

175 *Bauer*, aaO, in DÖV 2014, 453(460): »direktdemokratisches Instrument«.

176 *Bauer*, aaO, in DÖV 2014, 453(459ff), Hinweise in Fn. 98–100.

177 Bauer, aaO.

178 *Bauer*, aaO, bezeichnet die Europäische Bürgerinitiative mit Hinweis auf BVerfGE 123, 267(377) als ein auf europäischer Ebene »wichtiges Element assoziativer und direkter Demokratie«.

179 Verordnung (EU) Nr. 211/2011 des Europäischen Parlaments und des Rates vom 16. Februar 2011 über die Bürgerinitiative; Durchführungsverordnung (EU) Nr. 1179, 2011 der Kommission vom 17. November 2011 zur Festlegung der technischen Spezifikationen für Online-Sammelsysteme der Verordnung 211/2011 des Europäischen Parlaments und des Rates über die Bürgerinitiative, (Abl. Nr. 65 v. 11.03.2011, S. 1); www:ec.europa.eu/citizens-initiative/public/legislative/framework.

180 Im Einzelnen *Benedikt Assenbrunner*, Die praktische Umsetzung der Europäischen Bürgerinitiative nach dem Vertrag von Lissabon, in SächsVBl 2011, 201ff.

werden. Der Gegenstand einer Europäischen Bürgerinitiative ist auf die Kompetenzen beschränkt, die der Europäischen Kommission nach dem EU-Vertrag und dem AEU-Vertrag zugewiesen sind, d.h. bei der Europäischen Bürgerinitiative »muss es sich um eine Aufforderung an die Europäische Kommission handeln, ein Gesetz in einem Bereich vorzuschlagen, in dem sie dazu befugt ist. Zu diesen Bereichen zählen beispielsweise Umwelt, Landwirtschaft, Verkehr oder Gesundheit. «[181] Jeder EU-Bürger mit dem Mindestalter für die Wahlen zum Europäischen Parlament (Art. 9 S. 2 EUV) kann eine Europäische Bürgerinitiative organisieren. Dabei ist die erste Aufgabe die Bildung eines Bürgerausschusses, der sich aus mindestens sieben Bürgern zusammen setzen muss, die Einwohner von mindestens sieben verschiedenen EU-Ländern sind. Organisationen können keine Europäische Bürgerinitiative leiten, sie aber unterstützen, wenn dieses transparent geschieht.[182]

Die Europäische Bürgerinitiative ergänzt das Petitionsrecht beim Parlament und das Beschwerderecht beim Europäischen Bürgerbeauftragten. Sie vereinigt direktdemokratische Elemente in sich wie Merkmale einer Petition. Im Unterschied zu anderen direktdemokratischen Verfahren, die als Adressaten regelmäßig die Volksvertretung haben, wendet sich die Europäische Bürgerinitiative an die Europäische Kommission, also die Exekutive. Nach dem Regelwerk durchläuft eine Europäische Bürgerinitiative von der Vorbereitung, der Einleitung, Durchführung und schließlich der Antwort der Europäischen Kommission mehrere Phasen, die dort im Einzelnen beschrieben werden. Hinsichtlich der Verfahrensweise bzw. des Umganges mit einer Europäischen Bürgerinitiative ähnelt sie dem Verfahren bei einer Parlamentspetition, d.h. die Europäische Kommission muss sich mit einer erfolgreich zustande gekommenen Bürgerinitiative beschäftigen und eine Stellungnahme zu ihr abgeben. Eine konkrete Handlungsverpflichtung auf Grund der Europäischen Bürgerinitiative hat sie nicht, d.h. mit ihr kann kein »Anspruch« durchgesetzt werden.[183] Allerdings obliegen der Europäischen Kommission bei ihrer Reaktion auf die Europäische Bürgerinitiative eine Darlegungs- und Begründungsverpflichtung[184] hinsichtlich der von ihr getroffenen Entscheidung.[185]

---

181 Leitfaden zur Europäischen Bürgerinitiative, 2. A. Juni 2014, Amtliche Veröffentlichung der Europäischen Union. Beispiele bei *Bauer*, aaO, in DÖV 2014, 453(461).

182 Leitfaden aaO.

183 *Bauer*, aaO, in DÖV 2014, 453(459).

184 Vgl. Art. 10 Abs. 1 lit. c Abs. 2 VO 211/2011 nach der die Kommission »innerhalb von drei Monaten (...) ihre rechtlichen und politischen Schlussfolgerungen zu der Bürgerinitiative sowie ihr weiteres Vorgehen bzw. Verzicht auf ein weiteres Vorgehen und die Gründe hierfür darlegen muss.«

185 *Bauer*, aaO, in DÖV 2014, 453(461) führt aus, dass diese Darlegungs- und Begründungspflicht »gesteigerten Anforderungen genügen« müsse, da sie »zusammen mit den davon ausgehenden Impulsen für die weitere politisch-rechtliche Diskussion der eigentliche Kern des Abschlusses« einer Europäischen Bürgerinitiative sein müsse. Er stellt fest, dass angesichts der kurzen Zeit eine Bewertung der Europäischen Bürgerinitiative noch nicht erfolgen könne. Vgl. dazu Fn. 120, 121.

Aufschlussreiche Erfahrungen mit der Europäischen Bürgerinitiative gibt es angesichts des kurzen Zeitraumes seit dem 01.04.2012 noch nicht.[186] Es bleibt demnach abzuwarten, wie sich dieses »unionsverfassungsrechtliche Novum«[187] in der Praxis etablieren wird.

Vor diesem Hintergrund kann man feststellen, dass die dargestellten neuen »Petitions-Plattformen« – öffentliche Petition, Europäische Bürgerinitiative und Europäischer Bürgerbeauftragter – eine neue Stufe der Teilhabe der Bürger am Staat sind und einen Wandel in ihrem Verhältnis bewirken. Dies sollte die wissenschaftliche Literatur anregen, sich mit dem Petitionsrecht und der Petitionspraxis intensiver zu befassen. Bauer[188] fordert zu Recht, eine »unvoreingenommene Bestimmung des Stellenwertes von Petitionen in einer veränderten Verfassungs- und Verwaltungskultur ebenso wie dessen Abstimmung mit anderen Instituten der Bürgerbeteiligung in modernen Kommunikations- und Beteiligungsstrukturen, in denen die Menschen mit ihren Anliegen ernst genommen werden (...).«

186 Vgl. Amtliches Register zur Europäischen Bürgerinitiative, http://www.ec.europa.eu/citizens-initiative/public/welcome?g=de.
187 *Bauer*, aaO, in DÖV 2014, 453(461).
188 *Bauer*, aaO, in DÖV 2014, 453(464).

3. Abschnitt: Die Dienstaufsichtsbeschwerde im System der Rechtsbehelfe

I. Förmliche Rechtsbehelfe

Um die Dienstaufsichtsbeschwerde in den Bereich der Rechtsbehelfe einzuordnen, ist eine Betrachtung des Systems der Rechtsbehelfe insgesamt erforderlich. Die Bezeichnung »Rechtsbehelf« als Oberbegriff umfasst »jedes von der Rechtsordnung gewährte Mittel zur Verwirklichung eines Rechts«[189] und damit jeden Behelf auf Überprüfung von Verwaltungshandeln oder gerichtlichen Entscheidungen.

Dabei werden die förmlichen Rechtsbehelfe von den nicht förmlichen Rechtsbehelfen unterschieden. Unter einem förmlichen Rechtsbehelf versteht man ein von der Rechtsordnung zugelassenes Verfahren, mit dem eine staatliche Entscheidung angefochten werden kann und das an bestimmte Formen und Fristen gebunden ist, während der nicht förmliche Rechtsbehelf grundsätzlich an keine Formen und Fristen gebunden ist.

Darüber hinaus werden die gerichtlichen von den nicht-gerichtlichen Rechtsbehelfen unterschieden. Unter einem gerichtlichen Rechtsbehelf sind Verfahren zu verstehen, die zur Verwirklichung eines Rechts vor Gericht in Anspruch genommen werden können, während außergerichtliche Rechtsbehelfe verwaltungsinterne Verfahren sind, die der Überprüfung einer Behördenentscheidung dienen.

Zu den förmlichen gerichtlichen Rechtsbehelfen zählen die verwaltungsgerichtlichen Klagen, d.h. die Gestaltungs-, Feststellungs- und Leistungsklagen, der Normenkontrollantrag und die Anträge auf vorläufigen Rechtsschutz.[190] Als Rechtsmittel bezeichnet die VwGO in der Überschrift zum III. Teil die Berufung (§§ 124ff VwGO), die Revision (§§ 132ff VwGO), die Beschwerde (§§ 146ff VwGO) und Anhörungsrüge (§ 152a VwGO). Rechtsmittel werden deshalb auch als prozessuale Rechtsbehelfe bezeichnet.[191]

Darüber hinaus sind die Verfassungsbeschwerde (Art. 93 Abs. 1 Nr. 4a GG, § 90 BVerfGG) zu nennen, die Klage auf Wiederaufnahme des Verfahrens (§ 153 VwGO iVm. § 578ff ZPO), weiterhin die Anträge auf Wiedereinsetzung in den vorigen Stand (§ 60 Abs. 1 VwGO), auf vorläufigen Rechtsschutz (§§ 80, 80a, 123 VwGO), auf Urteilsberichtigung (§ 119 VwGO) und Ergänzung (§ 120 VwGO) sowie die außerordentliche Beschwerde.[192]

---

189 *Hermann-Josef Blanke* in Helge Sodan/Jan Ziekow, VwGO, Kommentar, 4. A, 2014, Rdnr. 4 vor 124 VwGO.

190 Vgl. *Blanke* in Sodan/ Ziekow, VwGO, aaO, Rdnr. 5 zu § 124 VwGO.

191 Vgl. *Blanke* in Sodan/Ziekow, VwGO, aaO, Rdnr. 1 vor § 124 VwGO spricht von »remedia«.

192 *Blanke* aaO, bezeichnet diese Rechtsmittel als »außerordentliche Rechtsmittel«. Rdnr. 6 vor § 124 VwGO: »Mit der außerordentlichen Beschwerde können

Zu den nicht-gerichtlichen oder außergerichtlichen förmlichen Rechtsbehelfen gehört das Widerspruchs- und Einspruchsverfahren.[193] Unter förmlichen »Rechtsbehelfen«[194] gegen Maßnahmen der Verwaltung sind – wie dargelegt – diejenigen Verfahren zu verstehen, die gesetzlich geregelt sind und dem Antragsteller einen Anspruch auf eine am materiellen Recht orientierte Sachentscheidung über den Rechtsbehelf gewähren.[195]

Angrenzungskriterien der förmlichen von den nicht förmlichen Rechtsbehelfen sind die bei den förmlichen Rechtsbehelfen erforderliche gesetzliche Regelung des Verfahrens und das Erfordernis der Einhaltung von Formen und Fristen bei ihrer Einlegung. Nicht förmliche Rechtsbehelfe können zudem nicht nur bei der Ausgangsbehörde eingereicht werden, sondern auch bei der Aufsichtsbehörde.

Von den förmlichen außergerichtlichen Rechtsbehelfsverfahren ist das erwähnte in den §§ 68ff VwGO geregelte Widerspruchsverfahren[196] das Wichtigste[197], in dem die Verwaltung sich selbst kontrolliert und gegebenenfalls korrigiert. Da die Verwaltungsbehörden bei ihren Handlungen nach Art. 20 Abs. 3 GG an Recht und Gesetz gebunden sind, muss ihr Handeln rechtmäßig sein. Ihr Handeln ist somit auf »Selbstkontrolle angelegt«.[198] Diese Selbstkontrolle vollzieht sich in den

---

gerichtliche Entscheidungen, die nach dem Gesetz nicht rechtsmittelfähig sind, unter engen Voraussetzungen analog § 146 VwGO angefochten werden. Ob es den zu den nicht förmlichen gerichtlichen Rechtsbehelfen zu rechnenden Antrag an das erkennende Gericht (»Gegenvorstellung«), seine Entscheidung zu überprüfen, heute noch gibt, vgl. 3. Abschn. II, 3.

193 Überprüfen die Verwaltungsgerichte die Rechtsmäßigkeit einer behördlichen Maßnahme oder deren Unterlassen, so wird im Widerspruchsverfahren neben der Rechtsmäßigkeitsprüfung auch eine Zweckmäßigkeitsprüfung vorgenommen.

194 Es wird auch von formlosen außergerichtlichen und förmlichen außergerichtlichen Rechtsbehelfen gesprochen, *Albert v. Mutius*, Nichtförmliche Rechtsbehelfe in der öffentlichen Verwaltung, in Jura 1989, S. 105 (108); *Norbert Achterberg*, Allgemeines Verwaltungsrecht, 2. A. 1986, § 23, Rdnrn. 1f (S. 583); *Jürgen Vahle*, Nichtförmliche Rechtsbehelfe und förmliche Rechtsbehelfe gegen hoheitliches Handeln in DVP 2007, 397 ff.

195 Vgl. *Kopp/Ramsauer*, VwVfG, aaO, Rdnr. 13 zu § 79 VwVfG.

196 In Europa sehen die Mitgliedstaaten meist ein Vorverfahren in besonderen Fällen oder eine generelle Pflicht zur Durchführung eines Vorverfahrens mit Ausnahmemöglichkeiten vor. In der Europäischen Union selbst besteht keine Pflicht zur Durchführung eines Vorverfahrens.

197 Zwar können außergerichtliche Rechtsbehelfe auch aus der Verwaltung heraus geltend gemacht werden (z. B. die Gegenvorstellung und Aufsichtsbeschwerden). Der Regelfall ist allerdings eine initiierte Selbstkontrolle durch den betroffenen Bürger; *Schiedermair* in Wolfgang Hoffmann-Riem/Eberhard Schmidt-Aßmann/Andreas Voßkuhle, Grundlagen des Verwaltungsrechts, 2009, Bd. 3, Rdnr. 23 zu § 48.

198 *Josef Isensee/Paul Kirchhof*, Handbuch des Staatsrechts, Bd. V, Rechtsquellen, Organisation, Finanzen, 3. A. 2007, Rdnr. 231.

Verwaltungen, indem sie ständig ihr Tätigwerden überprüfen, um rechtswidriges Handeln zu vermeiden. Dies geschieht durch die Rechts-, Fach- und Dienstaufsicht[199] mit ihren korrigierenden Anordnungen und Hinweisen.[200] Als weiteres internes Selbstkontrollelement kann man die verwaltungsinternen Berichtspflichten nennen. Bei gesetzlich nicht festgelegten Berichtspflichten, landesgesetzlich geregelten Berichtspflichten der Exekutive gegenüber der Legislative z.B. im Bereich des Datenschutzrechts oder dem Gleichstellungsgesetz wird hier allerdings ein zunehmender bürokratischer Aufwand beklagt.[201] Diese Kontrolle (Selbstkontrolle) ist eine wichtige und originäre Aufgabe der Verwaltung. Durch sie sollen Fehler nicht nur vermieden, sondern auch behoben und somit eine spätere Fremdkontrolle vermieden werden.

Von dieser durch die Verwaltung selbst veranlassten Kontrolle ihres Handelns »von Amts wegen« und aus eigenem Recht ist die Kontrolle auf Ersuchen oder Antrag zu unterscheiden. Auch in diesen Fällen liegt die Zuständigkeit zu überprüfen und zu korrigieren bei der Verwaltung selbst. Begehrt demnach ein Betroffener die Überprüfung einer Verwaltungsmaßnahme, die in Form eines Verwaltungsaktes ergangen ist, ist das Widerspruchsverfahren der richtige außergerichtliche förmliche Rechtsbehelf.[202] Wenn auch dem Widerspruchsverfahren »gewisse Elemente einer nachvollziehend-reaktiven Fremdkontrolle«[203] innewohnen, so handelt es sich um ein und dieselbe Verwaltung. Insofern sind die Überprüfungen der angefochtenen Entscheidung durch die Erlassbehörde und die Widerspruchsbehörde als Selbstkontrolle der Verwaltung anzusehen und die eventuell verwaltungsgerichtliche Überprüfung der Verwaltungsentscheidung (§ 79 Abs. 1 VwGO) als Fremdkontrolle einzuordnen.

Man kann somit feststellen, dass die Kontrolle des Verwaltungshandelns zum einen von der öffentlichen Verwaltung im Wege der Selbstkontrolle zum anderen

---

199 Vgl. *Isensee/Kirchhof*, aaO.

200 Selbstkontrolle geschieht nicht nur durch die handelnde Stelle, sondern auch im Rahmen von Genehmigungsvorbehalten, Mitentscheidungsbefugnissen, Beteiligungserfordernissen, vgl. *Isensee/Kirchhof*, aaO, Rdnr. 232.

201 Dazu *Michael Fuchs*, Beauftragte der öffentlichen Verwaltung, in Schriftenreihe der Hochschule Speyer, Bd. 96 S. 185, 275; *Jörg Becker, Ralf Knackstedt, Mathias Eggert, Stefan Fleischer* in Jörn von Lucke (Hrsg.), Fachkonzeptionelle Modellierung von Berichtspflichten in Finanzaufsicht und Verwaltung mit dem H2-Toolset. Auf dem Weg zu einer offenen, smarten und vernetzten Verwaltungskultur, Lecture Notes in Informatics (LNI), Gesellschaft für Informatik, Bonn 2012, S. 83–95. http://subs.emis.de/LNI/Proceedings/Proceedings197/83.pdf.

202 *Isensee/Kirchhof*, aaO, Rdnr. 231 sprechen von einer »Gewaltenteilung innerhalb der Verwaltung«, wenn das Handeln der Behörde auf eine Kollegialentscheidung gestützt ist, in einem abgestuften Verfahren und unter Beteiligung verschiedener Personen zustande gekommen ist.

203 Vgl. *Heike Juchum*, Verwaltungsverfahrensrecht und Verwaltungsprozessrecht, 2004, S. 60.

durch eine Instanz, die nicht zu der Exekutive gehört – dann Fremdkontrolle – durchgeführt wird.[204]

Das außergerichtliche, förmliche und interne Verwaltungsverfahren des Widerspruchs ist von dem Aufsichtsbeschwerdeverfahren als außergerichtliches, nicht förmliches Verwaltungsverfahren abzugrenzen. Grundsätzlich gilt, dass ein Widerspruch nur gegen Maßnahmen der Verwaltung in Form eines Verwaltungsaktes in Betracht kommt und bei allen anderen Anträgen und Begehren eines Betroffenen diese vornehmlich als Dienstaufsichtsbeschwerden oder Gegenvorstellung einzuordnen sind. Aus diesem Grund soll auf die Ausgestaltung des Widerspruchsverfahrens im Folgenden etwas näher eingegangen werden.

Bei der Einordnung des Begehrens eines Betroffenen als Widerspruch ist es nicht erforderlich, dass dieses ausdrücklich als Widerspruch bezeichnet wird, zumal andere förmliche Verwaltungsverfahren gegen Maßnahmen der Verwaltung beispielsweise die Bezeichnung Einspruch – in steuerrechtlichen Angelegenheiten (§§ 347 Abgabenordnung) – oder Beschwerde – z.B. § 23 Wehrbeschwerdeordnung – tragen. Ebenfalls unerheblich ist es, ob ein Widerspruchsverfahren als Zulässigkeitsvoraussetzung für den verwaltungsgerichtlichen Rechtsschutz vorgeschrieben ist oder dieser fakultativ ist.[205] Der Widerspruch muss aber zulässig sein, d.h. er muss sich gegen eine Maßnahme der Verwaltung in Gestalt eines Verwaltungsaktes richten oder auf das Begehren einer Verwaltungsentscheidung in Form eines Verwaltungsaktes.[206]

Wenn auch die VwGO ein Widerspruchsverfahren nach §§ 68 ff VwGO gegen Verwaltungsakte grundsätzlich vorsieht[207], so kann es gemäß § 68 Abs. 1 Satz 2

---

204 *Juchum*, aaO, S. 61. Umstr. ist, ob die Rechnungshöfe der öffentlichen Verwaltung zuzuschlagen sind oder überhaupt nicht in die gesetzliche »Gewaltenordnung« eingebaut sind (*Juchum* aaO).

205 Vgl. *Kopp/Ramsauer*, VwVfG, aaO, Rdrn. 13, 56ff zu § 79 VwVfG. Damit ist das Widerspruchsverfahren der wichtigste förmliche Rechtsbehelf im Bereich der Verwaltungskontrolle.

206 *Kopp/Ramsauer*, VwVfG, aaO, bezeichnen das Widerspruchsverfahren als ein förmliches Rechtsbehelfsverfahren mit einer Doppelnatur: Es ist zum einen ein Verwaltungsverfahren zur internen Überprüfung eines Verwaltungsaktes oder der Verpflichtung zum Erlass eines Verwaltungsaktes und zum anderen Sachurteilsvoraussetzung für eine Anfechtungs- oder Verpflichtungsklage vor dem Verwaltungsgericht gemäß § 42 VwGO. Vgl. auch *Kastner* in Michael Fehling/Bertold Kastner/Störmer, Rainer, Verwaltungsrecht, 3. A. 2013, Rdnr. 8 zu § 68 VwGO.

207 Zur Frage der Einschränkung von Widerspruchsverfahren nach Landesrecht bzw. deren Abschaffung vgl. 9. Abschn. III.
Vgl. auch *Kopp/Ramsauer*, VwVfG, aaO, Rdnrn. 5, 5a, 5b, 5c zu § 79 VwVfG; *Kastner* in Fehling/ Kastner/ Störmer, Verwaltungsrecht, aaO, Rdnr. 10: »Abschaffung des Widerspruchsverfahrens«, zu § 69 VwGO; *Guy Beaucamp*, Empfiehlt sich die Beseitigung des Widerspruchsverfahrens, in DVBl 2008, 426ff; *Thomas Holzner*, Die Abschaffung des Widerspruchsverfahrens, in DÖV 2008, 217ff; *Ines Härtel*, Rettungsanker für das Widerspruchsverfahren, in VerwArch 2007, 54ff; *Sven*

VwGO ausnahmsweise entbehrlich oder ausgeschlossen sein. Das ist dann der Fall, wenn ein Gesetz dies ausdrücklich bestimmt oder der Verwaltungsakt von einer obersten Bundes- oder Landesbehörde erlassen wurde, es sei denn, ein Gesetz bestimmt hier seine Nachprüfung oder ein Dritter wird durch den Widerspruchsbescheid erstmalig beschwert.

Neben der Entbehrlichkeit von Widerspruchsverfahren gibt es auch Fälle, in denen es spezialgesetzlich ausgeschlossen ist. Während bei der Entbehrlichkeit der Betroffene dennoch Widerspruch einlegen kann, über den auch entschieden werden muss, wird ein Widerspruch in Fällen seines Ausschlusses durch ein Fachgesetz[208] ohne Sachentscheidung zurückgewiesen.[209] Gesetzliche Regelungen über den Ausschluss von Widerspruchsverfahren finden sich aber auch im Verwaltungsverfahrensgesetz in § 70 für das förmliche Verwaltungsverfahren und in § 74 Abs. 1 Satz 2 VwVfG für Planfeststellungsbeschlüsse und Plangenehmigungen.[210]

Auf der anderen Seite gibt es Materien, in denen der Gesetzgeber die Durchführung eines Widerspruchsverfahrens auch gegen diejenigen Maßnahmen anordnet, die keine Verwaltungsakte sind. Das ist z.B. vor der Erhebung aller Klagen aus dem Beamtenverhältnis der Fall.[211]

Als förmlicher Rechtsbehelf ist der Widerspruch im Gegensatz zu den nicht förmlichen Rechtsbehelfen an gesetzlich festgelegte Förmlichkeiten gebunden. Soweit keine spezialgesetzlichen Bestimmungen über das Einlegen dieses Rechtsbehelfs bestehen, gelten die Vorschriften der Verwaltungsgerichtsordnung, die in

---

Müller-Grune/Janette Müller-Grune, Abschaffung des Widerspruchsverfahrens, in BayVerwBl 2007, 65ff; *Ulrike Rüssel*, Zukunft des Widerspruchsverfahrens, in NVwZ 2006, 523ff.

208 z.B. in § 11 Asylverfahrensgesetz, § 17 Kriegsdienstverweigerungsgesetz.

209 *Kopp/Ramsauer*, VwVfG, aaO, Rdnr. 57 zu § 79 VwVfG.

210 Seit 2005 sind in einer Reihe von Bundesländern Bestrebungen, das Widerspruchsverfahren deutlich einzuschränken bzw. ganz abzuschaffen.

211 Bis zum 11.02.2009 galt das BBG a. F. Danach fasste das Dienstrechtsneuordnungsgesetz (DNeuG) v. 05.02.2009 (BGBl. I. S. 160) das BBG neu und seitdem gilt § 126 Abs. 2 BBG. Die entsprechende Regelung im BRRG wurde durch das BeamtStG v. 15.05.2008 (BGBl I. S. 1010) ersetzt, da nach der Föderalismusreform das BRRG aus der Rahmengesetzgebung heraus genommen wurde. Bund und Länder haben jetzt eine eigene Gesetzgebungszuständigkeit. Das BRRG trat mit dem Inkrafttreten des BeamtStG am 01.04.2009 außer Kraft. Die entsprechende Regelung ist heute § 54 Abs. 2 BeamtStG. Anders in NRW – § 104 LBG NRW (zuletzt geändert durch Art. 1 des Gesetzes v. 09.12.12014 (GV.NRW. S. 874) in Kraft getreten am 01.012015: »Vorverfahren, Beschwerden: (1) Für Klagen der Beamten, Ruhestandsbeamten, früheren Beamten und der Hinterbliebenen aus dem Beamtenverhältnis ist ein Vorverfahren nicht erforderlich. Dies gilt nicht für Maßnahmen, denen die Bewertung einer Leistung im Rahmen einer berufsbezogenen Prüfung zugrunde liegt, sowie für Maßnahmen in besoldungs-, versorgungs-, beihilfe-, heilfürsorge-, reisekosten-, trennungsentschädigungs- und umzugskostenrechtlichen Angelegenheiten.«

§§ 89, 70 VwGO Regelungen für die Erhebung des Widerspruchs sowie über Form und Frist enthalten. So ist nach § 70 Abs. 1 VwGO der förmliche Rechtsbehelf des Widerspruchs innerhalb eines Monats nach Bekanntgabe des Verwaltungsaktes schriftlich oder zur Niederschrift bei der Behörde zu erheben, die den Verwaltungsakt erlassen hat, sofern nicht spezialgesetzlich etwas anderes geregelt ist.[212] Hat die Behörde einem Verwaltungsakt keine Rechtsbehelfsbelehrung, eine unrichtige oder unvollständige Rechtsbehelfsbelehrung beigefügt, dann verlängert sich die Monatsfrist gemäß §§ 70 Abs. 2, 58 Abs. 2 VwGO auf ein Jahr.[213]

Das Widerspruchsverfahren stellt den Prototyp eines vorgeschalteten, außergerichtlichen, förmlichen Rechtsbehelfsverfahrens dar.[214]

Ein wesentlicher Punkt bei dem außergerichtlichen, förmlichen Rechtsbehelf des Widerspruchs ist der Suspensiveffekt des § 80 Abs. 1 VwGO, der unmittelbar durch seinen Zugang bei der Behörde ausgelöst wird. Er ist die typische Rechtsfolge dieses förmlichen Rechtsbehelfs im Gegensatz zu den nicht förmlichen Rechtsbehelfen wie die Dienstaufsichtsbeschwerde und Gegenvorstellung. Der Widerspruch entfaltet jedoch dann keinen Suspensiveffekt, wenn ein Ausnahmefall des § 80 Abs. 2 VwGO vorliegt, wobei hier die Anordnung der sofortigen Vollziehung der häufigste Anwendungsfall ist. In diesem Fall kann der Widersprechende die Anordnung der aufschiebenden Wirkung in den Fällen des § 80 Abs. 2 Nr. 1–3 VwGO und die Wiederherstellung der aufschiebenden Wirkung des Widerspruchs in den Fällen des § 80 Abs. 2 Nr. 4 VwGO beim Verwaltungsgericht beantragen.[215]

Hinsichtlich der Durchführung des Widerspruchsverfahrens gibt es nur vereinzelte Vorschriften in der VwGO.[216] Im Übrigen kommt im förmlichen Rechtsbehelfsverfahren die Heranziehung aller Vorschriften in Betracht, die nicht speziell auf das gerichtliche Verfahren zugeschnitten sind und der Eigenart des behördlichen Rechtsbehelfsverfahrens nicht widersprechen.[217] Die Verfahrenweise

212 z.B. in § 33 Abs. 1 Wehrpflichtgesetz, § 6 Wehrbeschwerdeordnung, § 72 Zivildienstgesetz: 2 Wochen. Am 03.05.2011 traten das Gesetz zur Einführung des Bundesfreiwilligendienstes (BFDG v. 28.04.2011, BGBl I, S. 687) und das Wehrrechtsänderungsgesetz (WehrRÄnd.G 2011 v. 28.04.2011, BGBl. I. S. 678) in Kraft mit denen die Wehrpflicht ausgesetzt und in der Folge der Aussetzung der Wehrpflicht die Ableistung des Zivildienstes entfiel. Vgl. auch *Kopp/Ramsauer*, VwVfG, aaO, Rdnr. 24 zu § 79 VwVfG.

213 Zur Frage der Fristberechnung vgl. *Kopp/Ramsauer*, VwVfG, aaO, Rdnr. 25 zu § 79 VwVfG.

214 Vgl. *Kopp/Ramsauer*, VwVfG , aaO, Rdnr. 56 zu § 79 VwVfG.

215 Suspensiveffekt wird ebenfalls durch den Widerspruch eines betroffenen Dritten ausgelöst, wenn er analog § 42 Abs. 2 VwGO widerspruchsbefugt ist; vgl. *Kopp/Ramsauer*, VwVfG, aaO, 28 zu § 79 VwVfG.

216 § 71 VwGO Anhörung Dritter für den Fall erstmaliger Beschwerde; § 72 Abhilfebescheid als Voraussetzung für den Widerspruchsbescheid.

217 Vgl. *Kopp/Ramsauer*, VwVfG , aaO, Rdnrn. 31, 45 zu § 79 VwVfG.

bei Widersprüchen ist landesrechtlich in den jeweiligen Widerspruchsverordnungen der Länder geregelt.[218]

Das Widerspruchsverfahren ist somit als förmlicher Rechtsbehelf nach allem die wesentlichste außergerichtliche, verwaltungsinterne Kontrolle des Verwaltungshandelns durch Verwaltungsakt. Im Vergleich zu der verwaltungsgerichtlichen Kontrolle ermöglicht das Widerspruchsverfahren eine umfassendere Überprüfung der angegriffenen Entscheidung auf Rechtmäßigkeit und Zweckmäßigkeit und gewährt damit einen echten zusätzlichen Rechtschutz.[219]

Bleibt es für den Widersprechenden erfolglos, ist ein Widerspruch entbehrlich oder durch Gesetz ausgeschlossen, besteht die Möglichkeit, weitere förmliche Rechtsbehelfe in Anspruch zu nehmen wie die Klage vor dem Verwaltungsgericht, gegebenenfalls die Anhörungsrüge oder unter bestimmten Voraussetzungen die Verfassungsbeschwerde.[220]

II. Nicht förmliche Rechtsbehelfe

Unter einem nicht förmlichen Rechtsbehelf ist ein Verfahren zur Überprüfung von Entscheidungen zu verstehen, das an keine Formen und Fristen gebunden ist.[221]

Neben dem förmlichen Rechtsbehelf des Widerspruchs als typisches innerbehördliches Verfahren zur Kontrolle von Verwaltungsakten ist zu prüfen, welche nicht förmlichen Rechtsbehelfe einem Betroffenen zur Verfügung stehen, wenn er sich gegen Verwaltungshandeln wenden will, das nicht in Form eines Verwaltungsaktes geschieht. Ebenso wie das außergerichtliche förmliche, von der Rechtsordnung zugelassene Rechtsbehelfsverfahren des Widerspruchs findet das außergerichtliche nicht förmliche Rechtsbehelfsverfahren, in der Zuständigkeit der Verwaltungsbehörden statt.

Zu den nicht förmlichen Rechtsbehelfen sind alle Eingaben und Ersuchen zu rechnen, die ein Betroffener an eine Stelle der Verwaltung ohne die Einhaltung einer Frist und Form richtet. Man kann diese als Verwaltungseingabe oder

---

218 z.B. in Hamburg in der Verordnung über Widerspruchsausschüsse v. 24.03.1987 (HmbGVBl. 1967 S. 85, zuletzt geändert am 06.07.2006 (HmbGVBl. 2007. S. 404, 414).

219 Vgl. zu Sinn und Zweck des Widerspruchsverfahrens und Bestrebungen einiger Länder, dieses abzuschaffen, 9. Abschn. II.

220 Ergänzend sei der Zivilrechtsweg bei Klagen aus dem Gesichtspunkt der Amtshaftung und über die Höhe einer Enteignungsentschädigung erwähnt und der Fall eines Strafantrages, wenn sich ein Bürger durch eine Handlung eines öffentlich Beschäftigten nicht nur benachteiligt fühlt, sondern diese zugleich einen Straftatbestand erfüllt.

221 *Gabler*, Wirtschaftslexikon online, Springer Fachmedien, Winter, Eggert (Hrsg), 18. A. 2014: »Der nicht förmliche Rechtsbehelf ist die außerhalb der eigentlichen Rechtsmittel eröffnete Möglichkeit zur Herbeiführung einer Nachprüfung ergangener Entscheidungen.«

»Verwaltungspetitionen«[222] bezeichnen. Verwaltungspetitionen, also Eingaben an die Exekutive im Gegensatz zur Legislativpetition des Art. 17 GG, die an die Volksvertretung gerichtet wird, sind die Gegenvorstellung, die Dienstaufsichtsbeschwerde und die Beamtenbeschwerden.[223] Eine gesetzliche Regelung haben die Petition gemäß Art. 17 und 45c GG bzw. die entsprechenden Vorschriften der Länderverfassungen, die Beamtenbeschwerden und Beschwerden aus dem Strafvollzugsrecht, dem Recht des Wehrbeauftragten und dem Datenschutzrecht erfahren.[224] Für die nicht förmlichen Rechtsbehelfe gelten die dafür »maßgeblichen besonderen« oder »allgemeinen Rechtsvorschriften, die gemäß der Rechtsnatur der nicht förmlichen Rechtsbehelfe« keine besonderen Förmlichkeiten, wie beispielsweise die Einhaltung von Fristen und Formerfordernissen, verlangen[225]. Im Gegensatz zu den förmlichen Rechtsbehelfen lösen sie auch keinen Suspensiveffekt aus, noch bringen sie die Angelegenheit auf eine andere Funktionsebene (Devolutiveffekt).[226]

Aus dem gleichen Grund, aus dem die besonderen Förmlichkeiten unbeachtlich sind, können Vorschriften des Verwaltungsverfahrensgesetzes bei den nicht förmlichen Rechtsbehelfen nur dann sinngemäß angewendet werden, soweit es sich um vergleichbare Regelungen und Zielsetzungen des Verfahrens handelt.[227]

Man kann bei den nicht förmlichen Rechtsbehelfen zudem feststellen, dass es bei ihnen grundsätzlich keine Beschränkungen hinsichtlich des Kreises der Beschwerdeberechtigten gibt.[228] Jeder, der sich gegen eine behördliche Maßnahme wenden will, kann mit einer Petition an die Volksvertretung herantreten, wobei er nicht Adressat der betreffenden Maßnahme zu sein braucht. Da es keine Form- und Fristvorschriften gibt, reicht es aus, dass der Beschwerdeführer in einer irgendwie geeigneten Form seine Unzufriedenheit mit einer behördlichen Maßnahme zum Ausdruck bringt.[229] Darüber hinaus besteht keine Beschränkung hinsichtlich des Grundes der Beschwerde und des Beschwerdegegenstandes. Es spielt also keine Rolle, ob ein Recht oder vermeintliches Recht geltend gemacht wird oder eine

---

222 Vgl. *Kastner* in Fehling/Kastner/Störmer, Verwaltungsrecht, aaO, Rdnr. 11 zu § 79 VwVfG, der von »Verwaltungs-Petition« und Legislativ-Petition« spricht.

223 Vgl. *Friedhelm Hufen*, Verwaltungsprozeßrecht, 8. A. 2011, Rdnr. 45 zu § 1; *Schiedermair* in Hoffmann-Riem/Schmidt-Aßmann/Voßkuhle, Verwaltungsrecht, aaO, Rdnr. 29 zu § 48.

224 Vgl. zum Beamtenrecht 3. Abschn. II, 2, c. und 4. Abschn. II, 1, d; § 108 StVollZG, § 37 WehrbeauftrG, § 21 BDSG, § 41 ZivildienstG.

225 Vgl. *Kopp/Ramsauer*, VwVfG, aaO, Rdnr. 17 zu § 79 VwVfG.

226 Vgl. *Blanke* in Sodan/Ziekow, VwGO, aaO, Rdnr. 7 vor § 124 VwGO: »Mangels Devolutiv- und Suspensiveffekt« sind die formlosen Rechtsbehelfe »keine Rechtsbehelfe im prozessrechtlichen Sinn«. Hätten die nicht förmlichen Rechtsbehelfe aufschiebende Wirkung, könnte eine Maßnahme fast nie durchgeführt werden, da nicht förmliche Rechtsbehelfe grundsätzlich wiederholt werden können.

227 Vgl. *Kopp/Ramsauer*, VwVfG , aaO, Rdnr. 17 zu § 79 VwVfG.

228 Einzelheiten vgl. 4. Abschn. I, 3.

229 Bei der Petition gemäß Art. 17 GG Schriftform oder elektronische Übermittlung.

Verwaltungsmaßnahme bzw. das Unterlassen eines solchen Beschwerdegegenstands ist. Die Beschwerde kann auch die Ausübung des pflichtgemäßen Ermessens der Behörde zum Gegenstand haben oder sich gegen einen formal bestandskräftigen Verwaltungsakt richten.

Diesem weiten Anwendungsbereich der nicht förmlichen Rechtsbehelfe steht ihre beschränkte Wirkung gegenüber.[230] Von einem nicht förmlichen Rechtsbehelf kann nicht die gleiche Wirkung wie von einem förmlichen Rechtsbehelf erwartet werden.

Zusammenfassend kann man sagen, dass der Beschwerdeführer mit einem bei einer Stelle der Verwaltung eingelegten nicht förmlichen Rechtsbehelf auf einen von ihm empfundenen Missstand, verbunden mit dem Begehren auf Abhilfe, hinweisen oder zu einer Angelegenheit die eigene Sicht der Dinge darstellen will. Die Behörde hat dann die Möglichkeit, ihre Maßnahme noch einmal zu überprüfen und gegebenenfalls zu ändern. Allerdings hat der Beschwerdeführer dem Charakter des nicht förmlichen Rechtsbehelfs gemäß ausschließlich die verfahrensrechtlichen Ansprüche auf Entgegennahme, Prüfung und Bescheidung.[231] Er hat also weder einen Anspruch auf ein bestimmtes Verfahren noch auf eine bestimmte Sachentscheidung.

1. Parlaments- oder Legislativpetition gemäß Art. 17 GG

Im Folgenden sollen die einzelnen außergerichtlichen nicht förmlichen Rechtsbehelfe dargestellt und Unterscheidungskriterien entwickelt werden. Ausgangspunkt für die außergerichtlichen nicht förmlichen Rechtsbehelfe ist das ihnen zu Grunde liegende Recht der Petition. Wendet sich jemand mit Bitten und Beschwerden an die Volksvertretung des Bundes oder eines der Bundesländer[232], so könnte es sich

---

230 Dieses erklärt den geringen Raum, den die nicht förmlichen Rechtsbehelfe, vor allem die Dienstaufsichtsbeschwerden, in der Literatur einnehmen. Man kann sagen, dass sie »keinen guten Ruf« haben, wenn immer wieder zu ihrer Charakterisierung das »Dreifache F«, nämlich ihre »Form-, Frist und Fruchtlosigkeit« genannt wird. Dazu auch *Bauer*, aaO, in DÖV 2014, 453ff(453); *Werner Thieme*, Die Dienstaufsichtsbeschwerde, in DÖD 2001, 77ff; ders, Der Bürger und der Vorgesetzte, in DÖV 1989, 986ff; *Blomeyer-Bartenstein/Närger*, aaO, S. 14. Dass Dienstaufsichtsbeschwerden sich gleichsam als »Papierkorbbeschwerden« erweisen, wird zwar immer wieder behauptet, Untersuchungen dazu gibt es indes nicht. Vgl. 9. Abschn.

231 Im Einzelnen 9. Abschn.

232 In nicht allen Länderverfassungen ist das Petitionsrecht ausdrücklich normiert. Eingang gefunden hat es in die Verfassungen von Bayern, Sachsen, Sachsen-Anhalt und Thüringen. Mittelbar besteht die Gewährleistung des Petitionsrechts in den Verfassungen von Baden-Württemberg, Niedersachsen und Nordrhein-Westfalen, in denen die Grundrechte des GG in Bezug genommen und dem Verfassungsrecht der Länder inkorporiert werden. Nicht subjektiv-rechtlich garantiert ist das Petitionsrecht in den Verfassungen Bremens, des Saarlandes und Schleswig-Holsteins. In diesen – und in anderen – Verfassungen ist aber die Einrichtung

somit um eine Petition nach Art. 17 GG bzw. den entsprechenden Vorschriften der Bundesländer handeln.

a. Einzelpetition

Art. 17 GG wird als das »Quellrecht«[233] aller nicht förmlichen Rechtsbehelfe bezeichnet. Gehalt des Art. 17 GG ist, jedermann den freien Zugang zum Staat mit seinen Stellen und den Volksvertretungen zu verschaffen. Deshalb ist der Petitionsbegriff weit zu fassen.[234]

Eine Parlaments- oder Legislativpetition ist jedes an die Volksvertretung gerichtetes Begehren, in dem Bitten oder Beschwerden in eigener Sache, für andere oder im allgemeinen Interesse vorgetragen werden.[235] Maßgebliches Kriterium ist das materielle Verlangen, das »Petitum«, d.h. der Wunsch an den Petitionsadressaten nach Abhilfe. Dieser muss in der Petition zum Ausdruck kommen.[236] Dabei umfasst der Begriff »Bitten« alle Forderungen und Vorschläge für ein Handeln oder Unterlassen von staatlichen Organen, Behörden und sonstigen Einrichtungen, die öffentliche Aufgaben wahrnehmen und insoweit der Aufsicht der Exekutive unterliegen. Hierzu gehören beispielsweise auch Vorschläge und Forderungen nach bestimmten Gesetzgebungsinitiativen.[237] »Beschwerden« sind Beanstandungen, die sich gegen ein Handeln oder Unterlassen staatlicher Organe, Behörden oder sonstiger Einrichtungen richten, die öffentliche Aufgaben wahrnehmen und unter staatlicher Aufsicht stehen.[238]

b. Sammel- und Massenpetition

Außer der o.a. Einzelpetition beschreiben die Grundsätze des Petitionsausschusses des Deutschen Bundestages über die Behandlung von Bitten und Beschwerden (Verfahrensgrundsätze) die Mehrfachpetition (individuelle Eingabe mit demselben

---

eines Petitionsausschusses vorgeschrieben und damit das Bestehen eines Petitionsrechts als selbstverständlich vorausgesetzt. Vgl. dazu *Klein* in Maunz/Dürig/Herzog/Scholz aaO, Rdnr. 26 u. 27 zu Art. 17 GG.

233 Dieser Begriff wird z.B. im Tätigkeitsbericht des Bundessicherheitsamtes von 2002 mit Bezug auf BSG, Urt. v. 31.03.1998 – B 4 RA 114/95 – verwendet.

234 Vgl. *Klein* in Maunz/Dürig/Herzog/Scholz aaO, Rdnr. 43 zu Art. 17 GG.

235 Vgl. Nr. 2. 1 Abs. 1 Grundsätze des Petitionsausschusses des Deutschen Bundestages über die Behandlung von Bitten und Beschwerden (Verfahrensgrundsätze) aaO.

236 BVerGE 2, 225 (299); BVerwG in NJW 1976, 637f.

237 Vgl. Nr. 2. 1 Abs. 2 Grundsätze des Petitionsausschusses des Deutschen Bundestages über die Behandlung von Bitten und Beschwerden (Verfahrensgrundsätze) aaO; *Klein* in Maunz/Dürig/Herzog/Scholz aaO, Rdnr. 43 zu Art. 17 GG.

238 Vgl. Nr. 2. 1 Abs. 3 Grundsätze des Petitionsausschusses über die Behandlung von Bitten und Beschwerden (Verfahrensgrundsätze), aaO.

Anliegen)[239], die Sammelpetition (Unterschriftensammlung mit demselben Anliegen)[240], die Massenpetitionen (Petition in größerer Anzahl mit demselben Anliegen, deren Text ganz oder in wesentlichen Teilen übereinstimmt)[241] und die öffentliche Petition.[242] Die Letztgenannte erfasst Petitionen mit »Bitten oder Beschwerden von allgemeinem Interesse an den Bundestag«.

c. *Öffentliche Petition*

Die öffentliche Petition[243] ist ein innovativer neuer »Petitionstyp mit eigenständiger Funktion, Voraussetzungen und Rechtsfolgen, die sich von den anderen Erscheinungsformen«[244] der Legislativpetition unterscheidet. In ihrer Ausgestaltung hat sie für den Petenten die »Zugänglichkeit« zu dem Petitionsadressaten an das moderne Zeitalter der neuen Medien angepasst und somit auch die Teilhabe am Staat und die Transparenz staatlichen Handels gefördert.[245]

Nach der Präambel zur »Richtlinie für die Behandlung von öffentlichen Petitionen (öP.) gem. Ziff. 7. 1 (4) der Verfahrensgrundsätze« soll die öffentliche Petition die Möglichkeit bieten, Lebenssachverhalte, Gesetzgebungsvorschläge, Sachverstand, Kritik und Beschwerden aus unterschiedlichen Sichtweisen und politischen Milieus

---

239 Vgl. Nr. 2. 2 Abs. 1 Grundsätze des Petitionsausschusses des Deutschen Bundestages über die Behandlung von Bitten und Beschwerden (Verfahrensgrundsätze) aaO.

240 Vgl. Nr. 2. 2 Abs. 2 Grundsätze des Petitionsausschusses des Deutschen Bundestages über die Behandlung von Bitten und Beschwerden (Verfahrensgrundsätze) aaO.

241 Vgl. Nr. 2. 2 Abs. 3 Grundsätze des Petitionsausschusses des Deutschen Bundestages über die Behandlung von Bitten und Beschwerden (Verfahrensgrundsätze) aaO.

242 Vgl. Nr. 2. 2 Abs. 4 Grundsätze des Petitionsausschusses des Deutschen Bundestages über die Behandlung von Bitten und Beschwerden (Verfahrensgrundsätze) aaO.

243 Nr. 2. 2 Abs. 4 Grundsätze des Petitionsausschusses des Deutschen Bundestages über die Behandlung von Bitten und Beschwerden (Verfahrensgrundsätze) aaO. Zur öffentlichen Petition ausführlich *Bauer*, aaO, in DÖV 2014, 453(459ff): »Die öffentliche Petition verknüpft die konventionellen Eingaben an die Volksvertretung mit den Möglichkeiten moderner Informations- und Kommunikationstechnologien und generiert in den Szenarien von E-Goverment und Governance einen neuen Petitionstyp (…).«

244 *Bauer*, aaO, in DÖV 2014, 453(455).

245 Vgl. *Bauer*, aaO, der zu Recht darauf hinweist, dass die öffentliche Petition weder im Grundgesetz noch in den Gesetzen über die Befugnisse der Petitionsausschüsse Niederschlag gefunden hat. Sie ist vielmehr in den auf § 110 Abs. 1 GO-BT gestützten »Grundsätzen des Petitionsausschusses über die Behandlung von Bitten und Beschwerden (Verfahrensgrundsätze)« und der dazu erlassenen »Richtlinie für die Behandlung von öffentlichen Petitionen (öP) gem. Ziff. 7. 1 (4) der Verfahrensgrundsätze« geregelt.

kennenzulernen, diese Stellungnahmen in die Meinungsbildung einzubeziehen, in den politischen Prozess einzubringen und dort wirksam werden zu lassen.

Voraussetzungen für die Einbringung einer öffentlichen Petition sind nach den »Verfahrensgrundsätzen des Petitionsausschusses und der Richtlinie öP.« in formeller Hinsicht die Zuständigkeit des Petitionsausschusses und die Einbringung des Anliegens in elektronischer Form. Inhaltlich muss die Eingabe »ein Anliegen von allgemeinem Interesse zum Gegenstand« haben und »das Anliegen und dessen Darstellung muss für eine sachliche öffentliche Diskussion geeignet« sein.[246] Erweist sich eine als öffentliche Petition eingebrachte Eingabe nach dem zu Grunde zu liegenden »strengen Bewertungsmaßstab«[247] nicht für eine Veröffentlichung im Internet geeignet, wird sie aber nicht zurückgewiesen, sondern vielmehr nach den allgemeinen Verfahrensgrundsätzen des Petitionsausschusses behandelt.[248]

Ist eine Eingabe indes als öffentliche Petition einzuordnen, dann wird sie »im Einvernehmen mit dem Petenten auf der Internetseite des Petitionsausschusses veröffentlicht. Mit der Veröffentlichung erhalten weitere Personen oder Personengruppen über das Internet die Gelegenheit zur Mitzeichnung der Petition oder zur Abgabe eines Diskussionsbeitrages hierzu«.[249] Eine wesentliche Innovation bei der öffentlichen Petition – abgesehen von der elektronischen »Kommunikation, Interaktion, Partizipation, Unterstützung und Mitzeichnung«[250]– ist die Veröffentlichung der Bescheidung »einschließlich ihrer Begründung«[251] im Internet.[252]

Nicht von der Hand zu weisen sind allerdings die Erörterungen zur Frage der Notwendigkeit einer gesetzlichen Regelung der öffentlichen Petition in den Petitionsgesetzen, insbesondere hinsichtlich der Anforderungen aus Art. 17 GG.[253]

---

246 Vgl. Nr. 2. 1 Richtlinie öP. Nach Nr. 5 Richtlinie öP. wird hinsichtlich der Veröffentlichung der öffentlichen Petition im Internet ein strenger Maßstab angelegt. Vgl. *Bauer*, aaO, in DÖV 2014, 453(455).

247 Vgl. Nr. 5 Richtlinie öP.

248 Vgl. Nr. 5 Richtlinie öP.

249 Vgl. Nr. 2. 2 Abs. 4 Grundsätze des Petitionsausschusses des Deutschen Bundestages über die Behandlung von Bitten und Beschwerden (Verfahrensgrundsätze), aaO. Zum weiteren Verfahren vgl. Nr. 8. 4 Abs. 4 Verfahrensgrundsätze. Siehe auch http://www. epetitionen.bundestag.de/epet/service$$$.rubrik.oeffentlichePetitionen.html.

250 *Bauer*, aaO, in DÖV 2014, 453(456).

251 *Bauer*, aaO.

252 Vgl. Nr. 12 Richtlinie öP.

253 *Bauer*, aaO, in DÖV 2014, 453(458f) weist darauf hin, dass die öffentliche Petition vor allem auch unter dem Gesichtspunkt einer fehlenden gesetzlichen Regelung nicht unproblematisch ist (Privilegierung der öffentlichen Petition gegenüber der allgemeinen Petition, Kriterien der Zulassung als öffentliche Petition, Verfahrensgestaltung und Entscheidungsbefugnisse des Ausschussdienstes), vgl. Bauer, aaO, Fn. 85–88. Dazu auch *Annette Guckelberger*, Neue Erscheinungsformen des Petitionsrechts: E-Petition und öffentliche Petition, in DÖV 2008, 85(92f*); Martin Kellner*, Die E-Petition zum Deutschen Bundestag: Ein Danaergeschenk, in NJ

Allerdings sind die kritischen Stimmen zu der öffentlichen Petition in der Literatur überwiegend älteren Datums. In der Zwischenzeit haben die modernen Kommunikationsformen erheblich an Bedeutung gewonnen. Hinzu kommt, dass in der Praxis zunehmend keine »strengen« Anforderungen mehr an die Einbringung einer öffentlichen Petition gestellt werden und damit der Entwicklung der neuen Kommunikationstechniken Rechnung getragen wird. Zu bedenken ist auch, dass der Petitionsweg durch die Möglichkeit der Einlegung einer öffentlichen Petition nicht verkürzt wird, wenn eine elektronische Petition, die nach Prüfung durch den Ausschussdienst den Anforderungen an eine öffentliche Petition nicht entspricht, dann nach den allgemeinen Verfahrensgrundsätzen des Petitionsausschusses behandelt und beschieden wird.

Vor diesem Hintergrund ist die öffentliche Petition eine zeitgemäße und zu begrüßende Innovation, und zu Recht hält Bauer[254] das elektronische Petitionssystem für einen «großen Wurf« mit einer beachtlichen Erfolgsgeschichte.

d. »Neue Petitions-Plattformen«

Zu Recht wird darauf hingewiesen[255], dass das Internet und Soziale Medien fortlaufend neue »Kommunikationsformen«[256] hervorbringen. Dies hat auch Auswirkungen auf das Eingabenrecht[257], wie die Möglichkeit der Erhebung einer E-Petition (»Elektronische Petition«[258]) und die Möglichkeit der elektronischen Übermittlung von Dokumenten an Stellen der Verwaltung zeigen.[259]

In der Literatur wird vereinzelt[260] die Ansicht dargelegt, dass darüber hinaus ein Bedürfnis dafür bestehe, »politische Anliegen«[261] nicht allein in Form »traditioneller Parlamentspetitionen sowie als ‚Bitten' und ‚Beschwerden'« bei den Behörden einzubringen, sondern auch von »Petitions-Plattformen wie Campact, Change.org, openpetition oder attack.de.«[262]

2007, 56ff hält die elektronischen Eingaben nicht mit den Anforderungen des Art. 17 GG vereinbar; dazu auch *Heribert Schmitz*, Behandlung von Petitionen, die per e-Mail eingehen, überarbeitete und erweiterte Fassung veröffentlicht in NVwZ 2003, 1437 – http://www.schmitz-www.de/SiteH1.data/Komponenten/petition03.pdf.

254 *Bauer*, aaO, in DÖV 2014, 453(459).

255 *Röper*, aaO, in DÖV 2015, 456(460ff).

256 *Röper*, aaO.

257 Vgl. 4. Abschn. I, 3.

258 Vgl. Nr. 4 Abs. 1 Verfahrensgrundsätze des Petitionsausschusses des Deutschen Bundestages, aaO.

259 § 3a VwVfG; im einzelnen vgl. 4. Abschn. I, 3a, bb und 3b, bb.

260 *Röper*, aaO, in DÖV 2015, 456(460ff).

261 *Röper*, aaO, in DÖV 2015, 456(460).

262 *Röper*, aaO, führt aus, dass es sich hier »um eine Sonderform der Sammel- und Massenpetition« handele, die nicht nur als eine Eingabe an die zuständigen Stellen, sondern auch als Parlamentspetition an die Volksvertretung gehen solle.

Bei der Plattform »Campact«, die den »Blick (...) über die zuständigen Stellen hinaus auch auf die Parlamente«[263] richtet, werden vor allem Themen wie »Macht der Konzerne, Atommüll, Ausstieg aus der Kohleenergie, Fracking etc«[264] aufgegriffen, während beispielsweise »Change.org« in erster Linie[265] das Parlament[266] im Blickfeld hat. Inwieweit diese »neuen Petitions-Plattformen« tatsächlich auf politische Entscheidungen Einfluss nehmen, kann derzeit nicht festgestellt werden. Jedenfalls haben sie keine Auswirkungen auf die Parlamente und deren Petitionsausschüsse.[267]

Allerdings ist es zweifelhaft, ob »Eingaben« dieser Petitions-Plattformen, die im Einzelfall eine beachtliche Zahl an Mitzeichnern ausweisen können, in dem vorgesehenen Verfahren mit der Folge der notwendigen Bearbeitungsverpflichtung des Adressaten an die Volksvertretungen bzw. ihre Petitionsausschüsse gelangen. Zu dieser Frage wandte sich ein Petent an den Petitionsausschuss des Deutschen Bundestages. Auf Grund dieser Anfrage des Petenten[268] stellte der Petitionsausschuss des Deutschen Bundestages fest, dass sich die privaten öffentlichen Internet-Plattformen nicht eignen, »Petitionen an den Deutschen Bundestag einzustellen. Es handelt sich dabei nicht um eine Petition gemäß Artikel 17 Grundgesetz.«[269] Eine wirksame E-Petition liege nur dann vor, wenn sie über das im Internet zur Verfügung gestellte Formular des Bundestages vorgebracht werde.[270]

Dieser Ansicht ist zuzustimmen. Mit der Möglichkeit einer elektronischen Petition über die Webseite des Petitionsausschusses des Deutschen Bundestages ist der Entwicklung der modernen Kommunikationsmöglichkeiten Rechnung getragen. Bei privaten öffentlichen Internet-Plattformen ist es den Petitionsausschüssen der Volksvertretungen nicht möglich, die Verfahrensweisen für elektronische Mitzeichnungen in diesen fremden Petitions-Plattformen zu überprüfen. Zudem haben die Petitionsausschüsse der Volksvertretungen auf die Art und Weise, wie diese Petitions-Plattformen organisiert sind und wie sie arbeiten, keinen Einfluss. Dies schließt eine Übernahme von deren »Petitionen« aus.[271]

---

263 *Röper*, aaO in DÖV 2015, 456(461).

264 *Röper*, aaO in DÖV 2015, 456(460f).

265 »(...) als größte Petitions-Plattform der Welt«, *Röper*, aaO, in DÖV 2015, 456(461).

266 »Türöffner zum Bundestag«, *Röper*, aaO, in DÖV 2015, 456(461).

267 Das räumt auch *Röper*, aaO, ein: Sie würden »nicht zur Kenntnis genommen werden«.

268 Petition Nr. 55880 v. 13.11.2011 an den Deutschen Bundestag.

269 Vgl. Sekretariat des Petitionsausschusses v. 12.12.2014, Pet A-18-99-1030-016192; vgl. *Röper*, aaO, in DÖV 2015, 456(462) Fn. 48.

270 Vgl. Schreiben v. 12.12.2014, aaO : »Es gibt eine klare Beschlussfassung der Ausschüsse, nach der elektronisch eingereichte Petitionen und Mitzeichnungen nur von Nutzern des ePetitions-Systems des Deutschen Bundestages anerkannt werden.« Vgl. *Röper*, aaO, in DÖV 2015, 456(462).

271 Vgl. Schreiben v. 12.12.2014, aaO; a. M. *Röper*, aaO in DÖV 2015, 456(463f), der auf die »Pluralisierung der Petitionsformen« durch Internet und Soziale Medien als »Schwarmdemokratie« hinweist und feststellt, dass das »mühsame

Für die Dienstaufsichtsbeschwerde spielt die Frage einer Weiterentwicklung der Massenpetition durch das Internet und die Sozialen Medien auf »neuen Petitions-Plattformen« und die Frage, ob es derzeit geboten ist, dass das Parlament und die Exekutive auf »die heutigen und künftigen Kommunikationsformen«[272] reagieren sollten, keine Rolle. Dienstaufsichtsbeschwerden werden regelmäßig von Einzelpersonen erhoben. Es ist im Untersuchungszeitraum kein Fall der Einlegung einer – gemeinsamen – Dienstaufsichtsbeschwerde durch mehrere Personen vorgekommen.

e. »Sonstige Eingaben«

Zu klären bleibt in diesem Zusammenhang, wie von diesen als Petitionen zu qualifizierenden Eingaben die »sonstigen Schreiben«[273] an die Volksvertretungen – oder Stellen der staatlichen Verwaltung – abzugrenzen sind. Maßstab ist der Sinn und Zweck einer Petition, wie sie sich historisch entwickelt hat: Mit einer Petition tritt der Bürger mit einem persönlichen oder allgemeinen Anliegen gerichtet auf ein Handeln oder Unterlassen an die Obrigkeit heran. Folglich sind »sonstige Schreiben«, bzw. »sonstige Eingaben«, – solche, in denen Ansichten, Vorwürfe, Anerkennungen oder Belehrungen sowie reine Mitteilungen von Wissen, Gesuche um Rechtsberatung oder Rechtsauskunft, Vorwürfe an die Legislative oder Exekutive, aber auch Anmerkungen, allgemeine Hinweise oder Meinungsäußerungen[274] – keine Petitionen. Sie alle haben kein Petitum, d.h. kein Gesuch auf ein Handeln oder Unterlassen zum Inhalt.[275]

---

und zeitaufwendige Verfahren im Petitionsausschuss (...) jedenfalls bei politisch indizierten Mehrfach-, Sammel- und Massenpetitionen nur selten ein greifbares Ergebnis hat.« Es eigne sich nicht für Massenanliegen. »Die Petitionen von Campact, Change.org und anderen richten sich daher primär an die Regierung als zuständige Stelle i.S.v. Art. 17 GG.«

272 *Röper*, aaO, in DÖV 2015, 456(463).

273 Vgl. Nr. 2. 3 »sonstige Eingaben«, Grundsätze des Petitionsausschusses über die Behandlung von Bitten und Beschwerden (Verfahrensgrundsätze), aaO.

274 Reine Meinungsäußerungen fallen unter Art. 5 Abs.1 Hs. 1 und die Bitte um Zugang zu staatlichen Informationsquellen unter Art. 5 Abs. 1 Hs. 2 GG.

275 Vgl. Nr. 2. 3 Grundsätze des Petitionsausschusses über die Behandlung von Bitten und Beschwerden (Verfahrensgrundsätze), aaO: »Keine Petitionen sind Auskunftsersuchen sowie bloße Mitteilungen, Belehrungen, Vorwürfe, Anerkennungen oder sonstige Meinungsäußerungen ohne materielles Verlangen.« Dazu auch *Schiedermair* in Hoffmann-Riem/Schmidt-Aßmann/Voßkuhle, Verwaltungsrecht, aaO, Rdnr. 30 zu § 48, Fn. 179; *Klein* in Maunz/Dürig/Herzog/Scholz aaO, Rdnr. 42 zu Art. 17 GG. Von einer «unzulässigen« Petition wird dann gesprochen, wenn ihr Inhalt verworren ist, sie unleserlich ist, die Anschrift oder Unterschrift fehlt, falsch oder gefälscht ist oder wenn bei elektronischer Übermittlung die Pflichtfelder nicht oder nicht korrekt ausgefüllt sind, wenn mit ihr etwas tatsächlich Unmögliches, eine strafbare Handlung, eine Ordnungswidrigkeit oder eine Maßnahme verlangt wird, die gegen die verfassungsrechtliche Ordnung oder das Sittengesetz

Nicht ohne weiteres erkennbar ist allerdings die Einordnung eines Auskunftsersuchens an die Volksvertretung (oder an eine Stelle der Exekutive). Der Bedeutung des Wortes Petition zufolge handelt es sich um eine Petition, denn mit dem Begehren nach Auskunft wird eine Forderung, ein Anliegen an den Petitionsadressaten herangetragen.[276]

Anders könnte der Fall liegen, wenn ein Begehren auf Akteneinsicht bzw. Information geltend gemacht wird. Wenn für dieses Anliegen kein Anspruch[277] zur Verfügung steht, könnte diese ohne Rechtsanspruch vorgetragene Bitte um Information als Petition angesehen werden.[278] Dieser Bewertung ist zuzustimmen. Wenn sich aus Art. 17 GG auch kein Anspruch auf Erteilung der verlangten Auskunft oder auf Akteneinsicht ergibt[279], ist die angegangene Stelle aber befugt und willens, wird sie die begehrte Auskunft erteilen. Gegebenfalls teilt sie mit, dass sie die begehrte Information beispielsweise aus Gründen des Rechts auf informationelle Selbstbestimmung anderer nicht geben könne.[280] Als Ergebnis ist festzustellen, dass ein Begehren um Auskunft als Petition zu werten ist und beschieden werden muss.[281]

Alle nach diesen Grundsätzen zulässigen Petitionen genießen den Grundrechtsschutz gemäß Art. 17 GG. Im Fall einer zulässigen Petition an das Parlament wird diese nach den Grundsätzen der jeweiligen Petitionsgesetze der Bundesländer oder

---

verstößt und wenn sie letztlich beleidigenden, erpresserischen oder nötigenden Inhalt hat; vgl. Nr. 7. 3 Verfahrensgrundsätze des Petitionsausschusses des Deutschen Bundestages, aaO.

276 Vgl. *Klein* in Maunz/Dürig/Herzog/Scholz aaO, Rdnr. 45 zu Art. 17 GG. Bezieht sich das Ersuchen um Auskunft auf Angelegenheiten, über die sich der Petent aus allgemein zugänglichen Quellen selbst unterrichten kann, so gewährt ihm Art. 5 Abs. 1 S.1 GG bereits dieses Recht. Eine solche Petition wäre gegenstandslos.

277 Art. 17 GG begründet keine allgemeine Auskunftspflicht der angegangenen Stelle. Vgl. auch *Dieter Hömig*, GG, aaO, Rdnr. 7 zu Art. 17 GG, der auf die einfachgesetzliche Regelung des Informationsfreiheitsgesetzes (v. 05.09.2005, BGBl I, S. 2722) hinweist.

278 Vgl. *Klein* in Maunz/Dürig/Herzog/Scholz aaO,

279 Solche Ansprüche gewährt z. B. Art. 21 Abs. 1 Brandenb.Verf.

280 Vgl. *Klein* in Maunz/Dürig/Herzog/Scholz aaO.

281 Vgl. aber Nr. 2. 3. Grundsätze des Petitionsausschusses über die Behandlung von Bitten und Beschwerden (Verfahrensgrundsätze) aaO: »Sonstige Eingaben: Keine Petitionen sind Auskunftsersuchen sowie bloße Mitteilungen, Belehrungen, Vorwürfe, Anerkennungen und sonstige Meinungsäußerungen ohne materielles Verlangen.« Dazu *Hofmann* in Schmidt-Bleibtreu/Hofmann/Hopfauf, GG, aaO, Rdnr. 5 zu Art. 17 GG. Diese Definition wurde offenbar gewählt, damit der Bundestag nicht zu einem allgemeinen »Informationsbüro« (so *Klein* in Maunz/Dürig/Herzog/Scholz aaO, Rdnr. 45, Fn. 5) wird. In diesem Fall reicht in der Antwort an den Petenten ein Hinweis, wo er sich in dieser Sache informieren könne.

anderer Regelungen[282] bzw. den Verfahrensgrundsätzen des Petitionsausschusses[283] des Bundestages entschieden.

2. Eingaben an die »zuständigen Stellen«

Zu prüfen sind weiter Eingaben, die nicht an das Parlament, sondern an die Exekutive, d. h. an die »zuständigen Stellen«[284] der Verwaltung gerichtet sind. Da sie eine besondere Ausformung der allgemeinen Petition des Art. 17 GG sind, werden sie deshalb

282 Petitionsgesetze haben folgende Bundesländer: Gesetz über die Behandlung von Eingaben und Beschwerden an den Bayerischen Landtag nach Art. 115 der Verfassung – BayPetG v. 09.08.1993 (GVBl. S. 544); Gesetz über die Behandlung von Petitionen durch die Bremische Bürgerschaft v. 24.11.2009 (BremGVBl. S.473); Petitionsgesetz für Mecklenburg-Vorpommern v. 26.04.1991 (GVBl-MV 1991 (Nr.9, S. 147–148); Gesetz über die Behandlung von Petitionen an den Landtag Brandenburg (Petitionsgesetz – PetG) v. 20.12.1010 (GVBl. I/10 (Nr.48)); Thüringisches Gesetz über das Petitionswesen (ThürPetG) v. 15.05.2007 (GVBl. S. 57); Baden- Württembergisches Gesetz über den Petitionsausschuss des Landtages v. 20.02.1979 (GBl. S.85); Gesetz über die Behandlung von Petitionen an das Abgeordnetenhaus von Berlin (Petitionsgesetz) v. 25.11.1969 (GBl. S.2511); Hamburg: Gesetz über den Eingabenausschuss v. 18.04.1977 (Hmb.GVBl. S.91); Gesetz über den Petitionsausschuss des Sächsischen Landtages v. 11.06.1991 (SächsPetAG), (Sächs.GVBl I. S.90); in Gemeinde- und Landkreisordnungen geregelt (»Anregungen und Beschwerden«) mit Darstellungen, Erläuterungen, Einlegehilfen auf der Webseite der Landtage: Niedersachsen, Nordrhein-Westfalen, Schleswig-Holstein; keine besondere Regelungen, aber Webseite der Landtage mit Darstellung, Erläuterung und Einlegehilfen von Petitionen: Hessen, Saarland, Sachsen-Anhalt.

283 Grundsätze des Petitionsausschusses über die Behandlung von Bitten und Beschwerden (Verfahrensgrundsätze), v. 08.03.1989, für die 18. Wahlperiode übernommen durch Beschl. v. 15.01.2014 mit Anl. zu Ziff. 7.6. Verfahrensgrundsätze für die Zusammenarbeit zwischen dem Petitionsausschuss und dem Wehrbeauftragten des deutschen Bundestages und Anl. 4 zu Ziff. 7.1 Richtlinie für die Behandlung von öffentlichen Petitionen.

284 Der Begriff »zuständige Stelle« ist weit auszulegen. Unter ihn fallen »alle mittelbaren oder unmittelbaren Stellen des Bundes und der Länder, die keine Volksvertretungen« sind, wobei es sich nicht nur um Behörden handeln muss; *Klein* in Maunz/Dürig/Herzog/Scholz aaO, Rdnr. 98, zu Art. 17GG; *Dollinger* in Dieter C. Umbach/Clemens, Thomas, Grundgesetz, Mitarbeiterkommentar in 2 Bänden, 2002, Bd. 1, Rdnr. 33 zu Art. 17 GG; *Jarass* in Jarass, Hans D./Bodo Pieroth, Grundgesetz für die Bundesrepublik Deutschland, Kommentar, 13. A. 2014, Rdnr. 6 zu Art. 17 GG; *Schiedermair* in Hoffmann-Riem/Schmidt-Aßmann/Voßkuhle, Verwaltungsrecht, aaO, Rdnr. 30 zu § 48, der in Fn. 174 anspricht, ob kommunale Vertretungen »Volksvertretungen« sind. (m. Nw.); *Klein* in Maunz/Dürig/Herzog/Scholz aaO, Rdnr. 98 bemerkt, dass es irreführend sei, wenn in Art. 17 GG von der »zuständigen« Stelle gesprochen werde, denn auch an eine »unzuständige« Stelle gerichtete Petition sei nicht unzulässig. Zur Pflicht der Entgegennahme einer Petition durch die unzuständige Stelle und die Verpflichtung dieser zur Weiterreichung der Petition.

auch im Gegensatz zu den »Parlamentspetitionen«[285] als »Verwaltungspetitionen«[286] bezeichnet. Unter der Verwaltungspetition als Oberbegriff ist eine Eingabe an eine Stelle der öffentlichen Verwaltung zu verstehen, mit der das Recht auf Gehör oder ein materielles Beschwerdeverlangen geltend gemacht wird.[287]

Mit einer Verwaltungspetition kann sich ein Betroffener in unterschiedlicher Art und Weise an die Verwaltung wenden. Er kann eine Gegenvorstellung erheben, eine Dienstaufsichtsbeschwerde einlegen oder – wenn er im Beamtenverhältnis steht – eine Beamtenbeschwerde geltend machen. Je nachdem um welches Rechtsinstitut es sich handelt, sind daran unterschiedliche rechtliche Konsequenzen zu knüpfen. Somit sind diese nicht förmlichen Rechtsbehelfe zu definieren und von einander abzugrenzen.

a. Gegenvorstellung

Die Gegenvorstellung – teilweise wird auch von Gegendarstellung[288] oder Gegenäußerung gesprochen – ist ein in den vergangenen Jahren zunehmend verwendeter nicht förmlicher Rechtsbehelf geworden. Allerdings war die rechtliche Einordnung dieser Verwaltungseingabe nicht immer deutlich. Aus diesem Grund ist zunächst ihr Begriff festzustellen und die Abgrenzung zu anderen nicht förmlichen Rechtsbehelfen zu prüfen.

aa. Begriff der Gegenvorstellung

Eine feststehende Definition des Begriffs der Gegenvorstellung[289] gibt es nicht. Diese ist vielmehr im Kontext mit anderen nicht förmlichen Rechtsbehelfen, also systematisch, zu ermitteln.

---

285 Oder Legislativpetitionen.

286 *Kastner* in Fehling/Kastner/Störmer, Verwaltungsrecht, aaO, Rdnr. 11 zu § 79 VwVfG. *Röper*, aaO, spricht von »Administrativpetitionen«.

287 *Röper*, aaO, in DÖV 2015, 456ff (457) weist zu Recht darauf hin, dass »die praktische Bedeutung von Administrativpetitionen dem Parlament und der Öffentlichkeit weitgehend unbekannt sind.« So auch *Ulrich Woike*. Die Behandlung von Petitionen durch Behörden, in DÖV 1984, 419: »Während für die Eingaben an Parlamente Statistiken existieren, besteht eine vollständige Übersicht über Zahlen der Petitionen, die an Behörden gerichtet werden, nicht.«

288 Dieser Begriff sollte vermieden werden, denn die Gegendarstellung ist ein Begriff des Presserechts. Unter einer Gegendarstellung ist eine eigene Darstellung eines Sachverhalts durch den Betroffenen selbst zu verstehen, über den zuvor in einem Medium berichtet worden war. Der Gegendarstellungsanspruch ist in den Pressegesetzen der Länder geregelt. In Hamburg § 11 HmbPresseG, § 12 NDR-Staatsvertrag), den Rundfunk- und Mediengesetzen der Länder (z.B. § 10 HmbMedienG) und im Rundfunkstaatsvertrag § 56 Rundfunkstaatsvertrag. Das erforderliche berechtigte Interesse an einer Gegendarstellung wird aus dem allgemeinen Persönlichkeitsrecht (Art. 1 und Art. 2 GG) abgeleitet.

289 Dazu *Hofmann* in Schmidt-Bleibtreu/Hofmann/Hopfauf, GG, aaO, Rdnr. 5 zu Art. 17 GG. Auf die beamtenrechtliche Remonstration wird im 3. Abschn. II, 2, c eingegangen.

Wendet sich der Adressat einer behördlichen Maßnahme schriftlich, mündlich, per Fax oder elektronischer Datenübertragung gegen diese, so kann das grundsätzlich als Übersendung einer Gegenvorstellung, Einlegung einer Dienstaufsichts- oder Beamtenbeschwerde – falls der Beschwerdeführer Beamter ist – oder Erhebung eines förmlichen Rechtsbehelfs – Widerspruch – gewertet werden. Bei dieser Prüfung müssen Maßstäbe gefunden werden, die einzelnen Rechtsbehelfe voneinander abzugrenzen.

Hinsichtlich der Abgrenzung zu den außergerichtlichen förmlichen Rechtsbehelfen ergibt sich Folgendes: Eingaben, mit denen sich der Absender gegen einen Verwaltungsakt wendet und die innerhalb der einmonatigen Rechtsmittelfrist (§ 70 Abs. 1 VwGO) bei der Behörde eingehen, sind regelmäßig als die Erhebung eines Widerspruches zu werten. Dies gilt auch, wenn sie nicht als solche bezeichnet werden, es sei denn, der Absender lässt deutlich erkennen, dass seine Eingabe nicht als Widerspruch, sondern als Anregung, eine Überprüfung und gegebenenfalls Änderung der Maßnahme durch die Verwaltung vorzunehmen.[290] Für einen Widerspruch spricht in der Regel auch, wenn der Betroffene mit Tatsachen und Rechtsausführungen argumentiert.[291]

Wird eine Eingabe, die als Widerspruch gegen einen Verwaltungsakt zu verstehen ist, verspätet eingelegt, so ist zu prüfen, ob dieser durch – kostenpflichtigen – Bescheid zurückgewiesen werden soll, dem Betroffenen die Rücknahme des Widerspruchs nahegelegt oder diese Äußerung in einen nicht förmlichen Rechtsbehelf umzudeuten ist[292]. Wird in diesem Fall der verfristete Widerspruch wie ein nicht förmlicher Rechtsbehelf behandelt, kann er gegebenenfalls als Gegenvorstellung oder Dienstaufsichtsbeschwerde gewertet werden.[293]

Wendet sich der Adressat von Verwaltungshandeln gegen eine Maßnahme der Behörde, die kein Verwaltungsakt ist, könnte diese Eingabe als Gegenvorstellung oder Dienstaufsichtsbeschwerde anzusehen sein.

---

290 *Guckelberger* in Sodan/Ziekow, VwGO, aaO, Rdnr. 10 zu § 150 VwGO.

291 In diesem Fall ist es sachgerecht, dem Beschwerdeführer die von der Behörde beabsichtigte Einordnung seines Schreibens als Widerspruch mit der für ihn möglicherweise entstehenden Kostenfolge mitzuteilen, verbunden mit der Aufforderung zu erklären, ob er die Durchführung eines förmlichen Rechtsbehelfsverfahrens wünsche. Bejaht der Betroffene die Verfahrensweise, dann ist sein als Widerspruch eingeordnetes Schreiben an die entsprechende Funktionsebene weiterzuleiten, die nach der jeweiligen Geschäftsverteilung des Verwaltungsträgers über Widersprüche zu entscheiden hat.

292 Sachgemäß wäre in einem solchen Fall, zunächst keinen zurückweisenden Widerspruchsbescheid zu erlassen. Vielmehr wäre es geboten, bei dem Betroffenen anzufragen, ob er trotz Verfristung seinen Widerspruch aufrechterhalten wolle und ihm gleichzeitig unter Beifügung einer knappen Begründung darzulegen, dass selbst bei Rechtzeitigkeit der Einlegung des Rechtsmittels seinem Widerspruch in der Sache kein Erfolg beschieden wäre.

293 Diese Verfahrensweise erreicht stets ein höheres Maß an Akzeptanz als ein wegen Unzulässigkeit – kostenpflichtig – zurückgewiesener Widerspruch.

Hier danach zu unterscheiden, ob der Beschwerdeführer eine übergeordnete Stelle anruft – dann regelmäßig Dienstaufsichtsbeschwerde – oder sich bei der Erlassbehörde direkt beschwert – dann soll eine Gegenvorstellung vorliegen –, führt nicht weiter, denn ein Beschwerdeführer kann seine Dienstaufsichtsbeschwerde bei derjenigen Behörde einlegen, deren Maßnahme er beanstandet oder sich direkt an die vorgesetzte Verwaltungseinheit wenden.[294] Es kommt also nicht auf den Adressaten an, um eine Eingabe rechtlich einzuordnen, sondern auf ihren Inhalt. Legt jemand eine Beschwerde bei der Behörde ein, deren Maßnahme er beanstandet, wird es zudem regelmäßig dem Willen des Beschwerdeführers entsprechen, dass die Behörde – für den Fall, dass sie ihre Maßnahme auf Grund seines Vortrages nicht ändert – die Eingabe als Dienstaufsichtsbeschwerde an ihre vorgesetzte Verwaltungseinheit zur Bescheidung weiterreicht. Allerdings kann diese Verfahrensweise zu keiner Unterscheidung dieser beiden nicht förmlichen Rechtsbehelfe führen.

Es muss also das Anliegen desjenigen, der sich gegen ein Verwaltungshandeln bzw. -unterlassen wendet, stets durch Auslegung und Wertung der Gesamtumstände ermittelt werden. Dabei ist der mutmaßliche Wille des Absenders festzustellen – sein »Absenderhorizont«. Feste Regeln gibt es nicht. In vielen Fällen wird die Eingabe mit keiner Bezeichnung versehen sein, sondern der Beschwerdeführer legt eine Reihe von Gründen dar, mit der Bitte um Überprüfung dieser Angelegenheit. In diesen Fällen ist nach Kriterien zu suchen, um diesen nicht förmlichen Rechtsbehelf einzuordnen.

Das entscheidende Kriterium zur Unterscheidung der Gegenvorstellung von der Dienstaufsichtsbeschwerde ist, ob in der Eingabe ein irgendwie geartetes Begehren, ein Petitum, zum Ausdruck kommt. Ist das nicht der Fall, beschreibt der Beschwerdeführer vielmehr im Wesentlichen ein behördliches Verfahren und gibt dann seine eigene Bewertung, ohne das Verlangen eine entsprechende Änderung herbeiführen zu wollen, so liegt regelmäßig eine Gegenvorstellung vor. In diesen Fällen werden von dem Beschwerdeführer lediglich aus seiner Sicht maßgebliches Wissen mitgeteilt und Verbesserungsmöglichkeiten dargestellt, wobei er es der Behörde überlässt, Konsequenzen zu ziehen oder nicht. Das gleiche gilt, wenn jemand auf ein in seinen Augen unangemessenes Verhalten von öffentlichrechtlich Beschäftigten hinweist, ohne Maßnahmen gegen den Betreffenden zu erwarten.[295] Hier handelt es sich regelmäßig ebenfalls um eine Gegenvorstellung.

Für eine Einordnung als Gegenvorstellung spricht aber auch, wenn der Beschwerdeführer in seinem Schreiben in erster Linie Hinweise auf negative Auswirkungen einer Behördenmaßnahme gibt, ohne dass aus seiner Eingabe der Wille erkennbar wird, dass er eine ernstliche Nachprüfung des Verwaltungshandelns und

---

294 In jedem Fall wird deutlich, dass der Beschwerdeführer kein Gerichtsverfahren führen möchte und glaubt, sein Recht durch Anrufen der Erlass- oder Aufsichtsbehörde bekommen zu können. So auch *Jakob Kratzer*, Die Dienstaufsichtsbeschwerde, in BayVBl 1969, 189.

295 »Auf dieses Verhalten von Herrn/Frau X wollte ich Sie einmal hinweisen.«

ein Einschreiten der angerufenen Stelle wünscht.[296] Enthält weiterhin ein Schreiben im Wesentlichen eine chronologische Darstellung des beanstandeten Verfahrensablaufs mit einer angefügten eigenen Bewertung, ohne dass deutlich wird, dass der Beschwerdeführer ein erneutes Tätigwerden der Erlassbehörde herbeiführen will, spricht ebenfalls vieles für die Erhebung einer Gegenvorstellung.

Zusammengefasst bedeutet das: Richtet der Beschwerdeführer eine Eingabe an die Behörde, die für die beanstandete Maßnahme verantwortlich ist, und kommt in seinen Ausführungen nicht zum Ausdruck, dass er eine Überprüfung oder die Entscheidung der nächst höheren Funktionsebene der Verwaltung begehrt, liegt eine Gegenvorstellung vor.

Die Gegenvorstellung ist demnach wie folgt zu definieren: Mit dem nicht förmlichen Rechtsbehelf der Gegenvorstellung gibt der Betroffene eine tatsächliche und oder rechtliche Einschätzung zu einer Maßnahme oder dem Verhalten eines Behördenangehörigen zu einer ihn betreffenden Angelegenheit ohne ein konkretes Begehr ab.[297] Er betrachtet die Sache als entschieden und damit für erledigt, möchte aber das Handeln der betreffenden Stelle der Verwaltung nicht unwidersprochen zur Akte gehen lassen. Er möchte also seine Beurteilung bzw. Bewertung der strittigen Angelegenheit aktenkundig machen, aber mit seinem Handeln keine erneute Überprüfung in der Sache bewirken.

bb. Gegenvorstellung und Dienstaufsichtsbeschwerde

Nach diesen Maßstäben ist die Gegenvorstellung von der Dienstaufsichtsbeschwerde abzugrenzen. Wendet sich also ein Betroffener mit Beanstandungen zu einer Maßnahme oder deren Unterlassen, oder über die Art der Amtsführung eines Verwaltungsangehörigen ihm gegenüber an die Verwaltung, so kann es sich grundsätzlich um eine Gegenvorstellung oder Dienstaufsichtsbeschwerde handeln.

Um eine Abgrenzung der Gegenvorstellung von der Dienstaufsichtsbeschwerde vorzunehmen ist – wie erwähnt – zu prüfen, wie weit sein Ansinnen geht: Möchte er eine Überprüfung der Maßnahme unter tatsächlichen und rechtlichen Gesichtspunkten mit der Möglichkeit ihrer Aufhebung erreichen oder lediglich den Ablauf des Verfahrens und die Dienstausübung des Beschäftigten der betreffenden Dienststelle als unsachgemäß aufzeigen?

Wenn sich aus der Eingabe des Beschwerdeführers ein Verlangen auf Nachprüfung bzw. Abänderung des beanstandeten Vorganges oder auf Einschreiten gegen einen Behördenangehörigen ergibt, d. h. ein Petitum erkennbar ist, dann liegt in der Regel eine Dienstaufsichtsbeschwerde vor. Eindeutig ist die Einordnung

296 Vgl. auch *Kratzer* in BayVBl 1969, 190; *Achterberg*, § 23, Rdnr. 3 (S. 583); *Edwin Stoebenau*, Die Dienstaufsichtsbeschwerde, in PersV 1968, 228.

297 Die immer wieder verwendete »Formel«, dass mit der Gegenvorstellung eine öffentliche Stelle aufgefordert werde, eigenes Handeln noch einmal zu überprüfen und zu korrigieren, führt zu Überschneidungen mit der (sachlichen) Dienstaufsichtsbeschwerde und lässt keinen begrifflichen Unterschied erkennen.

als Dienstaufsichtsbeschwerde immer dann, wenn der Beschwerdeführer eine Maßnahme der Behörde beanstandet und gleichzeitig um Abhilfe bittet oder das dienstliche oder außerdienstliche Verhalten[298] eines Behördenangehörigen beanstandet und ein Einschreiten begehrt. Dabei kommen – wie oben erwähnt – auch Verbindungen dergestalt vor, dass Maßnahmen und Verhalten eines Behördenangehörigen gleichermaßen beanstandet werden.[299]

Zusammengefasst bedeutet das: Richtet der Beschwerdeführer eine Eingabe an die Behörde, die für die beanstandete Maßnahme verantwortlich ist und kommt in seinen Ausführungen nicht zum Ausdruck, dass er eine Überprüfung oder die Entscheidung der nächst höheren Funktionsebene der Verwaltung begehrt, liegt eine Gegenvorstellung vor. Macht der Beschwerdeführer hingegen ein Begehren auf Überprüfung, Abänderung oder Aufhebung einer Maßnahme oder auf Einschreiten gegen einen Behördenangehörigen geltend, handelt es sich um eine Dienstaufsichtsbeschwerde. Das bedeutet, dass die Geltendmachung eines Begehrs, eines Petitum, in der Eingabe als Abgrenzungskriterium gefunden ist.[300]

cc. Konsequenzen der Einordnung

Die Abgrenzung der Gegenvorstellung von der Dienstaufsichtsbeschwerde hat hinsichtlich des Umganges mit der Eingabe Konsequenzen. Unstrittig ist, dass eine Eingabe, die nach der entwickelten Definition nicht als Gegenvorstellung, sondern

---

298 Richtigerweise müsste es »Verhalten eines Verwaltungsangehörigen im Dienst« heißen. Umgangssprachlich wird stets von »dienstlichem Verhalten« gesprochen.

299 In solchen Fällen ist es sachgerecht, zunächst den sachlichen Aspekt der Dienstaufsichtsbeschwerde zu prüfen, bevor über die Frage eines eventuellen Dienstvergehens entschieden wird.

300 Nicht ungewöhnlich ist der Fall, dass der Adressat eines Verwaltungsakts nach Ablauf der Widerspruchsfrist einen nicht förmlichen Rechtsbehelf einlegt. Hier ist es sachgerecht, den Beschwerdeführer lediglich auf den Fristablauf hinzuweisen und mitzuteilen, dass nicht beabsichtigt ist, die Rechtmäßigkeit des beanstandeten Verwaltungsaktes zu prüfen. Dazu ist eine Behörde berechtigt, denn Widerspruch und Dienstaufsichtsbeschwerde haben unterschiedliche Zielsetzungen. Anders könnte es nur dann sein, wenn über die Frage der Rechtmäßigkeit des Verwaltungsaktes hinaus ein dienstliches Fehlverhalten von dem Beschwerdeführer geltend gemacht wird. Die verfristete Geltendmachung der Rechtswidrigkeit eines Verwaltungsaktes könnte aber auch eine Anregung sein, die nach Ansicht des Beschwerdeführers materiell zutreffende Rechtslage wiederherzustellen (Vgl. *Thieme* in DÖD 2001, 78.) Die Voraussetzungen für ein Wiederaufgreifen des Verfahrens nach § 51 VwVfG liegen indes nur selten vor. Ist dies aber der Fall, kann man die Anregung des Betroffenen als ein Antrag gemäß § 51 VwVfG auslegen. Aber auch wenn die Voraussetzungen nicht vorliegen, kann die Verwaltung den belastenden Verwaltungsakt auf Grund der Gegenvorstellung von sich aus aufheben, wenn sie zwischenzeitlich zu der Erkenntnis von dessen Rechtswidrigkeit gekommen sein sollte. Diese Fallkonstruktion ist allerdings äußerst selten.

als Dienstaufsichtsbeschwerde[301] einzuordnen ist, einer Bescheidung zuzuführen ist. Anders könnte es sich bei der Gegenvorstellung verhalten.

In jedem Fall obliegt der angegangenen Behörde die Verpflichtung zur Entgegennahme einer Gegenvorstellung.[302] Wie das weitere Verfahren sich dann gestaltet, wird in der Literatur wie folgt beschrieben: Mit der »Einbringung der Gegenvorstellung« werde ein »Anspruch auf Bescheidung des Begehrens« verknüpft. Dieser Anspruch gründe sich auf die »verfahrensrechtliche Gewährleistung der nicht förmlichen Rechtsbehelfe in Art. 17 GG und den daraus sich ergebenen Rechten.«[303] Zusammenfassend wird resümiert, dass die Behörde die Gegenvorstellung entgegenzunehmen, inhaltlich zu prüfen und »das Begehren zu bescheiden« habe, wobei der Bescheid »kurz zu begründen« sei.[304]

Misst man diese Ansicht an dem erarbeiteten Unterscheidungskriterium von Gegenvorstellung und Dienstaufsichtsbeschwerde, so kann ihr aus folgenden Erwägungen nicht gefolgt werden: Ausgangspunkt ist immer das Begehren des Beschwerdeführers. Deshalb ist zu fragen, ob der Beschwerdeführer gleichsam ein »Ventil« sucht, um der Behörde seine Sicht der umstrittenen Maßnahme oder des umstrittenen Unterlassens darzustellen[305] oder ob er eine tatsächliche Nachprüfung und gegebenenfalls ein Tätigwerden der Behörde wünscht. Je nachdem wie die Antwort auf diese Frage ausfällt, handelt es sich um eine Gegenvorstellung oder um eine sachliche Dienstaufsichtsbeschwerde.

Ist die Eingabe aber als Gegenvorstellung einzuordnen, so ist ihre Funktion mit der Sachdarstellung des Betroffenen erschöpft und eine »Bescheidung« nicht erforderlich. Deshalb ist der Ansicht, die eine »Bescheidung« mit »einer kurzen« oder »knappen Begründung«[306] fordert, nicht zu folgen. Im Übrigen wird dabei nicht deutlich, was unter der »kurzen oder knappen Begründung« im Gegensatz zu der »Begründung« bei einer Dienstaufsichtsbeschwerde verstanden wird. Offensichtlich kann nach dieser Ansicht die Begründung in einem »Bescheid« über

301 Vgl. 4. Abschn.

302 Das ergibt sich aus dem grundrechtlichen Gehalt des Art. 17 GG als »Quellrecht«« der nicht förmlichen Rechtsbehelfe. Dieser Begriff wird z. B. im Tätigkeitsbericht des Bundessicherheitsamtes von 2002 mit Bezug auf BSG, Urt. v. 31.03.1998 – B 4 RA 114/95 – verwendet.

303 z. B. *v. Mutius* in Jura 1989, 107.

304 *Achterberg*, aaO, § 23, Rdnr. 3 (S.583); *v. Mutius* in Jura 1989, 107.

305 Will er also lediglich »Dampf ablassen«. *Klein* in Maunz/Dürig/Herzog/Scholz aaO, Rdnr. 139 zu Art. 17 GG rechnet dieses zu einer wesentlichen Funktion des Petitionsrechts: »Es bietet den Menschen noch immer ein viel genutztes Ventil des Dampf-Ablassens-Könnens« hinsichtlich ihrer »Nöte, Sorgen, Kümmernisse und Anliegen der verschiedensten Art«.

306 *v. Mutius*, aaO, *Achterberg*, aaO,

eine Gegenvorstellung kürzer und kursorischer ausfallen als bei einem Bescheid über eine Dienstaufsichtsbeschwerde. Hierfür gibt es keinen sachlichen Grund.[307]

Das bedeutet demnach, dass im Gegensatz zur Dienstaufsichtsbeschwerde bei der Gegenvorstellung kein »Bescheid« zu erlassen ist. Allerdings heißt das nicht, dass die angeschriebene Behörde auf eine Gegenvorstellung nicht reagieren sollte. Macht sich ein Bürger die Mühe, einer Dienststelle die Darstellung der umstrittenen Maßnahme oder Amtsausübung eines Beschäftigten aus seiner Sicht zukommen zu lassen, dann sollte die angegangene Dienststelle immer reagieren. Damit würde nicht nur der Höflichkeit des Umganges miteinander Genüge getan, sondern auch verdeutlicht, dass man seinen Vortrag ernst nimmt und er nicht in dem Papierkorb gelandet ist. Das bedeutet also, dass die Behörde dem Absender eine Eingangsbestätigung zukommen lässt, verbunden mit der Mitteilung, dass die Darstellung der von ihm beanstandeten Maßnahme von der Dienststelle zur Kenntnis genommen wurde und dem betreffenden Vorgang beigefügt werde.

b. Begriff der Dienstaufsichtsbeschwerde

Eine Dienstaufsichtsbeschwerde ist demnach die nicht förmliche Beschwerdemöglichkeit, mit der sich jeder von einer behördlichen Maßnahme oder deren Unterlassen oder dem Verhalten eines Behördenangehörigen[308] in seinen Rechten Betroffene mit dem Ersuchen an eine Stelle der öffentlichen Verwaltung wenden kann, die Maßnahme oder das Verhalten des Beschäftigten zu überprüfen. Ziel der Dienstaufsichtsbeschwerde ist gerade nicht die Durchführung eines förmlichen Rechtsbehelfsverfahrens, sondern die – freiwillige – Korrektur einer behördlichen Maßnahme nach einer formlosen verwaltungsinternen Prüfung bzw. die Veranlassung dienst- oder arbeitsrechtlicher Maßnahmen gegen einen Beschäftigten.

Die Bezeichnungen für die Erscheinungsformen der Dienstaufsichtsbeschwerden im System der nicht förmlichen Rechtsbehelfe werden weder in der Rechtsprechung noch im Schrifttum einheitlich verwendet. Das liegt unter anderem an der Unterteilung der sich teilweise überschneidenden Arten der Dienstaufsicht.[309]

Als Dienstaufsicht bezeichnet man das Aufsichts- und Weisungsrecht der höheren Behörde gegenüber einer nachgeordneten Behörde und des Vorgesetzten gegenüber seinen Mitarbeitern.[310] Sie umfasst die Beachtung, Anleitung, fachliche und rechtliche Kontrolle der Aufgabenerfüllung und die Art und Weise der

---

307 Diejenigen, die eine »kurze, aus sich selbst heraus verständliche Begründung« fordern, sollten erkennen, dass jedes Schriftstück einer Behörde »aus sich selbst heraus verständlich« sein muss.

308 Beamte, Angestellte, Arbeiter, vgl. 5. Abschn. III.

309 VG Schwerin Urteil v. 15.11.2004 – 1A 568/04 (zit. nach juris).

310 BVerwG, Beschl. 1. Wehrdienstsenat v. 09.08.2007 – 1 WB 51.6 – (zit. nach juris): »Die Dienstaufsicht stellt eines der Kontrollinstrumente dar, die der Durchsetzung der Gesetzmäßigkeit der Verwaltung (Art. 20 Abs. 3 GG) dienen. Sie besteht in einer personalrechtlichen (…) Aufsicht über die Pflichterfüllung

Dienstausübung der Mitarbeiter. Hinzu kommt die Befugnis, diese zu ordnungsgemäßer Erledigung der Dienstgeschäfte anzuhalten sowie bei Dienstvergehen von Beamten und anderen Arbeitnehmern des öffentlichen Dienstes disziplinar- oder arbeitsrechtliche Maßnahmen zu ergreifen.[311] Im Vergleich zur Rechts- und Fachaufsicht hat die Dienstaufsicht auch eine personalrechtliche Komponente. Damit ist sie die »Kernaufgabe des Vorgesetzten«.[312]

Die Dienstaufsicht wird von dem zuständigen Dienstvorgesetzten allein im öffentlichen Interesse wahrgenommen. Die Pflicht zu ihrer Ausübung obliegt dem Dienstvorgesetzten gegenüber seinem Dienstherrn und nicht gegenüber dem Beamten oder Bürger.[313] Der Dienstvorgesetzte ist idR. Adressat von Dienstaufsichtsbeschwerden, die seine Mitarbeiter betreffen.

Regelmäßig sind Dienst- und Fachaufsicht nicht getrennt. Wird allerdings ein Behördenangehöriger zur Dienstleistung zeitweilig in eine andere Verwaltungseinheit abgestellt[314], so übt diese für die Zeit der Dienstleistung die Fachaufsicht aus, während die – personenbezogene – Dienstaufsicht bei der Stammbehörde verbleibt. Kommt es in diesem Fall zu einer Dienstaufsichtsbeschwerde hinsichtlich des betreffenden Mitarbeiters wegen seines Verhaltens, so hört die Stammbehörde vor der Bescheidung der Dienstaufsichtsbeschwerde die örtliche Fachbehörde an. Hat die Dienstaufsichtsbeschwerde ausschließlich eine sachliche Komponente, entscheidet die Fachaufsichtsbehörde allein.[315]

---

der Amtswalter im Innenverhältnis zu ihrem Dienstherrn durch den jeweiligen Dienstvorgesetzten.«

311 Vgl. Academic dictionaries and encyclopedia, Stichwort »Dienstaufsicht« – http://universal_lexikon.deacademic.com/72293/Dienstaufsicht.

312 OLG NRW, Beschl. v. 30.11.2010 – 12 A 764/10 (zit. nach juris): Sie »soll als eines der Kontrollelemente zur Durchsetzung der Gesetzmäßigkeit der Verwaltung dienen« und besteht »in einer personalrechtlichen Aufsicht über die Pflichterfüllung der Amtswalter im Innenverhältnis zu ihren Dienstherren durch den jeweiligen Dienstvorgesetzten.« Vgl. auch VG Schwerin Urteil v. 15.11.2004 – 1A 568/04 (zit. nach juris); zu den Begriffen *Kahl* in Hoffmann-Riem/Schmidt-Aßmann/Voßkuhle, Verwaltungsrecht, aaO, Rdnr. 90ff zu § 47. Die Ausübung der Dienstaufsicht ist vereinzelt gesetzlich geregelt z.B. in § 16 AG-GVG BadWürtt. v. 16.12.1975 (GBl.S. 868), §§ 12, 13 Gesetz über die Organisation der Landesverwaltung (LOG) Saarl. v. 02.07.1969 (Amtsbl. 69, 445) idF. der Bek. v. 27.03.1997 (Amtsbl. 97, 410).

313 BVerwG, Beschl. 1. Wehrdienstsenat v. 09.08.2007 – 1 WB 51.6 – (zit. nach juris): »Der Einzelne hat keinen Rechtsanspruch auf ein Einschreiten der Dienstaufsichtsbehörde.«

314 Anders der Fall der beamtenrechtlichen Abordnung §§ 27 BBG, 14 BeamtStG, 28 HmbBG, analog bei anderen Arbeitnehmern des öffentlichen Dienstes, § 4 TVöD und TV-L.

315 In Hamburg üben die Fachbehörden die Fach- und Rechtsaufsicht über die Bezirksämter aus (§ 44 BezVG), während die Dienstaufsicht nach § 43 BezVG »die vom Senat bestimmte Stelle (Bezirksaufsichtsbehörde) ausübt und die Einhaltung des Bezirksverwaltungsgesetzes überwacht.« Dieses ändert aber nichts daran, dass

Unter Rechtsaufsicht ist diejenige Aufsicht zu verstehen, die Aufsichtsbehörden gegenüber den ihrer Rechtsaufsicht unterworfenen Verwaltungseinheiten ausüben und die sich auf die Einhaltung von Recht und Gesetz bei deren Amtstätigkeit bezieht.[316] Die Rechtsaufsicht beschränkt sich demnach auf die reine Rechtmäßigkeitskontrolle und erstreckt sich ersichtlich nicht darauf, ob das Handeln ihrer der Rechtsaufsicht unterworfenen Behörde sinnvoll und zweckmäßig ist.

Die Aufsicht über das zweckmäßige und sinnvolle Verwaltungshandeln bezeichnet man als Fach- oder Sachaufsicht.[317] Der Fach- oder Sachaufsicht unterliegen nachgeordnete Verwaltungseinheiten. Sie werden von der übergeordneten Behörde bei der Erfüllung ihrer Aufgaben nicht nur auf Einhaltung von Recht und Gesetz kontrolliert, sondern unterliegen auch hinsichtlich der Art und Weise ihrer Aufgabenerfüllung der Kontrolle. Man spricht insoweit auch von einer Zweckmäßigkeitskontrolle[318], verbunden mit der Befugnis, Weisungen zu erteilen. Die Fach- und Sachaufsicht ist demnach umfassender, weil zu der Gesetzmäßigkeitskontrolle die Zeckmäßigkeitskontrolle tritt. Damit unterliegt die gesamte Verwaltungstätigkeit der nachgeordneten Behörde der Aufsicht der übergeordneten Verwaltungseinheit. Für den Dienstvorgesetzten bedeutet das, dass er gegenüber den ihm unterstellten Mitarbeitern eine Recht- und Zweckmäßigkeitsaufsicht ausübt. Sie bezieht sich auf die sachliche, fachliche und inhaltliche Erledigung der den Mitarbeitern übertragenen Aufgaben sowie auf die Art und Weise ihrer Amtsführung Dritten gegenüber. Diese Dienstaufsicht übt der Dienstvorgesetzte durch Beobachtung, Hilfestellung und Überwachung der Zielsetzung, Planung und der Art und Weise der Umsetzung der Inhalte der übertragenen Tätigkeiten der ihm unterstellten Behördenangehörigen aus.[319]

Aus diesen Begriffsbestimmungen ist zu erkennen, dass der umfassendste Begriff derjenige der Dienstaufsicht ist. Er umfasst die Aufsichts- und Weisungsfunktion, die Sach- und Fachkontrolle und die Aufsicht über die Art der Dienstausübung. Hinzu kommt die Befugnis des Dienstvorgesetzten, im Fall eines Fehlverhaltens eines ihm unterstellten Mitarbeiters bei dessen Amtsausübung dienst- bzw. arbeitsrechtliche Maßnahmen einzuleiten oder die Einleitung bei einer anderen Stelle der Verwaltungseinheit – z. B. der Rechtsabteilung – zu veranlassen.

---

die disziplinar- bzw. arbeitsrechtliche Aufsicht der Vorgesetzte gegenüber den ihm nachgeordneten Mitarbeitern ausübt. Er hat die unmittelbare Dienstaufsicht. Außenstehende Behörden ermitteln idR. nicht selbst, sondern geben bei ihnen eingehende Dienstaufsichtsbeschwerden an die örtliche Stelle ab.

316 *Schiedermair* in Hoffmann-Riem/Schmidt-Aßmann/Voßkuhle, aaO, Rdnr. 22 zu § 48.

317 Vgl. § 13 Abs. 1 Gesetz Nr. 883 über die Organisation der Landesverwaltung (Landesorganisationsgesetz) v. 02.07.1969 (Amtsbl 97, 445 des Saarlandes.

318 *Schiedermair* in Hoffmann-Riem/Schmidt-Aßmann/Voßkuhle, aaO, Rdnr. 17 zu § 48 und S. 555f.

319 Vgl. *Hans Fuhr, Gerhard Hess, Luise Räuchle, Dirk Schreiber*, Arbeitshilfe Fachaufsicht, Evangelisches Jugendwerk in Württemberg, Dez. 2006 -http://www.ejwue.de/fileadmin/wup/upload/arbeitshilfe_fachaufsicht.pdf.

In der Fachliteratur wird vielfach eine Unterscheidung in Dienst- und Sachaufsichtsbeschwerden vorgenommen.[320] Das ist insofern konsequent, als die Aufsichtsbeschwerde dabei als Oberbegriff verwendet wird. Wendet sich ein Betroffener mit seinem Begehren an die »zuständige Stelle« mit dem Ziel, eine inhaltliche Überprüfung einer ihn betreffenden Entscheidung zu erreichen, so liege eine Sachaufsichtsbeschwerde vor. Von der Dienstaufsichtsbeschwerde unterscheide sich die Sachaufsichtsbeschwerde somit dadurch, dass es nicht um die Überprüfung eines bestimmten Verhaltens eines Behördenbeschäftigten gehe, sondern um die Überprüfung einer getroffenen Entscheidung.[321]

Die Unterscheidung in Dienst- und Sachaufsichtsbeschwerden ist grundsätzlich zu akzeptieren.[322] Indes führt der Vorgesetzte die Dienstaufsicht sowohl über das sachliche Verwaltungshandeln seiner Mitarbeiter als auch über deren Verhalten im Dienst.[323] Deshalb wird vorgeschlagen, alle Beschwerden von Betroffenen, die im Zusammenhang mit Verwaltungshandeln stehen, einheitlich als Dienstaufsichtsbeschwerden zu bezeichnen und dann, je nach Beschwerdeziel, in sachliche und persönliche Dienstaufsichtsbeschwerden zu unterteilen.[324]

---

320 VG Schwerin Urteil v. 15.11.2004 – 1A 568/04 (zit. nach juris); *Klein* in Maunz/Dürig/Herzog/Scholz, GG, aaO, Rdnrn. 47f zu Art. 17 GG; vgl. auch *Blomeyer-Bartenstein/Närger*, aaO, S. 16, 26; *Achterberg*, aaO, Rdnr. 4 (S. 583); *Kopp/Ramsauer*, VwVfG, aaO, Rdnrn. 19, 21 zu § 79 VwVfG; *Kastner* in Fehling/ Kastner/Störmer, Verwaltungsrecht, aa.O, Rdnr. 9 zu § 79 VwVfG, der Aufsichtsbeschwerde als Oberbegriff verwendet und in Sach- und Dienstaufsichtsbeschwerde unterteilt. Er fährt fort: »Unterliegt die sachentscheidende Behörde bei ihrer Entscheidung der Fachaufsicht, handelt es sich um eine Fachaufsichtsbeschwerde, unterliegt sie lediglich der Rechtsaufsicht, handelt es sich um eine Rechtsaufsichtsbeschwerde.«

321 *Kopp/Ramsauer*, VwVfG, aaO, Rdnr. 21 zu § 79 VwVfG; *Schiedermair* in Hoffmann-Riem/Schmidt-Aßmann/Voßkuhle, Verwaltungsrecht, aaO, Rdnr. 29 zu § 48.

322 Es kommt auf die zutreffende Bezeichnung des nicht förmlichen Rechtsbehelfs durch den Beschwerdeführer nicht an. Vielmehr ist das Begehren aus allen Umständen des Falles zu ermitteln. In der Praxis haben in einigen Fällen Beschwerdeführer beide Anwendungsbereiche der Dienstaufsichtbeschwerde miteinander verbunden, indem sie das sachliche und persönliche Verhalten eines Verwaltungsangehörigen beanstandet haben.

323 Teilweise wird zwischen »Vorgesetztenaufsicht«, bezogen auf die fachliche Arbeit und Leistung des Beschäftigten, und »Dienstaufsicht«, bezogen auf das dienstliche, persönliche Verhalten, unterschieden; *Günter Püttner*, Verwaltungslehre, 2007, S. 353f; vgl. *Kahl* in Hoffmann-Riem/Schmidt-Aßmann/Voßkuhle, Verwaltungsrecht, aaO, Rdnr. 90 zu § 47, Fn. 335.

324 Die Unterteilung bzw. Bezeichnung der Beschwerde als sachliche oder persönliche Dienstaufsichtsbeschwerde oder als Fach- und Dienstaufsichtsbeschwerde hat für den Beschwerdeführer keine Bedeutung, denn er braucht keine Einordnung seiner Beschwerde vorzunehmen. In der Praxis wird jede Beschwerde (sachliche und persönliche Dienstaufsichtsbeschwerde) von den jeweiligen Beschwerdeführern ausnahmslos als »Dienstaufsichtsbeschwerde« bezeichnet.

aa. Sachliche Dienstaufsichtsbeschwerde

Wie bereits bei den Begriffsbestimmungen der Aufsichtsbeschwerden ausgeführt, ist von einer sachlichen Dienstaufsichtsbeschwerde auszugehen, wenn sich ein Beschwerdeführer an die zuständige[325] oder übergeordnete Stelle als Aufsichtsbehörde mit dem formlosen Ersuchen wendet, eine Verwaltungsmaßnahme selbst zu erlassen, eine angegriffene Maßnahme zu überprüfen, ändern oder aufzuheben oder die Erlassbehörde entsprechend anzuweisen.[326] Ziel der Beanstandung ist demnach der sachliche Inhalt der Maßnahme.[327]

Hierunter fallen alle Fachaufsichtsbeschwerden, mit denen die die Fachaufsicht führenden Behörden angeregt werden sollen, bei der Stelle zu intervenieren, über die sie die Fachaufsicht führen, sowie alle Rechtsaufsichtsbeschwerden, die zur Überprüfung an die die Rechtsaufsicht führende Behörde gerichtet werden.[328]

bb. Persönliche Dienstaufsichtsbeschwerde

Im Gegensatz dazu handelt es sich um eine persönliche Dienstaufsichtsbeschwerde, wenn ein formloses Ersuchen an den Dienstvorgesetzten gerichtet wird, gegen einen Beschäftigten wegen seines dienstlichen Verhaltens einzuschreiten.[329] Ein Einschreiten auf Grund einer begründeten persönlichen Dienstaufsichtsbeschwerde wäre beispielsweise die Einleitung eines Disziplinarverfahrens gegen einen Beamten oder die Aufnahme arbeitsrechtlicher Ermittlungen gegen sonstige Beschäftigte des öffentlichen Dienstes.

Die persönliche Dienstaufsichtsbeschwerde kann demnach wie folgt definiert werden: Mit der persönlichen Dienstaufsichtsbeschwerde wendet sich ein Beschwerdeführer an den Dienstvorgesetzten eines oder mehrerer Beschäftigten des öffentlichen Dienstes oder an die oberste Dienstbehörde mit dem Ziel, dessen persönliches Verhalten dienstrechtlich bzw. arbeitsrechtlich zu würdigen und gegebenenfalls disziplinarrechtliche oder arbeitsrechtliche Ermittlungen einzuleiten[330]. Das Merkmal der persönlichen Dienstaufsichtsbeschwerde ist

---

325 In Hamburg bei Maßnahmen einer Fachbehörde an diese selbst, da gemeindliche und staatliche Aufgaben nicht getrennt werden (Art. 4 Abs. 1 HmbVerf).

326 *v. Mutius*, Nichtförmliche Rechtsbehelfe in der öffentlichen Verwaltung, in Jura 1989, S. 105 (108).

327 Vgl. »Beschwerdemanagement der Steuerverwaltung Hamburg: »Die Fachaufsichtsbeschwerde greift die Sachentscheidung in fachlicher Hinsicht an« – . https://www.hamburg.de/behoerdenfinder/hamburg/11254738/.

328 Im Einzelnen dazu 4. Abschn.

329 Vgl. *Kopp/Ramsauer*, VwVfG, aaO, Rdnr. 21 zu § 79 VwVfG;*v. Mutius*, aaO, Jura 1989, S. 105 (108); BPatG München, Beschl. v. 09.06.2011 – 21 W(pat) 45/10 (zit. nach juris): »Bei der Dienstaufsichtsbeschwerde handelt es sich um einen gesetzlich nicht geregelten Rechtsbehelf, aufgrund dessen ein angenommenes Fehlverhalten eines Angehörigen des öffentlichen Dienstes zur Überprüfung gestellt wird.«

330 Im Einzelnen dazu 5. Abschn.

demnach das Begehren auf Prüfung, ob das »dienstliche Verhalten« eines Behördenangehörigen eine Dienstpflichtverletzung darstellt.[331] Problematisch ist dabei, dass eine rechtswidrig getroffene Entscheidung eines Verwaltungsangehörigen und die Dienstpflichtverletzung weder identisch sind noch nebeneinander stehen, sondern sich »zueinander verhalten wie »zwei sich überschneidende Kreise«.[332]

Mit dieser Begriffsbestimmung, die im Folgenden zu Grunde gelegt werden soll und die bereits früher angeregt wurde[333], wird man diesem nicht förmlichen Rechtsbehelf am ehesten gerecht. Vor allem aber sind die Begriffe sachliche und persönliche Dienstaufsichtsbeschwerde verständlicher und informativer für einen Beschwerdeführer als die ihm oft verschlossenen Begriffe der Rechts-, Fach-, Sach- oder Dienstaufsicht.[334]

Im Folgenden sollen sachliche und persönliche Diebstaufsichtsbeschwerden in zwei Abschnitten[335] behandelt werden.

cc. Abgrenzungen

Zu prüfen ist, wie die sachliche und die persönliche Dienstaufsichtsbeschwerde gegen Widerspruch und Gegenvorstellung abzugrenzen sind.

Auch hier, ebenso wie bei der Gegenvorstellung, ist die Abgrenzung zur Einlegung eines Widerspruchs von besonderer Bedeutung, muss doch ein förmlicher Rechtsbehelf von einem nicht förmlichen Rechtsbehelf abgegrenzt werden. Hierzu wurde im 3. Abschnitt II, 2 Stellung genommen. Die dort entwickelten Maßstäbe der Abgrenzung zur Abgabe einer Gegenvorstellung und der Einlegung eines Widerspruchs gelten auch hier, da sie grundsätzliche Bedeutung für die Abgrenzung der förmlichen von den nicht förmlichen Rechtsbehelfen haben.

Grundsätzlich ist jede Äußerung, mit der sich jemand gegen eine Maßnahme der Verwaltung wendet, einer Auslegung und Wertung im Hinblick auf alle Begleitumstände des jeweiligen Vorganges zu unterziehen. Dabei ist – wie oben erwähnt

---

331 Dazu *Ingo Becker-Kavan*, Pflichtverletzungen von Beamten und anderen Mitarbeitern des öffentlichen Dienstes, in DÖD 1999, 249ff.

332 So zutreffend *Thieme*, in DÖD 2001, 77: »Nicht jede pflichtwidrige Entscheidung eines Behördenmitarbeiters ist automatisch eine Pflichtverletzung.«

333 *Ingo Becker-Kavan*, Verwaltungsrecht und Verwaltungsverfahren 1980, S.172; *ders.* in DÖD 2000, 273ff.

334 Diese Terminologie wird auch auf der Webseite »Beschwerdemanagement Steuerverwaltung Hamburg« verwendet. »Mit der persönlichen Dienstaufsichtsbeschwerde im engeren Sinne greift der Steuerpflichtige die individuelle Dienstführung des Beamten an.« Den richtigen Adressaten für eine Dienstaufsichtsbeschwerde zu finden ist bei hamburgischen Fachbehörden unproblematisch, da hier die Behördenleitungen sowohl die Fach- und Rechtsaufsicht sowie die Dienstaufsicht über die Beschäftigten ausüben. Das heißt, der Behördenleiter ist stets der richtige Adressat sowohl der sachlichen als auch der persönlichen Dienstaufsichtsbeschwerde.

335 4. Abschn. und 5. Abschn.

– der mutmaßliche Wille des Beschwerdeführers aus seiner Sicht zu ermitteln. Entscheidend ist, dass der Beschwerdeführer einer Dienstaufsichtsbeschwerde eine bestimmte Art des Tätigwerdens der angegangenen Stelle der Verwaltung anstrebt und aus seiner Beschwerde das Ziel deutlich wird, er wolle gerade keinen förmlichen Rechtsbehelf einlegen, sondern vielmehr die Verwaltung veranlassen, auf diesem nicht förmlichen Weg ihre Maßnahme von sich aus zu korrigieren. Indizien für dieses von dem Beschwerdeführer angestrebte Tätigwerden der Verwaltung müssen sich aus seiner Beschwerde und den Umständen ihrer Einlegung ergeben. Ist nicht festzustellen, mit welchem Rechtsbehelf der Beschwerdeführer sein Ziel erreichen will, ist es sinnvoll, ihn zu befragen. Dabei sollten ihm die Unterschiede zwischen den förmlichen und den nicht förmlichen Rechtsbehelfen (Widerspruch: Frist- und Formvorschriften, Kostenfolge und Klagemöglichkeit und Gegenvorstellung oder Dienstaufsichtsbeschwerde: Frist- und Formfreiheit, ggf. eingeschränkte Überprüfung, Kostenfreiheit und keine Klagemöglichkeit in der Sache) dargestellt werden. Entsprechend der Antwort ist seine Beschwerde dann als Widerspruch, Dienstaufsichtsbeschwerde oder Gegenvorstellung zu behandeln.[336]

Eines haben der förmliche Rechtsbehelf des Widerspruchs und die nicht förmlichen Rechtsbehelfe der Gegenvorstellung und der sachlichen Dienstaufsichtsbeschwerde gemeinsam: Im Widerspruchsverfahren überprüft die Behörde die Recht- und Gesetzmäßigkeit der Verwaltungsmaßnahme in Gestalt eines Verwaltungsaktes und auch die Zweckmäßigkeit der umstrittenen Maßnahme ebenso wie bei der Dienstaufsichtsbeschwerde und Gegenvorstellung. Insofern kann nach dem Gesichtspunkt der Zweckmäßigkeitsprüfung keine Unterscheidung von Widerspruch, Gegenvorstellung und sachlicher Dienstaufsichtsbeschwerde getroffen werden.

---

336 Im Untersuchungszeitraum sind Fälle vorgekommen, bei denen nur schwer zwischen einer Dienstaufsichtsbeschwerde und der Gegenvorstellung unterschieden werden konnte (Vgl. unter 3. Abschn. II, 2, a, cc). Das war z.B. dann der Fall, wenn in dem Ersuchen die Formulierungen »Dienstaufsichtsbeschwerde«, »Beschwerde« oder »(...) möchte ich mich beschweren« nicht verwendet oder »Gegenvorstellung«, »zu der Maßnahme stelle ich fest«, »möchte ich bemerken« oder «klarstellen« nicht gebraucht wurden. Sind Indizien für eine Unterscheidung auf Grund dieser Bezeichnungen nicht erkennbar und scheidet ein förmliches Verwaltungsverfahren (Widerspruchsverfahren) aus, weil es sich bei der beanstandeten Maßnahme um keinen Verwaltungsakt handelt, so ist – wie oben dargestellt – danach abzugrenzen, ob in dem Schreiben ein irgendwie geartetes Petitum, d.h. ein materielles Verlangen zum Ausdruck kommt. Das kann z.B. dann der Fall sein, wenn das Schreiben des Beschwerdeführers einen größeren Umfang hat und sehr detailliert ist. Handelt es sich bei der beanstandeten Maßnahme hingegen um einen Verwaltungsakt und geht das Schreiben des Betroffenen innerhalb der Widerspruchsfrist bei der Behörde ein, wird in der Regel von der Einlegung eines Widerspruchs auszugehen sein, es sei denn, der Betroffene macht deutlich, dass sein Beschwerdeschreiben nicht als Widerspruch zu behandeln sei (Zur Abgrenzung zum Widerspruchsverfahren vgl. 3. Abschn. I.).

Es bleibt demnach dabei, dass bei der Abgrenzung der Dienstaufsichtsbeschwerde zum Widerspruch unter Berücksichtigung aller Begleitumstände der tatsächliche Wille des Beschwerdeführers zu ermitteln[337] und ggf. den Beschwerdeführer zu befragen ist. Hinsichtlich der Abgrenzung zur Gegenvorstellung ist maßgebliches Kriterium, ob die Beschwerde ein Petitum enthält oder nicht.[338]

Ein Abgrenzungskriterium kann im Einzelfall auch der Umstand sein, dass der eingelegte Rechtsbehelf möglicherweise kostenpflichtig ist oder nicht. Wünscht der Betreffende eine förmliche Nachprüfung der Maßnahme der Verwaltung mit der Konsequenz, dass er im Falle seines Unterliegens möglicherweise den Weg zu den Verwaltungsgerichten gehen will, oder ist sein Ziel, die Behörde mit seinem Beschwerdevortrag allein zu überzeugen und damit gleichsam freiwillig zu einer Korrektur der beanstandeten Maßnahme zu veranlassen. Im ersteren Fall des Widerspruchs ist festzustellen, dass der Widerspruch als förmlicher Rechtsbehelf grundsätzlich kostenpflichtig ist.[339] Die Kostenlastentscheidung[340] wird nach §§ 72, 73 Abs. 3 S. 4 VwGO getroffen. Im Fall eines begründeten Widerspruchs hilft die Behörde diesem ab und entscheidet über die Kosten (§ 72 VwGO). Hilft die Behörde dem Widerspruch hingegen nicht ab und ergeht ein Widerspruchsbescheid, so hat dieser auch zu bestimmen, wer die Kosten des Verfahrens trägt und, ob die Kosten ganz oder teilweise zu erstatten sind. Diese Kostenentscheidung trifft die Behörde von Amts wegen.

In § 80 Abs. 1 VwVfG ist die Erstattung der im Widerspruchsverfahren entstandenen Kosten – Gebühren und Auslagen – des Widersprechenden und der Erlassbehörde des Verwaltungsakts geregelt,[341] wobei nach § 80 Abs. 1 VwVfG die Kostenentscheidung zu treffen ist und nach § 80 Abs. 3 VwVfG die nachfolgende Kostenfestsetzung zu erfolgen hat. Die Kostenlastentscheidung gemäß §§ 72, 73 Abs. 3 VwGO richtet sich inhaltlich nach § 80 Abs. 1 VwVfG und regelt die Frage der Kostenerstattung dem Grunde nach. Lediglich über die Notwendigkeit der Hinzuziehung eines Bevollmächtigten

---

337 BVerwGE 43,140(143).

338 In diesem Zusammenhang ist anzumerken, dass das Verwaltungsgericht im Gegensatz zur Verwaltungsbehörde nur die Rechtmäßigkeit der Maßnahme, aber nicht auch deren Zweckmäßigkeit prüft. Diese eingeschränkte Nachprüfungsbefugnis hat für den Betroffenen dann Bedeutung, wenn der Behörde bei ihrer Entscheidung Ermessen eingeräumt war. Hat die Behörde von dem Ermessen entsprechend dem Zweck der Ermächtigung Gebrauch gemacht und die gesetzlichen Grenzen des Ermessens eingehalten (§ 40 VwVfG), so ist die Rechtmäßigkeitsprüfung des Verwaltungsgerichts abgeschlossen. Jede weitere Prüfung der Ermessenausübung auf ihre Zweckmäßigkeit hin, hieße unzulässigerweise das Ermessen des Gerichts an Stelle der Ermessensausübung der Verwaltung setzen.

339 Vgl. aber zum sozialgerichtlichen Verfahren § 83 SGG, § 63 SGB X und § 183 SGG zur Gerichtskostenfreiheit.

340 *Kopp/Ramsauer*, VwVfG, aaO, Rdnr. 2 zu § 80 VwVfG.

341 Einzelheiten und zur »Lückenhaftigkeit« des § 80 VwVfG, *Kopp/Ramsauer*, VwVfG, aaO, Rdnr. 3 ff zu § 80 VwVfG.

ist im Zuge der Kostenlastentscheidung nach § 80 Abs. 2 VwVfG zu befinden.[342] Mit der Kostenlastentscheidung wird die grundsätzliche Pflicht der Behörde zur Erstattung der Kosten und Auslagen des erfolgreich Widersprechenden festgelegt. Auf der anderen Seite hat die Behörde dem unterlegenen Widersprechenden die Kosten der Erlassbehörde des strittigen Verwaltungsakts aufzuerlegen (§ 80 Abs.1 S. 3 VwVfG). In einem gesonderten Verwaltungsakt wird nach der Kostenlastentscheidung über die Höhe der Widerspruchsgebühr entschieden, indem die Kosten durch die Behörde in einem selbständigen Verwaltungsverfahren nach § 80 Abs. 3 VwVfG durch Verwaltungsakt festgesetzt werden[343]. Beide Verwaltungsakte, der Widerspruchsbescheid mit der Kostenentscheidung und der Gebührenbescheid über die Höhe der Gebühr, können von dem Widersprechenden getrennt angefochten werden.

Diese Kostenregelungen sind dann einschlägig, wenn es Ziel des Beschwerdeführers ist, mit seiner Eingabe eine solche Entscheidung herbeizuführen, gegen die er im Falle ihrer Zurückweisung vor dem Verwaltungsgericht vorgehen kann. Sind derartige Indizien seiner Beschwerde nicht zu entnehmen, hat die Behörde dieses mit ihm direkt zu klären, denn wesentlich für die Abgrenzungsfragen ist, dass nicht förmliche Rechtsbehelfe keine Kostenpflicht auslösen.[344]

Die Kostenfreiheit der Dienstaufsichtsbeschwerde für den Bund ist heute in § 7 des Gesetzes über Gebühren und Auslagen des Bundes[345] geregelt, nach dem »Gebühren

---

342 *Kopp/Ramsauer*, VwVfG, aaO, Rdnrn. 3, 34 zu § 80 VwVfG. Anders in sozialrechtlichen Angelegenheiten (§ 63 SGB X), wo die Hinzuziehung eines Prozessbevollmächtigten im sozialgerichtlichen Vorverfahren im Grundsatz stets als notwendig anerkannt wird, es sei denn, der Bürger ist ausreichend in der Lage, seine Rechte gegenüber der Verwaltung selbst geltend zu machen. Urteil LSG Hamburg v. 02.07.2009 – L 5 AS 14/07 –.

343 *Kopp/Ramsauer*, VwVfG, aaO, Rdnr. 8 zu § 80 VwVfG.
In dem Widerspruchsbescheid wird dann wie folgt tenoriert: »Die Kosten des Verfahrens trägt der Widersprechende. Über die Höhe der Kosten ergeht ein gesonderter Bescheid.« In Hamburg: § 3 Abs. 2 Gebührengesetz v. 05.03.1986 (GVBl S. 37) i.V.m. Nr. 8 der Anlage.

344 Hinsichtlich der Petition weist *Klein* in Maunz/Dürig/Herzog/Scholz aaO, Rdnr. 82 zu Art. 17 GG darauf hin, dass es unzulässig sei »etwa eine Verwaltungsgebühr für die Bearbeitung der Petition« zu erheben, denn das liefe »dem Charakter des Petitionsrechts als eines Rechts auf ungehinderten Zugang zum Staat stracks zuwider.« Die Kostenfreiheit nicht förmlicher Rechtsbehelfe im Falle der Ermangelung spezieller Kostentatbestände war in der Vergangenheit nicht der Regelfall. Noch 1950 wurde vertreten, dass bei der Einlegung einer Aufsichtsbeschwerde der Beschwerdeführer zum Kostenschuldner werden könne. Hingewiesen wurde auf das Bayerische Kostengesetz aus dem Jahr 1921. Dort wird die Kostenpflicht von »Beschlüssen in Sachen einer Aufsichtsbeschwerde« ausführlich geregelt und eine Kostenpflicht für erfolglose Aufsichtbeschwerden festgelegt, vgl. Blomeyer-Bartenstein/Närger, aaO, S. 60f mit Hinweis auf §§ 142 ff Bayerisches Kostengesetz v. 16.02.1921 (GVBl 1921 S. 134).

345 Vom 07.08.2013 (BGBl. I S. 3154).

nicht erhoben werden (...) Nr. 5 bei Dienstaufsichtsbeschwerden.« Vergleichbare Regelungen finden sich in den Kostengesetzen einiger Bundesländer[346] wie z.B. in Art. 3 Abs. 1 Nr. 11 des Kostengesetzes für Bayern vom 20.02.1998.[347] Danach werden für »Entscheidungen über Gegenvorstellungen, Aufsichtsbeschwerden, Dienstaufsichtsbeschwerden und Petitionen« keine Kosten erhoben.[348] Anderenfalls wäre der paradoxe Fall denkbar, dass Entscheidungen über Dienstaufsichtsbeschwerden und Gegenvorstellungen zwar mangels Verwaltungsaktqualität vor dem Verwaltungsgericht nicht angegriffen werden können, gleichwohl aber die Kostenentscheidung ein Verwaltungsakt und mit Widerspruch und Klage vor dem Verwaltungsgericht anfechtbar wäre.

c. *Beamtenbeschwerden*

Weiter ist zu untersuchen, welche besonderen Beschwerdemöglichkeiten es für Angehörige eines Sonderrechtsverhältnisses, d.h. für Personen, die besonderen

---

346 Bremen: BremGebBeitrG v. 16.07.1979 (Brem.GBL, S.279), § 6 Abs. 1 Nr. 12 (Kostenfrei sind »Entscheidungen über Gegenvorstellungen und Aufsichtsbeschwerden«); Hamburg: GebG v. 05.03.1986 (HmbGVBl. 1986, S.37), § 10 Abs. 1 Nr. 8 (»Entscheidungen über Dienstaufsichtsbeschwerden und Gegenvorstellungen«); Mecklenburg-Vorpommern: VwKostG-M-V v. 04.10.1991 (GVOBl. M-V. 1991, S.366), § 7 Nr. 3 (»Amtshandlungen in Gnadensachen und bei Dienstaufsichtsbeschwerden«); Sachsen: Sächs.VwKG v. 17.09.2003 (SächsGBl. 2003 (Bl. Nr.16)S.698), § 3 Abs. 1 Nr.1 (»Entscheidungen über Gegenvorstellungen und Aufsichtsbeschwerden, Dienstaufsichtsbeschwerden und Petitionen«); Thüringen: ThürVwKostG v. 12.01.2004 (GVBl. 2005, S.325), § 2 Abs. 1 Nr. 12 (»Entscheidungen über Gegenvorstellungen und Aufsichtsbeschwerden«); Hessen: HVwKostG v. 12.01.2004 (»Entscheidungen über Gegenvorstellungen und Aufsichtsbeschwerden«); keine besonderen Regelungen haben: Niedersachsen: NVwKostG v. 25.04.2007 (NdsGVBl 2007,172), § 2 Abs. 2 Nr. 2 (nur für Widerspruch und Beschwerde); Baden-Württemberg, LGebG v. 14.12.2004 (GBl. 2004, 895); Brandenburg: GebGBbg v. 07.072009 (GVBl I/09 (Nr. 11) S. 246); Berlin: GebBeitrG v. 22.05.1957 (GVBl S.516); Nordrhein-Westfalen: GebG NRW Neufass. v. 23.08.1999 (GV NRW 1999, S. 524); Sachsen-Anhalt: VwKostLSA v. 27.06.1991 (GVBl LSA S. 340); Schleswig-Holstein: Verwaltungskostengesetz des Landes Schleswig-Holstein v. 17.01.2004 (GVOBl 1874,37).

347 Art. 3 Kostengesetz – Bayern – v. 20.02.1998 (GVBl 1998 S. 43): »Sachliche Kostenfreiheit – (1) Kosten werden nicht erhoben für (...) 11. die Entscheidung über Gegenvorstellungen, Aufsichtsbeschwerden, Dienstaufsichtsbeschwerden und Petitionen.« Vgl. z.B. auch §16a WBO idF. der Bekanntmachung v. 22.01.2009 (BGBl. I S.81): »(1) Das vorgerichtliche Verfahren beginnt mit der Einlegung der Beschwerde. Es ist kostenfrei. (2) Soweit die Beschwerde in truppendienstlichen Angelegenheiten erfolgreich ist, sind dem Beschwerdeführer die ihm zur zweckentsprechenden Rechtsverfolgung erwachsenen notwendigen Aufwendungen zu erstatten.«

348 *Kastner* in Fehling/Kastner/Störmer, Verwaltungsrecht, aaO, Rdnr. 10 zu § 79 VwVfG. Dazu insgesamt *Walter Otto*, Kosten der Aufsichts- und Dienstaufsichtsbeschwerde, in BayVBl 1969, 16ff; *Kratzer* in BayVBl 1969, 189ff; *Ulrich Woike*, Die Behandlung von Petitionen durch Behörden, in DÖD 1984, 421.

Pflichten und Rechten unterliegen (Beamte), gibt. Aus den Materien des Beamtenrechts des Bundes und der Länder sind Regelungen zu entnehmen, die dem Beamten zum einen das Recht geben, sich mit Anträgen und Beschwerden jederzeit an seinen unmittelbaren Dienstvorgesetzten zu wenden, und zum anderen ihn beim Vorliegen bestimmter gesetzlicher Voraussetzungen von seiner Haftung zu befreien. Da es sich hier um nicht förmliche Rechtsbehelfe handelt, die ausschließlich den Beamten zustehen, kann man von Beamtenbeschwerden sprechen.[349]

Wendet sich der Beamte mit Anträgen und Beschwerden an seinen Dienstvorgesetzten, so handelt es sich um eine Diensteingabe, Dienstbeschwerde oder »Dienstpetition«. Möchte er sich in bestimmten Situationen von seiner Haftung im dienstlichen Bereich befreien, so kann er von der Möglichkeit der Remonstration Gebrauch machen.

aa. Diensteingabe oder Beamtenbeschwerde

aaa. Allgemeines

Im Bundesbeamtengesetz und in den Beamtengesetzen der Länder finden sich jeweils Normen, nach denen der Beamte im Rahmen des Beamtenverhältnisse Anträge und Beschwerden vorbringen kann. Bundesbeamte können sich nach § 125 BBG mit Anträgen und Beschwerden auf dem Dienstweg an ihre unmittelbaren Vorgesetzten wenden, wobei ihnen der Beschwerdeweg bis zur obersten Dienstbehörde offen steht.[350]

Das Recht der Beamten, Anträge und Beschwerden vorzubringen, ist kein rechtsverdrängendes Recht, sondern »konkretisiert im Rahmen des Beamtenverhältnisses das allgemeine Petitionsrecht des Art. 17 GG.« Es ist somit »kein eigenständiges Recht für Beamte«, sondern vielmehr eine Ausformung des Art. 17 GG für den dienstlichen Bereich der Beamten[351] und steht selbständig neben dem allgemeinen

349 Die Verpflichtung des Beamten, im Fall einer Remonstration gemäß §§ 63 Abs. 2 BBG (2009) und 36 Abs. 2 BeamtStG seine Einwände gegen die dienstliche Anordnung »unverzüglich« auf dem Dienstweg geltend zu machen, ist keine gesetzliche Frist in diesem Sinn.

350 Bis zum 11.02.2009 galt § 171 BBG; danach fasste das Dienstrechtsneuordnungsgesetz (DNeuG) v. 05.02.2009 (BGBl. I. S. 160) das BBG neu und seitdem gilt § 125 BBG. Zu den entspr. Länderregelungen vgl. 4. II, 1b, a a. Die entsprechende Regelung in § 60 BRRG wurde durch das BeamtStG v. 15.05.2008 (BGBl I. S. 1010) ersetzt, da nach der Föderalismusreform das BRRG aus der Rahmengesetzgebung herausgenommen wurde. Bund und Länder haben jetzt eine eigene Gesetzgebungszuständigkeit. Das BRRG trat mit dem Inkrafttreten des BeamtStG am 01.04.2009 außer Kraft. »Wird der Dienstweg nicht eingehalten, ist das zwar ein Dienstvergehen des Beamten. Das entbindet den Dienstherrn nicht, über die Eingabe zu entscheiden.« *Hartmut Schwan* in Peter Wickler (Hrsg), Handbuch Mobbing-Rechtsschutz, 2004, Teil 4, S. 282; *Otfried Liebscher*, Das Petitionsrecht im öffentlichen Dienst, in DVBl 1972, 9(10).

351 Vgl. auch *Klein* in Maunz/Dürig/Herzog/Scholz aaO, Rdnrn. 124, 125 zu Art. 17 GG; *Sybille v. Heimburg* in Erwin Schütz/Joachim Maiwald, Beamtenrecht des

Petitionsrecht gemäß Art. 17 GG. Damit ist es seiner Rechtsnatur nach den nicht förmlichen Rechtsbehelfen zuzuordnen. Man bezeichnet das Recht des Beamten, im Rahmen seines Dienstverhältnisses Anträge und Beschwerden auf dem Dienstweg vorzubringen, deshalb auch als »Dienstpetition«, weil er seine Anregungen, Bitten oder Beschwerden in seiner Eigenschaft als Beamter vorbringt und sie somit sein Dienstverhältnis oder Fragen der Behörde, des Verwaltungsverfahrens oder -ablaufs berühren müssen.[352]

Mit der Feststellung, dass die Dienstpetition eines Beamten selbständig neben dem allgemeinen Petitionsrecht des Art. 17 GG steht[353], ist gleichzeitig gesagt, dass es einem Beamten unbenommen ist, sich mit einer allgemeinen Petition, die ausschließlich seinen privaten Bereich betrifft und weder im Zusammenhang mit seiner Dienstausübung noch seiner dienstlichen Stellung steht, an die Volksvertretung oder eine andere zuständige Stelle wenden kann.[354]

Bundes und der Länder, 5. A. 2008, Rdnr. 1 zu § 179 LBG NRW a.F.; *Ernst Plog/ Alexander Wiedow/Bernt Lemhöfer*, Bundesbeamtengesetz, 2009, Rdnr. 2 zu § 171 BBG; *Schwan*, aaO; *Liebscher* aaO.

352 Vgl. auch *v. Heimburg* in Erwin Schütz/Joachim Maiwald, Beamtenrecht des Bundes und der Länder, aaO, Rdnr. 2 zu § 179 LBG NRW a.F.: »Bitten und Beschwerden, die der Petent in seiner Eigenschaft als Beamter vorbringt und die im weitesten Sinne das Dienstverhältnis oder Fragen der Behörde, des Verwaltungsablaufs usw. berühren.«

353 Nach § 104 Abs. 2, S.4 LBG NRW (v. 21.04.2009 – GV.NRW.S. 224 –) kann sich der Beamte jederzeit mit Eingaben unmittelbar an den Landtag wenden. Gegen ihn dürfen deswegen keine Disziplinarmaßnahmen oder sonstige Maßregeln ergriffen werden. Vgl. auch § 4 Abs. 2 Gesetz über den Eingabenausschuss – HmbGVBl 1977. S. 91 –; § 1 Abs. 1 und 6 PetGBüG-M-V – GVOBl. M-V 1995. S.190 –, dazu *Hofmann* in Schmidt-Bleibtreu/Hofmann/Hopfauf, GG, aaO Rdnr. 16 zu Art. 17 GG.

354 Die Ausübungsschranke – Einhaltung des Dienstweges – bei den Diensteingaben oder Dienstbeschwerden für Beamte ergibt sich aus seiner besonderen Rechtsbeziehung zu seinem Dienstherrn (Art. 33 Abs. 4 u. 5 GG). Regelmäßig ist für den Beamten bei Eingaben, die nicht oder nicht nur persönliche, sondern dienstliche Angelegenheiten betreffen, der Weg in die Öffentlichkeit nicht statthaft. Dieses gilt für Eingaben an Stellen der Exekutive. Vgl. dazu *Schwan*, aaO, S. 282: »Verboten ist dabei allerdings eine Flucht in die Öffentlichkeit. Darunter wird die Unterrichtung der Öffentlichkeit durch den Beamten über dienstliche Angelegenheiten verstanden, die Druck auf einen dienstlich internen Meinungsbildungs- oder Entscheidungsvorgang erzeugen.« Dieses stellt eine Loyalitätsverletzung des Beamten dar, vgl. *v. Heimburg* in Schütz/Maiwald, aaO, Rdnr. 29 zu § 179 LBG NRW auch *Schwan* in Wickler, aaO, Teil 4, Rdnr. 4, S. 282; OVG Koblenz in NVwZ 1999, 648f; Ausnahme: bei Verstoß gegen Verfahrensordnungen, BVerfGE 28, 191. Bei Eingaben an die Volksvertretung sei nach *Hömig*, GG, aaO, Rdnr. 8 zu Art. 17 GG »grundsätzlich zu beachten«, dass mit ihr nur »im Einzelfall besonders schwerwiegende Beanstandungen« vorgebracht werden dürfen, bei denen »verwaltungsinterne Abhilfe nicht erwartet werden könne.« Diese Ansicht geht zu weit. Sie schränkt Parlamentspetitionen aus dem privaten Bereich des Beamten, die in keinem Zusammenhang mit seinem Beamtenstatus oder seiner

bbb. Beschwerde gegen dienstliche Beurteilungen des Beamten

Im Untersuchungszeitraum hat sich gezeigt, dass Diensteingaben oder Beamtenbeschwerden fast nur im Bereich der dienstlichen Beurteilung eines Beschäftigten anzutreffen waren. In solchen Fällen ist eine entsprechende Beschwerde an den Dienstherrn darauf zu prüfen, ob es sich bei ihr um eine Dienstbeschwerde im Sinne des § 125 BBG, eine Gegenvorstellung oder um einen Widerspruch gegen die dienstliche Beurteilung handelt.[355]

Es ist zu zunächst untersuchen, ob die Beschwerde eines Beschäftigten des öffentlichen Dienstes gegen eine über ihn abgegebene dienstliche Beurteilung als Widerspruch nach § 68 VwGO zulässig ist.[356] Das wäre dann der Fall, wenn es sich bei der dienstlichen Beurteilung um einen Verwaltungsakt handeln würde.[357] Ist die dienstliche Beurteilung nicht als Verwaltungsakt zu qualifizieren, dann ist die Frage zu beantworten, ob die Beschwerde als Beamtenbeschwerde gemäß § 125 BBG oder. als Gegenvorstellung einzuordnen ist.

Über die Rechtsnatur einer dienstlichen Beurteilung als Verwaltungsakt im Sinne des § 35 VwVfG wird seit geraumer Zeit kontrovers diskutiert[358], da es umstritten ist, ob sie eine Regelung enthält. Teilweise wird der Regelungscharakter von Benotungen und Beurteilungen verneint, weil sie »lediglich bestimmte Qualifikationen feststellen«, aber nichts verbindlich »festlegen« könnten.[359] Die h.M. sieht die Gesamtnote eines Zeugnisses allerdings als Verwaltungsakt an.[360]

Dienstausübung stehen, zu sehr ein. Vor allem ist eine Grenzziehung zwischen »besonders schweren Beanstandungen« und anderen Beanstandungen problematisch. Dazu auch, *Klein* in Maunz/Dürig/Herzog/Scholz, GG, aaO, Rdnrn. 124 zu Art. 17GG. Einschränkungen des Petitionsrechts für Beamte können sich weiterhin auf der Grundlage der §§ 52ff BBG (entspr. Regelungen in den Ländern) ergeben: aus der Verschwiegenheitsverpflichtung (§ 67 BBG) und der Pflicht des Beamten zur Mäßigung und Zurückhaltung (§ 60 Abs.2 BBG).

355 § 110 BBG. Bei den übrigen Beschäftigten des öffentlichen Dienstes wird in gleicher Weise verfahren. Der Beamte ist zu Bewertungen, die für ihn ungünstig sind oder ihm nachteilig werden können, vor deren Aufnahme in die Personalakte zu hören. Eine Äußerung von ihm ist zur Personakte zu nehmen.

356 Hier ist aber darauf hinzuweisen, dass idR. vor allen Klagen eines Beamten ein Vorverfahren durchzuführen ist, gleich ob die angefochtene Maßnahme ein Verwaltungsakt ist oder schlicht hoheitliches Handeln.

357 Gemäß § 126 Abs. 2 BBG ist vor allen Klagen eines Beamten ein Vorverfahren nach den Vorschriften des 8. Abschnitts der Verwaltungsgerichtsordnung durchzuführen. Dies gilt auch dann, wenn die Maßnahme von der obersten Dienstbehörde getroffen worden ist. Die anderen Arbeitnehmer des öffentlichen Dienstes gehen gegen ihre Beurteilung vor dem Arbeitsgericht vor.

358 *Kopp/Ramsauer*, VwVfG, aaO, Rdnrn. 100 zu § 35 VwVfG und 75 zu § 40 VwVfG.

359 Dazu *Kopp/Ramsauer*, VwVfG, aaO, Rdnr. 100 zu § 35 VwVfG.

360 *Kopp/Ramsauer*, VwVfG, aaO, Rdnr. 101 zu § 35 VwVfG mit Nachweisen zur Anfechtung von Einzelnoten eines Zeugnisses.

Bei der Beantwortung dieser Frage ist im Beamtenverhältnis zu berücksichtigen, dass die dienstliche Beurteilung über einen Beamten eine Maßnahme ist, die in einem Sonderstatusverhältnis, bei denen der Bürger zum Staat in einer besonderen Beziehung mit beiderseitigen Rechten und Pflichten steht, abgeben wird. In diesem Sonderstatus- oder Sonderrechtsverhältnis sind Verwaltungsakte alle Maßnahmen und Anordnungen und sonstige Einzelfallregelungen des Dienstherrn, die nicht lediglich der Regelung des inneren Betriebes des jeweiligen Sonderrechtsverhältnisses dienen (Betriebsverhältnis), »sondern unmittelbar auf die Bestätigung oder Veränderung der persönlichen Rechtsstellung des betroffenen Beamten abzielen« (Grundverhältnis).[361] Für die Einordnung einer Maßnahme als Verwaltungsakt ist somit maßgeblich, dass sie nicht nur das Gewaltverhältnis betrifft, sie muss »vielmehr auf die Beeinträchtigung des Grundverhältnisses abzielen.«[362] Das ist bei einer dienstlichen Beurteilung über einen Beamten nicht der Fall, wenn auch an sie Konsequenzen für die Laufbahn des Beamten geknüpft werden, treffen sie ihn nicht als Träger eigener Rechte in seinem beamtenrechtlichen Grundverhältnis. Nach überwiegender und zutreffender Ansicht berührt eine dienstliche Beurteilung zwar die persönlichen Rechte des Beamten, sie hat aber keine Regelungswirkung und ist damit kein Verwaltungsakt.[363]

Die dienstliche Beurteilung hat für den Beamten allerdings nicht unerhebliche Bedeutung und ist regelmäßig für sein weiteres Schicksal im öffentlichen Dienst mitentscheidend. Eine dienstliche Beurteilung mit negativen Feststellungen über den Beurteilten kann seine Karriere für längere Zeit stark beeinträchtigen.

Wenn auch die dienstliche Beurteilung kein Verwaltungsakt ist, bedeutet das nicht, dass der Beamte eine aus seiner Sicht negative dienstliche Beurteilung ohne weiteres hinnehmen muss. Er hat einen Anspruch gegen seinen Dienstherrn auf Korrektur der über ihn abgegebenen dienstlichen Beurteilung, wenn diese fehlerhaft ist.[364] Zu diesem Zweck kann er mit einem formlosen Antrag auf Abänderung der dienstlichen Beurteilung an den Beurteiler herantreten, um ihn zu veranlassen, seine Einschätzungen in der Beurteilung zu überprüfen, den Beurteiler damit zu einer Eigenkontrolle zu bewegen. Wird die dienstliche Beurteilung dann nicht abgeändert, dann muss dieser

---

361 BVerwGE 65, 270: »Maßnahmen, die geeignet sind, den Beamten in seiner individuellen Rechtssphäre zu verletzen, in der er dem Dienstherrn nicht ausschließlich als Amtswalter und Glied der Verwaltung, sondern als Träger eigener Rechte gegenübertritt.«, vgl. auch *Kopp/Ramsauer*, VwVfG, aaO, Rdnr. 135 zu § 35 VwVfG).

362 *Kopp/Ramsauer*, VwVfG, aaO.

363 BVerwGE 49, 351; *Kopp/Ramsauer*, VwVfG, aaO, Rdnr. 138 zu § 35 VwVfG. Die Beurteilung enthält »keine nach ihrem objektiven Sinngehalt auf eine unmittelbare, für den Betroffenen verbindliche Festlegung von Rechten und Pflichten«, vgl. *Kopp/Ramsauer*, VwVfG, aaO, Rdnr. 88 zu § 35 VwVfG.

364 So BVerwGE 49, 352; vgl. auch VG Würzburg, Urt. v. 03.06.2014 – W 1 K 14.8 (zit. nach juris). Die Entscheidung der Dienststelle über einen solchen »Abänderungsantrag« ist ein Verwaltungsakt; dazu *Kopp/Ramsauer*, VwVfG, aaO, Rdnr. 138 zu § 35 VwVfG.

»Abänderungsantrag« des Beamten als Gegenäußerung zu seiner Akte genommen werden (vgl. § 109 BBG), wenn der Beamte keine weiteren Schritte veranlassen möchte.

In dem Fall, in dem der Beamte den Beurteiler nicht nur zu einer Eigenkontrolle veranlassen will oder kann, kann er gegen die dienstliche Beurteilung auch sofort Widerspruch einlegen.[365], wenn die Vorschriften der jeweiligen Landesbeamtengesetze die Durchführung eines Widerspruchsverfahrens vor Klagen aus dem Beamtenverhältnis vorsehen.[366] Das ist bei Bundesbeamten gemäß § 126 Abs. 2 BBG (§ 54 Abs. 2 BeamtStG) vorgeschrieben.[367] In diesem Fall wird ein förmliches Rechtsbehelfsverfahren (Widerspruchsverfahren) eingeleitet und die Entscheidung der Dienststelle über den Widerspruch gegen eine dienstliche Beurteilung ist dann ein Verwaltungsakt.[368] Sieht das entsprechende Landesbeamtengesetz die Durchführung eines Widerspruchsverfahrens für diese Fälle nicht – mehr – vor, kann der Beamte sogleich Klage erheben.[369]

Insgesamt ergibt sich, dass der Beamte einen formlosen Antrag auf Abänderung seiner dienstlichen Beurteilung bei dem Beurteiler stellen und eine Gegenäußerung

---

365 BVerwG in NVwZ-RR 2002, 101; BVerwGE 114, 350: »Gegen eine dienstliche Beurteilung kann Widerspruch eingelegt werden.« Gemäß § 126 Abs. 2 BBG, § 54 Abs. 2 BeamtStG müssen Beamte vor Klageerhebung bei allem Maßnahmen ein Widerspruchsverfahren durchlaufen. Im Übrigen hat sich in der Behördenpraxis gezeigt, dass die Einlegung eines Widerspruchs gegen eine Beurteilung fast immer mit einem »Vergleich« endet, in dem einige Passagen in der Beurteilung abgeändert werden, ohne die Grundaussagen zu verändern. Er bringt dem Beschäftigten regelmäßig keinen tatsächlichen Vorteil, füllt vielmehr seine Personalakte und ist bei späteren Bewerbungen nicht hilfreich.

366 Besser wäre es, von einem »Vorverfahren« zu sprechen, das gemäß § 126 BBG vor allen Klagen aus dem Beamtenverhältnis zu durchlaufen ist. Ausnahme vgl. § 104 LBG NRW (zuletzt geändert durch Art. 1 des Gesetzes v. 09.12.12014 (GV.NRW. S. 874,) in Kraft getreten am 01.01.2015.

367 Hamburg hat in § 102 HmbBG die gleiche Regelung wie in § 54 Abs. 2 BeamtStG; anders aber NRW, nach § 104 Abs. 1 LBG NRW ist für Klagen der Beamten aus dem Beamtengesetz ein Vorverfahren nicht erforderlich.

368 BVerwG, Urt. v. 28.06.2001 – BVerwG 2 C 48.00 – : »Die dienstliche Beurteilungen kann der Beamte ohne vorherigen Antrag auf Abänderung oder Beseitigung unmittelbar mit dem Widerspruch anfechten«; BVerwGE 28, 192, E 49, 352.

369 BVwerwG, Beschl. v. 18.06.2009 – 2 B 64.08 – (zit. nach juris): »Steht dem Beamten trotz Abschaffung des Widerspruchsverfahrens eine rechtlich gesicherte Möglichkeit zur Verfügung, ein Überdenken seiner dienstlichen Beurteilung zu erreichen, so hat er die Wahlmöglichkeit, ob er davon Gebrauch macht oder sogleich Klage erhebt«. Diese Entscheidung erging zum Berliner Landesbeamtengesetz nach dem Klagen gegen dienstliche Beurteilungen ausdrücklich von der Notwendigkeit eines Vorverfahrens ausgenommen sind. Vgl. auch VGH Kassel, Urt. v. 16.01.2012 – 1 K 868/11.KS – (zit. nach juris): »Da die dienstliche Beurteilung als Maßnahme innerhalb des Beamtenverhältnisses als besonderes Gewaltverhältnis keinen Verwaltungsakt darstellt, handelt es sich um eine allgemeine Leistungsklage, die darauf gerichtet ist, dass der Beklagte selbst die Beurteilung abändert bzw. durch eine neue ersetzt.«

(»Gegendarstellung«, besser: Gegenvorstellung) zur Akte geben oder direkt mit dem förmlichen Rechtsbehelf des Widerspruchs gegen die dienstliche Beurteilung vorgehen oder – wenn der Landesgesetzgeber das Widerspruchsverfahren abgeschafft hat – unmittelbar Klage vor dem Verwaltungsgericht erheben kann.

Das Vorgehen gegen eine dienstliche Beurteilung ist allerdings ein problematisches Verfahren. Das liegt unter anderem an dem von der Rechtsprechung und Literatur dem öffentlichen Arbeitgeber zugebilligten Beurteilungsspielraum bei der Abfassung der Beurteilung[370], wenn auch eingeschränkt durch die vom Bundesverwaltungsgericht aufgestellten formalen Erfordernisse.[371]

Erfolg könnte das Vorgehen gegen eine dienstliche Beurteilung haben, wenn die dienstliche Beurteilung fehlerhaft erstellt wurde und dies zu nachteiligen Aussagen über den Beurteilten geführt hat, die Bedeutung im Rahmen von Entscheidungen nach Art. 33 Abs. 2 GG haben.[372] Für eine Überprüfung sind Beurteilungsmaßstäbe, d. h. die sachliche Beurteilungsgrundlage, zu ermitteln und zu bewerten.[373] Das Bewertungsmaterial ergibt sich regelmäßig aus dem Anforderungsprofil für den jeweiligen Arbeitsplatz. Das muss der Beurteiler beachten und zudem die allgemeinen Grundsätze einer Bewertung aus Beurteilungsrichtlinien, die den Beurteiler binden.[374] Verstöße hiergegen sind Beurteilungsfehler, vom Verwaltungsgericht überprüfbar.

Für Bundesbeamte ist beispielsweise neben § 50 Bundeslaufbahnverordnung vom Februar 2009 für dienstliche Beurteilungen die Richtlinie des Bundesministeriums des Inneren für die Beurteilung von Beamten maßgeblich.[375] Mit diesen verfahrensrechtlichen Vorgaben soll dem Einfluss sachfremder Kriterien bei Personalentscheidungen entgegengewirkt werden.[376]

---

370 *Kopp/Ramsauer*, VwVfG, aaO, Rdnr. 75 zu § 40 VwVfG: »Ein Beurteilungsspielraum wird anerkannt für die Beurteilung der Eignung eines Beamten (...) für einen bestimmten Posten oder eine bestimmte Aufgabe«; mit Hinweis auf BVerwGE 80, 224, E 81, 369 und E 83, 253.

371 BVerwGE 60, 245 und E 21,127; in ZBR 2003, 359; BVerwG in NVwZ 2006, 465; in NVwZ-RR 2000,621; OVG NRW in DÖD 2000, 161 und 266 und in DÖD 2001, 261.

372 BVerwG in ZBR 2009, 199(200).

373 Vgl. *Kopp/Ramsauer*, VwVfG, aaO, Rdnrn. 82–91 zu § 40 VwVfG.

374 Vgl. *Kopp/Ramsauer*, VwVfG, aaO, Rdnr. 84 zu § 40 VwVfG.

375 BVerwG in ZBR 1981, 197 und 1985, 53. In Hamburg gelten die Richtlinien über die Beurteilung der Beschäftigten der Freien und Hansestadt Hamburg (BeurtRL-FHH) vom 22.03.2013.

376 Dieses gilt vor allem auch bei Einstellungen durch eine präzise Festlegung eines Anforderungsprofils der zu besetzenden Stelle zu Beginn des Auswahlverfahrens, die Ausschreibung der Stelle entsprechend diesem Anforderungsprofil und die schriftliche Fixierung der Auswahlentscheidung. *Klinkhardt*, Dienstliche Beurteilung, aaO, S. 106; *Voßkuhle* in Hoffmann-Riem/Schmidt-Aßmann/Voßkuhle, Verwaltungsrecht, aaO, Rdnr. 59 zu § 43. Bei Einwänden des Beschäftigten wird auf die Einhaltung der in den Richtlinien vorgeschriebenen Verfahrensweisen oder -regeln abgehoben, insbes. bei der Bildung einer Gesamtbeurteilung bei einem oder mehreren Beurteilungsbeiträgen.

Zu den Verfahrensvorschriften, bzw. Beurteilungsrichtlinien bei deren Verletzung eine Beurteilung aufgehoben werden könnte, gehört unter anderem die Pflicht des Beurteilers, den Beamten gerecht, unvoreingenommen und möglichst objektiv zu beurteilen, wobei die tatsächliche Voreingenommenheit aus der Sicht eines objektiven Dritten zu verlangen ist.[377] Hier reichen bloße dienstliche Spannungen zwischen Beurteiler und Beamten nicht aus, um eine Voreingenommenheit anzunehmen.[378] Weiterhin muss sich für eine fehlerfreie Abgabe einer dienstlichen Beurteilung aus dem Gesamtverhalten des Beurteilers ergeben, dass seine dienstliche Beurteilung weisungsfrei und unabhängig von den vorausgegangenen Beurteilungen erstellt wurde.[379] Diese Richtlinie hat keine geringe Bedeutung, da dienstliche Beurteilungen regelmäßig durch Erst- und Zweitbeurteiler angefertigt werden.[380]

Kommt es aber zu einem verwaltungsgerichtlichen Verfahren, ist die dienstliche Beurteilung von dem Verwaltungsgericht inhaltlich nur eingeschränkt nachprüfbar, da sie einen Akt wertender Erkenntnis darstellt. Die verwaltungsgerichtliche Nachprüfung hat sich darauf zu beschränken, ob die Verwaltung den anzuwendenden Begriff oder den gesetzlichen Rahmen, in dem sie sich bewegen kann, verkannt hat, ob sie von einem unrichtigen Sachverhalt ausgegangen ist, allgemein gültige Wertmaßstäbe nicht beachtet, sachfremde Erwägungen angestellt oder gegen Verfahrensregeln verstoßen hat.[381]

---

377 VG Ansbach, Urteil v. 22.04.2009 – AN K 08.1195 – (zit. nach juris).

378 BVerwG, Beschl. v. 29.04.1999 – 1 WB 55/98 und 1 WB 66/98 (zit. nach juris); VG Ansbach, Urt. v. 22.04.2009, aaO, m. Nw.

379 OVG NRW, Beschl. v. 14.09.2007 – 6 B 782/07 – (zit. nach juris).

380 Da die Beurteiler bei der Abfassung der dienstlichen Beurteilung einen Akt wertender Erkenntnis vornehmen, genügen grundsätzlich Werturteile zur Beurteilung der Leistung und Befähigung des Beamten. Die tatsächlichen Grundlagen, auf denen diese Werturteile beruhen, sind nicht notwendig in die dienstliche Beurteilung aufzunehmen. Das schließt aber nicht aus, dass der Beurteiler einzelne, besondere Tatsachen oder Vorkommnisse aus dem Beurteilungszeitraum aufgreift und »aus ihnen wertende Schlussfolgerungen« zieht. Handelt er entsprechend, so muss er dies im Streitfall darlegen, da er dafür die materielle Beweislast trägt. Gibt er aber zusammenfassende Werturteile ab, so sind diese »einer beweismäßigen Prüfung nicht zugänglich, vielmehr muss sie der Beurteiler im Streitfall lediglich plausibel und nachvollziehbar in einem beschränkten Umfang überprüfbar machen«. Wegen dieser Besonderheiten der Überprüfbarkeit dienstlicher Beurteilungen sind Rechtsbehelfe gegen sie selten. Vgl. BVerwGE 60, 245; *Helmut Schellenbach*, Zur Plausibilität von Werturteilen in dienstlichen Beurteilungen, in ZBR 2003, 1–13. BGH in NJW 2002, 359: »Dienstliche Beurteilungen über Richter sind, trotz eines gewissen Spannungsverhältnisses zur richterlichen Unabhängigkeit, mit Art. 97 Abs. 1 GG vereinbar. Entsprechende landesrechtliche Beurteilungsrichtlinien beeinträchtigen nicht die richterliche Unabhängigkeit«; dazu *Friedrich Schoch* in Hoffmann-Riem/Schmidt-Aßmann/Voßkuhle, Verwaltungsrecht, aaO, Rdnr. 55 zu § 50.

381 BVerwGE 124, 356; E 97, 128; E 60,245; E 21,127; *Kopp/Ramsauer*, VwVfG, aaO, Rdnr. 86 zu § 40 VwVfG; *Voßkuhle* in Hoffmann-Riem/Schmidt-Aßmann/Voßkuhle,

Stellt sich eine Beurteilung allerdings als fehlerhaft heraus, ist sie rechtswidrig. Sie bleibt es, es sei denn, eine Heilung (§ 45 VwVfG) der Beurteilungsfehler wird herbeigeführt oder Beurteilungsdefizite gemäß § 114 S. 2 VwGO analog ausgeglichen.[382]

Beanstandet der Beamte die über ihn abgegebene dienstliche Beurteilung ohne dass aus den Umständen des Falles erkennbar ist, welchen Rechtsbehelf er einlegen will, ist es geboten, durch Indizien und Auslegung seiner Beschwerde und gegebenenfalls durch direkte Nachfrage bei ihm festzustellen, ob er eine Überprüfung der dienstlichen Beurteilung im Wege eines Widerspruchsverfahrens[383] wünscht – um sich danach gegebenenfalls an das Verwaltungsgericht zu wenden – oder ob er eine Gegenvorstellung oder die Gegenäußerung[384] abgeben wollte, die zur Personalakte zu nehmen ist. Letzteres ist dann der Fall, wenn in seiner Beanstandung oder Äußerung kein Begehr oder Petitum (Aufhebungs- oder Überprüfungsbegehren) zum Ausdruck kommt.

Dieses Kriterium unterscheidet die Gegenvorstellung oder Äußerung zur Personalakte von der Beamtenbeschwerde.[385]

bb. Remonstration oder beamtenrechtliche Gegendarstellung

In den Bereich der »Beamtenbeschwerden« fällt auch die beamtenrechtliche Remonstration[386] oder »beamtenrechtliche Gegendarstellung«. Sie hat ein anderes Ziel als die Dienstaufsichtsbeschwerde. Unter einer Remonstration versteht man Einwände oder Gegenvorstellungen, die ein Beamter gegen eine dienstliche Anordnung (Weisung) seines Vorgesetzten erhebt. Die Remonstration ist ein besonderer nicht förmlicher Rechtsbehelf[387] für Beamte. Nach den Vorschriften des Beamtenrechts[388] muss ein Beamter seine dienstlichen Handlungen auf ihre Rechtmäßigkeit und Zweckmäßigkeit prüfen. Hat er Bedenken gegen die Rechtmäßigkeit dienstlicher Anordnungen und Weisungen, so hat er das Recht und die Pflicht, unverzüglich gegenüber seinem unmittelbaren Vorgesetzten gegen die Ausführung dieser Anordnungen Einwände zu erheben.[389] Bestätigt der unmittelbare Vorgesetzte die

---

Verwaltungsrecht, aaO, Rdnr. 59 zu § 43; insgesamt *Tjark Lücke*, Die dienstliche Beurteilung; Schriftenreihe des DBB, Heft 117 (1997) und *Volker Klinkhardt*, Die dienstliche Beurteilung; Schriftenreihe des DBB, Heft 84 (1987); ders. in: Dienstliche Beurteilungen, Beförderungsentscheidungen, Dienstpostenbewertungen, 3. A. 1987, S. 106f.

382 Vgl. *Kopp/Ramsauer*, VwVfG, aaO, Rdnr. 91 zu § 79 VwVfG.

383 Angestellte und Arbeiter des öffentlichen Dienstes müssen ihre Beurteilungen ggf. vor dem Arbeitsgericht angreifen.

384 Die praktisch eine Gegenvorstellung ist.

385 Zu der Gegenvorstellung gegen gerichtliche Entscheidungen vgl. 6. Abschn. I.

386 Lat. re (wieder, erneut) und monstrare (Synonym für »protestieren«).

387 *Kopp/Ramsauer*, VwVfG, aaO, Rdnr. 18 zu § 79 VwVfG.

388 § 63 Abs. 2 BBG (2009); § 36 Abs. 2 BeamtStG; § 61 HmbBG; Sonderformen gelten für einzelne Beamtengruppen, z.B. § 7 UZwG, worauf *Kopp/Ramsauer*, VwVfG, aaO, Rdnr. 18 zu § 79 VwVfG hinweisen.

389 *Kopp/Ramsauer*, VwVfG, aaO, Rdnr. 18 zu § 79 VwVfG.

Anweisung, trägt er also damit den Bedenken des Beamten nicht Rechnung und bestehen die Bedenken des Beamten fort, so muss dieser – sofern seine Bedenken fortbestehen – sich an den nächst höheren Dienstvorgesetzten wenden. Wenn die umstrittene Anordnung oder Weisung auch von diesem bestätigt wird, was auf Verlangen schriftlich zu erfolgen hat, so muss der Beamte die Anordnung ausführen, sofern nicht die dienstliche Anordnung für ihn erkennbar eine Straftat zum Gegenstand hat, ordnungswidrig ist oder gegen die Menschenwürde verstößt.[390]

Bei dem Verfahren der Remonstration, in dem der Beamte nach den einschlägigen Normen stets den Dienstweg einzuhalten hat, hat er keinen Ermessensspielraum. Er ist vielmehr verpflichtet, unverzüglich seine Einwände oder Gegenvorstellungen gegen die von ihm beanstandete dienstliche Anordnung geltend zu machen. Dabei ist seine Pflicht zur Prüfung der Rechtmäßigkeit der umstrittenen Maßnahme umfassend und schließt auch die Prüfung der Zweckmäßigkeit mit ein. Er hat also genau gesagt kein Remonstrationsrecht, sondern eine »Remonstrationspflicht«.[391]

Mit dem Verfahren der Remonstration kann sich der Beamte vor Disziplinarverfahren schützen, wenn später die Rechtswidrigkeit der Anordnung festgestellt wird, ebenso vor möglichen Regressansprüchen seines Dienstherrn[392], wenn wegen dieser Amtshandlung ein Schaden eingetreten ist. Diese Art einer »beamtenrechtliche Gegenvorstellung« ist bereits nach ihrer gesetzlichen Ausgestaltung kein förmlicher Rechtsbehelf.[393] Er gilt nur im Beamtenverhältnis und auf dieses sind nur die beamtenrechtlichen Bestimmungen und Grundsätze anzuwenden, was eine Heranziehung der Vorschriften der VwGO und des VwVfG ausschließt.[394] Weiterhin hat das Verfahren für den Beamten ausschließlich Wirkungen im Innenverhältnis zu seinem Dienstherrn und damit keine Rechtsschutzfunktion nach außen.[395]

390 Vgl. *Kopp/Ramsauer*, VwVfG, aaO, Rdnr. 18 zu § 79 VwVfG, die darauf hinweisen, dass sich das Erfordernis einer Begründung der Anordnung bzw. der Bestätigung der Anordnung nicht aus dem allgemeinen Verfahrensrecht, sondern aus allgemeinen beamtenrechtlichen Grundsätzen ergeben kann.

391 Dazu *Johannes Rux*, Das Remonstrationsrecht. Eine Tradition des liberalen Rechtsstaats?, in Beamte heute, März 1992, S. 10ff (14).

392 *Rux*, aaO: »Beamte können sich also einerseits entlasten und Regressansprüche des Dienstherrn abwenden, andererseits erfüllen sie ihre Treupflicht gegenüber dem Dienstherrn von dem sie Schaden abzuwenden haben.« *Rux* weist darauf hin, dass das Remonstrationsrecht seinem Wesensgehalt nach nicht öffentlich ist. Das Verbot der »Flucht in die Öffentlichkeit« für Beamte hindere diese daran, dienstinterne Vorgänge öffentlich bekannt zu machen. Dazu auch *Schwan* in Wickler, aaO, Teil 4, S. 282f.

393 Vgl. *Kopp/Ramsauer*, VwVfG, aaO, Rdnr. 18 zu § 79 VwVfG.

394 Vgl. *Kopp/Ramsauer*, VwVfG, aaO.

395 Vgl. *Kopp/Ramsauer*, VwVfG, aaO. Das Remonstrationsverfahren hat eine eigene geschichtliche Entwicklung (Vgl. *Rux*, aaO). Im Zeitalter des Absolutismus war der Fürst praktisch unfehlbar und damit auch seine obersten Behörden, die seinen Willen ausführten. Die Beamten hatten eine Treuepflicht gegenüber dem Staatsoberhaupt. Leisteten sie Widerstand, mussten sie mit Repressionen rechnen, handelten sie rechtswidrig, dann hafteten sie. Eine Remonstrationspflicht fand mit Beginn des

Betrachtet man die Normierung der Remonstrationspflicht des Beamten, wie sie praktisch seit 1950[396] besteht, so kann man sagen, dass das Erheben von Einwänden und rechtlicher Bedenken sowie eigene Zweckmäßigkeitserwägungen des Beamten gegen eine dienstliche Anordnung das Bewusstsein der rechtsstaatlichen Verantwortung des Beamten fördern soll. Hinsichtlich seiner grundsätzlichen Loyalitäts- und Gehorsamspflicht dient die Remonstration seiner Absicherung für den Fall rechtswidrigen Verhaltens.[397] Ein remonstrierender Beamter weist zwar ebenso wie der Beschwerdeführer einer Dienstaufsichtsbeschwerde auf ein von ihm erkanntes rechtswidriges Verhalten der Behörde hin oder einen von ihm empfundenen Missstand, aber er begehrt dessen Abstellung bzw. Korrektur, nicht in eigenem Interesse, sondern in dienstlichem Interesse und will sich dienstrechtlich mit seiner »Anzeige« (Remonstration) absichern.

---

19. Jahrhunderts in die Verfassung eines deutschen Staates Eingang (§ 53 der Verfassung für das Königreich Württemberg vom 25.09.1819). Danach musste der Beamte, der für seine Handlungen voll verantwortlich ist, bei Zweifeln »an der Kompetenz« der anweisenden Behörde »bei der vorgesetzten Behörde anfragen«. (Ein Recht auf Remonstration fand sich in den Sächsischen und Hannoverschen »Staatsdienergesetzen« [Sächsisches Cicil-Staatsdienergesetz v. 07.03.1835 und Hannoveraner Staatsdienergesetz v. 05.05.1852]; ebenso Lippisches Gesetz über den Staatsdienst v. 15.01.1850). Nach der Gründung des deutschen Kaiserreiches bestimmte § 13 des Gesetzes betreffend die Rechtsverhältnisse der Reichsbeamten (v. 31.03.1873), dass jeder Reichsbeamte für die Gesetzmäßigkeit seiner staatlichen Handlungen verantwortlich ist. Dem lag der Gedanke zu Grunde, dass »Königsgehorsam und Loyalität (...) keinerlei rechtswidrige Handlungen rechtfertigen«. (Vgl. *Rux*, aaO, der bemerkt, dass amtliche Handlungen stets die Gesetzmäßigkeitsvermutung in sich tragen. Wenn ein Gesetz rechtsstaatlichen Maßstäben nicht entsprach, berührte das die Prüfungspflicht der Beamten nicht). Mit dem Erlass des Deutschen Beamtengesetzes vom 26.01.1937 trat eine radikale Abwendung von der bisherigen Entwicklung ein. Nach § 1 DBG war der Beamte jetzt »Vollstrecker des von der NSDAP getragenen Staates«. Von den Beamten forderte er »unbedingten Gehorsam und äußerste Pflichterfüllung« (Durch das Gesetz zur Wiederherstellung des Berufsbeamtentums v. 07.04.1933 war das Beamtenrecht bereits dem NS-Herrschaftssystem unterworfen worden). Das bedeutete, dass der Beamte nicht mehr verantwortlich entscheiden, sondern vielmehr »die völkische Weltanschauung« des NS-Regimes verwirklichen sollte (Das DBG verlangte von dem Beamten Gehorsam gegenüber seinen Vorgesetzten und Treue bis in den Tod gegenüber dem »Führer«. Er sollte mit dem Staat »eine Einheit« bilden). Zwar waren Beamte für ihre Amtshandlungen verantwortlich und haftbar, sie mussten aber alle Weisungen befolgen, mit Ausnahme der Begehung einer Straftat. Mit Kriegende 1945 wurde das DBG zwar nicht aufgehoben, seine nationalsozialistische Auslegung wurde von den alliierten Siegermächten aber untersagt. Mit dem Inkrafttreten des BBG (v. 04.07.1973 (BGBl. I. S.551)) wurden die Gehorsamspflicht in § 55 BBG und die Remonstrationspflicht in § 56 BBG aufgenommen. Seit 2009 gelten §§ 63 Abs. 2 BBG und § 36 Abs. 2 BeamtStG.

396 Vgl. § 7 DBG v. 30.06.1950 (BGBl. I. S. 279).

397 Vgl. *Rux*, aaO.

Allerdings besteht bei der Remonstration eine Besonderheit: Während die allgemeine Gegenvorstellung frist- und formfrei ohne Einschränkungen möglich ist, hat der remonstrierende Beamte seine Einwände »unverzüglich« auf dem Dienstweg geltend zu machen. Das bedeutet direkt nach Kenntnis der betreffenden dienstlichen Anordnung oder Umstände, ohne schuldhaftes Zögern. Von einer »Frist« im Sinne eines förmlichen Rechtsbehelfs kann man hier nicht sprechen. Seine Remonstrationspflicht kann aber bei langem Zuwarten im Einzelfall ins Leere gehen, wenn sich beispielsweise die Angelegenheit, die ihn zur Remonstration verpflichtet hätte, durch Zeitablauf oder auf andere Weise erledigt hat. Im Einzelfall ist es dann nicht ausgeschlossen, dass der Beamte bei Versäumung der unverzüglichen Remonstration von seiner Haftung nicht befreit ist.[398] In der Praxis wird sich jeder Beamte fragen, bevor er von dem Recht und der Pflicht auf Remonstration Gebrauch macht, ob er danach eventuell berufliche Nachteile[399] erleiden könnte oder als »Besserwisser oder Querulant« angesehen wird.[400] In dem Untersuchungszeitraum hatte es in der hamburgischen Fachbehörde tatsächlich keinen Fall einer beamtenrechtlichen Remonstration gegeben. Das könnte sich aber künftig ändern, denn eine Remonstration[401] kann auch im Einzelfall zur Aufdeckung sogenannter Skandale führen, was zwar nicht unbedingt positive Folgen für den Remonstranten haben muss[402], aber häufig ein offenes Ohr der medialen Öffentlichkeit findet.

Als Ergebnis ist festzustellen, dass die Remonstration (»beamtenrechtliche Gegenvorstellung«) ein nicht förmlicher Rechtsbehelf ist, der den Beamten im Fall rechtswidriger Anordnungen zur Erhebung von Einwänden verpflichtet und ihn vor einer möglichen Inanspruchnahme durch seinen Dienstherrn schützen kann. Das Recht auf Remonstration ist nur im Beamtenrecht geregelt.[403]

---

398 Die unverzügliche Geltendmachung von Einwänden soll zudem gewährleisten, dass Verwaltungsverfahren zügig durchgeführt werden können.

399 *Rux*, aaO: »Wer remonstriert, muss grundsätzlich mit Nachteilen rechnen.«

400 *Rux* aaO, weist als klassischen Fall auf den Protest der »Göttinger Sieben« hin. Die gegen den Staatsstreich des Landesfürsten, der die Verfassung praktisch obsolet machte, protestierenden Professoren verloren ihr Amt und wurden zudem aus dem Land gejagt. *Klein* in Maunz/Dürig/Herzog/Scholz aaO, Rdnr. 124 bemerkt dazu: »Beamte, die petitionieren, sind keine Querulanten, noch haben sie allein darum, weil sie petitionieren, (rechtliche oder faktische) Nachteile zu gewärtigen.«

401 Wenn sie aus dem innerdienstlichen Bereich einer Behörde in die Öffentlichkeit gelangt (heute »Whistleblower-Aktion«).

402 Beispielweise: Der Beamte des Finanzamtes St. Augustin, der die verdeckte Parteienfinanzierung nicht mitmachen wollte und damit eine Prozesslawine ins Rollen brachte, wurde nicht etwa als pflichtbewusster Beamter belobigt, sondern musste sich letztendlich einen anderen Job suchen. Hierzu und zur Geschichte des Remonstrationsrechts, *Rux*, aaO, Beamte heute, S. 10ff.

403 Was allerdings nicht bedeutet, dass die übrigen Beschäftigten im öffentlichen Dienst auf Grund des Direktionsrechts des öffentlichen Arbeitsgebers rechtwidrige Anordnungen ausführen müssen. Sie können durch die Abgabe einer dienstlichen Erklärung

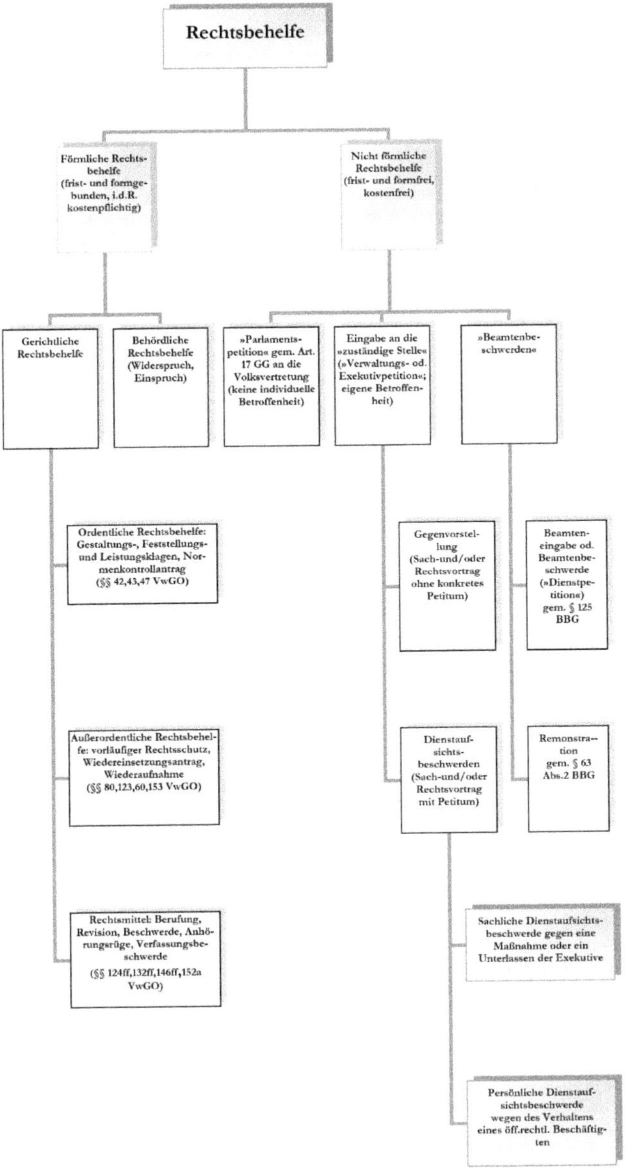

ebenfalls darauf hinweisen, dass die angeordnete Maßnahme ggf. rechtswidrig ist und sie deren Ausführung mit ihrem Gewissen nicht vereinbaren können.

4. Abschnitt: Die sachliche Dienstaufsichtsbeschwerde

I. Zulässigkeitsvoraussetzungen

Eine sachliche Dienstaufsichtsbeschwerde liegt nach der oben[404] erarbeiteten Definition dann vor, wenn sich ein Beschwerdeführer mit einem formlosen Ersuchen entweder an die Erlassbehörde einer Maßnahme oder an die übergeordnete Behörde wendet, um die beanstandete Maßnahme zu überprüfen und gegebenenfalls zu seinen Gunsten ändern oder aufheben zu lassen. Sachliche Dienstaufsichtsbeschwerden können Fach- und Rechtsaufsichtsbeschwerden sein.

1. Rechtliche Maßstäbe

Wie bereits erwähnt, befassen sich weder die Gerichte noch die Literatur detailliert mit den Voraussetzungen einer Dienstaufsichtsbeschwerde. Eine allgemeine gesetzliche Regelung der Dienstaufsichtsbeschwerde gibt es nicht. Der Gesetzgeber geht in einzelnen Spezialgesetzen vielmehr von der Existenz des Rechtsinstituts der Dienstaufsichtsbeschwerde aus und legt fest, in welchen Fällen ihre Einlegung zulässig ist. Beispielsweise wird die Dienstaufsichtsbeschwerde in dem am 15.08.2013 in Kraft getretenen Gesetz über Gebühren und Auslagen des Bundes erwähnt[405] oder in den Landesgesetzen des Landes Baden-Württemberg.[406] Darüber hinaus kann man in diesem Zusammenhang das Beschwerderecht für Beamte gemäß § 125 BBG anführen. Von diesen beispielhaft aufgezählten Regelungen bzw. Erwähnungen der Dienstaufsichtsbeschwerde in Gesetzen abgesehen, findet sich keine Rechtsnorm, die den nicht förmlichen Rechtsbehelf der Dienstaufsichtsbeschwerde zum Inhalt hat. Das wurde offensichtlich für nicht erforderlich gehalten, wird die Dienstaufsichtsbeschwerde doch unbestritten als »formloser und an keine Frist gebundener Rechtsbehelf zu den Petitionen im Sinne des Art. 17 GG« gezählt.[407] Art. 17 GG, der den ungehinderten Zugang mit Bitten und Beschwerden an die Volksvertretung und

---

404 3. Abschn. II, 2b, aa.

405 § 7 Sachliche Gebührenfreiheit. Art. 1 des Gesetzes v. 07.08.2013 (BGBl. I S. 3154).

406 § 16 Abs. 3 AG-GVG Bad.Württ., Gesetzbuch über den Justizvollzug in Baden Württemberg, 2. Buch: Art. 1, § 68 Abs. 3 (UG-Gefangene): »Die Möglichkeit der Dienstaufsichtsbeschwerde bleibt unberührt. Eingaben, Beschwerden und Dienstaufsichtsbeschwerden, die nach Form und Inhalt nicht den Verkehr mit Behörden üblichen Ansprüchen entsprechen oder bloße Wiederholungen enthalten, brauchen nicht beschieden zu werden (...)«; 3. Buch, § 92 (Gefangene); 4. Buch, § 86 Abs. 3 (Jugendliche).

407 z.B. OVG NRW v. 30.11.2011 – 12 A 764/10 – (zit. nach juris): »Die Dienstaufsichtsbeschwerde (...) gehört zu den Petitionen des Art. 17GG«; VG München Urt.

die zuständigen Stellen der öffentlichen Verwaltung garantiert, wird dementsprechend als »Quellrecht« der nicht förmlichen Rechtsbehelfe angesehen aus dem sich die einzelnen nicht förmlichen Rechtsschutzmöglichkeiten mit entwickelt haben.[408] Demnach sind die gesetzlichen Maßstäbe der Dienstaufsichtsbeschwerde aus Art. 17 GG zu entnehmen, es sei denn, es gibt spezialgesetzliche Regelungen, wie das bei der Beamtenbeschwerde des § 125 BBG der Fall ist, wobei diese für Beamte geregelte Beschwerdemöglichkeit die Einlegung einer allgemeinen Petition nach Art. 17 GG nicht ausschließt.[409]

Nach Art. 17 GG muss eine Eingabe oder Beschwerde schriftlich erfolgen[410] und ist ansonsten frist- und formlos.[411] Art. 17 GG konstituiert das allgemeine Petitionsrecht und lässt neben dieser grundrechtlichen Möglichkeit, Eingaben und Beschwerden zu erheben, Raum für die Herausbildung anderer, auf besondere Fallgestaltungen bezogener nicht förmlicher Rechtsbehelfe. Dabei haben sich hinsichtlich des Rechts, Eingaben an die Volksvertretungen zu richten, feste Verfahrensweisen mit der Einrichtung von Petitionsausschüssen[412] im Bund und in den Ländern herausgebildet.

Anders sieht es mit dem Recht aus, Eingaben und Beschwerden an die »zuständigen Stellen« der Verwaltung zu richten. Hier ist der Adressatenkreis im Gegensatz zu den Volksvertretungen ungleich weiter.[413] Es kommen alle denkbaren Stellen der staatlichen Verwaltung als Adressaten einer Dienstaufsichtsbeschwerde in Betracht. In den wenigen Vorschriften, die denen neben der bloßen Erwähnung, dass Dienstaufsichtsbeschwerden erhoben werden können, überhaupt etwas zur Dienstaufsichtsbeschwerde gesagt wird, beschränken sich diese Aussagen regelmäßig auf die Form ihrer Erhebung.

Auf Bundesebene hat es Fortschreibungen bei der Handhabung des Petitionsrechts durch die Grundsätze des Petitionsausschusses über die Behandlung von Bitten und Beschwerden (Verfahrensgrundsätze) vom 08.03.1989, (zuletzt geändert durch Beschl. v. 09.11.2011, für die 18. Wahlperiode übernommen durch Beschl. v. 15.01.2014) hinsichtlich der Formerfordernisse ihrer Einlegung gegeben.[414] Auch die Dienstaufsichtsbeschwerde hat in der Vergangenheit nicht nur auf Grund der modernen Kommunikationsmittel hinsichtlich der Form ihrer Einlegung eine Anpassung, bzw. Fortschreibung erfahren, sondern auch was die Verpflichtung des Beschwerdeadressaten betrifft.[415] Hier haben sich bei den »zuständigen Stellen« feste Regeln durch vergleichbare Übung mit entsprechender Rechtsüberzeugung

v. 15.12.2010 – M 18 K 10.4850 – (zit. nach juris): »Dienst- und Sachaufsichtsbeschwerden sind in den Grundzügen in Art. 17 GG geregel.t«

408 Vgl. 2. Abschn. VI.

409 Dazu 3. Abschn. II, 2c.

410 Vgl. 4. Abschn. I, 2, a.

411 Vgl. 4. Abschn. I, 3.

412 Vgl. 3. Abschn. II, 1.

413 Vgl. 4. Abschn. I.

414 Vgl. 4. Abschn. I, 3.

415 Vgl. 4. Abschn. I, 2; III.

herausgebildet, die in den Grundzügen einander ähnlich, hinsichtlich der Einzelheiten der Bearbeitung einer Dienstaufsichtsbeschwerde in Einzelfällen unterschiedlich sind. In diesem Bereich allgemein anwendbare Regeln aufzuzeigen, soll dieser Abschnitt der Untersuchung dienen.

2. Beteiligungsbefugnis

Ausgehend von der Feststellung, dass die Befugnis zur Erhebung einer Dienstaufsichtsbeschwerde auf das Petitionswesen des Art. 17 GG in seiner Funktion als »individuellen Rechts- und Interessenschutz«[416] zurückzuführen ist[417], sind nunmehr die Zulässigkeitsvoraussetzungen bei der Erhebung einer Dienstaufsichtsbeschwerde mit ihren Besonderheiten im Gegensatz zur allgemeinen Petition darzustellen.

Zu prüfen ist in diesem Zusammenhang zunächst, wer eine Dienstaufsichtsbeschwerde erheben, d.h. wer Subjekt einer Dienstaufsichtsbeschwerde sein kann.

a. Natürliche Personen

Bei der Beantwortung der Frage, wer eine Dienstaufsichtsbeschwerde geltend machen kann, ist es erforderlich, sich an den prozessrechtlichen Begriffen der Beteiligungsfähigkeit und Rechtsfähigkeit zu orientieren. Das war niemals strittig, denn das Recht, beispielsweise eine Petition einzureichen, steht nach der Grundrechtsberechtigung des Art. 17 GG » jedermann« zu. Dass bedeutet, dass zumindest jede natürliche Person, gleich ob deutscher Staatsbürger, Ausländer oder Staatenloser dieses Recht in Anspruch nehmen kann. Die Formulierung in Art. 17 GG stellt dies im Gegensatz zu der Formulierung des Art. 126 WRV[418], in der noch von »jeder Deutsche« gesprochen wurde, von vornherein klar. Allerdings gab es bereits kurz nach dem Inkrafttreten der WRV Meinungsverschiedenheiten darüber, ob das Petitionsrecht und damit auch das Recht, eine Dienstaufsichtsbeschwerde zu erheben, auch für Ausländer gelte,[419] wobei nach Ansicht der damals führenden Verfassungskommentatoren das Petitionsrecht gemäß dem Gesetzmäßigkeitsprinzip allen

416 *Bauer*, aaO, in DÖV 2014, 453(454), Fn. 12 spricht von: »Interessen- und Rechtsschutzfunktion, die Partizipations- und Integrationsfunktion sowie Artikulations-, Informations-, Kontroll- und Innovationsfunktion.« *Riehm/Coenen/Lindner/Blümel*, aaO führen aus, dass das Petitionswesen zwei wesentliche Funktionen erfüllt: den individuellen Rechts- und Interessenschutz und die Möglichkeit der aktiven Teilhabe an staatlichen und politischen Entscheidungen; so schon *Korinek*, aaO, S. 12.

417 »Quellrecht« der nicht förmlichen Rechtsbehelfe.

418 »Jeder Deutsche hat das Recht, sich schriftlich mit Bitten oder Beschwerden an die zuständige Behörde oder an die Volksvertretung zu wenden. Dieses Recht kann sowohl von einzelnen als auch von mehreren gemeinsam ausgeübt werden.«

419 Vgl. *Klein* in Maunz/Dürig/Herzog/Scholz aaO, Rdnrn. 1 u. 67f m. Nw.

zuerkannt werden sollte, die der tatsächlichen deutschen Staatsgewalt unterworfen sind, ohne Rücksicht auf deren Staatsangehörigkeit.[420]

In der damaligen Diskussion[421] um die Berechtigung der Erhebung von Dienstaufsichtsbeschwerden durch Ausländer spielte der Gesichtspunkt eine Rolle, dass die Verwaltungsbehörden eines Staates zur Förderung des Gemeinwohls des Staates und seiner Bürger da seien und nur die Staatsbürger »ihre Verwaltung« um Abhilfe bei deren Maßnahmen angehen könnten. Schon damals wurde allerdings deutlich, dass hierin kein Widerspruch zum Beschwerderecht für Ausländer bestand, denn auch ein Ausländer wird sich nur an eine deutsche Behörde wenden, wenn es in deren Machtbereich liegt, dem von ihm beklagten Misstand abzuhelfen. Letztlich wirkt sich auch ein von einem Ausländer gerügter Zustand, der beseitigt wird, aus innerdeutscher Sicht positiv aus.[422]

Nachdem sich unter der Geltung des Grundgesetzes diese Frage erledigt hatte, wird weiterhin darüber diskutiert[423], ob ein Ausländer, der eine Dienstaufsichtsbeschwerde erheben will, seinen Aufenthalt und Wohnsitz in Deutschland haben müsse. Dass es darauf nicht ankommt, wird heute übereinstimmend bejaht[424], wobei von Mutius[425] – einschränkend – bemerkt, dass Ausländern, die sich nicht in der Bundesrepublik Deutschland aufhalten, nur in bestimmten Fällen, z. B. Eingabe gegen Entscheidungen der Ausländerbehörde, das Petitionsrecht zustehe. Im Einzelfall sei auf die »Betroffenheit des Ausländers in seinem Verhältnis zu Deutschland« abzustellen. Wollte man dieser Ansicht folgen, so ist die praktische Handhabung problematisch, wenn auch der Ansatz nicht so ohne weiteres von der Hand zu weisen ist. Tatsächlich wird erwogen, die Grundrechtsträgerschaft des Art. 17 GG und damit die Beteiligungsbefugnis auch bei einer Dienstaufsichtsbeschwerde auf im Inland lebende Ausländer und Staatenlose zu beschränken, weil die Rechtsordnung eines Staates nur für denjenigen gelten könne, der einen »territorialen Bezug« zu dem Staat hat, sich also in dessen Territorium aufhalte.[426] Dieser Auslegung des Art. 17 GG ist jedoch dessen Wortlaut entgegenzuhalten,

420 Vgl. *Anschütz*, Kommentar, aaO, Vorb. 2. Hauptteil, Anm. 5 b, S. 511.

421 Vgl. *Klein* in Maunz/Dürig/Herzog/Scholz aaO, Rdnr. 68 zu Art. 17 GG.

422 Anderenfalls könnte z. B. ein Holländer, der in den bayerischen Bergen ein Haus besitzt und es dabei immer wieder auch mit Behörden zu tun hat, keine Dienstaufsichtsbeschwerde erheben.

423 Vgl. *Klein* in Maunz/Dürig/Herzog/Scholz aaO, Rdnr. 68 zu Art. 17GG.

424 OVG Münster in DVBl 1978, 895; *Klein* in Maunz/Dürig/Herzog/Scholz aaO, Rdnr. 68 zu Art. 17 GG; *Blomeyer-Bartenstein/Närger* aaO, S. 34; *Bauer* in Dreier aaO, GG, Kommentar zum Grundgesetz, Bd. 1, Art.1–19, 3. A. 2013, Rdnr. 18 zu Art. 17 GG.

425 In Jura 1989, 105(106).

426 So *Joachim Burmeister*, Das Petitionsrecht, in Josef Isensee/Paul Kirchhof, HbStR, II, 2. A. 1998, § 32, Rdnr. 33; *Jarass* in Jarass/Pieroth aaO, sprechen in Rdnr. 14 zu Art. 17 GG davon, dass ein »Bezugselement« zu dem Adressaten der Grundrechtsbindung notwendig sei; *Hofmann* in Schmidt-Bleibtreu/Hofmann/Hopfauf GG, aaO, Rdnr. 15 zu Art. 17 GG spricht von der »Betroffenheit des Petenten in

der keine Wohnsitzklausel kennt. Dementsprechend sind auch im Ausland lebende oder ins Ausland abgeschobene Ausländer im Sinne des Art. 17 GG grundrechtsbefugt und haben somit auch die Beschwerdebefugnis zur Erhebung einer Dienstaufsichtsbeschwerde.[427]

Aus dieser Befugnis zur Einlegung einer Dienstaufsichtsbeschwerde für Ausländer und Staatenlose, die sich nicht im Geltungsbereich des Grundgesetzes aufhalten, folgt, dass ihre Dienstaufsichtsbeschwerden jedenfalls nicht mangels Beteiligungsbefugnis als unzulässig zurückgewiesen werden dürfen.[428] Allerdings wird die angegangene Stelle in vielen Fällen unzuständig sein. Es wird zu Recht darauf hingewiesen, dass »nicht die ganze Welt in Deutschland« petitions- und damit beschwerdebefugt sein könne.[429] Hierzu ist zu bemerken, dass damit nicht »zwingend ein Rückschluss auf die Grundrechts- bzw. Beschwerdeberechtigung« zu ziehen ist. Immerhin müssen auch unzulässige Petitionen und Dienstaufsichtsbeschwerden beschieden werden.[430] Aus diesem Grund hat die – eher akademische – Diskussion über die Grundrechts- und Beteiligungsbefugnis in der Verwaltungspraxis keine Bedeutung, denn der Aufwand der angegangenen Stelle bei einer Dienstaufsichtsbeschwerde, ihre fehlende Zuständigkeit zu begründen, ist ebenso groß wie derjenige, die Unzulässigkeit der Eingabe darzulegen.[431]

Als Ergebnis bleibt, dass jede natürliche Person, gleichgültig ob sie im Inland oder Ausland ihren Wohnsitz hat, eine Dienstaufsichtsbeschwerde erheben kann.

b. Minderjährige, Geschäfts- und Prozessunfähige, unter Pflegschaft und Betreuung stehende Personen

In diesem Zusammenhang ist zu prüfen, ob für die Befugnis, eine Dienstaufsichtsbeschwerde zu erheben, Handlungsfähigkeit im Sinne des § 12 VwVfG erforderlich ist oder die Grundrechtsfähigkeit ausreicht. Im Hinblick auf Art 17 GG sind auch Minderjährige, Geschäfts- und Prozessunfähige sowie unter Pflegschaft oder Betreuung stehende Personen »grundrechtsmündig«[432], da ihre Grundrechtsfähigkeit von der Verfassung selbst anerkannt wird.

Bezug auf sein Verhältnis zur Bundesrepublik Deutschland«; vgl. auch *Klein* in Maunz/Dürig/Herzog/Scholz aaO, Rdnr. 68 zu Art. 17 GG.

427 Vgl. *Klein* in Maunz/Dürig/Herzog/Scholz aaO, Rdnr. 68 zu Art.17 GG; *Bauer* in Dreier aaO, Rdnr. 19 zu Art. 17 GG. Art. 115 Abs. 1 BayVerf, der das Petitionsrecht den »Bewohnern« Bayerns gewährt, ändert hieran auch für dieses Bundesland nichts, denn diese Einschränkung wird durch Art. 31 GG verdrängt.

428 Vgl. *Klein* in Maunz/Dürig/Herzog/Scholz aaO, Rdnr. 68 zu Art. 17 GG.

429 Vgl. *Klein* in Maunz/Dürig/Herzog/Scholz aaO.

430 Vgl. *Klein* in Maunz/Dürig/Herzog/Scholz aaO.

431 Vgl. *Klein* in Maunz/Dürig/Herzog/Scholz aaO.

432 Vgl. *Klein* in Maunz/Dürig/Herzog/Scholz aaO, Rdnr. 69 zu Art. 17 GG; *v. Mutius*, aaO, S. 106.

Aus dieser Grundrechtsberechtigung ergibt sich auch das Recht, eine Dienstaufsichtsbeschwerde zu erheben. Eine andere Frage ist es, ob die genannte Personengruppe dieses Grundrecht auch selbst wahrnehmen kann. Dies ist von dem konkreten Einzelfall abhängig. Eine Petitionseinlegung bzw. eine Dienstaufsichtsbeschwerde erheben, kann ein Angehöriger des genannten Personenkreises dann, wenn bei ihm die entsprechende Einsichtsfähigkeit vorhanden ist, d.h. seine Persönlichkeitsstruktur bzw. sein Allgemeinzustand dieses gestattet. Das ist dann der Fall, wenn die Person erkennbar in der Lage ist, eine eigene Meinung in allgemein verständlicher Form zu äußern.[433]

Wann die so beschriebene Grundrechtsmündigkeit im Einzelfall vorliegt, lässt sich nicht abstrakt beantworten. Hier ist auf den Einzelfall abzustellen und das jeweilige Artikulationsvermögen sowie das Verständnis für den Gesamtzusammenhang.[434] Einschränkungen in diesem Bereich vorzunehmen, wie beispielsweise die Petitions- und Beschwerdebefugnis mit dem Wahlrecht zu verknüpfen, ist nicht sachgerecht, vor allem von der Verfassung nicht gedeckt[435].

c. *Juristische Personen*

Für die inländischen juristischen Personen des Privatrechts gilt hinsichtlich ihrer Grundrechtsfähigkeit grundsätzlich das gleiche wie für natürliche Personen, soweit das grundrechtliche Eingaben- und Beschwerderecht dem Wesen nach auf sie anwendbar ist[436], d.h. sie können Dienstaufsichtsbeschwerden erheben, soweit es um die Beanstandung einer Sachentscheidung der öffentlichen Verwaltung geht. Die Erhebung einer persönlichen Dienstaufsichtsbeschwerde kommt hier nicht in Betracht, da bei einer juristischen Person des Privatrechts ein »persönliches Missachtungserlebnis« nicht möglich ist. Dies kann nur bei einer natürlichen Person der Fall sein.

---

433 Vgl. *Klein* in Maunz/Dürig/Herzog/Scholz aaO, Rdnr. 69 zu Art. 17 GG.

434 Vgl. *Klein* in Maunz/Dürig/Herzog/Scholz, aaO, Rdnr. 69 zu Art. 17 GG; *Bauer* in Dreier aaO, Rdnr. 20 zu Art. 17 GG; *Burmeister* in HbStR II, § 32, Rdnr. 34; *v. Mutius* in Jura 1989, 105(106); vgl. auch Nr. 3 Abs. 2 der auf Grund von § 110 Abs. 1 GeschO Deutscher Bundestag erlassenen Verfahrensgrundsätze für den Petitionsausschuss , aaO: »Geschäftsfähigkeit ist zur Ausübung des Petitionsrechts nicht erforderlich, es genügt, dass der Petent in der Lage ist, sein Anliegen verständlich zu äußern. Das Petitionsrecht ist von den persönlichen Verhältnissen des Petenten wie Wohnsitz oder Staatsangehörigkeit unabhängig.«

435 Zu Recht wird ergänzend darauf hingewiesen, dass beispielsweise Minderjährige ihr Beschwerderecht selbständig ausüben können, da dieses nach § 107 BGB keine rechtlichen Nachteile mit sich bringt. Vgl. Verfahrensgrundsätze Nr. 3 (2); vgl. auch § 1 Abs. 3 BayPetG: »Grundsätzlich sind auch Minderjährige, Geschäftsunfähige und unter Pflegschaft oder Betreuung Stehende zur selbständigen Ausübung des Petitionsrechts berechtigt.« Auch § 1 BerlPetG.

436 Art. 19 Abs. 3 GG; *Klein* in Maunz/Dürig/Herzog/Scholz aaO, Rdnr. 70 zu Art. 17 GG.

Da die Handlungsfähigkeit im Petitionswesen hier weiter zu fassen ist als die Rechtsfähigkeit, können auch Personenmehrheiten, die keine Rechtsfähigkeit besitzen, Dienstaufsichtsbeschwerden einlegen.[437] Bei juristischen Personen handeln deren gesetzliche Vertreter und bei nicht rechtsfähigen Personenvereinigungen deren Bevollmächtigte, gegebenenfalls die Gesamtheit der Mitglieder.

Zu beantworten bleibt die Frage, ob auch ausländischen juristischen Personen des Privatrechts ein Beschwerderecht zusteht, d.h. ob sie sich auf die grundrechtliche Berechtigung des Eingabe- und Beschwerderechts des Art. 17 GG berufen können. Hier ist zum einen zu bemerken, dass gemäß Art. 18 AEUV der »Inhaltsvorbehalt des Art. 19 Abs. 3 GG auf juristische Personen mit Sitz in einem Mitgliedstaat der Europäischen Union keine Anwendung findet«[438], d.h. eine Erweiterung der Geltung der Grundrechte auch auf Unionsbürger stattfindet. Bedenkt man zudem, dass ausländische natürliche Personen einzeln oder in Gemeinschaft das Petitions- und Beschwerderecht ausüben dürfen, so ist der Schritt zu einer Anerkennung dieses Rechts auch für ausländische juristische Personen des Privatrechts nur klein.[439]

Anders sieht es bei den juristischen Personen des öffentlichen Rechts aus. Für sie gelten die Grundrechte grundsätzlich nicht, soweit sie öffentliche Aufgaben wahrnehmen.[440]. Deshalb sind Universitäten und Fakultäten grundrechtsfähig (Art. 5

---

437 *Klein* in Maunz/Dürig/Herzog/Scholz aaO, Rdnr. 70 zu Art. 17 GG.

438 Dazu *Dreier*, in Dreier aaO, GG, Rdnr. 20f zu Art. 19 III GG

439 *Bauer* in *Dreier*, in Dreier aaO, GG, Rdnr. 22 zu Art. 17 GG hält eine Verneinung der Petitionsberechtigung von ausländischen juristischen Personen für nicht überzeugend und weist auf die Petitionsberechtigung von Personenmehrheiten von Ausländern hin. Diese den Ausländern abzusprechen, wenn sie in der Organisationsform der juristischen Person auftreten, sei nicht nachzuvollziehen; vgl. auch *Klein* in Maunz/Dürig/Herzog/Scholz aaO, Rdnr. 70 zu Art. 17 GG. Wenn *Dreier* im Ergebnis auch zuzustimmen ist, gibt *Klein* zu dieser Argumentation zu bedenken, dass ein Unterschied zwischen der Grundrechtsausübung durch natürliche Personen in Gemeinschaft mit anderen und eine solche durch einen Verband besteht. Bei einem Verband entscheiden die satzungsrechtlich zuständigen Organe der juristischen Person, bei der Einzelgrundrechtsausübung jede einzelne Person, vgl. *Klein* in Maunz/Dürig/Herzog/Scholz aaO, Rdnr. 70 zu Art. 17 GG.

440 *Klein* in Maunz/Dürig/Herzog/Scholz aaO, Rdnr. 71 zu Art. 17 GG: »Es fehlt an der grundrechtstypischen Gefährdungslage. Juristische Personen des öffentlichen Rechts sind deshalb grundrechtsverpflichtet, nicht grundrechtsberechtigt.« Vgl. u.a. § 1 Abs. 3 Gesetz über die Behandlung von Petitionen durch die Bremische Bürgerschaft: »Juristischen Personen des öffentlichen Rechts steht das Petitionsrecht insoweit zu, als die Petition eines Gegenstand ihres sachlichen Zuständigkeitsbereichs betrifft.« Gleiche Formulierung in § 2 Abs. 4 ThürPetG und in § 1 Abs. 4 PetG Berlin; vgl. auch Webseite des Landtages Sachsen-Anhalt: »(...) Juristische Personen des öffentlichen Rechts sind hingegen als Teil des Staates nicht petitionsberechtigt.« Dieses gilt nicht für diejenigen juristischen Personen des öffentlichen Rechts, »die einem grundrechtlich geschützten Lebensbereich zugeordnet sind«, *Klein*, aaO.

Abs. 3 Satz 1 GG), ebenso die öffentlich rechtlichen Rundfunkanstalten (Art. 5 Abs. 1 Satz 1 GG). Kirchen und andere Religionsgemeinschaften werden die Grundrechte zuerkannt, weil sie dem außerstaatlichen Bereich zugeordnet sind.[441] Regelmäßig keine Träger von Grundrechten sind »nicht rechtsfähige Organisationseinheiten eines Trägers der öffentlichen Verwaltung«[442], also »Behörden«, die Aufgaben der öffentlichen Verwaltung wahrnehmen (§ 1 Abs. 4 VwVfG). Sie sind ebenso wenig petitions- und beschwerdebefugt wie die juristischen Personen des öffentlichen Rechts, deren Organe sie sind.[443]

d. Sammelbeschwerden

Schließlich können Dienstaufsichtsbeschwerden auch »in Gemeinschaft mit anderen« erhoben werden. Für die Zulässigkeit von Sammelbeschwerden bedarf es nicht der Unterschrift eines jeden einzelnen. Es ist ausreichend, wenn die Sammelbeschwerde unter einem Gesamtnamen erhoben worden ist.[444] Gleiches gilt auch für ad hoc-Zusammenschlüsse, deren Mitglieder feststellbar sind. Sammeleingaben bzw. Sammelbeschwerden von Soldaten und Zivildienstleistenden[445] sind nach Art. 17a Abs. 1 GG, § 1 Abs. 4 WBO, § 7 WBeauftrG, § 41 Abs. 3 ZDG jedoch unzulässig.[446]

---

441 BVerfGE 107, 299(309f); E 68, 193 (207); E 21, 362(373f). Die Grundrechtsfähigkeit der juristischen Person des öffentlichen Rechts gilt nur insoweit, als es sich um ein Grundrecht handelt, das die Ausübung des ihnen unmittelbar zugeordneten Freiheitsrechts unterstützt (BVerfGE 107, 299(309)). *Klein* (Rdnr. 72 zu Art. 17 GG) führt als Beispiel eine Petition an das Parlament an, mit der eine Beeinträchtigung des Grundrechts der Freiheit der Forschung und Lehre geltend gemacht wird. Im Übrigen können die juristischen Personen des öffentlichen Rechts sich aber jenseits der grundrechtlichen Beschwerde- und Petitionsberechtigung an die Legislative oder die Exekutive wenden, um Anträge und Wünsche vorzutragen. Das BVerfG hält es für zulässig, »dass sich Gemeinden mit den ihnen zur Verfügung stehenden und angemessen erscheinenden Mitteln« an das Parlament wenden; BVerfGE 8, 42(45).

442 BVerfGE 10, 20(48).

443 BVerfGE 10, 20(48); *Klein* in Maunz/Dürig/Herzog/Scholz, aaO, Rdnr. 74 zu Art. 17 GG.

444 *Klein* in Maunz/Dürig/Herzog/Scholz aaO, Rdnr. 77 zu Art. 17 GG.

445 Am 03.05.2011 traten das Gesetz zur Einführung des Bundesfreiwilligendienstes (BFDG v. 28.04.2011, BGBl I, S. 687) und das Wehrrechtsänderungsgesetz (WehrRÄndG 2011 v. 28.04.2011, BGBl. I. S. 678) in Kraft, mit denen die Wehrpflicht ausgesetzt und in der Folge der Aussetzung der Wehrpflicht die Ableistung des Zivildienstes entfiel.

446 Vgl. *Klein* in Maunz/Dürig/Herzog/Scholz, aaO, Rdnr. 79 zu Art. 17 GG.

3. Formerfordernisse

Bei den immer wieder zitierten[447] drei »F« (»form-, frist-, fruchtlos«) der Dienstaufsichtsbeschwerde möchte man meinen, die »Formfreiheit« bedeute, dass es ausreiche, wenn eine Dienstaufsichtsbeschwerde in irgendeiner Art und Weise zur Kenntnis der Behörde gelange.

Das ist so nicht zutreffend. Tatsächlich bezieht sich die Bezeichnung als »formloser Rechtsbehelf«[448] nicht primär auf die Formfreiheit der Einlegung des Rechtsbehelfs als vielmehr auf das Fehlen sonstiger Zulässigkeitsvoraussetzungen.

a. Schriftform

aa. Schriftlichkeit

Die Formulierung in dem »Quellrecht«[449] der nicht förmlichen Rechtsbehelfe des Art. 17 GG zeigt, dass nach dieser Norm jedermann das Recht hat, sich einzeln oder in Gemeinschaft mit anderen schriftlich mit Bitten und Beschwerden an die zuständigen Stellen oder die Volksvertretung zu wenden. Mit dieser Formulierung verhielt sich der Grundgesetzgeber relativ restriktiv. Demzufolge wird im Schrifttum[450] die Meinung vertreten, dass nicht schriftlich vorgebrachte Bitten und Beschwerden nicht den Schutz des Petitionsrechts genießen. Zwar seien mündliche und persönliche Eingaben nicht unzulässig, allerdings würden diese nicht die gleichen verfassungsrechtlichen Pflichten des Adressaten auslösen, wie das bei schriftlichen Eingaben der Fall sei. Das bedeutet, dass ein Beschwerdeführer, der keine schriftliche Eingabe geltend macht, sich hinsichtlich der Verpflichtung des Beschwerdeadressaten, der die Eingabe entgegenzunehmen, zu prüfen, sachlich zu bescheiden und den Beschwerdeführer entsprechend zu unterrichten hat, sich nicht auf Art. 17 GG berufen könnte.

Ob mündlich vorgetragene Petitionen im Rahmen des Art. 17 GG zulässig sind, wird zum Teil streitig behandelt.[451] Aber selbst diejenigen Autoren, die eine mündlich vorgetragene Eingabe für unzulässig halten, bezeichnen sie nicht als verboten, wenn sie auch nicht den Grundrechtsschutz des Art. 17 GG genießen. Ob diese Argumentation bei der Beurteilung der Frage, ob eine Dienstaufsichtsbeschwerde schriftlich erhoben werden muss oder auch ein mündlicher Vortrag bei der Behörde

447 z.B. *Thieme*, aaO, in DÖD, 2001, 77 und in DÖV 1989, 986 (987).

448 Auch deswegen wird in dieser Darstellung von einem nicht förmlichen Rechtsbehelf gesprochen.

449 Dieser Begriff wird z.B. im Tätigkeitsbericht des Bundessicherheitsamtes von 2002 mit Bezug auf BSG, Urt. v. 31.03.1998 – B 4 RA 114/95 – verwendet.

450 *v. Mutius* in Jura 1989, 105 (106); *Kratzer* in BayVBl 1969, 190; *Klein* in Maunz/Dürig/Herzog/Scholz aaO, Rdnr. 61 zu Art. 17 GG.

451 z.B. *Blomeyer-Bartenstein/Närger*, aaO, S. 41, halten sie für zulässig; ablehnend *Klein* in Maunz/Dürig/Herzog/Scholz, aaO.

möglich ist, weiter hilft, soll eine Prüfung des Schriftformerfordernisses bei Petitionen erhellen.

Wenn Art. 17 GG bestimmt, dass Petitionen schriftlich einzureichen sind, so waren damit in der Vergangenheit die Schriftlichkeit im Sinne des § 126 BGB und als Übermittlungsweg der Postweg gemeint. Das Erfordernis der Schriftlichkeit sei notwendig, um die »Ernsthaftigkeit und Überlegtheit des vorgetragenen Anliegens sicherzustellen«[452] und den Petitionsadressaten in die Lage zu versetzen, die Petition zu bearbeiten und zu bescheiden.[453] Diesem Anliegen hat Nr. 4. 1 Satz 1 der Grundsätze des Bundestages über die Behandlung von Bitten und Beschwerden (Verfahrensgrundsätze) Rechnung getragen und bestimmt, dass eine Petition »schriftlich einzureichen und die Schriftform bei Namensunterschrift gewahrt ist«. Einigkeit besteht, dass das Schriftformerfordernis keine Erschwerung bei der Einlegung einer Petition darstellen soll.[454]

bb. Elektronische Übermittlung

Freilich hat das Erfordernis der gesetzlich angeordneten Schriftform in den vergangenen Jahren durch die Entwicklung der modernen Informations- und Kommunikationstechniken eine zeitgemäße Erweiterung erfahren. Im Bürgerlichen Recht wurde mit der Einfügung des § 126a BGB (im Prozessrecht mit § 130a ZPO) geregelt, dass die gesetzlich vorgeschriebene Schriftform durch die elektronische Form ersetzt werden kann, wenn der Aussteller der Erklärung dieser seinen Namen hinzufügt und das elektronische Dokument mit einer elektronischen Signatur nach

---

452 *Klein* in Maunz/Dürig/Herzog/Scholz aaO, Rdnr. 61 zu Art. 17 GG; unklar *Hömig*, GG, aaO, Rdnr. 6 zu Art. 17 GG: »grundsätzlich«. Zu dem Vortrag des Petenten vgl. Nr. 7. 3. Grundsätze des Petitionsausschusses über die Behandlung von Bitten und Beschwerden (Verfahrensgrundsätze) vom 08.03.1989, zuletzt geändert durch Beschl. v. 09.11.2011, für die 18. Wahlperiode übernommen durch Beschl. v. 15.01.2014: »Inhaltlich verworrene Petitionen können nicht entschieden werden und können nach einem ergebnislosen Versuch. diesen Mangel durch den Petenten zu beheben, weggelegt werden.«

453 Für die Petition an das Europäische Parlament fordert Art. 24 Abs. 4 AEUV (ex Art. 21 EGV) iVm. Art. 201 GO EuParl. die Schriftform unter Verwendung einer der Amtssprachen der EU. Die Benutzung elektronischer Verfahren (e-Petition) ist möglich.

454 *Heribert Schmitz*, Behandlungen von Petitionen, die per e-Mail eingehen, in NJW 2003, 1437; vgl. *Klein* in Maunz/Dürig/Herzog/Scholz aaO, Rdnr. 61 zu Art. 17 GG; *Schmitz*, aaO, in NJW 2003, 1437(1438); *Dollinger* in Dieter Umbach/Thomas Clemens, Grundgesetz, Mitarbeiterkommentar in 2 Bänden, 2002, 1. Bd., Rdnr. 24 zu Art. 17 GG weist darauf hin, dass der Gesetzeswortlaut »schriftlich« eine mündliche Petition nicht ausschließe, da »diese Formulierung nicht als erschwerendes Formerfordernis, sondern gerade als Erweiterung der zunächst bestehenden mündlichen Petitionsmöglichkeit zu verstehen ist.« Deshalb sei Art. 17 GG zu lesen: »Jedermann hat das recht (...) sich sogar schriftlich (...) zu wenden.«

dem Signaturgesetz[455] versieht. Im Bereich des Verwaltungsverfahrensgesetzes hat hinsichtlich der Übermittlung elektronischer Dokumente mit der Formulierung des § 3a VwVfG die neue Entwicklung Niederschlag gefunden.[456] In Absatz 1 dieser Vorschrift wird zunächst die allgemeine Zulässigkeit dieser Übermittlung klargestellt, soweit der Empfänger einen Zugang hierfür eröffnet hat. Nach der Gleichstellung dieser Übermittlungsform mit der herkömmlichen, durch Gesetz angeordneten Schriftform knüpft § 3a Abs. 2 VwVfG die elektronische Übermittlung an das Erfordernis einer qualifizierten elektronischen Signatur iSd. Signaturgesetzes.[457] Diese Vorschrift gilt zwar unmittelbar nur im Bereich des Verwaltungsverfahrensgesetzes, hat aber über das Verwaltungsverfahrensgesetz hinausgehende Bedeutung[458] und ist somit auch im Bereich des Beschwerderechts, d. h. für das Verfahren der Dienstaufsichtsbeschwerde, anwendbar.

Die meisten Bundesländer haben die Formulierung des § 3a VwVfG ähnlich oder wortgleich übernommen. Allerdings haben Hamburg und Schleswig-Holstein abweichende Regelungen getroffen mit dem Ziel, den elektronischen Verkehr auch ohne eine qualifizierte Signatur zu eröffnen.[459] Nach § 3a Abs. 2, Satz 4 HmbVwVfG kann die Schriftform auch durch die Nutzung eines elektronischen Formulars ersetzt werden, das von der Behörde in einem Eingabegerät oder über öffentlich zugängliche Netze zur Verfügung gestellt wird, bei der elektronischen Versendung mit der Versandart nach § 5 Abs. 5 De-Mail-Gesetz[460] (sicheres Postfach) und bei elektronischen Verwaltungsakten oder sonstigen elektronischen Dokumenten der Behörde durch Versendung einer De-Mai-Nachricht nach § 5 Abs. 5 De-Mail-Gesetz, bei der die Bestätigung des akkreditierten Dienstanbieters die erlassende Behörde erkennen lässt. Wird die Übermittlung der Eingabe über öffentlich zugängliche Netzwerke gewählt, muss ein sicherer Identifikationsnachweis nach § 18 Personalausweis-Gesetz[461] erfolgen.

---

455 SigG v. 16.0502001 (BGBl. I. S. 876), das das Signaturrecht an die geänderte Signatur-RL (Abl. EG 2000 L 13 S.12) anpasste.

456 Durch das 3. VerwVfÄndG v. 21.08.2002 (BGBl. I. S. 3322); hinsichtlich der Kommunikation mit den Verwaltungsgerichten vgl. § 55a VwGO, der einen strukturierten und sicheren Datenaustausch zwischen Gericht und Verfahrensbeteiligten ermöglicht und dafür Rahmenbedingungen gibt, die im Einzelnen durch Rechtsverordnungen auszufüllen sind (der Bundesregierung, soweit es um Verwaltungsgerichte und Oberverwaltungsgerichte geht); weitere Parallelvorschriften sind § 36 a SGB I; § 87a AO, des weiteren: § 41a StPO und § 46 b ArbGG.

457 *Kopp/Ramsauer*, VwVfG, aaO, Rdnr. 1 zu § 3a VwVfG.

458 *Kopp/Ramsauer*, VwVfG, aaO, Rdnr. 2 zu § 3a VwVfG.

459 Vgl. § 3a HmbVwVfG, Fassung v. 14.03.2014; gültig ab 01.07.2014; § 52a Abs. 5 LVwVfG-SH.

460 Vom 28.04.2011 (BGBl. 2011, S. 66).

461 Vom 18.06.2009 (BGBl. I. S. 1346).

Allen Vorschriften über den elektronischen Schriftverkehr ist gemeinsam, dass eine gesetzlich angeordnete Schriftform durch sie ersetzt werden kann.[462] Damit werden der Zugang zu den Stellen der Verwaltung und die Möglichkeit des elektronischen Zugangs erweitert, soweit die Behörden einen elektronischen Zugang eröffnet haben.[463] Dies hat auch Niederschlag in den Petitionsregeln gefunden. So wird z.B. nach Nr. 4 Abs.1 der Verfahrensgrundsätze des Petitionsausschusses des Deutschen Bundestages die Schriftlichkeit einer Petition gewahrt, wenn bei einer elektronisch übermittelten Eingabe der Urheber und dessen Postanschrift ersichtlich sind und das im Internet für elektronische Petitionen zur Verfügung gestellte Formular verwendet wird (elektronischer Ersatz der Unterschrift).[464] Von dieser Möglichkeit der Nutzung des Online-Formulars wird zunehmend Gebrauch gemacht.[465]

Mit dem Inkrafttreten des Gesetzes zur Förderung der elektronischen Verwaltung (E-GovernmentG [EGovG])[466] das für die öffentlichrechtliche Tätigkeit der Behörden des Bundes gilt, ist jede Behörde verpflichtet, auch einen Zugang für die Übermittlung elektronischer Dokumente mit zusätzlich einer De-Mail-Adresse zu eröffnen (§§ 1, 2 EGovG).

Aus alldem ergibt sich, dass auf Bundesebene und in den erwähnten Bundesländern in den Verfassungen bzw. den Petitionsgesetzen an dem Erfordernis der Schriftlichkeit einer Petition zwar festgehalten wird, aber erweitert durch die Möglichkeit ihrer Einlegung durch einen von dem Petitionsadressaten eröffneten elektronischen Zugang (Webformular).

cc. Mündliche Erklärung

Eine Ausnahme bildet hier Bremen, das auch die Mündlichkeit der Petitionseinlegung in seinem Petitionsgesetz festgeschrieben hat. Nach § 2 Abs.1 des Gesetzes

---

462 Im Einzelnen dazu Bundesministerium des Inneren, Bericht der Bundesregierung nach Art.5 des Gesetzes zur Regelung von DeMail-Diensten und zur Änderung weiterer Vorschriften, G.1. S. 23ff.

463 Vgl. *Kopp/Ramsauer*, VwVfG, aaO, Rdnr. 5 b zu § 3a VwVfG.

464 Ähnlich Hamburg § 3 Abs. 1 Gesetz über den Eingabenausschuss; Sachsen Nr. 4 Grundsätze für die Behandlung von Petitionen v. 05.11.2009; Sachsen-Anhalt Nr.3.1 Grundsätze des Ausschusses über die Behandlung von Bitten und Beschwerden v. 21.04.2011; Bayern Art. 2 Abs. 1 BayPetG; Mecklenburg-Vorpommern Nr. 3. 2 Behandlung von Eingaben mit dem Zusatz in Satz 3: »In den Fällen, in denen eine schriftliche Einreichung einer Petition nicht möglich ist, ist eine Zusammenarbeit mit dem Bürgerbeauftragten des Landes Mecklenburg-Vorpommern zu suchen. Insbesondere sollte hier von der Möglichkeit eines persönlichen Gesprächs mit dem Bürgerbeauftragten Gebrauch gemacht werden.« Dazu auch ausführlich *Ralf Lindner/Ulrich Riehm*, Modernisierung des Petitionswesens unter Einsatz neuer Medien, in ZParl, Heft 3/2009, 495 (S. 503f).

465 Dazu *Guckelberger*, aaO, in DÖV 2008, 85ff; *Riehm/Coenen/Lindner/Blümel*, aaO, I, 2, S. 32ff.

466 Vom 25.05.2013 (BGBl I. S. 2749).

über die Behandlung von Petitionen durch die Bremische Bürgerschaft[467] können Petitionen »schriftlich oder zur Niederschrift bei der Geschäftsstelle des Petitionsausschusses eingereicht werden.«

Aber auch in dem Internetauftritt der Stadt Dresden wird ausdrücklich darauf hingewiesen, dass Petitionen «schriftlich oder zur Niederschrift (z.B. des Bürgerbüros) mit Anschrift und Unterschrift des Petenten einzureichen« sind.[468] Ebenfalls in ist in § 2 der Geschäftsordnung des Petitionsausschusses der Stadt Leipzig[469] ausgeführt, dass sich jedermann mit einer Petition an den Petitionsausschuss des Stadtrats wenden kann und dabei die Möglichkeit besteht, sein Anliegen in der Geschäftsstelle des Petitionsausschusses zu Protokoll zu geben.

Eine ähnliche Formulierung enthält Nr. 3. 2 der Anlage zur Geschäftsordnung des Landtages von Mecklenburg-Vorpommern vom 04.11.2011 – Grundsätze zur Behandlung von Eingaben an den Landtag (Verfahrensgrundsätze)[470] – , wonach eine Petition zwar schriftlich eingereicht und den Antragsteller erkennen lassen sowie von ihm oder einer vom Petenten bevollmächtigten Person zu unterzeichnen ist, in den Fällen aber, in denen »eine schriftliche Einreichung der Petition »nicht möglich ist«, eine »Zusammenarbeit mit dem Bürgerbeauftragten des Landes Mecklenburg-Vorpommern zu suchen« ist. »Insbesondere sollte hier von der Möglichkeit eines persönlichen Gesprächs mit dem Bürgerbeauftragten Gebrauch gemacht werden.«

Im Internet ist auf der Webseite des Landtages von Rheinland-Pfalz zu Art. 11 RhPfVerf[471] unter dem Stichwort »Petition« vermerkt: »Nehmen Sie Ihr Petitionsrecht wahr und wenden Sie sich bei Problemen an den Bürgerbeauftragten. Sie können sich schriftlich, telefonisch, per Fax oder online an den Bürgerbeauftragten wenden. Falls Sie Ihr Problem jedoch lieber in einem persönlichen Gespräch – nach vorheriger Terminvereinbarung – schildern möchten, besteht dazu die Möglichkeit.« Das bedeutet, dass in diesem Bundesland der Petent seine Eingabe schriftlich, per Fax, online direkt an den Landtag schicken oder telefonisch – mündlich – bei dem Bürgerbeauftragten des Landes geltend machen kann.

Der Freistaat Thüringen hat diese erweiterte Form der Petitionseinlegung in seine Verfassung aufgenommen. Nach Art. 14 S. 1 Verfassung des Freistaates Thüringen[472]

---

467 Vom 24.11.2009 (BremGVBl .S. 473).

468 Webseite der Stadt Dresden: »Form, Art der Petition, Ansprechpartner und Anschrift« – http://www.dresden.de/de/rathaus/politik/stadtrat/petitionsausschuss.php.

469 Vom 18.05.2011 auf der Grundlage des § 12 Abs. 2 SächsGemO iVm. § 15 Abs. 4 der Hauptsatzung der Stadt Leipzig beschlossen.

470 Vgl. Gesetz zur Behandlung von Vorschlägen, Bitten und Beschwerden der Bürger sowie über den Bürgerbeauftragten des Landes Mecklenburg-Vorpommern – PetBüG-MV v. 05.04.1995 (GVBl.M-V 1955, S. 190).

471 »Jeder hat das Recht, sich mit Eingaben an die Behörde oder die Volksvertretung zu wenden« (Verf Rhl-Pf v. 18.05.1947 (zuletzt geändert Gesetz vom 16. 12. 2005 (GVBl. S. 495).

472 Vom 25.10.1993 – GVBl 1993 S. 625.

hat jeder das Recht, sich einzeln oder in Gemeinschaft mit anderen »schriftlich oder mündlich« mit Bitten und Beschwerden an die zuständigen Stellen und die Volksvertretung zu wenden. In dem Internetauftritt des Thüringischen Petitionsausschusses wird zusätzlich darauf hingewiesen, dass derjenige, der sein Anliegen persönlich vortragen möchte, sich an die Bürgersprechstunde des Petitionsausschusses wenden oder einen Gesprächstermin mit der Landtagsverwaltung vereinbaren könne.

In der Vergangenheit war es nicht möglich, dass ein Bürger persönlich bei der Volksvertretung bzw. einem entsprechenden Bürgerbüro oder einer Stelle der Exekutive mit einer Eingabe vorstellig werden konnte. Das hat sich in den dargelegten Fällen geändert. Heute kann zwar nach wie vor ein Bürger sich nicht zu einem persönlichen Gespräch bzw. mit der Einreichung einer Eingabe, direkt an die Volksvertretung wenden, aber die Petitionsausschüsse haben überwiegend Bürgersprechstunden und teilweise auch »Bürgertelefone« oder Bürgerbeauftragte[473]. Dort kann ein Bürger sein Anliegen vortragen und zu Protokoll geben.[474]

Insgesamt kann man aus den verfassungsrechtlichen (Thüringen) oder sonstigen Regelungen in den Ländern Bremen, Rheinland-Pfalz und Mecklenburg-Vorpommern entnehmen, dass von dem strengen Schriftformerfordernis einer Eingabe abgewichen wird, um den Zugang zu den Petitionsadressaten nicht nur durch elektronische Einlegung der Petition, sondern auch im Wege des direkten Kontaktes mit dem Petenten (durch den Bürgerbeauftragten) zu erweitern und erleichtern.

Dass dieses keine Errungenschaft der Gegenwart ist, belegt die Regelung des § 28 Abs. 2 S. 1 der Allgemeinen Dienstordnung (ADO) für Bayern[475] nach der Dienstaufsichtsbeschwerden auch mündlich vorgetragen werden können und die Behörden für Anliegen der Bürger nach § 27 ADO Sprechstunden einzurichten haben.

Bedenkt man zudem, dass die Einrichtung von Bürgerbeauftragten in den Ländern Rheinland-Pfalz, Mecklenburg-Vorpommern, Schleswig-Holstein und Thüringen die Einlegung von Eingaben, d. h. auch Beschwerden über die Verwaltung, durch die Möglichkeit direkter Gespräche erleichtern soll, die Bürgerbeauftragten außerdem dem Beschwerdeführer bei der Abfassung der Beschwerde behilflich sein sollen, so ist die Einlegung einer Eingabe, d. h. auch einer Dienstaufsichtsbeschwerde durch Erklärung zu Protokoll de facto Übung.[476]

473 Bürgerbeauftragte haben die Bundesländer Rheinland-Pfalz, Mecklenburg-Vorpommern, Schleswig-Holstein, Thüringen.

474 Obwohl nach Art. 10 S.1 Verfassung des Landes Mecklenburg-Vorpommern (vom 23.05.1993 – GVBL. M-V 1993, S. 372 –) eine Petition grundsätzlich schriftlich einzureichen ist, wird in den Erläuterungen dazu unter dem Stichwort »Dienstaufsichtsbeschwerde« ausgeführt, dass diese »sowohl schriftlich als auch mündlich« eingelegt werden könne. Empfohlen werde aber die schriftliche Einlegung, da nur diese »vom Petitionsrecht erfasst werde.«

475 Vom 12.01.1933 – GVBL 1933, S. 1 –).

476 Vgl. Baden-Württemberg: »Ihre Verwaltung im Netz: Dienstaufsichtsbeschwerden können Sie schriftlich oder zur Niederschrift einlegen.«

Dass eine Eingabe ausschließlich in mündlicher Form nicht bearbeitet und beschieden werden und somit nicht erfolgreich sein kann, ist ersichtlich. Zu unterscheiden ist eine Eingabe, die zur Niederschrift erklärt wird und dann in dieser (schriftlichen) Form von der Behörde beschieden wird, von einer solchen, die bei dem Dienstvorgesetzten des Behördenangehörigen, dessen Entscheidungen oder Handlungen beanstandet werden, ausschließlich mündlich erklärt wird. Letztere kann ersichtlich den Verfahrensablauf einer Bescheidung in einer Behörde nicht durchlaufen.

Es ist demnach geboten, dass ein Behördenangehöriger, der von einem Beschwerdeführer aufgesucht wird, der mündlich über eine Verwaltungshandlung oder das Unterlassen eines Behördenangehörigen Klage führt, gleich ob unter sachlichem oder persönlichem Aspekt, und darum bittet, die Angelegenheit aufzunehmen und ihr nachzugehen, eine Niederschrift mit vollständiger Namenangabe und Anschrift des Beschwerdeführers anfertigt.[477] Der Behördenangehörige, der die Niederschrift erstellt hat, unterzeichnet diese, entweder allein oder auch der Beschwerdeführer, wenn er dazu bereit und in der Lage ist. Damit ist die Schriftlichkeit gegeben. Die so schriftlich abgefasste Dienstaufsichtsbeschwerde kann sachlich beschieden werden.[478]

Zieht man den Vergleich zu dem in diesem Zusammenhang dem Rechtsgedanken nach anwendbarem Verwaltungsverfahrensgesetz, so ist die Wirksamkeit einer Antragstellung (Abgabe einer Erklärung) im Verwaltungsverfahren daraufhin zu untersuchen, ob ein sachgesetzlich angeordnetes Schriftformerfordernis durch Aufnahme zu Protokoll erfüllt werden kann.[479] Aus § 64 VwVfG ergibt sich, dass in dem Fall, in dem ein förmliches Verwaltungsverfahren einen Antrag voraussetzt, dieser schriftlich oder zur Niederschrift bei der Behörde gestellt werden kann. Das bedeutet, dass in diesem besonderen, förmlichen Verfahren unter Zugrundelegung des in § 64 VwVfG enthaltenen Rechtsgedankens der »Begriff der Schriftlichkeit im Zweifel auch in anderen Gesetzen dahin zu verstehen« ist, dass es für dieses Erfordernis ausreicht, wenn die Erklärung zur Niederschrift der Behörde abgegeben wird.[480] Daraus ergibt sich, dass die Ersetzungsmöglichkeit des Schriftformerfordernisses durch Niederschrift, die im förmlichen Verwaltungsverfahren gilt, erst recht im formlosen Verfahren der Dienstaufsichtsbeschwerde gelten muss, d.h. an das

---

477 Vgl. z. B § 25 FamFG nach dem Beteiligte Anträge und Erklärungen gegenüber dem zuständigen Gericht schriftlich oder zur Niederschrift der Geschäftsstelle abgeben können. Die Möglichkeit der Abgabe einer Erklärung zur Niederschrift hat vor allem im Steuerrecht praktische Bedeutung. In diesem Zusammenhang wird darauf hingewiesen, dass diese Möglichkeit vor allem für Menschen eröffnet wurde, die der Schrift nicht oder nur unzulänglich mächtig sind (vgl. § 151 VO).

478 *Klein* in Maunz/Dürig/Herzog/Scholz, aaO, Rdnr. 61 zu Art. 17 GG, der bei Interpretation »schriftlich« Großzügigkeit für angeraten hält.

479 *Kopp/Ramsauer*, VwVfG, aaO, Rdnr. 53 zu § 22 VwVfG.

480 *Kopp/Ramsauer*, VwVfG, aaO, Rdnr. 4 zu § 64 VwVfG.

Verfahren der Dienstaufsichtsbeschwerde sind keine strengeren Anforderungen zu stellen als an das förmliche Verwaltungsverfahren.[481]

Wie oben erwähnt, hat die Möglichkeit der elektronischen Kommunikation auch Bedeutung für das Schriftformerfordernis des § 64 VwVfG. Für die elektronische Übermittlung besteht in § 3a Abs. 2 VwVfG jetzt eine besondere Regelung. Danach wird die elektronische Form des Verwaltungsverfahrens mit der gesetzlich angeordneten Schriftform dann gleichgestellt, wenn diese unter Verwendung einer qualifizierten Signatur iSd. § 2 Nr. 3 SigG erfolgt.[482] Hierdurch sollen den Funktionen der gesetzlichen Schriftform Rechnung getragen werden.[483]

dd. Ergebnis

Aus allem ergibt sich, dass das Erfordernis der Schriftform bei der Einlegung einer Petition bei der »zuständigen Stelle« auch durch eine mündliche Erklärung vor Ort erfüllt ist, da es geboten ist, den mündlichen Beschwerdevortrag eines Beschwerdeführers bei der Behörde durch einen Behördenangehörigen mit Namens- und Adressenangabe zur Niederschrift zu nehmen.[484] Dieses gilt auch für

---

481 *Kopp/Ramsauer*, VwVfG, aaO, Rdnr. 53 zu § 22 VwVfG. Für die Beamtenbeschwerde gemäß § 125 BBG ist die Schriftform nicht vorgeschrieben. Allerdings ist das der Regelfall, da nur eine schriftliche Beschwerde auf dem Dienstweg vorgelegt und verfolgt werden kann. Die Schriftlichkeit empfiehlt sich zudem aus Beweisgründen, wobei der Beamte seine Wahrheits-, Mäßigungs- und Verschwiegenheitspflicht zu wahren hat (vgl. *Schwan* in Wickler (Hrsg), aaO, Teil 4, S. 282, Rdnr. 5; *v. Heimburg* in Schütz/Maiwald, aaO, Rdnr. 20 zu § 179 LBG NRW a.F.).

482 Vgl dazu *Kopp/Ramsauer*, VwVfG, aaO, Rdnrn. 14, 14a zu § 3a VwVfG; auch § 3a Abs. 4 HmbVwVfG und § 52 a Abs. 5 LVwG SH, die einen Sonderweg eröffnen mit dem Ziel, den elektronischen Verkehr auch ohne qualifizierte Signatur zu eröffnen, vgl. *Kopp/Ramsauer*, VwVfG, aaO, Rdnr. 2b zu § 3a VwVfG.

483 Dazu im Einzelnen: Bericht der Bundesregierung nach Art. 5 des Gesetzes zur Regelung von De-Mail-Diensten und zur Änderung weiterer Vorschriften, S. 5–8; 11–18; *Kopp/Ramsauer*, VwVfG, aaO, Rdnr. 14a zu § 3a VwVfG: »Abschlussfunktion, Perpetuierungs-, Identifikations-, Echtheits-, Verifikations-, Beweis- und Warnfunktion«.

484 *Kopp/Ramsauer*, VwVfG, aaO. Dieses gelte, wenn »die Antragstellung zur Niederschrift nach Art der Sache tunlich ist und für die Behörde keine unzumutbare Mehrarbeit bedeutet oder wenn dies auch sonst der Praxis der Behörde entspricht.«. Dies gilt nicht bei Rechtsmissbrauch, vgl. OVG Münster in DÖV 1955, 315. Das Schriftformerfordernis ist kein Selbstzweck, sondern soll der Verwaltung eine besondere Sicherheit hinsichtlich der Tatsache der Antragstellung, seines Inhalts und seines Absenders geben. »Dieses Ziel wird bei einer Antragstellung zur Niederschrift ebenso erreicht, wie bei der Einreichung eines vom Antragsteller gefertigten und unterschriebenen Schriftstücks« (*Kopp/Ramsauer*, VwVfG, aaO, Rdnr. 53 zu § 22 VwVfG).
Vgl. auch § 6 Abs. 2 WBO idF. der Bekanntmachung v. 22.01.2009 (BGBl. I, S. 81): »Die Beschwerde ist schriftlich oder mündlich einzulegen. Wird sie mündlich vor-

die Dienstaufsichtsbeschwerde. Sie kann außerdem in der beschriebenen Weise auf elektronischem Weg eingelegt werden.

b. Eigenhändige Unterschrift

aa. Namensunterschrift

Als nächstes ist zu untersuchen, ob es zum Schriftlichkeitserfordernis gehört, dass die Dienstaufsichtsbeschwerde die eigenhändige Unterschrift des Beschwerdeführers tragen muss. Das wird überwiegend mit der Begründung bejaht[485], dass der Beschwerdeführer sich ernsthaft zu seinem Begehren bekennen müsse, und dieser Nachweis werde durch seine Unterschrift deutlich. Demgemäß besagt Nr. 4 Abs. 1 der Verfahrensgrundsätze des Petitionsausschusses des Bundestages, dass für Petitionen an den Bundestag die Schriftform bei Namensunterschrift gewahrt ist.

bb. Elektronische Ersetzung der Unterschrift

Allerdings sind die Verfahrensgrundsätze im Vergleich zu ihrer bisherigen Fassung in Nr.4 Abs.1 S.2 ergänzt worden. Nunmehr wird der Möglichkeit der elektronischen Übermittlung einer Petition Rechnung getragen und von einem »elektronischen Ersatz der Unterschrift« gesprochen[486], wenn der Urheber und dessen Unterschrift ersichtlich sind und das im Internet für elektronische Petitionen zur Verfügung gestellte Formular verwendet wird. Ähnliche Formulierungen finden sich in den Petitionsgesetzen und Verfahrensvorschriften der Länder.

Die elektronische Ersetzung der Unterschrift in der Online-Petition erfüllt somit das Schriftformerfordernis des Art. 17 GG, denn dieses Medium »zeichnet sich durch seine Unkörperlichkeit aus, sodass nicht – wie dies für die Schriftform erforderlich ist – Schriftzeichen auf einem körperlichen Substrat dauerhaft fixiert und damit perpetuiert werden.«[487] Es würde die Anforderungen an das Schriftlichkeitserfordernis des Art. 17 GG »überspannen«[488], wollte man bei der entsprechenden Anwendung

---

getragen, ist eine Niederschrift aufzunehmen, die der Aufnehmende unterschreiben muss und der Beschwerdeführer unterschreiben soll.«

485 *Klein* in Maunz/Dürig/Herzog/Scholz,aaO, Rdnr. 62 zu Art. 17 GG; *Hömig*, GG, aaO, Rdnr. 6 zu Art. 17 GG; *Burmeister* , HbStR II, § 32, Rdnr. 24; *Jarass* in Jarass/Pieroth, aaO, Rdnr. 4 zu Art. 17 GG; a.M. *Dollinger* in Umbach/Clemens, GG, aaO, Rdnr. 24 zu Art. 17 GG.

486 Nr. 4: »Schriftform: Petitionen sind schriftlich einzureichen. Die Schriftform ist bei Namensnennung gewahrt. Bei elektronisch übermittelten Petitionen ist die Schriftlichkeit gewahrt, wenn der Urheber und dessen Postanschrift ersichtlich sind und das im Internet für elektronische Petitionen zur Verfügung gestellte Formular verwendet wird (elektronischer Ersatz der Unterschrift).«

487 *Ralph Zimmermann* in Helmut Geoerlich (Hrsg), Rechtsfragen der Nutzung und Regulierung im Internet, 2010, S.197; dazu auch *Martin Kellner*, Die E-Petition zum Bundestag: ein Danaergeschenk, in NJ 2007, 56ff.

488 *Zimmermann*, aaO.

des § 3a VwVfG zur qualifizierten elektronischen Signatur in jedem Fall eine eigenhändige Unterschrift des Petenten fordern, denn das Petitionsrecht soll eine möglichst »voraussetzungslose Kommunikation mit staatlichen Stellen«[489] ermöglichen.

Vor diesem Hintergrund soll das Schriftformerfordernis vor allem auch die Funktion haben, »die Person des Petenten zweifelsfrei zu bestimmen«.[490], das Begehren deutlich zu machen und die Ernsthaftigkeit der Eingabe darzulegen.[491] Da das Verfahren der elektronischen Kommunikation gemäß § 3a Abs.2 VwVfG – sinngemäß – für die Einlegung einer Dienstaufsichtsbeschwerde gilt, ist auch hier bei der Einlegung einer Online-Beschwerde[492] die eigenhändige Unterschrift entbehrlich, wenn das entsprechende Pflichtfeld in dem Online-Formular ausgefüllt wird.

cc. *Unterschrift mit Pseudonym*

Ist die Dienstaufsichtsbeschwerde mit einem Pseudonym unterzeichnet und kann dieses ohne weiteres entschlüsselt werden,[493] so ist die Schriftform (Unterschriftsleistung) gewahrt. Das ergibt sich für das Verwaltungsverfahren aus § 3a Abs. 2 Satz 3 VwVfG[494], der sinngemäß auch auf die nicht förmlichen Rechtsbehelfe angewendet werden kann[495].

---

489 *Zimmermann*, aaO.

490 *Zimmermann*, aaO.

491 Für eine großzügige Auslegung des Schriftformerfordernisses *Guckelberger*, aaO, in DÖV 2008, 85(86f); zur Verfassungsmäßigkeit der Online-Petition vgl. *Zimmermann*, aaO, S. 198, der das Petitionsformular des Deutschen Bundestages an dem Schriftformerfordernis des Art. 17 GG misst und keine verfassungsrechtlichen Bedenken geltend macht und den »Anspruch auf Einrichtung einer Online-Petitionsmöglichkeit« anspricht.

492 Zu der Eröffnung eines elektronischen Zugangs sind die Behörden nach dem EGovG verpflichtet. Gegebenenfalls mit einer qualifizierten Signatur; vgl. *Kopp/Ramsauer*, VwVfG, aaO, Rdnr. 17 zu § 3a, Rdnr. 11 zu § 64 VwVfG. In der Regel genügt die Betätigung des für die Unterschrift vorgesehenen Links. Ebenso ist die Einreichung einer Eingabe an das Europäische Parlament auf elektronischem Weg unter Verwendung des entsprechenden Online Formulars möglich. Auch hier wird das Unterschriftserfordernis durch Ausfüllung des entsprechenden Pflichtfeldes erfüllt.

493 *Klein* in Maunz/Dürig/Herzog/Scholz aaO, Rdnr. 62 zu Art. 17 GG.

494 Vgl. auch § 36a SGB I, § 87a AO, §§ 126a, 126b BGB. Mit § 3a Abs .2 S.3 VwVfG soll »die missbräuchliche Inanspruchnahme der Verwaltung unter Benutzung von Pseudonymen verhindert werden. Um zugleich die Verwendung von Pseudonymen, insbesondere im Bereich Verwaltung, zu ermöglichen, verzichtet Abs. 2 S. 3 auf ein vollständiges Verbot. Die Verwendung von Pseudonymen ist nur insoweit zulässig, als diese die Identifizierung der Person des Signaturschlüssels ermöglichen, vgl. *Kopp/Ramsauer*, VwVfG, aaO, Rdnr. 24 zu § 3a VwVfG.

495 *Kopp/Ramsauer*, VwVfG, aaO, Rdnr. 17 zu § 79 VwVfG.

dd. *Dienstaufsichtsbeschwerden mit Absender und ohne Unterschrift*

Zu prüfen bleibt die Frage, wie mit nicht elektronisch versandten Dienstaufsichtsbeschwerden zu verfahren ist, die zwar Absenderangaben enthalten, aber keine eigenhändige Unterschrift. Grundsatz ist, dass eine Dienstaufsichtsbeschwerde von dem Beschwerdeführer oder seinem Bevollmächtigten unterzeichnet werden muss, denn damit besteht hinreichend Gewähr, dass das Schriftstück von dem Beschwerdeführer stammt, und dass es sich nicht nur um einen Entwurf handelt.[496] Unterschriften sind allerdings nicht immer deutlich und im Einzelfall gar nicht lesbar. In diesen Fällen einen erkennbaren, individuellen Bezug zum Namen des Beschwerdeführers zu fordern, ist nicht erforderlich.[497] Ist eine Unterschrift – unleserlich – vorhanden und enthält die Dienstaufsichtsbeschwerde vollständige Namen- und Absenderangaben, so ist sie grundsätzlich wirksam erhoben[498]. Das Gleiche gilt, wenn bei voller Namens- und Absendernennung die Unterschrift fehlt und aus den Umständen des Einzelfalls zu erkennen ist, dass es sich bei der erhobenen Dienstaufsichtsbeschwerde nicht um einen Entwurf handelt. Das ist auch sachgerecht, wenn man die modernen Kommunikationsformen der elektronischen Datenübermittlung betrachtet, mit denen alle Behörden arbeiten.

ee. *Unterschrift bei mündlicher Erklärung der Dienstaufsichtsbeschwerde*

Bei der Einlegung einer Dienstaufsichtsbeschwerde durch mündliche Erklärung zur Niederschrift kann die eigenhändige Unterschrift sofort an Ort und Stelle erfolgen. Das Schriftformerfordernis und das Erfordernis der eigenhändigen Unterschrift sind dann ebenso erfüllt, wie wenn der Beschwerdeführer eine von ihm vorgefertigte Beschwerde eingereicht hätte. Das Gleiche gilt, wenn der die Niederschrift aufnehmende Behördenangehörige die Niederschrift allein unterzeichnet. Er bezeugt dann mit seiner Unterschrift die Tatsache der Beschwerdeeinlegung und gleichzeitig die Identifizierung des Beschwerdeführers.[499]

---

496 VGH Sachsen, Beschl. v. 25.05.2011 – Vf IV – (zit. nach juris) fordert im Einklang mit BVerwGE 81, 32(33) und in NJW 2003, 1544 für einen schriftlichen Antrag zur Unterscheidung zum Entwurf grds. die eigenhändige Unterschrift; *Kopp/Ramsauer*, VwVfG, aaO, Rdnr. 6 zu § 64 VwVfG.

497 *Kopp/Ramsauer*, VwVfG, aaO, Rdnr. 6 zu § 64 VwVfG.

498 Bei förmlichen Rechtsbehelfen, die formstrenger sind als die nicht förmlichen Rechtsbehelfe, können diese seit geraumer Zeit durch Telegramm und Fax eingelegt werden, und auch hier fehlt die eigenhändige Unterschrift. Wendet sich bei fehlender oder vollständig unleserlicher Unterschrift der Bearbeiter an den Absender und holt dieser die Unterschrift nach, ist das Erfordernis der Unterschrift ohnehin erfüllt.

499 Bei der Einlegung von Rechtsbehelfen gibt es keine einheitliche Regelung. So ist bei der Einlegung des Widerspruchs gemäß § 84 SGG dieses auch zur Niederschrift möglich, die dann »der aufnehmende Bedienstete des Sozialversicherungsträgers unterschreibt.«. Eine Unterschrift des Betroffenen ist hier nicht erforderlich. Gemäß § 6 WBO kann diese auch mündlich vorgetragen werden. Die aufzunehmende

ff. Ergebnis

Als Ergebnis kann festgestellt werden, dass an das Erfordernis der eigenhändigen Unterschrift einer Dienstaufsichtsbeschwerde keine hohen Anforderungen zu stellen sind. Die eigenhändige Unterschrift hat im Zeitalter der modernen Kommunikationsmittel an Bedeutung verloren.[500]

c. Anonyme Petitionen und Dienstaufsichtsbeschwerden

Im Folgenden ist der Umgang mit Eingaben und Dienstaufsichtsbeschwerden zu untersuchen, die keinen Absender haben, also anonym sind. Da hier unterschiedliche Interessenlagen bestehen, je nach dem, ob es sich um eine Petition oder eine Dienstaufsichtsbeschwerde handelt, könnte ein unterschiedlicher Umgang mit ihnen geboten sein.

aa. Anonyme Petitionen

Wendet sich ein Petent mit einer anonymen Eingabe an die Volksvertretung, so steht er zum Parlament idR. in einem ferneren Verhältnis als der Beschwerdeführer einer Dienstaufsichtsbeschwerde zu der Dienststelle, mit der er zu tun hat. Das rechtfertigt

---

Niederschrift »muss der Aufnehmende« unterschreiben und der Beschwerdeführer »soll« sie unterschreiben. Anders die Regelung in § 64 FamFG nach dem die Beschwerde durch Einreichung einer Beschwerdeschrift oder zur Niederschrift der Geschäftsstelle erhoben werden kann. Sie »ist von dem Beschwerdeführer oder seinem Bevollmächtigten zu unterzeichnen« (vgl. dazu LG Freiburg, Beschl. v. 01.12.2011 – 4 T 281/11 – (zit. nach openjur); ThürOVG, Beschl. v. 17.05.2001 – 4 KO 263/01 – in DÖV 2001, 963: »Bei einem mündlichen Widerspruch bei der Gemeindeverwaltung muss der Bedienstete aus dem Vorbringen des Widerspruchsführers eine entsprechende Niederschrift fertigen. Diese muss der Widerspruchsführer eigenhändig unterschreiben. Ohne Unterschrift liegt kein formgültiger Widerspruch vor. Fertigt der Gemeindebeamte nur einen Aktenvermerk, den zwar er, nicht aber der Widerspruchsführer unterschreibt, liegt ebenfalls kein formgültiger Widerspruch vor.« Die Rechtsbehelfsbelehrung in einem Widerspruchsbescheid enthält gem. §§ 73 Abs. 3, 58 VwGO den Belehrung, dass ein Widerspruch schriftlich oder zur Niederschrift (genaue Angaben) eingelegt werden könne, vgl. BVerwGE 57, 188: Die einem Bescheid beigefügte Rechtsbehelfsbelehrung, die den Eindruck erweckt, der Widerspruch könne nur schriftlich eingelegt werden, setzt die Widerspruchsfrist nicht in Lauf. Der unrichtige Zusatz in der Rechtmittelbelehrung, der Widerspruch sei schriftlich »bzw.« zur Niederschrift bei der Behörde einzulegen, erschwert die Einlegung eines Rechtsbehelfs nicht und ist daher unschädlich. (vgl. BVerwG in DÖV 81, 635 (636).

500 Vgl. *Klein* in Maunz/Dürig/Herzog/Scholz aaO, Rdnr. 62 zu Art. 17 GG, der ausführt, dass die Ernsthaftigkeit einer Petition nicht durch eine fehlende Unterschrift in Frage gestellt werde, wenn der Urheber eindeutig zu erkennen ist; *Dollinger*/Umbach, GG, aaO, Rdnr. 24 zu Art. 17 GG.

die Regelung in den Verfahrensgrundsätzen des Deutschen Bundestages[501], sich mit anonymen Eingaben nicht zu befassen[502], zumal der Ausschuss keinen Adressaten für die Bescheidung der Petition hätte. Es ist auch nur schwer vorstellbar, nachvollziehbare Gründe zu finden, bei einer Eingabe an die Volksvertretung in der Anonymität sozusagen Schutz zu suchen.

bb. Anonyme Dienstaufsichtsbeschwerden

Für den Beschwerdeführer einer Dienstaufsichtsbeschwerde kann es aber durchaus denkbare Gründe geben, die ihn veranlassen können, in der Anonymität Schutz zu suchen, z. B. weil er durch das Einlegen einer Dienstaufsichtsbeschwerde möglicherweise Nachteile oder gar Repressalien durch die betreffende Dienststelle befürchten könnte. Vor allem kann den Beschwerdeführer der Aspekt von der Nennung seines Namens abhalten, dass er auch künftig mit der Behörde und den entsprechenden Mitarbeitern zusammenarbeiten muss, über die er sich beschweren will. Dies könnte die Motivation sein, sich anonym an eine Behörde zu wenden. Aber ebenso wie bei einer anonymen Petition wäre für die Behörde nicht erkennbar, wem gegenüber sie die Dienstaufsichtsbeschwerde bescheiden sollte.

Für die Unzulässigkeit mit der Folge der Nichtbeachtung einer anonymen Dienstaufsichtsbeschwerde könnte zunächst die alte Regel sprechen, dass derjenige, der sich beschwert auch mit seinem vollen Namen dafür einstehen soll: Wer auf – nach seiner Einschätzung – bestehende Missstände oder auf Fehler und unangemessenes Verhalten von Behördenbeschäftigten hinweist und sich scheut, seinen Namen zu nennen, will lediglich Unruhe stiften, die Behörde sozusagen in Bewegung halten.[503] Diese Ansicht bestimmte lange Zeit auch die Praxis in der Verwaltung. So regelte beispielsweise die Bayerische Allgemeine Dienstordnung[504], die bis zum Jahr 1953 galt: »Namenlose (...) Beschwerden sind ohne Rücksicht auf ihren Inhalt regelmäßig nicht weiter zu behandeln«.

Ähnliches gilt heute im Recht des Wehrbeauftragten. Nach § 8 Wehrbeauftragtengesetz werden »anonyme Eingaben nicht beantwortet«.[505] Auch die Verfahrensgrundsätze des Petitionsausschusses des Bundestages[506] machen deutlich, dass

---

501 Grundsätze des Petitionsausschusses über die Behandlung von Bitten und Beschwerden (Verfahrensgrundsätze) vom 08.03.1989, zuletzt geändert durch Beschl. v. 09.11.2011, für die 18. Wahlperiode übernommen durch Beschl. v. 15.01.2014.

502 Nr. 7. 3 Abs. 1: Mangelhafte Petitionen: »Zur Erledigung durch den Ausschuss bereitet der Ausschussdienst Petitionen nicht vor (...) bei denen Anschrift oder Unterschrift ganz oder teilweise fehlen, oder wenn bei elektronischer Verwendung des Web-Formulars die Pflichtfelder nicht korrekt ausgefüllt worden sind.«

503 Vgl. sinngemäß *Blomeyer-Bartenstein/Närger*, aaO, S. 42 im Jahr 1950.

504 § 32 Abs. 1 Bay ADO v. 12.01.1933.

505 WBeauftrG v. 16.06.1982 (BGBl. I S. 677), vgl. auch *Klein* in Maunz/Dürig/Herzog/Scholz aaO, Rdnr. 71 a.E. zu Art. 45 b GG.

506 Nr. 7. 3 Abs. 1: Mangelhafte Petitionen: »Zur Erledigung durch den Ausschuss bereitet der Ausschussdienst Petitionen nicht vor ... bei denen Anschrift oder

Eingaben, die den Absender nicht erkennen lassen, sei es in Papierform oder durch Nichtausfüllen der Pflichtfelder im Online-Formular, »mangelhafte Petitionen« sind, die nicht bearbeitet werden. Vergleichbare Regelungen finden sich in den Petitionsgesetzen der Länder.[507] Zur Begründung dieser Verfahrensweise der Nichtbeachtung anonymer Eingaben, könnte man daran denken, dass anonyme Beschwerden nicht dem Schriftformerfordernis einer Petition genügen und damit unzulässig sind. Diese Begründung könnte zumindest bei der Petition gelten, die Schriftlichkeit der Einlegung vorschreibt. Ob man in diesen Fällen von »Unzulässigkeit« einer Petition sprechen will, diese als »mangelhaft« oder »unbeachtlich« bezeichnet, macht keinen Unterschied, denn hierauf kann es nicht ankommen. Hinzu kommt, dass Eingaben nicht zwingend der Schriftform bedürfen, denn auch ihre Erklärung zur Niederschrift ist – wie oben dargelegt – möglich. Bei der Erklärung zur Niederschrift ist allerdings eine anonyme Beschwerde undenkbar, denn kein Behördenangehöriger würde eine Niederschrift anfertigen, wenn der Beschwerdeführer nicht seine Personalien offenbart. Ungeachtet wie man anonyme Beschwerden bezeichnen will, entscheidend ist, dass sie mangels Adressatenangaben niemandem gegenüber beschieden werden können.

Allerdings kann wie erwähnt eine anonyme Dienstaufsichtsbeschwerde im Gegensatz zur Petition an die Volksvertretung innerbehördliche Konsequenzen haben. Dies ergibt sich aus dem Gesichtspunkt, dass der öffentliche Dienst ein besonderes Interesse daran haben muss, jeden Anschein der Unredlichkeit und Unkorrektheit zu vermeiden und diesem wirksam vorzubeugen. Das gebietet, dass jede Anschuldigung in einer anonymen Dienstaufsichtsbeschwerde gegen einen oder mehrere Beschäftigte, die nicht offensichtlich völlig haltlos ist, innerbehördlich sorgfältig geprüft werden muss. Hierzu sind der Dienstvorgesetzte und die nächst höhere Verwaltungseinheit verpflichtet, ungeachtet dass die Anschuldigung in Ausübung des Rechts auf freie Meinungsäußerung anonym vorgebracht wird. Allerdings ist das Grundrecht auf freie Meinungsäußerung dann eingeschränkt, wenn seine Ausübung in die Rechte Dritter eingreift. Das ist z. B. der Fall, wenn ein Beschwerdeführer zumindest grob fahrlässig unbegründete Anschuldigungen gegen öffentlich-rechtliche Beschäftigte erhebt, um diese herabzuwürdigen. Denunziantentum und Unruhestiftung dürfen nicht dadurch gefördert werden, dass gegen Mitarbeiter in Behörden lediglich auf Grund einer anonymen Beschuldigung, die keinen Anhaltspunkt für ein Dienstvergehen bietet, dienst- oder arbeitsrechtliche Verfahren eingeleitet werden.

Unterschrift ganz oder teilweise fehlen, oder wenn bei elektronischer Verwendung des Web-Formulars die Pflichtfelder nicht korrekt ausgefüllt worden sind.«

507 z. B. Webseite Präsident des Niedersächsischen Landtages, Referat für Presse, Öffentlichkeit, Protokoll, Stand 05.10.2015: »Anonyme Zuschriften werden nicht bearbeitet« – http://www.landtag-niedersachsen.de/behandlung_von_eingaben_grenzen_des_petitionsrecht/.

Es ist demnach festzustellen, dass im Gegensatz zu anonymen Petitionen[508] anonyme Dienstaufsichtsbeschwerden innerbehördliche Maßnahmen auslösen können und es geboten ist, sie nicht unbearbeitet wegzulegen. Sie sind vielmehr auf ihre tatsächliche Substanz zu prüfen. Dazu ist der jeweilige Dienstvorgesetzte vom Gesichtspunkt der Recht- und Gesetzmäßigkeit der Amtsführung her verpflichtet, aber auch aus seiner Fürsorgeverpflichtung gegenüber dem betroffenen Mitarbeiter, wenn auch die Dienstaufsichtsbeschwerde nach außen nicht beschieden werden kann.[509] In den Dienststellen gibt es hierzu regelmäßig interne Anweisungen über den Umgang mit anonymen Beschuldigungen und Dienstaufsichtsbeschwerden.[510]. Es ist nicht ausgeschlossen, dass solche anonymen Eingaben Verfahren über Missstände, Unregelmäßigkeiten, unangebrachtes Verhalten bis hin zu Korruptionsermittlungen auslösen können.

cc. Ergebnis

Somit kann man als Ergebnis feststellen, dass es bei anonymen Dienstaufsichtsbeschwerden auf ihren Inhalt ankommt. Anonyme Schreiben und Beschwerden, die im Allgemeinen gehaltene Anschuldigungen enthalten, bedürfen regelmäßig keiner weiteren Bearbeitung.[511] Enthält die anonyme Dienstaufsichtsbeschwerde oder Anzeige allerdings genaue Angaben, lässt sie konkrete Details dienstlicher Art erkennen und handelt es sich bei den Beschuldigungen um konkrete Vorgänge, die auf intime Kenntnis amtsinterner Vorgänge hinweisen, dann ist eine solche Dienstaufsichtsbeschwerde oder Anzeige – deren Bescheidung zwar mangels Erkennbarkeit des Beschwerdeführers nicht möglich ist – innerbehördlich zu bearbeiten. Gegebenenfalls sind dienst- oder arbeitsrechtliche Verfahren zur Aufklärung der angesprochenen Tatbestände einzuleiten.[512]

---

508 *Klein* in Maunz/Dürig/Herzog/Scholz aaO, Rdnr. 62 zu Art. 17 GG weist darauf hin, dass eine anonyme Grundrechtsausübung »begriffswidrig« sei und dem in Art. 17 verbürgten Bescheidungsanspruch nur entsprochen werden könne, wenn der Petent erkennbar sei; *Hömig*, GG, aaO, Rdnr. 6 zu Art. 17 GG; *Jarass* in Jarass/Pieroth, GG, aaO, Rdnr. 42 zu Art. 17 GG.

509 War trotz aller gebotenen Sorgfalt der Absender nicht zu ermitteln, kann die Dienstaufsichtsbeschwerde nicht mit einem formalen Bescheid abgeschlossen werden. Vgl. § 8 WehrbeauftrG: »Anonyme Eingaben werden nicht bearbeitet«; im Übrigen dazu 4. Abschn. I, 3, c. Vgl. auch Nr. 7. 3 Verfahrensgrundsätze, aaO: Danach sind Petitionen »mangelhaft« und können »weggelegt« werden, wenn die Anschrift oder Unterschrift des Petenten ganz oder teilweise fehlen oder wenn bei einer elektronischen Petition die Pflichtfelder nicht korrekt ausgefüllt worden sind.

510 Regelmäßig sind danach anonyme Dienstaufsichtsbeschwerden an eine höhere Funktionsebene weiterzuleiten.

511 Und können auch nicht beschieden werden, da ein Beschwerdeführer nicht ersichtlich ist.

512 Vgl. auch *Stoebenau* in BayVBl 1968, 232.

d. Verwendung der deutschen Sprache

Als weitere Zulässigkeitsvoraussetzung einer Dienstaufsichtsbeschwerde ist die Frage zu beantworten, ob die Dienstaufsichtsbeschwerde in deutscher Sprache abzufassen ist.

Auch hier soll zunächst die Situation bei der Petition gemäß Art. 17 GG erörtert werden. Der Wortlaut des Art. 17 GG sagt zu dieser Frage nichts. Da das Petitionsverfahren weder ein Gerichts- noch ein Verwaltungsverfahren ist, können die Vorschriften über die Gerichts- und Amtssprache keine unmittelbare Anwendung finden. Weil aber Eingaben – wie im 4.Abschnitt, I,2a dargestellt – auch von Ausländern erhoben werden können und diese, wenn sie in der Muttersprache des ausländischen Petenten abgefasst sind, nicht unbeachtlich, d. h. wirkungslos sind[513], stellt sich die Frage, wie mit ihnen zu verfahren ist.

Dass Petitionen auch in einer fremden Sprache eingereicht werden können[514], bestreitet heute niemand mehr, da die »Deutschsprachigkeit keinerlei Zweck des Petitionsrechts entsprechende Voraussetzung ist.«[515] Dies ist die Folge aus der Erkenntnis, dass das Petitionsrecht auch Ausländern zusteht und es ihnen nicht verwehrt werden kann, Eingaben in ihrer Muttersprache einzulegen.

In diesem Fall darf allerdings die angegangene Stelle von dem Petenten die Vorlage einer Übersetzung fordern, denn hier ist eine entsprechende Anwendung des Rechtsgedankens des § 23 Abs. 2 S. 1 VwVfG[516] auf das Petitionsverfahren angebracht, der Ausdruck eines allgemeinen Rechtsgedankens ist.[517] Falls der Petent dieser Aufforderung nicht nachkommt, darf die Eingabe weggelegt, das heißt von einer Erledigung Abstand genommen werden.[518] Erst bei der Vorlage einer Übersetzung braucht sich die angegangene Stelle mit der Petition zu befassen.

---

513 Vgl. *Lutz Lässig*, Deutsch als Gerichts- und Amtssprache.Studium und Gutachten aus dem Institut für Staatslehre, Staats- und Verwaltungsrecht der Freien Universität Berlin, 1980, S. 113.

514 *Stein* in AltKomm. aaO, Rdnr. 20 zu Art. 17 GG; durchgängig auch in den Kommentaren zu den Verfassungen der neuen Bundesländer, z. B. *Joachim Linck/Siegfried Jutzi/Jörg Hopfe*, Die Verfassung des Freistaates Thüringen, 1994, Rdnr. 11 zu Art. 14 ThürVerf.

515 *Lässig*, aaO.

516 Vgl. auch § 87 Abs. 2 AO, § 19 Abs. 2, Satz 1 SGB X.

517 Dazu im Folgenden. *Lässig*, aaO, hält hier eine Fristsetzung meist mit der Folge der Ablehnung der Petition nach deren fruchtlosem Ablauf für zulässig.

518 *Klein* in Maunz/Dürig/Herzog/Scholz, aaO; *Dollinger* Umbach/Clemens, GG, aaO, Rdnr. 25 zu Art. 17; *Hömig*, GG, aaO, Rdnr. 6 zu Art. 17 GG. Aufschlussreich ist ein Blick auf das europäische Gemeinschaftsrecht: Bürger der Europäischen Gemeinschaft haben – wie oben ausgeführt – das Eingabenrecht an das Europäische Parlament. Hier besagt Art. 21 Abs. 4 AEUV (ex Art. 21 EGV), dass Eingaben in einer Amtssprache der EU abgefasst sein müssen. Die Frage, wer bei einer Petition, die in einer anderen Sprache abgefasst ist, die »Übersetzungslast« zu tragen hat, stellt sich angesichts dieser Regelung nicht.

Vor diesem Hintergrund ist zu klären, ob auch eine Dienstaufsichtsbeschwerde in einer Fremdsprache wirksam erhoben werden kann, denn gemäß Art. 3 Abs. 3 GG darf niemand wegen seiner Sprache benachteiligt werden.

Für das Verwaltungsverfahren gilt – wie erwähnt – § 23 Absatz 1 VwVfG, nach dem die Amtssprache deutsch ist[519] und es ist die grundsätzliche Frage zu beantworten, ob diese Regelung auf einen nicht förmlichen Rechtsbehelf wie die Dienstaufsichtsbeschwerde übertragen werden kann. § 23 Abs. 1 VwVfG schreibt »in Anlehnung an § 184 GVG und in Übereinstimmung mit der bisherigen Rechtstradition vor, dass auch im Verkehr der Behörden mit Ausländern deutsch Amtssprache ist und regelt sogleich, wie bei fremdsprachigen Eingaben zu verfahren ist«[520] bzw. welche Rechtswirkungen derartige Eingaben haben.

Als Vorschrift des Verwaltungsverfahrensgesetzes gilt § 23 unmittelbar – wie dargestellt – nur für das Verwaltungsverfahren. Das schließt nicht aus, dass auf die Dienstaufsichtsbeschwerde als nicht förmlicher Rechtsbehelf neben den für sie maßgeblichen eventuell bestehenden besonderen Rechtsvorschriften oder allgemeinen Rechtsgrundsätzen auch »Rechtsgedanken des Verwaltungsverfahrensgesetzes sinngemäß angewendet werden können, soweit es sich bei ihnen um vergleichbare Zielsetzungen handelt.«[521] Sowohl bei dem allgemeinen Verwaltungsverfahren als auch im Dienstaufsichtsbeschwerdeverfahren handelt es sich um Entscheidungsabläufe, die innerhalb einer Verwaltungseinheit geschehen. Beide Verfahren sind insoweit miteinander vergleichbar. Deshalb kann § 23 Abs. 1 VwVfG sinngemäß auf das Verfahren der Dienstaufsichtsbeschwerde angewendet werden, da für dieses Verfahren keine entsprechende ausdrückliche Regelung besteht.[522] Dasselbe gilt für die übrigen Regelungen des § 23 VwVfG, soweit sie eine Anwendung und Folgerung des Grundsatzes des rechtlichen Gehörs sind. Somit kann diese Vorschrift analog im Allgemeinen behördlichen Verkehr mit Ausländern, wozu auch das Verfahren der Dienstaufsichtsbeschwerde gehört, angewandt werden.[523]

---

519 Diese Regelung allein im Hinblick auf Art. 3 Absatz 3 GG für diskriminierend anzusehen, vertritt niemand ernstlich; Parallelvorschriften sind § 87 Abs. 1 AO, § 19 Abs. 1 SBG X.

520 *Kopp/Ramsauer,* VwVfG, aaO, Rdnr. 1 zu § 23 VwVfG.

521 *Kopp/Ramsauer,* VwVfG, aaO, Rdnr. 17 zu § 79 VwVfG; *Klein* in Maunz/Dürig/Herzog/Scholz aaO, Rdnr. 64 zu Art. 17 GG: »Gegen eine sinngemäße Anwendung des § 23 Abs. 1 VwVfG im Petitionsverfahren) bestehen keine Bedenken.«

522 Vgl. zur sinngemäßen Anwendung des § 23 VwVfG: *Kopp/Ramsauer,* VwVfG, aaO, Rdnr. 3 zu § 23 VwVfG.

523 Vgl. *Kopp/Ramsauer,* VwVfG, aaO, Rdnrn. 3, 4, 4a, 4b ,4c, 4d zu § 23 VwVfG, die darauf hinweisen, dass diese Vorschrift verfassungsrechtlich nicht zu beanstanden sei und der Grundsatz, dass deutsch Amtssprache ist, auch bei gerichtlichen Verfahren in § 184 GVG und § 55 VwGO zum Ausdruck komme. Es sei Sache eines der deutschen Sprache nicht hinreichend Mächtigen, sich um Sprachkompetenz zu bemühen oder einen Dolmetscher hinzuzuziehen. Dieses gelte auch für EU-Bürger; *Klein* in Maunz/Dürig/Herzog/Scholz aaO, Rdnr. 64 zu Art. 17 GG weist

Wird eine Dienstaufsichtsbeschwerde in einer fremden Sprache erhoben, dann ist es entsprechend der Regelung des § 23 Abs. 2 VwVfG Sache des Beschwerdeführers, für eine deutsche Übersetzung seines geltend gemachten Anliegens zu sorgen. Bei der entsprechenden Anwendung des § 23 Abs. 2 VwVfG kann die Behörde die unverzügliche Vorlage einer Übersetzung verlangen. Das bedeutet für den Beschwerdeführer, dass er nach den Umständen des Einzelfalls in einer angemessenen Frist eine Übersetzung zu beschaffen hat.[524] Ob die Behörde von ihrer Befugnis gemäß § 23 Abs. 2 S. 3 VwVfG selbst eine Übersetzung zu beschaffen, Gebrauch macht, steht in ihrem Ermessen. Macht sie hiervon keinen Gebrauch, vor allem unter dem Gesichtspunkt, wenn eine Kostenerstattung durch den Beschwerdeführer kaum zu erwarten ist, dann kann sie ohne ermessensfehlerhaft zu handeln das fremdsprachlich formulierte Anliegen unberücksichtigt lassen.[525]

Als Ergebnis ist festzustellen, dass Dienstaufsichtsbeschwerden auch in einer fremden Sprache eingereicht werden können, der Beschwerdeführer aber für eine Übersetzung Sorge tragen muss, wenn das verlangt wird.[526] Eine andere Handhabung wäre nicht nur unvertretbar, sondern auch kaum praktikabel. Übersetzungskapazitäten in einer Behörde für alle Sprachen der Länder vorzuhalten, wäre illusorisch und würde selbst den voluminösen Beamtenapparat in Brüssel bei weitem übertreffen. Es wäre aber auch unangemessen, die Kostenlast einer Übersetzung der fremdsprachigen Dienstaufsichtsbeschwerde der Behörde und damit letztlich dem Steuerzahler aufzubürden. Die Anforderung einer Übersetzung, sozusagen als Bringschuld des Beschwerdeführers, ist auch deshalb geboten, weil die Behörde nur dann erkennen kann, ob es sich bei dem Schriftstück um eine Dienstaufsichtsbeschwerde handelt oder nicht. Ist der Beschwerdeführer zur Beschaffung einer deutschen Übersetzung nicht in der Lage, lehnt er aus anderen Gründen eine Kostentragung für die Übersetzung ab oder reagiert er auf diese Aufforderung nicht, dann braucht die Eingabe nicht weiter bearbeitet zu werden. Auch hierauf sollte der Beschwerdeführer hingewiesen werden.[527]

Somit bleibt letztlich zu prüfen, was zu geschehen hat, wenn eine Dienstaufsichtsbeschwerde in einer fremden Sprache mündlich – zur Niederschrift – in einer Dienststelle erhoben wird. Die sinngemäße Anwendung der Regelungen des § 23 Abs. 2 VwVfG beschränkt sich auf den Umgang mit Schriftstücken in fremder

---

darauf hin, dass ebenso wie § 184 GVG, nach dem die Gerichtssprache deutsch ist, mit Hinblick auf Art. 19 Abs. 4 S. 1 GG iVm. Art. 3 Abs. 3 GG, es nicht als eine verfassungswidrige Diskriminierung anzusehen ist, von einem Beschwerdeführer die deutsche Amtssprache zu verlangen.

524 *Kopp/Ramsauer,* VwVfG, aaO, Rdnrn. 7, 7a zu § 23 VwVfG: »Übersetzungsfehler und durch sie bedingte Missverständnisse gehen zu Lasten des Beschwerdeführers«, Rdnr. 10.

525 Das Gleiche gilt bei der Petition, vgl. *Klein* in Maunz/Dürig/Herzog/Scholz aaO, Rdnr. 64 zu Art. 17 GG.

526 Die Beschwerdeentscheidung erfolgt in deutscher Sprache.

527 *Klein* in Maunz/Dürig/Herzog/Scholz, aaO, Rdnr. 64 zu Art. 17 GG.

Sprache. Über die eventuelle Hinzuziehung eines Dolmetschers bei mündlichen Eingaben ist aus ihr nichts zu entnehmen. Da die Behörde auf Grund einer gesetzlichen Regelung zur Anhörung des Beschwerde führenden Ausländers nicht verpflichtet ist, braucht sie für die Verständigung mit dem Ausländer keinen Dolmetscher hinzuziehen. Anderenfalls könnte sich ein ausländischer Beschwerdeführer seiner Verpflichtung, für eine Übersetzung seiner schriftlichen Eingabe zu sorgen, dadurch entziehen, indem er sein Anliegen mündlich geltend macht. Hier ist es sachgemäß, von dem fremdsprachigen Beschwerdeführer zu verlangen, für einen übersetzten Vortrag zu sorgen.

Als Endergebnis kann somit festgestellt werden, dass eine Dienstaufsichtsbeschwerde auch in einer fremden Sprache erhoben werden kann. Allerdings obliegt es dem Beschwerdeführer, für eine Übersetzung zu sorgen. Geschieht das nicht oder lehnt er die Übernahme einer von der Behörde durch einen Dolmetscher gefertigten Übersetzung ab, braucht die Dienstaufsichtsbeschwerde nicht beschieden zu werden.

4. Frist

Als nicht förmlicher Rechtsbehelf ist die Einlegung einer Dienstaufsichtsbeschwerde an keine Frist gebunden. Eine Petition kann ihrer Natur gemäß an keine Frist gebunden werden[528], weil das dem Grundgedanken des Petitionsrechts – jederzeit freier Zugang zum Staat – entgegenstünde. Das gilt auch für den nicht förmlichen Rechtsbehelf der Dienstaufsichtsbeschwerde, solange wie eine eigene gesetzliche Vorschrift für sie nichts anderes vorschreibt.[529]

Eine besondere Regelung kennt übrigens seit jeher das Militär. Nach § 6 WBO[530] können Soldaten in diesem besonderen Verfahren innerhalb eines Monats[531] Beschwerde einlegen, allerdings erst nach Ablauf einer Nacht nach dem Beschwerdefall.

---

528 Vgl. *Klein* in Maunz/Dürig/Herzog/Scholz aaO, Rdnr. 66 zu Art. 17GG; *Bauer* in Dreier, aaO, GG, Rdnr. 28 zu Art. 17 GG; *Stein* in AltKomm, Rdnr. 21 zu Art. 17 GG; *Burmeister*, HbStR, § 32 Rdnr. 25; *Jarass* in Jarass/Pieroth, Rdnr. 4 zu Art. 17 GG; *v. Mutius* in Jura 1989, 105(106).

529 Vgl. 9. Abschn.

530 Wehrbeschwerdeordnung idF. v. 22.01.2009 (BGBl. I. S.81).
§ 6 WBO: »Frist und Form der Beschwerde: (1) Die Beschwerde darf frühestens nach Ablauf einer Nacht und muss innerhalb eines Monats eingelegt werden, nachdem der Beschwerdeführer von dem Beschwerdeanlass Kenntnis erhalten hat.
(2) Die Beschwerde ist schriftlich oder mündlich einzulegen. Wird sie mündlich vorgetragen, ist eine Niederschrift aufzunehmen, die der Aufnehmende unterschreiben muss und der Beschwerdeführer unterschreiben soll. Von der Niederschrift ist dem Beschwerdeführer auf Verlangen eine Abschrift auszuhändigen«.

531 »Zwei Wochen« in § 6 in der bis zum 01.02.2009 geltenden Fassung; »ein Monat« in der ab dem 01.02.2009 geltenden Fassung (Art. 5 G. v. 31.07.2008, BGBl. I S. 1629).

5. Gegenstand der sachlichen Dienstaufsichtsbeschwerde

a. *Allgemeines*

Gemäß der Definition der sachlichen Dienstaufsichtsbeschwerde[532] ist diese eine kostenfreie Beschwerdemöglichkeit, mit der sich ein Beteiligungs- oder Beschwerdeberechtigter an die zuständige oder übergeordnete Stelle der Verwaltung mit dem Ersuchen wenden kann, eine behördliche Maßnahme zu ändern oder aufheben zu lassen oder die Erlassbehörde entsprechend anzuweisen. Gegenstand der sachlichen Dienstaufsichtsbeschwerde sind somit alle Maßnahmen der öffentlichen Verwaltung, gleichgültig ob es sich um den Erlass eines Verwaltungsaktes oder um andere Verwaltungsmaßnahmen oder deren Unterlassen bzw. Aufheben handelt. Weitergehende Anforderungen an den Inhalt einer Dienstaufsichtsbeschwerde sind nicht zu stellen.[533] Mit der sachlichen Dienstaufsichtsbeschwerde wird demnach der Inhalt des behördlichen Verwaltungshandelns oder -unterlassens beanstandet.

Wie festgestellt, muss die Beschwerde – im Gegensatz zur Gegenvorstellung – ein Petitum, das heißt ein Begehr, Verlangen oder eine Forderung enthalten. Demzufolge stellen reine Mitteilungen, Belehrungen, Vorwürfe und Anmerkungen, aber auch Beschimpfungen und Beleidigungen[534] keine Dienstaufsichtsbeschwerden dar. Sie sind zum Ausdruck gebrachte Meinungen, Kritiken, Ansichten oder Informationsübermittlungen ohne eine konkrete Forderung an die Behörde.[535]

Die Frage, ob ein Auskunftsersuchen des Bürgers an eine Stelle der Verwaltung eine Dienstaufsichtsbeschwerde sein kann, ist nicht immer eindeutig zu beantworten. Nach dem Wortlaut »Begehr oder Anliegen« ist das Auskunftsersuchen eine Forderung, Verlangen oder eine Bitte an die Verwaltung, eine Antwort zu erteilen. Sie sieht sich demnach einem »Antrag« gegenüber.[536]. Dieser »Antrag« erschöpft sich aber in dem Begehren, Wissen von der angegangenen Stelle der Verwaltung mitgeteilt zu bekommen. Er ist keine Beschwerde gemäß der Definition der sachlichen Dienstaufsichtsbeschwerde über ein Handeln oder Unterlassen der Verwaltung und mit ihr braucht sich die angegangene Stelle inhaltlich nicht zu

532 3. Abschn. II, 2b.

533 So auch für die Petition, vgl. *Klein* in Maunz/Dürig/Herzog/Scholz aaO, Rdnr. 54 zu Art. 17GG.

534 Hinsichtlich der Petition vgl. Webseite des Landtages von Niedersachsen, Referat für Presse, Öffentlichkeitsarbeit, Protokoll, Stand 01.07.2013, S. 13 – http://www.landtag-niedersachsen.de/petitionen/.

535 *Klein* in Maunz/Dürig/Herzog/Scholz, aaO, Rdnr. 42 zu Art. 17 GG.

536 So *Klein* in Maunz/Dürig/Herzog/Scholz aaO, Rdnr. 45 zu Art. 17 GG. Geht das Auskunftsersuchen des Beschwerdeführers über das allgemeine Recht, sich aus allgemein zugänglichen Quellen zu unterrichten hinaus, begehrt er eventuell Akteneinsicht, so kann dieses nicht auf das allgemeine Informationsrecht gestützt werden. Deshalb sei die ohne Rechtsanspruch vorgetragene Bitte um Information eine Petition, die beschieden werden müsse.

befassen.[537]. Derartige Ersuchen werden von den Behörden gemäß den Auskunfts- und Informationsrechten der Antragsteller, bzw. Anfragenden, entsprechend den spezialgesetzlichen Regelungen, beispielsweise dem Recht auf Akteneinsicht, unter Berücksichtigung des Rechts auf informationelle Selbstbestimmung anderer Betroffener beantwortet.[538]

Regelmäßig handelt es sich bei Dienstaufsichtsbeschwerden um ein bestimmtes individuelles Anliegen, das von dem Beschwerdeführer an die jeweilige Stelle der Verwaltung mit dem Ersuchen um Prüfung und Korrektur herangetragen wird. Das Anliegen oder Ersuchen des Beschwerdeführers muss für die angegangene Stelle der Verwaltung einen bestimmten oder zumindest ohne weiteres bestimmbaren Inhalt haben. Sie muss erkennen können, was das Verlangen des Beschwerdeführers unter Würdigung des gesamten Beschwerdevorbringens ist.[539] Dabei ist es nicht erforderlich, dass sich der Beschwerdeführer auf ein subjektives öffentliches Recht berufen muss. Da der Begriff des Beschwerdegegenstandes bei diesem nicht förmlichen Rechtsbehelf weit zu fassen ist[540], kommen auch sonstige Anliegen und mögliche Beeinträchtigungen der Sphäre des Beschwerdeführers in tatsächlicher oder rechtlicher Hinsicht durch die Verwaltung in Betracht. Das bedeutet, dass mit einer sachlichen Dienstaufsichtsbeschwerde beispielsweise keine allgemeinen Verwaltungsvorschriften, Bearbeitungsrichtlinien und Verordnungen isoliert, abstrakt beanstandet werden können. In derartigen Fällen muss Gegenstand einer sachlichen Dienstaufsichtsbeschwerde diejenige auf Grund einer dieser Regelungen erlassene konkrete Maßnahme sein.

Im Untersuchungszeitraum (1995 – 2005) hat sich gezeigt, dass Beschwerdegegenstand einer sachlichen Dienstaufsichtsbeschwerde auch die Beschwerde über die Art der Ausübung des Ermessens beim Erlass einer Verwaltungsmaßnahme war. In diesen Fällen begehrte der Beschwerdeführer keine Auskunft oder Erläuterung der ihm gegenüber ergangenen oder unterlassenen Maßnahme, sondern er beanstandete die Art und Weise der Ermessenausübung durch den Beschäftigten der betreffenden Verwaltungseinheit und machte geltend, dass die Ermessensausübung aus seiner Sicht anders hätte erfolgen müssen. Er beschwerte sich demnach über

537 Vgl. z.B. § 5 Nr. 8 ThürPetG; § 3 Abs. 1 Nr. 8 Gesetz über die Behandlung von Petitionen durch die Bremische Bürgerschaft.

538 Anders bei der Petition. Mit einem Auskunftsersuchen wird eine konkrete Forderung an den Petitionsadressaten heran getragen; dazu *Klein* in Maunz/Dürig/Herzog/Scholz aaO, Rdnr. 45 zu Art. 17GG. Von einer »sachlichen Prüfung« wird aber auch hier abgesehen, vgl. § 3 Abs. 1, Nr. 8 Gesetz über die Behandlung von Petitionen durch die Bremische Bürgerschaft: »Von einer sachlichen Prüfung kann abgesehen werden, wenn lediglich die Erteilung einer Auskunft begehrt wird.«

539 *Klein* in Maunz/Dürig/Herzog/Scholz aaO, Rdnr. 35 zu Art. 17 GG spricht von einem »Anliegen (...) Petitum: ein Verlangen, eine Forderung, einen konkreten Antrag«; so auch *Stettner* in BK, aaO, Rdnr. 42 zu Art. 17 GG und *Bauer* in Dreier aaO, Rdnr. 24 zu Art. 17 GG; vgl. auch BVerwG in DOV 1973,315.

540 Vgl *Klein* in Maunz/Dürig/Herzog/Scholz aaO, Rdnr. 42 zu Art. 17 GG.

eine Verwaltungsmaßnahme, die aus seiner Sicht zu einem unzutreffenden Ergebnis geführt hatte und begehrte nicht allein die Darlegung der Gründe der erfolgten Ermessensausübung durch die Verwaltung, sondern auch ihre Überprüfung und Korrektur.[541] Dieses ist kein seltener Gegenstand einer sachlichen Dienstaufsichtsbeschwerde.

b. »Unzulässiger« Gegenstand der Dienstaufsichtsbeschwerde

Als nächstes ist die Frage zu klären, ob es Dienstaufsichtsbeschwerden gibt, die ihrem Beschwerdegegenstand nach oder in der Art und Weise ihrer Darstellung als unzulässig zu bezeichnen sind.

Bei der Beantwortung der Frage, ob es sinnvoll ist, in diesem Zusammenhang zwischen zulässigen und unzulässigen Gegenständen einer Dienstaufsichtsbeschwerde zu unterscheiden, ist zu bedenken, dass es hinsichtlich des Beschwerdegegenstandes keine Einschränkungen für einen Beschwerdeführer gibt.[542] Eine andere Frage ist es, wie die jeweilige Stelle der öffentlichen Verwaltung die Beschwerde behandelt. Aus diesem Grund wird in den Verfahrensgrundsätzen des Petitionsausschusses des Deutschen Bundestages nicht von »unzulässigen«, sondern von »mangelhaften» Petitionen gesprochen.[543] Das erscheint auch sinnvoll, denn Entgegennehmen muss der Petitionsadressat die Eingabe in jedem Fall und ebenso muss er einen Bescheid erteilen. Das gilt auch für die Dienstaufsichtsbeschwerde. Dass der Inhalt eines Bescheides über eine mangelhafte Petition oder Dienstaufsichtsbeschwerde anders aussieht als derjenige über eine Eingabe, die nicht als mangelhaft zu bezeichnen ist, spielt in diesem Zusammenhang keine Rolle. Eine Antwort erhält jeder Beschwerdeführer[544] und dabei macht es keinen Unterschied, ob seine Eingabe wegen eines Mangels abgelehnt wird oder weil sein Anliegen nicht erfüllt werden kann. Mangelhafte Petitionen, die abgelehnt werden, können aber dennoch innerbehördlich im Einzelfall etwas bewirken z. B. die Änderung einer Anordnung oder dienst- bzw. arbeitsrechtliche Überprüfungen.

---

541 Die verwaltungswissenschaftliche Fachrichtung der Verwaltungslehre, die auch die zweckmäßige Ermessensausübung zum Gegenstand hat, steht kaum im Blickfeld von Ausbildung und Praxis der Behördenmitarbeiter. Das ist verwunderlich, denn die Ausübung des Ermessens ist eine der wichtigsten Aufgaben der Verwaltung.

542 Das gleiche gilt für Petitionen. Auch hier kann sich der Petent mit allen denkbaren Anliegen an den Petitionsadressaten wenden.

543 Das ThürPetG bezeichnet diese in § 5 als »unzulässige Petitionen«.

544 Bei »mangelhaften« Petitionen bestimmt Nr. 7. 3 Abs. 2 Verfahrensgrundsätze, dass – falls der Mangel nicht von Amts wegen behoben werden kann – der Petent aufgefordert wird, innerhalb einer angemessenen Frist den Mangel zu beheben. Falls das nicht möglich ist, »legt« der Ausschussdienst die Petition im Einvernehmen mit dem Vorsitzenden »weg«.

Nach allem ist die »mangelhafte (unzulässige)« Eingabe oder Dienstaufsichtsbeschwerde von der nicht mangelhaften zu unterscheiden, denn je nachdem was vorliegt, hängt davon die inhaltliche Ausgestaltung der Antwort der angegangenen Stelle ab. Während die angegangene Verwaltungsdienststelle im Fall einer mangelhaften Dienstaufsichtsbeschwerde keine inhaltliche Befassung mit der Beschwerde vornimmt und entsprechend dem Beschwerdeführer antwortet, muss sie bei allen anderen Dienstaufsichtsbeschwerden inhaltlich tätig werden und die Beschwerde entsprechend, d.h. mit einschlägigen Gründen im Fall der Abweisung, bescheiden.[545] Zu der Frage, wann eine »mangelhafte (unzulässige)« Eingabe vorliegt, kann auf die Verfahrensgrundsätze des Petitionsausschusses des Deutschen Bundestages sowie auf inhaltlich ähnliche Verfahrensgrundsätze bzw. Regelungen in den Petitionsgesetzen der Länder zurückgegriffen werden. Danach ist eine Eingabe mangelhaft mit der Folge, dass sie inhaltlich nicht beschieden zu werden braucht, wenn sie einen verworrenen Inhalt hat oder unleserlich ist, wenn die Anschrift oder Unterschrift des Petenten falsch oder gefälscht ist, diese Angaben ganz oder teilweise fehlen oder wenn bei elektronischer Verwendung des Webformulars die Pflichtfelder nicht korrekt ausgefüllt worden sind, mit der Eingabe etwas tatsächlich Unmögliches[546], eine strafbare Handlung, eine Ordnungswidrigkeit oder eine Maßnahme verlangt wird, die gegen die verfassungsmäßige Ordnung oder das Sittengesetz verstößt. Schließlich ist eine Eingabe dann mangelhaft, wenn sie beleidigenden, erpresserischen oder nötigenden Inhalt hat.[547] Zu diesen Fällen kann man auch die

545 *Stein*, AltKomm, aaO, Rdnr. 22 zu Art. 17 GG. Für die Behörde macht diese Unterscheidung kaum einen Unterschied, muss sie doch die »Unzulässigkeit« einer Dienstaufsichtsbeschwerde aus ihrem Inhalt heraus feststellen. Allerdings sind die Bescheide unterschiedlich abzufassen. Während die unzulässige Dienstaufsichtsbeschwerde mit Hinweis auf ihre Unzulässigkeit beschieden wird, erhält der Beschwerdeführer einer zulässigen zurückweisenden Dienstaufsichtsbeschwerde einen inhaltlichen Bescheid, d.h. einen Bescheid mit einer einschlägigen Begründung. Vgl. *Klein* in Maunz/Dürig/Herzog/Scholz, aaO, Rdnrn. 54, 116f zu Art. 17GG.

546 Das gilt auch für den Fall, dass etwas rechtlich Unmögliches, z.B. die Aufhebung einer rechtskräftigen Gerichtsentscheidung begehrt wird, da die Legislative oder die Exekutive nicht in die Judikative eingreifen können; dazu *Riehm/Coenen/Lindner/Blümel*, Bürgerbeteiligung, aaO, II, Nr. 6, S. 50.

547 Vgl. Nr. 7. 3 Abs. 1 Verfahrensgrundsätze aaO. In den Verfahrensgrundsätzen zur Behandlung von öffentlichen Petitionen von Rhl-Pf. wird von der »Nichtzulassung« einer öffentlichen Petition gesprochen, wenn sie u.a. gegen die Menschenwürde verstößt, eine offensichtlich falsche, entstellende oder beleidigende Meinungsäußerung enthält, offensichtlich unsachlich ist oder der Verfasser von offensichtlich falschen Voraussetzungen ausgeht, zu Straftaten oder Ordnungswidrigkeiten auffordert oder Maßnahmen verlangt, die gegen die verfassungsmäßige Ordnung oder das Sittengesetz verstoßen. Ähnliche Formulierungen enthalten auch die Verfahrensregeln in Schleswig-Holstein mit dem zusätzlichen Grund der Nichtzulassung einer öffentlichen Petition, wenn sie sich einer der Würde

querulatorische Dienstaufsichtsbeschwerde[548] rechnen, wenn in der Sache bereits ein Bescheid ergangen ist.[549] Auch hier ist eine erneute inhaltliche Befassung mit der Dienstaufsichtsbeschwerde nicht erforderlich.

Hinsichtlich der Eingaben, die beleidigenden, herausfordernden und ungebührlichen Inhalt haben[550], ist zwischen einer mangelhaften Eingabe und der straf- oder zivilrechtlichen Verantwortung für deren Inhalt zu unterscheiden.[551] Oft sitzt das erlittene Missachtungserlebnis bei dem Beschwerdeführer so tief, dass er sich im Ton vergreift. In diesen Fällen wird dem Beschwerdeführer ein gewisses »Maß an Verständnis« entgegengebracht und eine Eingabe, in der er sich im Ton vergreift, nicht eine mit so großem Mangel behaftet angesehen, dass sich die angegangene Stelle inhaltlich nicht mit ihr befassen muss.

Gerade in der letzten Zeit hat sich das Bundesverfassungsgericht[552] damit befasst, wann eine »überzogene Meinungsäußerung aus dem Schutzbereich der Meinungsfreiheit« fällt und damit als »Schmähkritik« zu betrachten ist. Nach Ansicht des Bundesverfassungsgerichts überwiegt das Grundrecht der Meinungsfreiheit auch bei einer »polemischen und überspitzten Kritik« solange die eigentliche Sache im Vordergrund stehe, d. h. die Überprüfung des Verhaltens eines Behördenangehörigen durch eine übergeordnete Stelle.

Dem ist zuzustimmen, denn gerade auch bei der Dienstaufsichtsbeschwerde spielen Emotionen des Beschwerdeführers, insbesondere bei der persönlichen Dienstaufsichtsbeschwerde, keine geringe Rolle. Die Grenze ist allerdings dort zu ziehen, wo die eigentliche Sache, d. h. der Beschwerdegrund, nicht mehr im Vordergrund steht, sondern die Herabsetzung und Diffamierung einer Person. Dann handelt es sich in der Tat um eine »Schmähkritik«, die eine derartige Dienstaufsichtsbeschwerde zu einer »mangelhaften Eingabe« macht mit der Konsequenz, dass sich die angegangene Stelle mit ihr bei der Bescheidung inhaltlich nicht befassen muss.[553]

---

des Parlaments nicht angemessenen Sprache bedient. § 5 ThürPetG spricht von »unzulässigen Petitionen« und enthält in § 6 Regelungen für Petitionen, die gerichtliche Verfahren betreffen. § 3 Gesetz über die Behandlung von Petitionen durch die Bremische Bürgerschaft erwähnt in diesen Fällen ein »Absehen von einer sachlichen Prüfung und Verweisung« der Petition.

548 Dazu 7. Abschn.

549 § 5 Nr. 8 ThürPetG: »Von einer sachlichen Prüfung kann abgesehen werden, wenn sie gegenüber einer bereits beschiedenen Petition kein neues Vorbringen enthält.«

550 In den Medien wird oftmals von »Beamtenbeleidigung« gesprochen, die es als Straftatbestand nicht gibt.

551 Vgl. *Burmeister*, aaO, § 32, Rdnr. 25; *Stein* in AltKomm; Rdnr. 23 zu Art. 17; *Klein* in Maunz/Dürig/Herzog/Scholz, aaO, Rdnr. 56 zu Art. 17 GG.

552 Stattgebender Beschluss v. 28.07.2014 – BVerfG 1. Senat 3 – 1BvR 482/13 – (zit. nach juris).

553 OLG Karlsruhe, Urt. v. 09.06.2006 – 14 U 9/06 (zit. nach JuraForum); *Klein* in Maunz/Dürig/Herzog/Scholz, aaO, Rdnrn. 56 zu Art. 17GG, zitiert hierzu, dass eine Eingabe unzulässig sei, wenn ein unbeteiligter Dritter sich »über sie entrüsten« würde: »Das ist unerhört und das braucht man sich nicht gefallen zu

Das Beschwerderecht kann keinen Rechtfertigungsgrund für rechtswidriges Verhalten liefern.[554] Das bedeutet auch, dass ein Beschwerdeführer, der eine Dienstaufsichtsbeschwerde mit beleidigendem, herausforderndem oder erpresserischem Inhalt verfasst, sowohl straf- als auch zivilrechtlich für den Inhalt seiner Dienstaufsichtsbeschwerde verantwortlich bleibt und gegebenenfalls zur Rechenschaft gezogen werden kann. In diesen Fällen ist hinsichtlich der Frage der Strafbarkeit einer möglichen Beleidigung von der Behörde zu prüfen, ob die Wahrnehmung berechtigter Interessen als Rechtsfertigungsgrund für den Beschwerdeführer in Betracht kommt. § 193 StGB hilft allerdings dann nicht weiter, wenn beispielsweise eine falsche Verdächtigung wider besseres Wissen geschieht.[555]

In dem Fall, in dem ein Beschwerdeführer den Adressaten seiner Dienstaufsichtsbeschwerde beispielsweise als »charakterlos« und »Mitglied einer kriminellen Vereinigung« bezeichnet, steht nicht mehr »der Kampf um das Recht«[556] im Vordergrund, sondern das Bestreben des Beschwerdeführers, den betreffenden Behördenangehörigen als Person herabzusetzen.[557]

---

lassen!« Das geht allerdings zu weit, denn eine »Schmähkritik« gemäß der Rspr. des BVerfG liegt hier noch nicht vor. Eine Eingabe mit sachlichem Inhalt, aber in beleidigendem Ton, die sich unmittelbar gegen den Beschwerdegegner richtet, ist vielmehr zulässig, es sei den die Herabsetzung des Beschwerdegegners steht im Vordergrund.

554 *Klein* in Maunz/Dürig/Herzog/Scholz, aaO, Rdnr. 57 zu Art. 17 GG; *Dollinger* in Umbach/Clemens, GG, aaO, Rdnr. 10 zu Art. 17 GG; *Bauer* in Dreier GG, aaO, Rdnr. 10 zu Art. 17 GG.

555 Vgl. 5. Abschn. II, 3. Dieses Tatbestandsmerkmal ist kaum feststellbar.

556 BVerfG Kammerbeschl. v. 28.07.2014, – BVerfG 1. Senat 3 – 1BvR 482/13 – (zit. nach juris).

557 Ein Beschwerdeführer genießt keinen über Art. 5 Abs. 2 GG hinausgehenden Schutz von Meinungsäußerungen, vgl. BVerfG in NJW 1991, 1475 und in NJW 2005, 354. Er hat wie jeder andere bei seinem Vortrag in einer Dienstaufsichtsbeschwerde den verfassungsrechtlichen Persönlichkeits- und Ehrenschutz zu beachten. OLG Karlsruhe, Urt. v. 09.06.2006 – 14 U 9/06 (zit. nach JuraForum): »Das aus dem Petitionsrecht hergeleitete Recht zur Dienstaufsichtsbeschwerde findet seine Grenzen bei bewusst falschem Vortrag, bei leichtfertig aufgestellten und offensichtlich unhaltbaren Behauptungen sowie bei Vorbringen, das allein dazu dienen soll, die betreffende Person allgemein verächtlich zu machen. Pauschale und unsubstantiierte ehrverletzende Tatsachenbehauptungen, für die keinerlei greifbare und der Überprüfung zugängliche Anhaltspunkte mitgeteilt werden, können nur der Verunglimpfung des Betroffenen dienen, sind durch das Petitionsrecht nicht mehr gedeckt und daher zu unterlassen.«
Vgl. dazu *Hoffmann-Riem*, Gewährleistungsgehalt, aaO, S. 101. Enthält eine Dienstaufsichtsbeschwerde im Wesentlichen Beschimpfungen von Behörden und »den Beamten« in allgemeiner Form, wird deren vermeintliche »Ignoranz und Trägheit« angeprangert, so ist damit idR. noch kein Beleidigungstatbestand erfüllt. Sie wäre im Übrigen begrifflich gar keine Dienstaufsichtsbeschwerde, da sie kein bestimmtes Petitum enthält. Dem ist zuzustimmen.

Somit ist als Ergebnis festzustellen, dass die angegangene Stelle der Verwaltung sich mit Dienstaufsichtsbeschwerden, die die hier dargelegten Mängel aufweisen, inhaltlich nicht zu befassen braucht und dieses dem Beschwerdeführer in einem entsprechenden Bescheid mitteilt.

6. Adressat der Dienstaufsichtsbeschwerde

a. Zuständige Stelle der unmittelbaren oder mittelbaren Staatsverwaltung

Adressat einer Dienstaufsichtsbeschwerde sind alle unmittelbaren und mittelbaren staatlichen Stellen des Bundes und der Länder, die nicht Volksvertretungen sind.[558] Die Bezeichnung »zuständige Stelle« bei der Petition gemäß Art. 17 GG ist nicht so zu verstehen, dass eine Eingabe bei einer »unzuständigen Stelle« nicht möglich ist. Die »unzuständige Stelle« trifft vielmehr in diesem Zusammenhang eine andere Verpflichtung als die »zuständige« Stelle. Sie hat lediglich die Pflicht zur Entgegennahme der Eingabe und Weiterleitung an die zuständige Stelle.[559] Die tatsächlich zuständige Stelle hat dann die Eingabe zu prüfen und zu bescheiden.[560]

»Zuständige Stellen« für die Einlegung einer Dienstaufsichtsbeschwerde können die Ausgangs- oder Erlassbehörde, aber auch die Aufsicht führende Behörde sein sowie besondere, »aus der unmittelbaren Hierarchie herausgelöste, mit einer gewissen Unabhängigkeit ausgestattete, aber der Exekutive zugeordnete, Eingabestellen«.[561] In Betracht kommen Bürgerbeauftragte, Beauftragte für bestimmte Sachgebiete oder Behörden – z.B. Wehrbeauftragter, Bundesbeauftragter für den Datenschutz und Informationsfreiheit, Bundesbeauftragter für Migration, Flüchtlinge und Integration, Beauftragter der Bundesregierung für die Belange der Patientinnen und Patienten, Ombudsrat Grundsicherung für Arbeitssuchende – Bürgerbüros und Ombudsstellen. Letztere befassen sich überwiegend nur mit individuellen Beschwerden und Anliegen und nicht mit Bitten und Vorschlägen zu allgemeinen Anliegen oder mit Gesetzesanregungen.[562]

Regelmäßig wird die Beschwerde bei der Behörde eingelegt, welche die beanstandete Verwaltungsmaßnahme oder deren Unterlassen zu vertreten hat, denn sie hat den »ersten Zugriff« auf die betreffende Maßnahme und könnte nach einer Selbstkontrolle der Beschwerde abhelfen.[563] Geschieht dies nicht, muss die Aufsicht

---

558 Vgl. *Klein* in Maunz/Dürig/Herzog/Scholz aaO, Rdnr. 98 zu Art. 17 GG: Ob es sich um »Behörden« im rechtstechnischen Sinne handelt, ist unerheblich.

559 Vgl. *Klein* in Maunz/Dürig/Herzog/Scholz, aaO, Rdnrn. 85, 98 zu Art. 17 GG: »Empfangs- und Expetitionskompetenz«.

560 *Klein* aaO: »Erledigungskompetenz«.

561 Vgl. *Riehm/Coenen/Lindner/Blümel,* Bürgerbeteiligung, aaO, II, 4, S. 44.

562 Vgl. *Riehm/Coenen/Lindner/Blümel,* Bürgerbeteiligung, aaO, II, 4, S. 45.

563 Gleichzeitig ist es sinnvoll, um Vorlage der Dienstaufsichtsbeschwerde bei der vorgesetzten Behörde nachzusuchen für den Fall, dass die Erlassbehörde ihr nicht abhelfen sollte.

führende Stelle eingeschaltet werden, die dann im Wege der Behördenaufsicht die beanstandete Maßnahme bzw. deren Unterlassen überprüft.

Wann die Aufsicht führende Verwaltungseinheit zu entscheiden hat, kann allerdings nicht davon abhängen, wo der Beschwerdeführer seine Dienstaufsichtsbeschwerde einlegt. Hat die Aufsicht führende Behörde die Fach- und Rechtsaufsicht, dann unterliegt die untergeordnete Verwaltungseinheit hinsichtlich ihrer sachlichen Tätigkeit wie auch des persönlichen Verhaltens ihrer Beschäftigten der Aufsicht der übergeordneten Behörde. Ist die übergeordnete Stelle hingegen nur zur Rechtsaufsicht berufen, beschränkt sich ihre Überprüfungsbefugnis darauf, ob sich das Verwaltungshandeln der untergeordneten Behörde nach Gesetz und Recht vollzogen hat.

Wird mit der Dienstaufsichtsbeschwerde eine Maßnahme beanstandet, die hingegen von der obersten Dienstaufsichtsbehörde erlassen wurde, dann kann man diese zwar mit einer Dienstaufsichtsbeschwerde zu einer Eigenprüfung veranlassen, eine Überprüfung durch eine weitere Stelle ist dann aber mangels einer weiteren die Dienstaufsicht führende Stelle nicht möglich.

b. Privatisierte Einrichtungen der Daseinsvorsorge

Grundsätzlich ist die jeweilige Organisationsform der angegangenen Stelle unerheblich. Dieser Aspekt hat in der jüngeren Vergangenheit Bedeutung gewonnen, denn die Verwaltung bedient sich zur Wahrnehmung ihrer Aufgaben in unterschiedlicher Weise nicht selten Organisationsformen des privaten Rechts.[564]

Die Privatisierungsentwicklung ist mit Blick auf das öffentliche Beschwerderecht – Petition und Dienstaufsichtsbeschwerde – durchaus problematisch, wenn man sich vor Augen führt, dass seit den 1980er Jahren eine erhebliche Tendenz der Privatisierung ehemals staatlicher und öffentlicher Einrichtungen der Daseinvorsorge festzustellen ist. So sind als Adressaten von Dienstaufsichtsbeschwerden die Bereiche der Post, Telekommunikation und Eisenbahn mit ihren großen Ministerialbürokratien nicht mehr vorhanden.[565] Das ist unter dem Gesichtspunkt der Bürgerbeteiligung und der Kommunikation zwischen Bürger und öffentlichen Einrichtungen zu registrieren und unter diesem Aspekt eine problematische Entwicklung. Zu beantworten ist nunmehr die Frage, welche Beschwerdemöglichkeiten es für einen Betroffenen bezüglich dieser privatisierten, ehemals staatlichen Einrichtungen der Daseinvorsorge noch gibt.

Da sich das Petitionsrecht »in erster Linie auf die Verhältnisse von Bürger und Staat bezieht«[566], unterliegen die jetzt privatrechtlich organisierten Unternehmen nicht mehr dem öffentlichen Petitions- und Beschwerderecht. Das bedeutet nicht,

564 Vgl. *Klein* in Maunz/Dürig/Herzog/Scholz aaO, Rdnr. 74 zu Art. 17 GG. Vgl. dazu *Hofmann* in Schmidt-Bleibtreu/Hofmann/Hopfauf, GG, aaO, Rdnr. 13 zu Art. 17 GG.

565 Vgl. *Riehm/Coenen/Lindner/Blümel,* Bürgerbeteiligung, aaO, II, 4, S. 83.

566 *Riehm/Coenen/Lindner/Blümel,* Bürgerbeteiligung, aaO.

dass sich Betroffene nicht mit Eingaben und Beschwerden an diese Unternehmen wenden können. Sie können aber keine Rechte aus Art. 17 GG auf Entgegennahme, Prüfung und Bescheidung ableiten, wie es gegenüber der Volksvertretung oder den »zuständigen Stellen« – also staatlichen Stellen – der Fall ist. Daraus folgt auch, dass die Petitionsausschüsse von Bund und Ländern, ebenso wie Verwaltungsbehörden, keine Untersuchungsrechte auf Grund einer Eingabe in den Privatunternehmen haben.[567]

Das bedeutet letztendlich, dass eine Dienstaufsichtsbeschwerde, die direkt bei einer privatisierten ehemaligen öffentlichen Einrichtung eingeht, von dieser an eine eventuell bestehende staatliche Stelle weiterzuleiten ist, die Aufsichtsbefugnisse über sie hat. Ist eine solche staatliche Stelle nicht vorhanden, geht die Dienstaufsichtsbeschwerde ins Leere, was aber nicht bedeutet, dass der Adressat auf die Beschwerde nicht reagiert. In der Privatwirtschaft kann man zunehmend die Tendenz erkennen, von sich aus Ombuds- und Schlichtungsstellen – beispielsweise die Ombudsstellen im privaten Bank- und Versicherungswesen – einzurichten.[568]

c. *Nichtstaatliche Beschwerdeeinrichtungen*

Bei den nichtstaatlichen Beschwerdeeinrichtungen kann man einzelne Gruppen[569] feststellen: Bei der einen besteht idR. eine gesetzliche Auflage, eine Beschwerde- oder Schlichtungsstelle einzurichten. Dies sind insbesondere die jetzt in Privatrechtsform organisierten Bereiche der staatlichen Daseinvorsorge, die zuvor vom Staat selbst wahrgenommen wurden oder in staatlichem Besitz waren und nach ihrer Privatisierung nicht mehr dem öffentlichen Petitionsrecht unterfallen. Hierunter fallen beispielsweise der Post-, Telekommunikations- und Eisenbahnbereich und die Strom- und Gasversorgung. Um in diesen Bereichen dem »beträchtlichen Kontroll- und Einflussverlust des Petitionsausschusses entgegenzuwirken«[570], wurden für diese privatisierten Bereiche Kontrollinstanzen neu geschaffen. Das

567 In den Fällen, in denen juristische Personen des Privatrechts staatliche Aufgaben erfüllen, stellt sich die Frage, ob sie grundrechtsverpflichtet sind. Erfüllt ein Privatrechtssubjekt frühere staatliche Aufgaben, so unterliegt es nicht dem Petitionsrecht. Handelt es sich um ein Unternehmen, dessen Anteilseigner ausschließlich die öffentliche Hand ist und steht es somit ganz oder teilweise unter staatlichem Einfluss, kann sich der Staat idR. nicht durch diese Organisationsform seiner Grundrechtsbindungen entledigen, vgl. *Klein* in Maunz/Dürig/Herzog/Scholz, aaO, Rdnrn. 74, 75, 99 zu Art. 17 GG; zurückhaltend: BVerfGE 45, 63 (78ff), E 68, 193 (207f, 212); E 70,1 (16, 20), E 75, 192 (200), E 128, 226. In dem Fall einer Dienstaufsichtsbeschwerde sind die Behörden dann aber auf die Aufsichtsbefugnisse beschränkt, die die jeweilige Organisationsform des Unternehmens zulässt (z.B. Bankenaufsicht, Kartellrecht).

568 Vgl. *Riehm/Coenen/Lindner/Blümel*, Bürgerbeteiligung, aaO, II, 4, S. 83.

569 Vgl. *Riehm/Coenen/Lindner/Blümel*, Bürgerbeteiligung, aaO, II, 4, S. 45.

570 Vgl. *Riehm/Coenen/Lindner/Blümel*, Bürgerbeteiligung, aaO.

sind die Bundesnetzagentur[571], die auch Aufgaben des Verbraucherschutzes sowie des Verbraucherserviceses wahrnimmt, und die Schlichtungsstelle für das Post- und Kommunikationswesen. Die Deutsche Bahn AG hat auf ihrer Webseite ein »Beschwerdemanagement« eingerichtet, d. h. ein Beschwerdeformular der Schlichtungsstelle für den öffentlichen Personenverkehr e.V. (SÖP) zur Verfügung gestellt und weist darauf hin, dass nationale Durchsetzungsstellen für die Fahrgastrechte die Eisenbahnaufsichtsbehörden der Bundesländer sowie das Eisenbahnbundesamt sind. Die Deutsche Post stellt in ihrer Webseite einen »Beschwerdeservice« zur Verfügung, der sich allerdings überwiegend mit Serviceleistungen der Post befasst und dazu Hilfestellungen gibt.

Insgesamt ist das zwar ein großer Bereich und er betrifft nahezu alle Bürger, da es kaum jemanden gibt, der nicht mit dem Post- und Telekommunikationsbereich sowie der Deutschen Bahn in engem Kontakt ist, erfasst aber dennoch nicht alle Bereiche der in der Vergangenheit durchgeführten Privatisierungen. Hier verbleibt es bei dem problematischen Verlust eines wirksamen öffentlichen Eingaben- und Beschwerderechts mit seiner grundrechtlichen Schutzfunktion.

Hinsichtlich der Ombudsstellen im privaten Bank- und Versicherungswesen ist zu bemerken: Das Beschwerdemanagement zur außergerichtlichen Streitbeilegung[572] besteht bereits seit 1992. Dieser Ombudsstelle wird allerdings eine mangelnde Unabhängigkeit vorgehalten, d. h. sie treffe ihre Entscheidungen vielfach im Interesse der betroffenen Banken. Dagegen hat der Ombudsmann der Versicherungen eine größere Unabhängigkeit, da er durch eine Wahl in sein Amt kommt, bei der als Wahlmänner Verbrauchervertreter, Vertreter aus Wissenschaft und aus den Bundestagsfraktionen beteiligt sind.[573]

Zu der zweiten Gruppe der nicht staatlichen Beschwerdeeinrichtungen gehören die Wirtschaftsbereiche, in denen auf freiwilliger Basis »mehr oder weniger unabhängige«[574] Ombudseinrichtungen eingeführt wurden. Sie haben die gleiche Zielsetzung wie die staatlichen Petitions- und Ombudsstellen, d. h. eine formlose, gütliche Einigung als eine an dem aufgetretenen Konflikt nicht beteiligte Stelle herbeizuführen, wobei ihre jeweilige Zugehörigkeit zu einem der Wirtschaftsunternehmen keine vollständige Unabhängigkeit gewährleistet.[575]

Der dritten Gruppe kann man die privaten Einrichtungen zurechnen, die gleichsam einen »unabhängigen Petitionsservice« anbieten. Diese Einrichtungen

---

571 Vgl. *Riehm/Coenen/Lindner/Blümel*, Bürgerbeteiligung, aaO, III, 7, S. 102 stellen fest, dass z. B. die Bundesnetzagentur als Regulierungsbehörde für die ehemaligen Staatsbetriebe effektiver als der Petitionsausschuss ohne exekutive Kompetenzen handeln kann, da sie im Einzelfall direkt eingreifen kann.

572 Dazu *Riehm/Coenen/Lindner/Blümel*, Bürgerbeteiligung, aaO, III, 4, S. 86 die feststellen, dass es hier angesichts mehrerer verschiedener Schlichtungsstellen schwierig sei, die richtige Stelle für die Eingabe zu finden.

573 Vgl. *Riehm/Coenen/Lindner/Blümel*, Bürgerbeteiligung, aaO, III, 4, S. 87.

574 *Riehm/Coenen/Lindner/Blümel*, Bürgerbeteiligung, aaO, II, 4, S. 45.

575 Vgl. *Riehm/Coenen/Lindner/Blümel*, Bürgerbeteiligung, aaO, II, 4 S. 45.

sind vielfach in den Medien anzutreffen, aber auch bei Bürgerorganisationen und »Internetaktivisten«.[576] Sie unterstützen die Petitionseinlegung einzelner durch eine Öffentlichkeits- und Mobilitätstätigkeit oder sie treten als Fürsprecher und Vermittler für Bürger ein, die sich mit einer Beschwerde an eine Behörde wenden wollen.[577] Diese privaten »Serviceeinrichtungen« für Beschwerden erfreuen sich großer Beliebtheit, wie man im Internet beobachten kann. Aber auch Tageszeitungen bieten Ansprechpartner an, um Ansinnen und Beschwerden der Bürger öffentlich zu machen.[578] Ebenso werden im Fernsehen Formate entwickelt, die die gleiche Zielrichtung verfolgen. Allerdings spielt bei diesen Einrichtungen immer eine wesentliche Rolle, dass die Zeitungsredaktionen und Fernsehsender die von ihnen aufgegriffenen Fälle zuvor auf ihre »Quotentauglichkeit«[579] auswählen und damit der Zugang zu ihnen eingeschränkt und nicht »jedermann« möglich ist.

Abschließend ist in diesem Zusammenhang noch zu erwähnen, dass es auch Schlichtungsstellen im Internet gibt, z.B. bei Streitigkeiten im Internethandel.[580] Diese privat-kommerziellen Anbieter von »E-Petitions-Plattformen« nutzen diese in erster Linie zu Mobilisierungszwecken[581], machen aber gleichzeitig für sich geltend, einen Beitrag zur »Demokratisierung des Internets« zu leisten. Sie können sich aber, im Gegensatz zu den staatlichen Betreibern, nicht auf das Grundrecht der Petition berufen. Ihre Nutzungsbedingungen unterliegen der Privatautonomie und Nutzer müssen diesen Bedingungen eingangs zustimmen.

Die Privatanbieter dieser kommerziellen Plattformen bieten »E-Petitionen« aus allen Bereichen gegen Entgelt an. Dabei nehmen sie ihre eigene Auswahl vor. Die staatlichen Online-Plattformen arbeiten hingegen in einem rechtlichen Rahmen von Verfahrensvorschriften und Geschäftsordnungen in ihrem jeweiligen Kompetenzbereich und der Petent kann sich bei ihrer Nutzung auf das Petitionsrecht des Art. 17 GG berufen.[582]

---

576 Vgl. *Riehm/Coenen/Lindner/Blümel*, Bürgerbeteiligung, aaO.

577 Vgl. *Riehm/Coenen/Lindner/Blümel*, Bürgerbeteiligung, aaO.

578 *Riehm/Coenen/Lindner/Blümel*, Bürgerbeteiligung, aaO, II, 4, S. 45 benennen die Berliner Morgenpost mit der Kolumne »Haben Sie Ärger mit Behörden? Werden Ihnen Leistungen verweigert?«. Der »Leseranwalt« würde sich kümmern: »Wir bringen den Amtsschimmel auf Trab.«

579 *Riehm/Coenen/Lindner/Blümel*, Bürgerbeteiligung, aaO, II, 4, S. 83.

580 »Der Online-Schlichter« ist ein Projekt des Zentrums für Europäischen Verbraucherschutz e.V. Die bereits im Sommer 2009 geschaffene Schlichtungsstelle ist auf Streitfälle spezialisiert, denen im Internet zwischen Verbrauchern und Unternehmern geschlossene Verträge zugrunde liegen. *Riehm/Coenen/Lindner/Blümel*, Bürgerbeteiligung, V, 7, S. 193ff zählen noch andere Formen der politischen Aktivierung auf wie z.B. demokratieonline.de, abgeordnetenwatch.de und direktzur kanzlerin.de.

581 Vgl. iPetitions; petition Them. Dazu *Röper*, aaO, in DÖV 2015, 456ff (460ff).

582 Vgl. *Riehm/Coenen/Lindner/Blümel*, Bürgerbeteiligung, V, 7, S. 197, die dazu ausführen, dass der Zugang zu den informellen E-Petitionssystemen weitgehend in das Belieben des Betreibers gestellt ist.

d. Fazit

Als Fazit ist festzustellen, dass Adressat einer sachlichen Dienstaufsichtsbeschwerde sowohl die Erlassbehörde einer Maßnahme sein kann als auch die nächst höhere Verwaltungseinheit. Das – staatliche – Petitionswesen hat durch die massive Tendenz der Privatisierung staatlicher und öffentlicher Einrichtungen der Daseinsvorsorge einen Teil seines Wirkungsbereichs verloren und steht somit als Petitions- und Beschwerdeadressat nicht mehr zur Verfügung. In diesen Bereichen sind eigene Beschwerdeeinrichtungen (»Beschwerdemanagement«) eingerichtet worden[583], für die das Grundrecht des Art. 17 GG nicht gilt. Darüber hinaus bestehen eine Anzahl von Ombuds- oder Beschwerdeeinrichtungen auf freiwilliger Basis, die oftmals kommerziell betrieben werden und vornehmlich Mobilisierungsfunktion haben.[584]

7. Entgegennahme und Weiterleitung

Die Befugnis, eine Dienstaufsichtsbeschwerde einlegen zu können, ist aus dem Grundrechtsgehalt der Petition abzuleiten, nach dem für jedermann ein Recht auf ungehinderten Zugang zu den Volksvertretungen und den zuständigen Stellen besteht.[585] Jede Erschwerung und Behinderung dieses Zugangsrechts außerhalb der rechtlichen Vorgaben ist unzulässig.[586]

Für einen Beschwerdeführer kann sich im Einzelfall die Frage stellen, an wen er sich wenden muss, bzw. ob er sich an den richtigen Beschwerdeadressaten gewandt hat. Hat ein Beschwerdeführer seine Dienstaufsichtsbeschwerde bei einer sachlich oder örtlich zur Bescheidung unzuständigen Stelle eingereicht, so darf diese die Dienstaufsichtsbeschwerde mit dem Hinweis auf ihre Unzuständigkeit nicht einfach

583 Zur Privatisierung vgl. *Erich Röper*, Petitionsrecht und Privatisierung – ein Spannungsverhältnis, in ZParl. 30. Jg., Heft 3, 1999, S. 748–761(751).

584 Diese Eingaben- und Beschwerdeinstanzen arbeiten im Wesentlichen mit der elektronischen Petition (E-Petition). Dazu auch *Röper*, aaO, in DÖV 2015, 456ff (460ff).

585 *Klein* in Maunz/Dürig/Herzog/Scholz, aaO, Rdnr. 84 zu Art. 17 GG führt aus, dass die »leistungsrechtliche Dimension des Petitionsrechts leerliefe, wenn es sich im Recht auf Einbringung der Petition« erschöpfe. Insofern habe das Petitionsrecht eine »typologische Verwandtschaft zu Art. 19 Abs. 4 GG, also einen verfahrensrechtlichen Gehalt. Art. 17 GG verbürge den Anspruch darauf, dass der Staat auf Anliegen, die an ihn heran getragen werden, reagiert und die Petition einer »verfahrensmäßigen Befassung und Bescheidung zuführt«. Vgl. auch *Dollinger* in Umbach/Clemens, GG, aaO, Rdnr. 36 zu Art. 17.

586 Das gleiche Recht auf freien und ungehinderten Zugang zur betreffenden Behörde gilt auch für den Beschwerdeführer einer Dienstaufsichtsbeschwerde verbunden mit dem Anspruch auf Entgegennahme der Dienstaufsichtsbeschwerde und der – oben dargestellten – Möglichkeit, die Dienstaufsichtsbeschwerde zur Niederschrift bei der Behörde zu erklären.

abweisen oder sie ignorieren.[587] Sie ist verpflichtet, die Beschwerde entgegenzunehmen.[588] Ergibt der Inhalt der Dienstaufsichtsbeschwerde sodann die Unzuständigkeit der angegangenen Stelle, d. h. verfügt sie nicht über die erforderliche Erledigungskompetenz[589] , so ist zu fragen, welche Rechtsfolge eintritt. Überwiegend[590] wird vertreten, dass die gebotene Behandlung einer Dienstaufsichtsbeschwerde sei, die Eingabe an die zuständige Stelle weiterzuleiten oder zumindest dem Beschwerdeführer die zuständige Dienststelle zu benennen.

Hiergegen werden Bedenken dahingehend geltend gemacht[591], dass eine Verpflichtung zur Weiterleitung einem möglichen Missbrauch des Eingabenrechts Vorschub leisten könnte und zudem die Behörden über keine hinreichenden Kapazitäten für die Weiterleitung verfügten.

Diese Einwände überzeugen indes nicht. Missbrauch kann niemals verhindert werden und ist regelmäßig ein Ausnahmefall, den die betreffende Behörde bewältigen muss. Aber auch der Hinweis auf die mangelnden Kapazitäten in den Behörden ist nicht überzeugend.[592] Wenn schon ein Entgegennahmeanspruch für den Beschwerdeführer besteht, verbunden mit der Pflicht der angegangenen Stelle, nach Befassung mit der Eingabe zumindest die eigene Zuständigkeit festzustellen,

---

587 Dieses gilt unbeschadet des irreführenden Wortlauts des Art. 17 GG, der von »zuständiger Stelle« spricht.

588 Erst dann, mit einer Befassung der Eingabe, kann sie ihre Unzuständigkeit feststellen.

589 *Klein* in Maunz/Dürig/Herzog/Scholz, aaO, Rdnr. 85 zu Art. 17 GG.

590 BVerwG in DÖV 1976, 315; OLG Frankfurt NVwZ-RR 1977, 69; *Klein* in Maunz/Dürig/Herzog/Scholz, aaO, Rdnr. 86 zu Art. 17 GG; *Dollinger* in Umbach/Clemens, GG, Rdnr. 33 zu Art. 17 GG; *Burmeister*, HbStR II, § 32, Rdnr. 13; *Jarass* in Jarass/Pieroth, GG, aaO, Rdnr. 6 zu Art. 17 GG.

591 *Stein* in AltKomm. aaO, Rdnr. 17 zu Art. 17 GG, *Bauer* in Dreier GG, aaO, Rdnr. 34 zu Art. 17 GG.

592 Wenn einerseits argumentiert wird, dass dies die »verfassungsrechtliche Pflicht zur Weiterleitung« einer Eingabe »überspanne« (*Klein* in Maunz/Dürig/Herzog/Scholz, aaO, Rdnr. 86 zu Art. 17 GG), aber andererseits ausgeführt wird, dass eine Verpflichtung zur Weiterleitung jedenfalls dann bestehe, wenn die Weiterleitung an die zuständige Stelle den gleichen Aufwand erfordere wie die Rücksendung der Eingabe, so ist diese Argumentation nicht überzeugend. Denn der Aufwand, den eine Weiterleitung erfordern würde, unterscheidet sich nicht von demjenigen, den die Rücksendung ausmachen würde. Zudem ist das Argument der Überspannung nicht einleuchtend, wenn gleichzeitig gesagt wird, dass der »Gewährleistungsgehalt des Grundrechts« nicht »überdehnt« werde, wenn es »mühelos möglich ist, den Petenten bei der beschwerlichen Suche nach einem Pfad durch den Behördendschungel behilflich zu sein.« (so aber *Klein* in Maunz/Dürig/Herzog/Scholz, aaO, Rdnr. 86 zu Art. 17 GG, der dann von einer »modifizierten Weiterleitungspflicht« spricht).

schließt das die Obliegenheit ein, die Dienstaufsichtsbeschwerde im Falle der eigenen Unzuständigkeit an die zuständige Stelle weiterzuleiten.[593]

Deshalb ist von der Verpflichtung der angegangenen Stelle auszugehen, die Dienstaufsichtsbeschwerde im Fall ihrer Unzuständigkeit, an die zuständige Behörde weiterzuleiten.[594] Wird die Dienstaufsichtsbeschwerde an die zur Bescheidung zuständige Stelle abgegeben, so wird dem Beschwerdeführer eine entsprechende Abgabenachricht erteilt, damit dieser weiß, bei welcher Stelle seine Beschwerde schließlich gelandet ist.[595]

8. Dienstaufsichtsbeschwerde und Sonderstatusverhältnisse

Die Frage, ob Angehörige eines Sonderstatusverhältnisses[596] Träger des Grundrechts aus Art. 17 GG sein können, ist heute nicht mehr umstritten.[597] In Art. 17a GG wird dem dort genannten Personenkreis – Streitkräfte und Ersatzdienstleistende[598] – das Petitionsrecht mit bestimmten Einschränkungen gewährt und damit die Grundrechtsträgerschaft der Angehörigen von Sonderstatusverhältnissen »indirekt bestätigt«.[599]

Allerdings darf die Befugnis zur Erhebung einer Dienstaufsichtsbeschwerde in einem Sonderstatusverhältnis nur insoweit beschränkt werden, wie es der Zweck dieses Sonderstatusverhältnises zwingend gebietet und muss »den Gehalt des Rechts im Kern unangetastet lassen«.[600] Das bedeutet, dass im Einzelfall jeweils eine Abwägung zu erfolgen hat, ob der Zweck des Sonderstatusverhältnisses diese gesetzlich angeordnete Beschränkung des Eingabenrechts erfordert.[601]

---

593 Vgl. *Klein*, aaO, *Stein* in AltKomm, GG, Rdnr. 17 zu Art. 17; *Michael Hornig*, Die Petitionsfreiheit als Element der Staatskommunikation: Grundrechtsfunktionen und einfachgesetzliche Ausgestaltung, 2001, S.119 bezeichnet die Weiterleitung einer Eingabe nicht als Verpflichtung, sondern als Ausdruck eines grundrechts- und bürgerfreundlichen Verhaltens.

594 OVG Lüneburg, OVGE 23, 408; OLG Düsseldorf in NVwZ 1983, 502; *Hömig*, GG, aaO, Rdnr. 6 zu Art. 17 GG.

595 Vgl. BVerwG in DÖV 1976, 315.

596 z. B. *Schwan*, in Wickler, aaO, Teil 4, S. 82f.

597 *Klein* in Maunz/Dürig/Herzog/Scholz, aaO, Rdnrn. 120–127 zu Art. 17 GG.

598 Am 01.07 2011 begann der Bundesfreiwilligendienst. Das Gesetz zur Einführung eines Bundesfreiwilligendienstes (BFDG v. 28.04.2011 – BGBl. I. S. 687) und das Wehrrechtsänderungsgesetz (WehrRÄndG v. 28.04.2011 – BGBl. I. S. 678), mit dem die Wehrpflicht ausgesetzt wird, sind am 03.05 2011 in Kraft getreten. Mit dem BFDG erlosch in Folge der Aussetzung der Wehrpflicht auch die Pflicht zur Ableistung des Zivildienstes.

599 *Klein* in Maunz/Dürig/Herzog/Scholz, aaO, Rdnr. 120 zu Art. 17 GG.

600 BVerfGE 49,24(57) in dem Kontaktsperre-Beschluss; *Hofmann* in Schmidt-Bleibtreu/Hofmann/Hopfauf, GG, aaO, Rdnr. 17 zu Art. 17 GG.

601 *Klein* in Maunz/Dürig/Herzog/Scholz, aaO, Rdnrn. 115, 120 zu Art. 17 GG.

Ob das die Eingabenfreiheit beschränkende Gesetz verfassungsgemäß ist, muss daher durch Prüfung, welche Verfassungsnorm den Vorrang hat, festgestellt werden.[602] Hierbei kann nicht maßgebend sein, ob der Betroffene das Sonderstatusverhältnis freiwillig eingegangen ist oder nicht, mit der Konsequenz, dass bei einem freiwillig eingegangenen Sonderstatusverhältnis diese Abwägung idR. zu Lasten des Eingabenrechts geht, da der Betroffene die Beschränkungen vorher kannte. Auch wenn der Betroffene die Beschränkungen vor Eintritt in das Sonderstatusverhältnis vorher kannte, kann dies keine Begründung dafür sein, in einem freiwilligen Sonderstatusverhältnis Beschränkungen des Eingabenrechts »über das Maß des Notwendigen hinaus« zuzulassen.[603].

Als Fazit ergibt sich, dass Eingaben, bzw. Dienstaufsichtsbeschwerden in Sonderstatusverhältnissen zulässig sind, beispielsweise wenn sich ein Mitarbeiter in einer Behörde über Handlungen seines Vorgesetzten ihm gegenüber beschwert (Beamtenbeschwerde)[604], Soldaten und Ersatzdienstleistende – bis zum Inkrafttreten des BFDG – glauben, einen Grund zur Klage zu haben oder Untersuchungs- und Strafgefangene sich mit einer Beschwerde oder einem Anliegen an die Anstaltsleitung wenden.[605] Für sie gelten teilweise Sondervorschriften.[606]

Bei Untersuchungs- und Strafgefangenen bedeutet das beispielsweise, dass der Gefangene, der eine Sammelpetition erstellen will, keinen Anspruch auf Kontaktaufnahme zu Mitgefangenen hat, um die Sammelpetition gemeinsam zu verfassen, »sofern und solange solche Kontakte mit dem Haftzweck unvereinbar sind.«[607] Allerdings würde selbst im Falle der Kontaktsperre gemäß §§ 31ff EGGVG eine »substantielle

602 BVerfG in NJW 1991, 1475(1476); *Dollinger* in Umbach/Clemens, GG, aaO, Rdnr. 19 zu Art. 17 GG; *Bauer* in Dreier aaO, GG, Rdnr. 40 zu Art. 17 GG.
Nach BVerGE 49, 24 (64f) zur sog. Kontaktsperre von Untersuchungsgefangenen (§§ 31 EGGVG) ist es zulässig, dass die Ausübung des Petitionsrechts in Gemeinschaft mit anderen im Interesse überragender Gemeinschaftswerte vorübergehend unterbunden werden kann. Das individuelle Petitionsrecht werde durch diese Vorschrift bei ihrer verfassungskonformen Auslegung nicht eingeschränkt.

603 Zutreffend wird darauf verwiesen, dass dies auf einen zumindest partiellen Grundrechtsverzicht hinauslaufe, der zwar nicht immer unzulässig sei, aber dann fragwürdig, wenn er für die Zukunft bindend sein solle. Vgl. *Stettner* in BK, GG, Rdnr. 104 zu Art. 17 GG; *Klein* in Maunz/Dürig/Herzog/Scholz, aaO, Rdnr. 121 zu Art. 17 GG.

604 Vgl. *Kratzer* in BayVBl 1969,189 spricht von der »Beamtenbeschwerde«.

605 Vgl. Gesetzbuch über den Justizvollzug in BadWürtt. Art. 1 des Gesetzes v. 10.11.2009, 2. Buch (GBl. S. 545) Abschn. 13 Beschwerderecht und Rechtsbehelfe, § 68 (Untersuchungsgefangene); 3. Buch, Abschn. 14 (Strafvollzug) §§ 92–93; 4. Buch, Abschn. 14, § 86 (Jugendliche) mit jeweils gleichlautendem Inhalt.

606 § 1 Abs. 1 WBO, §§ 41 Abs. 3 iVm. 80 ZDG (bis zur Aussetzung der Wehrpflicht am 03.5.2011); § 108 StVollZG, § 7 WBeauftrG (ohne die Pflicht zur Einhaltung des Dienstweges).

607 BVerfG BVerfGE 49, 24(57).

Einschränkung des Rechts zur individuellen Petition«[608] für unzulässig gehalten. Dem ist zuzustimmen, denn das Geltendmachen einer individuellen Eingabe kann den Haftzweck kaum beeinträchtigen, besteht doch die Möglichkeit, den gesamten Schriftverkehr eines Gefangenen zu überwachen (§ 29 Abs. 3 StVollzG). Allein die Kenntnisnahme einer Eingabeschrift eines Gefangenen durch die Organe des Strafvollzugs berührt nicht den Kernbereich des Petitionsrechts.[609] Dies wäre allerdings dann der Fall, wenn die Eingabe nicht weitergeleitet werden würde.

Das Sonderstatusverhältnis mit den meisten Angehörigen ist das Beamtenverhältnis. Nach den in Art. 33 Abs. 5 GG normierten hergebrachten Grundsätzen des Berufsbeamtentums befindet sich der Beamte in einem besonderen Treue- und Pflichtenverhältnis zu seinem Dienstherrn. Dieses Treue- und Pflichtenverhältnis bewirkt eine Reihe von Restriktionen des Eingabenrechts bei Beamten[610], die der Fürsorgeverpflichtung des öffentlichen Arbeitgebers gegenüberstehen. Die Abwägung zwischen der Eingabe- und Beschwerdefreiheit und dem Beamtenstatus ergibt, dass das Eingabenrecht grundsätzlich dann keinen Einschränkungen unterliegt, wenn die Eingabe des Beamten seinen dienstlichen Bereich nicht berührt und der Gegenstand der Eingabe dem Beamten nicht in seiner dienstlichen Eigenschaft bekannt geworden ist.

Insbesondere sind aber Beschränkungen des Eingabenrechts des Beamten auf der Grundlage der §§ 52ff BBG und den entsprechenden Landesbeamtengesetzen möglich, die sich mit der beamtenrechtlichen Treuepflicht befassen und diese konkretisieren. Hier kommen insbesondere die folgenden Tatbestände in Betracht in Betracht: Gemäß § 67 BBG schließt die dem Beamten obliegende Pflicht zur Verschwiegenheit aus, dass er dienstlich bekannt gewordenes Wissen an Dritte weitergibt, damit diese wiederum in die Lage versetzt werden, das Wissen beispielsweise zum Gegenstand einer Beschwerde zu machen. Ebenso darf der Beamte dienstlich erlangte Kenntnis nicht für eine eigene Eingabe oder Beschwerde verwenden. Das bedeutet, dass dem Beamten die »Flucht in die Öffentlichkeit« nur in streng begrenzten Einzelfällen gestattet ist.[611] Dies könnte der Fall sein, um einen außergewöhnlichen Missstand bekannt zu machen, dem auf einem anderen Weg nicht begegnet werden kann. Eine weitere Restriktion für den Beamten ist die ihm in § 60 Abs. 2 BBG obliegende Pflicht zu »Mäßigung und Zurückhaltung«.[612]

608 BVerfG aaO, S.64)

609 OLG Nürnberg in MDR 1993, 794(795); zustimmend *Klein* in Maunz/Dürig/Herzog/Scholz, aaO, Rdnr. 123 zu Art. 17 GG.

610 *Dollinger* in Umbach/Clemens, GG, aaO, Rdnr. 43 zu Art. 17 GG; *Stettner* in BK, GG, aaO, Rdnrn. 105f zu Art. 17 GG; *Burmeister*, HStR, § 32 Rdnrn. 40ff; *Bauer* in Dreier aaO, GG, Rdnr. 44 zu Art. 17; *Jarass* in Jarass/Pieroth, GG, aaO, Rdnrn. 6, 7 zu Art. 17 GG; *Klein* in Maunz/Dürig/Herzog/Scholz, aaO, Rdnr. 124 zu Art. 17GG.

611 BGH in DVBl 1977,183(185); vgl. *Klein* in Maunz/Dürig/Herzog/Scholz, aaO, Rdnr. 125 zu Art. 17 GG. Dazu auch *Schwan* in Wickler, aaO, Teil 4, S. 282.

612 Im Fall einer Verletzung dieser Verpflichtung kann gegen den Beamten disziplinarrechtlich vorgegangen werden (§ 77 BBG). Aber auch der öffentlich-rechtlich

Diese allgemeine Beamtenpflicht bestimmt das Gesamtverhalten des Beamten in der Öffentlichkeit, begründet aber hinsichtlich des Eingabenrechts keine über die Vorschriften des Zivil- und Strafrechts hinausgehenden Pflichten.[613]

Letztlich ist der Beamte gemäß § 125 BBG gehalten, Anträge und Beschwerden auf dem Dienstweg vorzubringen.[614] Richtet sich seine beamtenrechtliche Dienstaufsichtsbeschwerde allerdings gegen den unmittelbaren Vorgesetzten, kann der Beamte sie auch beim nächst höheren Vorgesetzten geltend machen.[615] Dies ist für die Erhebung von Dienstaufsichtsbeschwerden durch einen Beamten insofern eine einschränkende Regelung, als damit die Einlegung einer Dienstaufsichtsbeschwerde bei dem Abteilungs-, Amts- oder Behördenleiter unmittelbar ausgeschlossen ist. Die Einleitung des Dienstweges, d. h. die Einlegung der Dienstaufsichtsbeschwerde bei dem unmittelbaren Vorgesetzten, ist für den Beamten im Fall des § 125 BBG

Beschäftigte, der nicht Beamter ist, hat bei einer Verletzung seiner arbeitsvertraglichen Pflichten der Verschwiegenheit in dienstlichen Dingen und der Mäßigung und Zurückhaltung in der Öffentlichkeit mit arbeitsrechtlichen Konsequenzen zu rechnen. Dazu auch VG Münster, Urt. v. 13.05.2014 – 13 K 3135/13.O – (zit. nach juris): »Ein Beamter hat bei politischer Betätigung diejenige Mäßigung und Zurückhaltung zu wahren, die sich aus seiner Stellung gegenüber der Allgemeinheit und aus der Rücksicht auf die Pflichten seines Amtes ergibt.«

613 *Karl Riedmaier*, Das Petitionsrecht des Beamten als Staatsdiener und Bürger, in RiA 1978, 210ff(215).

614 Gemäß § 5 Abs. 1 S. 1 WBO und bis zum Inkrafttreten des BFDG am 03.05.2011 gemäß § 41 Abs. 1 2. Hs ZDG müssen auch Soldaten und Zivildienstleistende bei einer Beschwerde den Dienstweg einhalten. Es kann vorkommen, dass trotz Einhaltung des Dienstweges der Beamte versucht, Druck auf einen dienstinternen Meinungsbildungs- und Entscheidungsprozeß zu erzeugen, indem er die sogenannte »Flucht in die Öffentlichkeit« antritt, d. h. Vorgänge aus dem Bereich seines Dienstherrn an die Öffentlichkeit bringt. Hier handelt es sich nicht um ein Problem des Dienstweges, sondern um die Pflicht des Beamten, Amtsgeheimnisse zu wahren. Das Grundrecht der Meinungsfreiheit des Art. 5 Abs. 1 Satz 1 GG, das auch dem Beamten zusteht, ist im Zusammenhang mit der Pflicht zur Treue und Loyalität gegenüber dem Dienstherrn zu sehen sowie zur Achtung der berechtigten Belange der Verwaltung, zunächst in ihrem eigenen Bereich alle Abhilfemöglichkeiten auszuschöpfen. (Dazu *Schwan* in Wickler, aaO, Teil 4, S. 282f.) Dazu gehört auch der Dienstweg gemäß § 125 BBG (*v. Heimburg* in Schütz/Maiwald, Beamtenrecht, aaO, Rdnr. 29 zu § 179 LBG NRW a.F.; BVerfGE 28, 191ff). Dieses gilt im besonderen Maße, wenn sich der Beamte an die Medien wie Fernsehen, Rundfunk oder Presse wendet, da er die Folgen dieses Schrittes wegen der regelmäßig entstehenden Eigendynamik des Vorganges nicht abschätzen und beherrschen kann. Er muss deshalb selbst dann, wenn er verfassungswidrige Vorgänge in seiner Dienststelle zu erkennen glaubt, seine Bedenken zunächst seinem Vorgesetzten mitteilen (Vgl. BVerfGE 28, 191ff; *Plog/Wiedow/Lemhöfer*, BBG, aaO, Rdnr. 3 zu § 171 BBG; *v. Heimburg* in Schütz/Maiwald, Beamtenrecht, aaO, Rdnr. 31 zu § 179 LBG NRW a. F.

615 § 125 Abs. 2 BBG

zwingend. Das bedeutet, dass »zuständige Stelle« für die Einlegung einer Dienstaufsichtsbeschwerde durch Beamte regelmäßig der unmittelbare Vorgesetzte ist, es sei denn dieser ist der Beschwerdegrund.

Das ist bei der Einlegung einer Dienstaufsichtsbeschwerde durch Dritte, also außerhalb der öffentlichen Verwaltung stehenden Personen, nicht der Fall. Für sie kann die »zuständige Stelle« zur Erhebung einer Dienstaufsichtsbeschwerde die Erlass- bzw. Ausgangsbehörde sein, die Aufsicht führende Verwaltungseinheit oder der Behördenleiter. Der Dritte ist also nicht gehalten, stets bei der Erlass- oder Ausgangsbehörde seine Dienstaufsichtsbeschwerde einzulegen, wenn dieses in einer Reihe von Fällen auch zweckmäßig sein kann, da diese Stelle gegebenenfalls ihre Maßnahme korrigiert. Er kann sich vielmehr direkt an den Leiter der Verwaltungseinheit wenden oder an den politisch Verantwortlichen der Behörde.

Anders sieht es aus, wenn der Beamte eine Eingabe in einer Dienstangelegenheit[616] an die Volksvertretung einreichen will.[617] Hier unterliegt er nicht der Beschränkung der Einhaltung des Dienstweges, denn »zu den Volksvertretungen führt kein Dienstweg«[618] und es ist kein überzeugender Grund ersichtlich, dem Beamten den »Direktverkehr mit der Volksvertretung zu verwehren.[619]

Zusammenfassend ist festzustellen, dass auch in Sonderstatusverhältnissen, seien sie durch Gesetz, Richterspruch oder freiwillig begründet, der Angehörige dieses Sonderstatusverhältnisses das Recht hat, eine Dienstaufsichtsbeschwerde zu erheben und diese beschieden werden muss.

9. Antragsbefugnis/Beschwerdeberechtigung des Beschwerdeführers

a. *Ansichten in der Literatur*

Als weitere Zulässigkeitsvoraussetzung ist die Frage zu untersuchen, ob für die Erhebung einer Dienstausichtsbeschwerde eine eigene Antragsbefugnis (Beschwerdeberechtigung) erforderlich ist oder ob sich – wie bei der Petition gemäß Art. 17 GG – »jedermann« an eine Stelle der Verwaltung wenden kann, ohne ein eigenes unmittelbares oder mittelbares rechtliches oder tatsächliches Betroffensein von einer Handlung oder einem Unterlassen der öffentlichen Gewalt geltend machen

616 Nur um solche Eingaben geht es hier, denn dass sich ein Beamter mit einer Eingabe, die keinerlei dienstlichen Bezug hat, direkt an die Volksvertretung wenden kann, ist unbestritten und – wie oben dargestellt – in Petitionsgesetzen normiert.

617 Dieses ist umstr.; dazu Nw. bei *Klein* in Maunz/Dürig/Herzog/Scholz, aaO, Rdnr. 125, Fn. 1 zu Art. 17 GG.

618 Vgl. *Klein* in Maunz/Dürig/Herzog/Scholz, aaO.

619 Vgl. *Klein* in Maunz/Dürig/Herzog/Scholz, aaO; so auch *Riedmaier*, aaO, in RiA 1978, 215.

zu müssen.[620] Zu dieser Frage finden sich in der Rechtsprechung und Literatur keine detaillierten Aussagen.

In den wenigen Veröffentlichungen, in denen die Dienstaufsichtsbeschwerde angesprochen wird, wird die Meinung vertreten,[621] dass für die Dienstaufsichtsbeschwerde keine persönliche Beschwer erforderlich sei. Es stehe vielmehr jedem frei, »Fehler und Mängel in einem öffentlichen Betrieb bei den vorgesetzten Stellen zur Sprache zu bringen und im Interesse der Allgemeinheit, auch zu Gunsten Dritter, um Abhilfe nachzusuchen.«[622] Diese Ansicht wird von anderen Autoren[623] aufgenommen, die »keine besonderen Anforderungen an die Einlegungsbefugnis«[624] einer Dienstaufsichtsbeschwerde stellen: »Insbesondere ist eine persönliche Beschwerde des den Rechtsbehelf Einlegenden nicht erforderlich.«[625] Eine nähere Begründung, wird nicht gegeben.

Bei der oben zitierten Darstellung[626] ist zu fragen, ob das dort beschriebene »Zursprachebringen« von »Fehlern und Mängeln im öffentlichen Betrieb«[627] überhaupt als die Einlegung einer Dienstaufsichtsbeschwerde anzusehen ist. Der Hinweis allein auf einen von dem Bürger empfundenen Missstand und gegebenenfalls Vorschläge zu dessen Behebung ist vielmehr als allgemeine Beschreibung eines »Mangels« anzusehen verbunden mit Vorschlägen, diesen zu beheben. Der Verfasser

620 Diese Frage spielt in der Praxis keine Rolle. Im Untersuchungszeitraum 1995 bis 2005 hatte lediglich in einem Fall ein sogenannter unbeteiligter Dritter eine Dienstaufsichtsbeschwerde für einen anderen eingelegt hat, ohne gleichzeitig eine Vollmacht vorzulegen oder sonst eine Vertretungsmacht nachzuweisen. Dabei hatte es sich zudem nicht um einen tatsächlich »unbeteiligten Dritten« gehandelt, sondern um einen Beschwerdeführer, der mit der Person, für die er die Dienstaufsichtsbeschwerde einlegte, in einer Gesellschaft bürgerlichen Rechts verbunden war. Aus diesem statistischen Ergebnis kann man entnehmen, dass die Frage der eigenen Betroffenheit des Beschwerdeführers als Erfordernis der Beschwerdeberechtigung in der Praxis praktisch keine keine Rolle spielt.

621 z. B. *Kratzer* in BayVBl 1969, 189(191).

622 Ebenda; *Kratzer* spricht von Abhilfeersuchen im Interesse der Allgemeinheit oder zu Gunsten Dritter. Die Frage, ob dieses auch für »Abhilfeersuchen zu Lasten Dritter« gilt, ist wie folgt zu beantworten: Wünscht der Beschwerdeführer die Korrektur einer Maßnahme der Verwaltung, die ihn betrifft, aber zu Lasten Dritter geht, dann ist er Betroffener und antrags- bzw. beschwerdeberechtigt. War er von der Maßnahme nicht betroffen, schwingt er sich gleichsam zum Sachwalter der Allgemeinheit oder einzelner Dritter auf, so ist dieser Fall problematisch. Nach *Kratzer* soll er dazu auch berechtigt sein.

623 *v.Mutius* in Jura 1989, 105; *Vahle, Jürgen*, »Nichtförmliche Rechtsbehelfe« in VR 1987, 425, *Schiedermair* in Hoffmann-Riem/Schmidt-Aßmann/Vosskuhle, aaO, Rdnr. 30 zu § 48.

624 *v. Mutius*, aaO, S.105.

625 *v. Mutius*, aaO.

626 *Kratzer*, in BayVBl 1969, 189 (192).

627 *Kratzer*, aaO.

einer solchen Darstellung hat das Ziel, an der Verbesserung des Handelns der öffentlichen Verwaltung mitzuwirken und möchte hierzu einen Anstoß geben, bzw. einen Beitrag liefern. Dieses Vorhaben unterscheidet sich in seiner Zielrichtung von der Einbringung von »Bitten und Beschwerden«. Da der Verfasser eines solchen Hinweises oder einer solchen Anzeige an der Optimierung des Verwaltungshandelns mit seiner Anregung mitwirken oder einen Beitrag dazu leisten möchte, erwartet er regelmäßig keine »Bescheidung« seiner Anzeige. Deshalb ist der Hinweis, die Anzeige auf einen Missstand oder eine Verbesserungsanregung nicht als Erhebung einer Dienstraufsichtsbeschwerde anzusehen.

Zu prüfen ist, ob der o.a. Ansicht, dass jedermann ohne Einschränkung eine Dienstaufsichtsbeschwerde erheben kann, zu folgen ist.

b. Voraussetzungen bei der Petitionseinlegung und der Erhebung einer sachlichen Dienstaufsichtsbeschwerde

Ausgangspunkt der Überlegungen ist auch hier die Petition gemäß Art. 17 GG. Angesichts des Wortlauts des Art. 17 GG (»Jedermann«) ist unstreitig, dass bei einer Petition der Petent nicht nur eigene Rechte oder Interessen geltend machen kann[628], d.h. bei dem Petenten braucht keine Beschwer irgendeiner Art vorzuliegen. Die Petition ist somit als Individual- oder Popularpetition möglich und sie gewährt das subjektive öffentliche Recht, sich nicht nur mit eigenen, sondern auch mit fremden, einschließlich des Gemeinwohls dienenden Anliegen an die zuständigen Stellen oder das Parlament zu wenden.[629]

Dieses Recht hat grundsätzlich auch der Beschwerdeführer einer Dienstaufsichtsbeschwerde. Es ist ihm – also »jedermann« – grundsätzlich unbenommen, sich mit eigenen oder einem Begehren, das die Rechtssphäre eines Dritten betrifft, an eine Stelle der Verwaltung zu wenden. Er hat zudem – ebenso wie der Petent gemäß Art. 17 GG – einen Anspruch auf Entgegennahme, Prüfung und Antwort (Bescheidung) seiner Dienstaufsichtsbeschwerde. Diesen Anspruch kann er gegebenenfalls mit der allgemeinen Leistungsklage vor dem Verwaltungsgericht einklagen.[630]

Die Frage ist aber, welche Anforderungen an die Bescheidung einer Dienstaufsichtsbeschwerde in dem Fall zu stellen sind, in dem ein Beschwerdeführer eine Maßnahme beanstandet, die seinen Rechtskreis tatsächlich betrifft, und in dem Fall, dass er ohne durch die beanstandete Maßnahme selbst betroffen zu sein, sich mit einer Dienstaufsichtsbeschwerde an eine Stelle der Verwaltung wendet. Das bedeutet: Macht der Beschwerdeführer mit seiner Dienstaufsichtsbeschwerde die Verletzung seiner rechtlichen oder faktischen Betroffenheit geltend, dann könnte

628 Vgl. *Klein* in Maunz/Dürig/Herzog/Scholz, aaO, Rdnr. 60 zu Art. 17 GG.

629 BVerfG in DVBl 1993, 32(33); OLG Düsseldorf in NJW 1972, 651; *Klein* in Maunz/Dürig/Herzog/Scholz, aaO, Rdnr. 69 zu Art. 17 GG; *Schiedermair* in Hoffmann-Riem/Schmidt-Aßmann/Vosskuhle, aaO, Rdnr. 30 zu § 48.

630 Im Einzelnen dazu vgl. 8. Abschn.

er einen Anspruch auf eine einschlägige Begründung in einem zurückweisenden Bescheid haben. Ist er hingegen nicht selbst in seinen subjektiven öffentlichen Rechten oder faktisch betroffen, könnte er – lediglich – einen Anspruch auf eine Bescheidung haben, die zur Sache selbst keine detaillierten Ausführungen, d.h. keine einschlägige Begründung enthält. Unter diesem Gesichtspunkt ist die Frage der Antragsbefugnis bzw. der Beschwerdeberechtigung eines Beschwerdeführers einer Dienstaufsichtsbeschwerde zu untersuchen.

Betrachtet man die Petition und die Dienstaufsichtsbeschwerde, so ist zunächst festzustellen, dass bei der Petition der Adressatenkreis das Parlament und die »zuständigen Stellen« sind. Die Dienstaufsichtsbeschwerde hingegen kann nur bei der Exekutive und mit Einschränkungen bei der Judikative[631] eingelegt werden. Diese Beschränkung der Dienstaufsichtsbeschwerde als Eingabe an die Exekutive, also Stellen der öffentlichen Verwaltung, hat historische Wurzeln, die aus der Unterscheidung der Begriffe »Bitten und Beschwerden« in Art. 17 GG herrühren.[632] Bitten sind Forderungen und Vorschläge an die staatlichen Organe, die öffentliche Aufgaben wahrnehmen, und Beschwerden sind Beanstandungen, die sich gegen Handlungen oder Unterlassen von staatlichen Organen, Behörden oder sonstige Einrichtungen wenden, die öffentlichen Aufgaben wahrnehmen.[633] Der sachlichen Dienstaufsichtsbeschwerde wohnt damit eine Korrektur- und Abwehrfunktion gegen die Verwaltung inne. Aus der Sicht des Beschwerdeführers wird sie als ein Instrument eingeschätzt, sich außerhalb der förmlichen Rechtsbehelfe gegen eine Maßnahme der Behörde zu wenden oder ein Unterlassen zu beanstanden.

Vor diesem Hintergrund könnte es gerechtfertigt sein, bei der sachlichen Dienstaufsichtsbeschwerde einen vergleichbaren Maßstab bei der Frage der eigenen Betroffenheit bzw. Antragsbefugnis unter dem Blickwinkel des Rechtschutzes anzulegen, da die Ausgangssituation vergleichbar ist: Der Beschwerdeführer möchte – in diesem Fall mit diesem nicht förmlichen Rechtsbehelf – die Verwaltung veranlassen, die Überprüfung einer Maßnahme vorzunehmen und gegebenenfalls ihm gegenüber korrigierend tätig zu werden.

Gestützt wird diese vergleichende Sicht mit Überlegungen der Bedeutung des Wortes »Dienstaufsichtsbeschwerde«. Aus dem Sinngehalt der Wörter »Dienstaufsichtsbeschwerde« und »Beschwerdeführer« ist der Begriff der »Beschwer« zu entnehmen. Das könnte für eine notwendige eigene Betroffenheit des Beschwerdeführers sprechen. Unter einer Beschwer versteht man in diesem Zusammenhang eine Beeinträchtigung seiner subjektiven öffentlichen oder Persönlichkeitsrechte, die der Beschwerte durch die Verwaltungsmaßnahme erlitten hat und dessen Beseitigung er im Wege der Dienstaufsichtsbeschwerde anstrebt.[634] Die Beschwer muss

631 Vgl. 6. Abschn.

632 Vgl. 2. Abschn. VI.

633 Vgl. Nrn. 2. 1 und 3 der Grundsätze des Petitionsausschusses über die Behandlung von Bitten und Beschwerden (Verfahrensgrundsätze) aaO.

634 *Stoebenau* in PersV 1968, 228 (230).

von dem Beschwerdeführer behauptet werden und sie muss zumindest möglich sein.[635] Das unterscheidet die Dienstaufsichtsbeschwerde von der allgemeinen Petition.[636]

c. *Bestimmung der Antragsbefugnis/Beschwerdeberechtigung mit der Schutznormtheorie*

Bei der Prüfung der Frage, wann ein Beschwerdeführer nach der Erhebung einer sachlichen Dienstaufsichtsbeschwerde mit einem einschlägigen, d. h. inhaltlichen Bescheid rechnen kann, könnte die sogenannte Schutznormtheorie eventuell weiter helfen. Danach ist zu prüfen, ob der Beschwerdeführer, der nicht von einer behördlichen Maßnahme betroffen ist, sich nur dann auf ein subjektives öffentliches Recht berufen kann, wenn eine Rechtsnorm zumindest auch seine Interessen zu schützen bestimmt ist; d. h. wenn die Norm nicht nur dem Schutz der Allgemeinheit, sondern auch dem Schutz bestimmbarer Einzelpersonen dient.

Die in Zusammenhang mit der Klagebefugnis einer verwaltungsgerichtlichen Anfechtung von Verwaltungsakten entwickelte Schutznormtheorie hilft hier indes nicht weiter, weil die Dienstaufsichtsbeschwerde nicht nur gegenüber Maßnahmen in Gestalt eines Verwaltungsaktes eingelegt werden können, sondern auch gegen schlicht hoheitliches Handeln ohne förmlichen Adressaten. Für die Einlegung einer Dienstaufsichtsbeschwerde mit der Folge, dass der Beschwerdeführer im Fall der Ablehnung einen Bescheid mit einer einschlägigen, inhaltlichen Begründung erwarten kann, bedarf es eben nicht der Berufung auf ein subjektives öffentliches Recht, das zumindest auch seine Rechte zu schützen bestimmt ist, vielmehr reicht auch eine sonstige mögliche Beeinträchtigung seiner Sphäre in tatsächlicher oder rechtlicher Hinsicht.[637]

---

635 Im Vergleich zu den förmlichen Rechtsbehelfen ist der Begriff der individuellen Beschwer bei der Dienstaufsichtsbeschwerde als nicht förmlichen Rechtsbehelf weiter zu fassen; vgl. *Stoebenau*, aaO, in PersV 1968, 228(230).

636 *Schiedermair* in Hoffmann-Riem/Schmidt-Aßmann/Voßkuhle, Verwaltungsrecht, aaO, Rdnr. 30 zu § 48, der wegen der Möglichkeit, mit einer Petition gerade auch Popularanliegen zu verfolgen, diese nicht unter den Begriff der Rechtsbehelfe fassen möchte. Aus seinen Ausführungen ist zu entnehmen, dass er bei einem Rechtsbehelf gerade eine Beschwer voraussetzt.

637 Kritisch mit der Schutznormtheorie setzt sich *Magdalena Pöschl* in den Verhandlungen des 16. Österreichischen Juristentages, Graz 2006, Subjektive Rechte und Verwaltungsrecht, S.1ff auseinander. Auf S. 21 weist sie darauf hin, dass nicht jede Norm des objektiven Rechts ein subjektives öffentliches Recht vermittelt. Könnte aber jedermann jede beliebige Rechtswidrigkeit geltend machen, dann wäre es nicht erforderlich, die Parteieigenschaft bzw. Beschwerdebefugnis von einem subjektiven öffentlichen Recht abhängig zu machen. Mit der Schutznormtheorie könne man hier praktisch jedes Ergebnis begründen, da sie eine hohe Flexibilität in sich berge. Vgl. auch *André Niesler*, Individualrechtsschutz im Verwaltungsprozess, 2012, S. 259. *Niesler* weist auf S. 259f darauf hin, dass die Schutznormtheorie Impulse aus dem Recht der EU zu ihrer Erweiterung empfangen habe, denn der

Kann man diese feststellen, hat ein Beschwerdeführer im Fall der Ablehnung seiner Dienstaufsichtsbeschwerde einen Anspruch auf eine Bescheidung mit einer einschlägigen Begründung. Ist hingegen aus seiner Dienstaufsichtsbeschwerde kein bestimmter oder zumindest bestimmbarer Bezug zu seiner Person erkennbar, so wird ihm das ungehinderte Zugangsrecht zu Stellen der Verwaltung zwar nicht verwehrt und der Beschwerdeführer hat auch einen Anspruch auf eine Antwort. Diese wird aber regelmäßig eine inhaltlich nicht detaillierte Bescheidung sein, in der ihm im Wesentlichen mitgeteilt wird, dass er als Nichtbetroffener der beanstandeten Maßnahme keinen Anspruch auf eine einschlägige inhaltliche Begründung habe. Antwortet die angegangene Stelle der Verwaltung dem – nicht betroffenen – Beschwerdeführer nicht, so kann er diese Antwort oder Bescheidung nach Ablauf von drei Monaten (vgl. § 75 VwGO) vor dem Verwaltungsgericht einklagen.

d. Dienstaufsichtsbeschwerde und Verwaltungsprozessrecht

Ein Bezug zum Verwaltungsprozessrecht soll das aus dem Sinngehalt des Wortes Dienstaufsichtsbeschwerde abgeleitete Erfordernis der eigenen Betroffenheit bei der Einlegung einer Dienstaufsichtsbeschwerde weiter verdeutlichen.

Verwaltungsgerichtliche Anfechtungs- und Verpflichtungsklagen sind, soweit gesetzlich nichts anderes bestimmt ist, nur zulässig, wenn der Kläger geltend macht, durch den Verwaltungsakt oder seine Unterlassung in seinen Rechten verletzt zu sein. Dabei reicht es aus, dass er eine zumindest mögliche Verletzung eigener Rechte geltend macht, d.h. dass er vom dem in Frage stehenden Verwaltungsakt in einer rechtlich geschützten Position betroffen ist oder die Möglichkeit einer tatsächlichen Betroffenheit nicht von vornherein ausgeschlossen erscheint.[638] § 42 Abs. 2 VwGO gilt für Anfechtungs- und Verpflichtungsklagen vor dem Verwaltungsgericht. Es ist anerkannt, dass die Grundsätze der gerichtlichen Klagebefugnis in entsprechender Anwendung auch für das Widerspruchsverfahren gelten, weil dieses Verfahren ein Rechtschutzverfahren ist, das dem Schutz subjektiver Rechte des Einzelnen dient.[639] Widerspruchsbefugt ist »derjenige, der Tatsachen vorträgt, aus denen sich ergibt, dass die Behörde in ein ihm zustehendes subjektives Recht eingreift und dabei möglicherweise«[640] rechtswidrig und oder unzweckmäßig gehandelt

---

EuGH verlange mitunter die individuelle Einklagbarkeit auch solcher Rechtspositionen, die nach der Schutznormtheorie keine subjektiven öffentlichen Rechte sind, sondern objektivrechtliche Bestimmungen, die dem allgemeinen Wohlbelangen zu dienen bestimmt sind. Im Übrigen meint er, dass die Schutznormtheorie deshalb nicht auf die nicht förmlichen Rechtsbehelfe übertragen werden können, da die förmlichen Rechtsbehelfe sich gerade wegen ihrer Normbindung von den nicht förmlichen Rechtsbehelfen unterscheiden würden.

638 Bay VGH Beschl. v. 12.08.2010 – 4 ZB 09.1230 – (zit. nach juris); *Sodan* in Sodan/Ziekow, VwGO, aaO, 378f zu § 42 VwGO.

639 *Sodan* in Sodan/Ziekow, VwGO , aaO, Rdnr. 377 zu § 42 VwGO.

640 *Sodan* in Sodan/Ziekow, VwGO, aaO, m. Nw.

hat. Voraussetzung für die Zulässigkeit eines Widerspruchs ist demnach, dass der Widerspruchsführer »durch den Verwaltungsakt, dessen Rechtswidrigkeit oder Unzweckmäßigkeit er geltend macht, in seinen Rechten betroffen« ist. § 68 Abs. 1 VwGO eröffnet nämlich ebenso wenig wie § 42 Abs. 2 VwGO die Popularklage die Möglichkeit eines »Popular-Rechtsbehelfs«, d. h. das Widerspruchsverfahren dient dem subjektiven Rechtsschutz und erlaubt keinen »Popular-Widerspruch«.[641]

Bei der Frage, ob diese Zulässigkeitsvoraussetzung hinsichtlich der eigenen Betroffenheit für das verwaltungsgerichtliche und das Widerspruchsverfahren auf das Verfahren der Dienstaufsichtsbeschwerde übertragen werden kann, ist noch einmal darauf hinzuweisen, dass im Gegensatz zu der Einlegung eines Widerspruchs oder der Erhebung einer Anfechtungsklage, Dienstaufsichtsbeschwerden nicht nur gegenüber Verwaltungsakten erhoben werden können, sondern auch gegenüber schlichtem Hoheitshandeln.

Es ist zutreffend, dass die in Art.19. Abs. 4 GG verankerte Rechtsschutzgarantie dem Einzelnen dient und seine Rechtsstellung schützt. Der Einzelne hat eigene Rechte gegenüber dem Staat und damit auch die Möglichkeit, diese Rechte gerichtlich durchzusetzen. »Das in Art. 19 Abs. 4 GG verfassungsrechtlich garantierte Prinzip des subjektiven Rechtsschutzes und die dem Einzelnen darin eingeräumte Rechtsdurchsetzungsmacht nimmt § 42 Abs. 2 VwGO für den Verwaltungsrechtsschutz wieder auf«.[642] Damit ist ein Rechtsschutz auf Einhaltung des objektiven Rechts regelmäßig ausgeschlossen, d. h. es gibt kein an der Einhaltung objektiven Rechts orientiertes gerichtliches Kontrollverfahren.[643] Dieses in § 42 Abs. 2 VwGO zum Ausdruck gebrachte Grundprinzip des subjektiven Rechtsschutzes[644] soll dem

---

641 OVG Rhl-Pf, Urt. v. 15.02.2012 – 8 A 10965/11 – (zit. nach juris).

642 *Christoph Sennekamp* in Fehling/Kastner/Störmer, Verwaltungsrecht, aaO, Rdnr. 6 zu § 42 VwGO.

643 Vgl. *Sennekamp* in Fehling/Kastner/Störmer, Verwaltungsrecht, aaO: »Das deutsche Verwaltungsprozessrecht hat die Frage, in welchem Umfang die Verwaltung der Kontrolle durch die Gerichte unterworfen sein soll im Sinne des subjektiven Rechtsschutzes beantwortet und damit dem Prinzip einer objektiven, von subjektiven Rechten Einzelner gelösten Rechtsbeanstandung eine Absage erteilt«. vgl. auch Rdnrn. 38, 170ff.

644 Ausnahmen von diesem Grundsatz gibt es für spezielle Verbände und Organisationen, die bestimmte, für die Allgemeinheit relevante Interessen vertreten: Im Naturschutzrecht gibt es die Möglichkeit, für anerkannte Naturschutzverbände gegen Entscheidungen von Bundesbehörden Rechtsmittel einzulegen. Das Verbandsklagerecht im Naturschutzrecht ist seit 2002 im Bundesnaturschutzgesetz (BNatSchG, Neufass. v. 29.07.2009 – BGBl I. S. 2994) verbindlich geregelt. Im 8. Abschnitt des BNatSchG ist die Mitwirkung von Vereinen geregelt (§ 64 BNatSchG: Rechtsbehelfe von Vereinen). Mit dem Ende 2006 in Kraft getretenen Umwelt-Rechtsbehelfsgesetz (Gesetz über ergänzende Vorschriften zu Rechtsbehelfen in Umweltangelegenheiten nach EG-Richtlinie 2003/35/EG v. 07.122006 – BGBl 2006 I. Nr. 58 -) wurde die Position der Umweltverbände gestärkt. Sie haben nun die Möglichkeit, gegen bestimmte umweltrechtliche Zulassungsentscheidungen für

oben erwähnten Zweck dienen, Popularklagen auszuschließen, denn wer nicht durch eine Maßnahme einer Behörde beschwert ist, soll sich nicht zum »Sachwalter der Allgemeinheit aufschwingen« können, indem er die »Einhaltung objektiven Rechts einfordert«.[645] Er hat keinen allgemeinen Anspruch auf rechtmäßiges Verwaltungshandeln, sondern nur darauf, dass nicht durch rechtswidriges Verwaltungshandeln in seinen rechtlich geschützten Lebenskreis eingegriffen wird.

Wenn auch § 42 Abs. 2 VwGO nur für Anfechtungs- und Verpflichtungsklagen und analog für das Widerspruchsverfahren gilt, »so wird diese Vorschrift durch eine entsprechende Anwendung auf andere Klage- und Antragsarten zu einem wesentlichen Strukturprinzip des Verwaltungsrechtsschutzes insgesamt«[646]. Dieser Erkenntnis ist zuzustimmen, denn sie entspricht der »subjektiv-rechtlichen Prägung des Rechtsschutzes«.[647] Im Verwaltungsprozessrecht wird damit deutlich, in welchem Unfang die Verwaltung der Überprüfung durch die Verwaltungsgerichte unterworfen ist: Eine Kontrolle nach dem Prinzip des subjektiven Rechtsschutzes – die Verletzung eigener Rechte muss möglich erscheinen – und nicht einer objektiven, von »den subjektiven Rechten Einzelner unabhängigen Möglichkeit der Rechtsbeanstandung«.[648]

Das in § 42 Abs. 2 VwGO zum Ausdruck gekommene Strukturprinzip des Prozessrechts enthält einen über das Prozessrecht hinausgehenden Gedanken: Niemand darf sich zum »privaten Verwaltungskontrolleur aufschwingen«.[649] Gestaltungs- und Leistungsklagen vor dem Verwaltungsgericht und Widerspruchsverfahren bei den Verwaltungsbehörden sind auf subjektive Begehren der Betroffenen auf rechtmäßiges Verwaltungshandeln ausgerichtet. Dabei ist es für den Betroffenen erforderlich, dass er sich auf ein subjektives öffentliches Recht berufen kann, das ihn möglicherweise beeinträchtigt. Die Verwaltungsgerichte und Verwaltungsbehörden sollen nach dieser subjektiv-rechtlichen Ausprägung des Rechtsschutzes nur mit

---

Industrieanlagen (insbes. nach dem Bundes-Immissionsschutzgesetz) und Infrastrukturmaßnahmen gerichtlich vorzugehen. Auch das Gesetz zur Gleichstellung behinderter Menschen (BGG v. 27.04.2002 – BGBl I S. 1468) enthält in § 13 BGG ein Verbandsklagerecht, nach dem ein anerkannter Behindertenschutzverband Klage auf Feststellung eines Verstoßes gegen bestimmte behindertenschutzrechtliche Vorschriften nach vor dem Verwaltungs- oder Sozialgericht erheben kann. Bereits seit 1979 kennt das österreichische Konsumentenschutzgesetz (BGBl Nr. 140/1979) die Verbandsklage zum Schutz der Verbraucher.

645 BVerwGE 17, 87(91), E 36, 192 (199), *Sennekamp* in Fehling/Kastner/Störmer, Verwaltungsrecht, aaO, Rdnr. 6 zu § 42 VwGO.

646 Vgl. *Sennekamp* in Fehling/Kastner/Störmer, Verwaltungsrecht, aaO, Rdnr. 38 zu § 42 VwGO.

647 *Sennekamp* in Fehling/Kastner/Störmer, Verwaltungsrecht, aaO, Rdnr. 6 zu § 42 VwGO.

648 *Sennekamp* aaO.

649 *Ulrich Ramsauer*, Die Bestimmung des Schutzbereiches von Grundrechten nach dem Normzweck, in VerwArch 1981, 89ff(96).

Verfahren befasst werden, in denen der Handelnde eine eigene Rechtsbetroffenheit geltend machen kann.[650]

Dieses Strukturprinzip des Verwaltungsrechtsschutzes ist ein Rechtsprinzip, das nicht nur im Verfahren vor den Verwaltungsgerichten und Widerspruchsbehörden gilt, sondern auch im nicht förmlichen Verfahren der Dienstaufsichtsbeschwerde. Die sachliche Dienstaufsichtsbeschwerde, die ein Beschwerdeführer bei einer Behörde mit dem Begehren geltend macht, eine ihn betreffende Maßnahme zu überprüfen und zu korrigieren, hat eine individuelle Rechts- und Interessenschutzfunktion. Dabei macht es keinen Unterschied in der mit Einschränkungen behafteten Vergleichbarkeit, dass sich der Beschwerdeführer mit der Dienstaufsichtsbeschwerde nicht nur gegen einen Verwaltungsakt, sondern auch gegen schlicht hoheitliches Handeln wenden kann, denn jedenfalls möchte er – wenn auch außerhalb des Rechtsweges – eine korrigierende Tätigkeit der Verwaltung erreichen. Insofern ist das oben genannte Strukturprinzip des Verwaltungsrechtsschutzes mit dem nicht förmlichen Rechtsbehelf der Dienstaufsichtsbeschwerde vergleichbar.

Ließe man eine »Popular-Dienstaufsichtsbeschwerde« zu, böte sie eine Plattform für jedermann und jedweden Anliegens. Das hätte zur Folge, dass dieser nicht förmliche Rechtsbehelf seine eigentliche Zielsetzung – im Einzelfall Herbeiführung des Rechtsfriedens außerhalb des Rechtsweges – einbüßte. Aufgaben und Anliegen für die Allgemeinheit müssen in anderen Handlungsformen wahrgenommen werden. Dies geschieht bereits seit einiger Zeit in nicht unbeträchtlichem Umfang z. B. im Internet.

Somit ist festzustellen, dass die Dienstaufsichtsbeschwerde als nicht förmlicher Rechtsbehelf den individuellen Rechts- und Interessenschutz des Einzelnen und keine Popularbeschwerde gewährleistet.[651] Ein Beschwerdeführer muss demnach eine rechtlich oder faktische mögliche eigene Betroffenheit durch eine Maßnahme einer Behörde oder deren Unterlassen in seiner Dienstaufsichtsbeschwerde vortragen.[652]

Dieses Ergebnis findet Niederschlag in der Umfrage bei den Wirtschaftsressorts der Bundesländer. Sie ergab – soweit eine Antwort erteilt wurde – dass beispielsweise aus dem Hessischen Ministerium Wirtschaft, Energie, Verkehr und Landwirtschaft zu der Frage der Antragsbefugnis mitgeteilt wurde, dass »die Antragsbefugnis des Beschwerdeführers stets gefordert« wurde und »in den genannten Fällen« gegeben war.

---

650 Ohne eigene Betroffenheit könnte jeder »private Verwaltungskontrolleur« die Gerichte und Behörden mit Verfahren in ihrer Funktion beeinträchtigen. Zur Frage der mittelbaren Auswirkung einer »rechtsaufsichtlichen Verfügung«, BayVG Regensburg, Beschl. v. 12.08.2011 – RO 3 S 11.1200 – (zit. nach juris).

651 Vgl. OVG Rhl-Pf., Urt. v. 15.02.2012 – 8 A 10965/11 – ; VG Leipzig, Urt. v. 18.05.2004 – 6 K 1024 – (zit. nach juris); vgl. auch BVerwG 1, Wehrdienstsenat, Beschl. v. 30.09.2008 – 1 WB 24/08 – (zit. nach juris).

652 Keine »gemeinnützige Dienstaufsichtsbeschwerde«. Zum »unbeteiligten Dritten« vgl. VG Leipzig, Urt. v. 18.05.2004 – 6 K 1024/03 – (zit. nach juris), »er muss sich auf eine zumindest auch ihn schützende Rechtsposition berufen können.«

e. *Konsequenzen beim Nicht-Vorhandensein der Antragsbefugnis/ Beschwerdeberechtigung*

Als Fazit kann festgestellt werden: Jedermann kann eine Dienstaufsichtsbeschwerde einlegen. Kann der Beschwerdeführer seine eigene rechtliche oder faktische Betroffenheit von einer Maßnahme oder einem Unterlassen einer Stelle der Verwaltung geltend machen, d.h. hat sein Anliegen in der Dienstaufsichtsbeschwerde einen bestimmten oder bestimmbaren Bezug zu seiner Person, verfügt er über die notwendige Antragsbefugnis und die angegangene Stelle der Verwaltung ist verpflichtet, seine Dienstaufsichtsbeschwerde entgegenzunehmen, zu prüfen und im Fall der Ablehnung mit einer inhaltlichen einschlägigen Begründung zu versehen.

Liegt hingegen eine »Popular-Dienstaufsichtsbeschwerde« vor, hat der Beschwerdeführer zwar ebenfalls einen Anspruch auf Entgegennahme und Bescheidung, allerdings ist dies keine inhaltlich detaillierte Bescheidung, in der dem Beschwerdeführer im Wesentlichen mitgeteilt wird, dass er als nicht Antragsberechtigter in dieser Sache keinen Anspruch auf eine einschlägige Begründung hat.[653]

Aus der hier vertretenen Ansicht zur Antragsbefugnis bei der Einlegung einer Dienstaufsichtsbeschwerde hat beispielsweise die Konferenz der Schulaufsicht in der Bundesrepublik Deutschland e.V., der Dachverband der Schulrätevereinigung, in ihrem Internetauftritt die Konsequenzen gezogen.[654] Die Konferenz der Schulaufsicht stellt unter dem Stichwort »Fach- oder Dienstaufsichtsbeschwerden« unter anderem fest: »Erforderlich ist jedoch, dass aus dem Vorbringen des Beschwerdeführers deutlich wird, dass die von ihm geschilderte Situation überhaupt eine eigene Rechtsbetroffenheit darstellen kann. Damit sollen die sogenannten Popularbeschwerden ausgeschlossen werden.«[655]

---

653 Andernfalls müsste die Verwaltungsbehörde Betriebs- bzw. Geschäftsgeheimnisse einem nicht betroffenen Beschwerdeführer einer sachlichen Dienstaufsichtsbeschwerde ohne Zustimmung desjenigen, den es angeht, mitteilen.

654 Internetauftritt »Schulaufsicht in Deutschland, Konferenz der Schulaufsicht in der Bundesrepublik Deutschland (KDS) e.V. 2011, Stichwort: »Fach- oder Dienstaufsichtsbeschwerde«. Die Konferenz der Schulaufsicht ist ein gemeinnütziger Verein, der mit Initiativen und Stellungsnahmen zu schulpolitischen und pädagogischen Fragen und Anregungen zur Verbesserung des Schulwesens mitwirkt. Ihre Beschlüsse haben für angeschlossene Landesverbände empfehlenden Charakter. Da im Schulbetrieb Dienstaufsichtsbeschwerden keine Seltenheit sind, hat sich die Konferenz dieses Themas angenommen.

655 Zu diesem Ergebnis kamen bereits 1950 auch *Blomeyer-Bartenstein/Närger*, aaO, S. 40: »Eine solche Beschwer ist nun Wesensmerkmal der Dienstaufsichtsbeschwerde. Sie muss im Rahmen der Beschwerde wenigstens behauptet worden sein, auch wenn sie in Wirklichkeit gar nicht vorliegt. Anderenfalls liegt gar keine Beschwerde vor, sondern eine Bitte, auf die die hier dargelegten Gründzüge der Dienstaufsichtsbeschwerde keine oder nur eingeschränkte Anwendung finden können«. Die Beschränkung der Antragsbefugnis mit Anspruch auf eine einschlägige Begründung in einem zurückweisenden Bescheid auf den Betroffenen

f. Regelungen in der EU

Zu diesem Ergebnis soll ergänzend auf die Regelung in der EU hingewiesen werden.

Auf europäischer Ebene kann nach Art. 24 Abs. 2 AEUV (ex Art. 21 Abs.1 EGV) in Verbindung mit Art. 227 AEUV (ex Art. 194 EGV) jeder Unionsbürger sowie jede natürliche und juristische Person mit Wohnort oder satzungsgemäßem Sitz in einem Mitgliedstaat allein oder zusammen mit anderen Bürgern oder Personen in Angelegenheiten, die in den Tätigkeitsbereich der Gemeinschaft fallen und »ihn unmittelbar betreffen«, eine Petition an das Europäische Parlament richten. In Art. Art. 227 AEUV wird für die Petitionsberechtigung also eine unmittelbare persönliche Betroffenheit gefordert. Gleichzeitig ist der Petitionsgegenstand auf Angelegenheiten des Tätigkeitsbereiches der Europäischen Gemeinschaft eingeschränkt.[656]

In einer Entscheidung vom 07.06.2006 hat das Gericht erster Instanz der Europäischen Gemeinschaften[657] diese Grundentscheidung im EG-Vertrag in einem Verbraucherschutzverfahren bekräftigt und darauf hingewiesen, dass eine extensive Auslegung des Begriffs der Betroffenheit und der berechtigten Interessen[658] einer – unzulässigen – Popularbeschwerde den Weg ebnen würde.

Die europäische Regelung ist tatsächlich keine andere als diejenige in Art. 17 GG. In Art. 24 Abs. 2 AEUV iVm. Art. 227 AEUV wird nur der Kreis der Antragsbefugten konkretisiert. Wie bei der Petition des Art. 17 GG oder der Dienstaufsichtsbeschwerde kann auch hier jedermann eine Petition an das Europäische Parlament richten. Aber auch hier wird die Antwort (Bescheidung) unterschiedlich ausfallen, je nachdem, ob der Petent sich mit einer entsprechenden Antragsbefugnis an das Europäische Parlament wendet, die »ihn unmittelbar betrifft« oder nicht.[659]

---

in einer möglichen gesetzlichen Regelung der Dienstaufsichtsbeschwerde würde nicht zuletzt eine Aufwertung dieses nicht förmlichen Rechtsbehelfs bewirken. Sie würde damit den Ruf des Forums für Besser- und Alleswisser verlieren. Auch damit würde dem Gedanken eines wirksamen individuellen Rechts- und Interessenschutzes Rechnung getragen.

656 Dazu *Magdalena Pöschl*, Verhandlungen des 16. Österreichischen Juristentages in Graz 2006, I, 2, Öffentliches Recht, Subjektive Rechte und Verwaltungsrecht, S. 6–43 (22ff) – http://staatsrecht.univie.ac.at/fileadmin/user_upload/inst_staats recht_poeschl/MitarbeierInnen/Poeschl/supjektive_rechte_und_verwaltungs recht_opt.p.

657 Urt. v. 07.06.2006 – T – 213/01 – (zit. nach juris).

658 Hier zwar bezogen auf das Verbraucherschutzverfahren, die Ausführung haben aber allgemeine Bedeutung. Das Gericht wies in diesem Zusammenhang im Fall einer Petition auch auf die Möglichkeit des Missbrauchs hin.

659 Dafür spricht auch, dass bei Vorliegen einer eigenen Betroffenheit der Beschwerdeführer wesentlich intensiver seine persönlichen Verhältnisse offenbaren muss und dann auch eine qualifizierte Antwort erwarten kann. Nur wer selbst konkret wird, kann auch eine konkrete Antwort erwarten.

Stellt man das Tatbestandsmerkmal des Art. 227 AEUV, »ihn unmittelbar betreffen«, der Klagebefugnis des § 42 Abs. 2 VwGO gegenüber, so ist festzustellen, dass beide Normen in unterschiedlichen Verfahren – Petitionsverfahren und verwaltungsgerichtlichen Verfahren – Regelungen treffen, die ein vergleichbares Zeil verfolgen. In Art. 227 AEUV und in § 42 Abs. 2 VwGO ist das gemeinsame gesetzgeberische Bestreben erkennbar, den Kreis der Petenten bzw. der Kläger mit Anspruch auf eine inhaltliche Entscheidung insoweit einzugrenzen, als nur derjenige – mit Anspruch auf inhaltliche Bescheidung – petitionsbefugt bzw. klagebefugt ist, »den es angeht«, der also einen Sachvortrag machen kann, aus dem sich zumindest die Möglichkeit einer Beeinträchtigung seiner rechtlichen oder tatsächlichen Situation ergeben kann. Vor diesem Hintergrund liegt beiden Normen ein vergleichbarer allgemeiner Rechtsgedanke zugrunde, nämlich der Ausschluss der Popularbeschwerde.[660]

Aus alldem ergibt sich, dass nur derjenige Beschwerdeführer einer sachlichen Dienstaufsichtsbeschwerde einen Anspruch auf eine einschlägige, inhaltliche Begründung hat, der von einer Maßnahme einer Behörde oder deren Unterlassen möglicherweise betroffen ist, d.h. sein Begehren muss einen bestimmten oder bestimmbaren Bezug zu seiner Person haben.

II. Die Bescheidung der zulässigen sachlichen Dienstaufsichtsbeschwerde

Feste Regeln für die Bearbeitung von Dienstaufsichtsbeschwerden gibt es mangels einer gesetzlichen Vorschrift nicht. Dienstaufsichtsbeschwerden werden in den einzelnen Verwaltungsbereichen zwar im Gang der Entscheidungsfindung unterschiedlich, in der Bescheidungsphase aber regelmäßig in vergleichbarer Weise abgewickelt.

1. Inhaltliche Anforderungen an die Beschwerdeentscheidung

Unbestritten ist, dass nicht förmliche Rechtsbehelfe – Eingaben und Beschwerden – kein Recht darauf gewähren, dass sie im Sinne des Beschwerdeführers beschieden werden.[661] Das ergibt sich aus dem Wortlaut des Art. 17 GG und gilt auch für die Dienstaufsichtsbeschwerden. Einigkeit besteht auch insoweit, dass Art. 17 GG für

---

660 *Dirk Ehlers*, Europäische Grundrechte und Grundpflichten, 3. A. 2009, weist auf S. 670f, Rdnrn. 68f darauf hin, dass der Petent »in eigenen Angelegenheiten betroffen sein« muss, in der Praxis des Europäischen Parlaments »insoweit großzügig« verfahren werde, allgemeine Anliegen aber als unzulässig zurückgewiesen werden.

661 BVerfGE 2, 215ff; BVerfGE 13, 54(90); BVerfGK 7, 133 (134); HmbOVG Beschl. v. 17.09.2001 1 Bf 469/98 – (zit. nach juris); VG Halle, Urt. v. 11.03.2009 – 1 A 259/03; VG Magdeburg, Urt. v. 24.02.2009 – 5 A 356/08 (beide zit. nach juris); *Klein* in Maunz/Dürig/Herzog/Scholz aaO, Rdnrn. 51 und 87 zu Art. 17 m. Nw.

die Petition und die Dienstaufsichtsbeschwerden einen Behandlungsanspruch[662] auf inhaltliche Befassung mit der Eingabe gewährt. Das bedeutet, dass die zuständige Stelle die Eingabe einem »sorgfältigen Studium«[663] unterziehen muss.

Die inhaltliche Befassung mit der Eingabe muss mit einer Bescheidung enden, da der Beschwerdeführer entsprechend dem leistungsrechtlichen Gehalt des Art. 17 GG nicht nur einen Einbringungsanspruch seiner Eingabe hat, sondern über den Anspruch auf Entgegennahme und sachliche Prüfung hinaus einen Bescheidungsanspruch[664], den er gegebenenfalls mit einer Leistungsklage vor dem Verwaltungsgericht durchsetzen kann.[665]

Fraglich ist indes, ob ein zurückweisender Bescheid über eine Eingabe bzw. Dienstaufsichtsbeschwerde mit einer einschlägigen Begründung zu versehen ist oder ob es den Verwaltungseinheiten freisteht, über Art und Umfang der Bescheidung zu befinden.

Für die Beantwortung der Frage einer möglichen Notwendigkeit der Befügung einer Begründung in einem ablehnenden Bescheid über eine Dienstaufsichtsbeschwerde könnte u.a. von Bedeutung sein, welchen Einfluss der Gesichtspunkt des Kontaktes zwischen Bürger und staatlicher Verwaltung und einer beiderseitig befriedigenden Kommunikation aus heutiger Sicht hat. Zudem könnte der Aspekt eine Rolle spielen, dass der Beschwerdeführer einer Dienstaufsichtsbeschwerde regelmäßig eigene Interessen geltend macht, während das bei einer Petition, beispielsweise an die Bundesregierung mit der Bitte, eine bestimmte Gesetzesinitiative zu starten, nicht der Fall ist. Das heißt die Möglichkeit der Verletzung von Individualinteressen könnte Einfluss auf die inhaltlichen Anforderungen der Bescheidung einer Dienstaufsichtsbeschwerde haben.

Im Folgenden soll geprüft werden, ob sich eine Verpflichtung der angegangenen Stelle, den zurückweisenden Bescheid über eine Dienstaufsichtsbeschwerde mit einer einschlägigen Begründung zu versehen, aus einer Norm herleiten lässt.

Vgl. *Kopp/Ramsauer*, VwVfG, aaO, Rdnr. 19 zu § 79 VwVfG m.Nw *Klein* in Maunz/Dürig/Herzog/Scholz aaO, Rdnr. 87 zu Art. 17GG.

662 Vgl. *Klein* in Maunz/Dürig/Herzog/Scholz aaO, Rdnr. 88 zu Art. 17 GG.

663 *Klein* in Maunz/Dürig/Herzog/Scholz aaO.

664 BVerfGE 2, 225; und E 13, 54 (90); *Kopp/Ramsauer*, VwVfG, aaO, Rdnr. 19 zu § 79 VwVfG m. Nw.; *Klein* in Maunz/Dürig/Herzog/Scholz aaO, Rdnrn. 84,98 zu Art. 17 GG: »Ohne diesen leistungsrechtlichen Gehalt handelte es sich um ein bloßes Scheinrecht«; *Dollinger* in Umbach/Clemens, GG, aaO, Rdnr. 37 zu Art. 17 GG; *Jarass* in Jarass/Pieroth, GG, aaO, Rdnr. 9 zu Art. 17 GG; *Burmeister* HStR II, § 32, Rdnr. 31. Vgl. Nr. 7. 14 und 7. 15 Verfahrensgrundsätze des Petitionssauschuss des Deutschen Bundestages. Unter einem Bescheidungsanspruch ist nach den Verfahrensgrundsätzen des Petitionsausschusses des Bundestages eine Antwort auf die Eingabe zu verstehen, aus der der Petent oder Beschwerdeführer entnehmen kann, ob seiner Eingabe abgeholfen wurde oder ob sie auf andere Weise erledigt wurde.

665 Vgl. 8. Abschn. II.

a. *Rechtliche Herleitung einer Begründungspflicht bei Dienstaufsichtsbeschwerden aus dem Grundgesetz und den Länderverfassungen*

Die Beifügung einer nachvollziehbaren, einschlägigen Begründung in einem ablehnenden Bescheid über eine Dienstaufsichtsbeschwerde könnte aus Art. 17 GG und aus den Verfassungen einiger Bundesländer geboten sein.

aa. Wortlaut und systematische Auslegung des Art. 17 GG

Als erstes soll untersucht werden, ob aus Art. 17 GG für den Petenten im Fall der Ablehnung seiner Eingabe ein Anspruch auf Erteilung eines mit einschlägigen Gründen versehenden Bescheides hergeleitet werden kann. Dieses hätte dann auch Bedeutung für den nicht förmlichen Rechtsbehelf der Dienstaufsichtsbeschwerde.[666]

Wie oben dargestellt, gehören zu der Erledigungspflicht der angegangenen Stelle die Entgegennahme, die Bestätigung des Empfanges, die Kenntnisnahme vom Inhalt der Beschwerde, die Befassung mit der Sache und zwar auch dann, wenn die angerufene Stelle für die sachliche Erledigung der Petition nicht zuständig ist,[667] sowie die Beschwerdeentscheidung.[668]

Bei der Beantwortung der Frage, welche Anforderungen an einen zurückweisenden Beschwerdebescheid zu stellen sind, ist mangels ausdrücklicher normativer Regelung nach rechtlichen Maßstäben zu suchen, die eine sach- und zeitgemäße Antwort auf die Frage nach Art, Umfang und Inhalt einer eventuellen Begründungspflicht ermöglichen.

Zu fragen ist, ob aus dem Wortlaut des Art. 17 GG und seiner systematischen Auslegung eine Begründungspflicht hergeleitet werden kann. Die grammatische oder grammatikalische Auslegung[669] orientiert sich sowohl am Wortlaut der Norm als auch an ihrem sprachlichen Sinn. Ziel ist es, die Bedeutung der Regelung zu ermitteln, die in der Gesetzesformulierung enthalten ist. Entscheidend ist dabei, was in der Norm tatsächlich gesagt wird und nicht, was gemeint ist oder sein könnte.[670] Die systematische Auslegungsmethode sucht den Inhalt einer Rechtsnorm aus ihrem

666 BVerwG, Beschl. v. 01.09.1976 – VII B 101/75 – m. Nw. (zit. nach juris); OVG Koblenz, Beschl. v. 20.11.1996 – 7 E 13031/96 (zit. nach juris); BayVGH, Beschl.v.10.11.2010 – 3 CE 10.2390 – (zit. nach juris); VG, Berlin Urt. v. 16.08.2011 – 85 K 3.110B – (zit. nach juris).

667 BVerfG 2,225 (230) E 13,54 (90); *Klein* in Maunz/Dürig/Herzog/Scholz aaO, Rdnr. 88 zu Art. 17 m. Nw.

668 Hinsichtlich der Befassung der angegangenen Stelle mit der Beschwerde wird auch von einer »förmlichen Befassung« gesprochen; vgl. *Kopp/Ramsauer*, VwVfG, aaO, Rdnrn. 19, 21 zu § 79 VwVfG mit Bezug auf BVerfG in NVwZ 1989, 953 zur Petition.

669 »Auslegung aus dem Wortlaut«

670 Vgl. http://www.juraforum.de/lexikon/auslegung.

mit ihr in Zusammenhang stehenden Reglungen im Gesetz oder im Rechtssystem zu ermitteln.[671]

Aus der Formulierung des Petitionsrechts in Art. 17 GG, dass sich »jedermann« einzeln oder in der Gemeinschaft mit anderen mit Bitten und Beschwerden an die Volksvertretung oder die zuständigen Stellen wenden kann, ist zunächst das Recht auf ungehinderten Zugang an die dort genannten Stellen zu entnehmen. Nur dieses ist in Art. 17 GG ausdrücklich gesagt. Zur Frage, ob eine abgelehnte Petition mit einer einschlägigen Begründung zu versehen ist, schweigt das Grundgesetz, d.h. Art. 17 GG verbietet auch nicht die Beifügung einer einschlägigen Begründung im Fall der Ablehnung einer Petition. Aus der Bedeutung der verwendeten Wörter in Art. 17 GG ergibt sich somit kein Hinweis auf eine mögliche Verpflichtung des Petitionsadressaten, eine abgelehnte Bitte oder Beschwerde zu begründen. Der Petitionsadressat ist vielmehr nicht in Art. 17 GG erwähnt. Demnach ist aus dem Wortlaut des Art. 17 GG nicht zu entnehmen, dass er eine bestimmte Interpretation fordert oder ausschließt. Das bedeutet, dass sich aus ihm zwar ein Eingaberecht und eine Erledigungspflicht der angegangenen Stelle ergeben, aus dem Schweigen des Art. 17 GG hinsichtlich der Befügung einer einschlägigen Begründung in einem zurückweisenden Bescheid aber nicht geschlossen werden kann, dass es eine solche Verpflichtung nicht geben kann, da Art. 17 GG sie nicht verbietet.[672]

Die »systematische Auslegungsmethode« sucht den Inhalt einer Rechtsnorm aus ihrem Zusammenhang im Gesetz oder im Rechtssystem zu ermitteln.[673] Wesentlicher Punkt dieser Auslegungsmethode ist, dass die einzelne Norm »Teil des Gesamtsystems ist und in einem Wechselspiel mit anderen Normen steht«.[674] Dabei knüpft sie an die Stellung eines Wortes oder Begriffs im Rechtssatz, im Gesetz und in der Rechtsordnung an. Ein Anhaltspunkt kann die »äußere Systematik«[675], d.h. die Stellung der Norm im Gesetz bieten.

Hinsichtlich der Stellung des Petitionsrechts im Grundgesetz ist zu erkennen, dass im Grundrechtekatalog die einzelnen Grundrechte in einer wenig systematischen Reihenfolge normiert worden sind. Art. 17 GG steht zwischen den Grundrechten des Verbots der Ausbürgerung und Auslieferung und der Verwirkung von Grundrechten. Aus der Stellung im Gesetz ist demnach hinsichtlich einer eventuellen Begründungspflicht von zurückgewiesenen Eingaben nichts zu entnehmen. Das bedeutet zunächst, dass die Verpflichtung der angegangenen Stelle zur inhaltlichen Prüfung der Petition gemäß Art. 17 GG jedenfalls eine »ernsthafte inhaltliche

---

671 Vgl. *Eleonora Kohler-Gehring*, Verwaltung und Finanzen, Methodenlehre, Hochschule für Verwaltungswissenschaften Speyer, Skript August 2011, Nr. 2.

672 Seinem Wortlaut nach hat Art. 17 GG im Gegensatz zu den Abwehrrechten des Einzelnen gegenüber staatlicher Gewalt einen leistungsrechtlichen Inhalt. Man kann von einem positiven Status sprechen im Gegensatz zum negativen Status von Grundrechten, vgl. *Robert Alexy*, Theorie der Grundrechte, 1985, S. 570, 571.

673 Vgl. *Kohler-Gehring*, aaO, Nr .2.

674 *Kohler-Gehring*, aaO.

675 *Kohler-Gehring*, aaO.

Auseinandersetzung«[676] mit der Petition oder Dienstaufsichtsbeschwerde umfasst, wobei aber keine Pflicht, Ermittlungen von Amts wegen anzustellen besteht, beispielsweise durch eine Beweiserhebung oder Beziehung von Akten. Sie sind aber nicht ausgeschlossen, wenn sie sachdienlich erscheint. Die Entscheidung hierüber trifft die angegangene Stelle nach ihrem Ermessen. Das ergibt sich aus dem Sinngehalt des Art. 17 GG.[677]

Zu fragen bleibt, ob sich Hinweise auf die inhaltlichen Anforderungen einer ablehnenden Petitionsentscheidung aus der Stellung des Art. 17 GG im System der Grundrechte und damit auch des grundrechtlich garantierten Rechtsschutzes des Einzelnen ergeben könnten, denn jede Norm hat ihren Platz im Gesamtrechtssystem. So wird gesagt[678], dass sich um das Wort, ein Satz, um den Satz ein Text des Artikels, um den Artikel das Gesetz, um dieses »eine Rechtsordnung breitet«[679].

Man könnte daran denken, dass aus der Stellung des Art. 17 GG unter dem Gesichtspunkt seiner Stellung im Gesamtrechtsystem für den Petenten und damit auch für den Beschwerdeführer einer Dienstaufsichtsbeschwerde ein Anspruch auf Begründung eines abgelehnten Bescheids abzuleiten wäre. Dieser Gesichtspunkt hilft indes nicht weiter, denn aus dem systematischen Zusammenhang von Art. 17 GG und Art. 19 Abs. 4 GG sowie dem Gebot des effektiven Rechtsschutzes kann eine Begründungspflicht nur hergeleitet werden, wenn diese inhaltlich – wie Art. 19 Abs. 4 GG voraussetzt – einer gerichtlichen Kontrolle unterliegen würde. Es ist zwar zutreffend[680], dass erst eine gegebene Begründung in einem ungünstigen Bescheid einen wirksamen und sinnvollen Rechtsschutz ermögliche, da der Adressat erst aus einer Begründung ersehen könne, ob mit seinem Anliegen eine sachliche Auseinandersetzung tatsächlich stattgefunden habe.[681] Der Rechtsschutzgedanke hat in diesem Zusammenhang allerdings keine Bedeutung, da keine verwaltungsgerichtliche Überprüfung des Inhalts eines Petitionsbescheides stattfindet, eine erhobene Leistungsklage lediglich den Petitionsbehandlungs- und Petitionsbescheidungsanspruch zum Gegenstand hat.[682]

Hinsichtlich der Frage, ob eine zurückweisende Petitions- oder Beschwerdebescheidung einer einschlägigen Begründung im Falle der Zurückweisung bedarf,

---

676 *Klein* in Maunz/Dürig/Herzog/Scholz aaO, Rdnr. 88 zu Art. 17 GG.

677 *Klein* in Maunz/Dürig/Herzog/Scholz aaO, Rdnr. 88 zu Art. 17 GG vertritt die Ansicht, dass andernfalls dem Petenten ein Mittel an die Hand gegeben würde, die Arbeitskapazität der angegangenen Stelle in »unvertretbarem Umfang« in Anspruch zu nehmen«.

678 *Kohler-Gehring*, aaO, Nr. 2.

679 *Kohler-Gehring*, aaO.

680 *Wolfgang v. Vitzthum/Wolfgang März,* Das Grundrecht der Petitionsfreiheit, in JZ 1985, 811–817.

681 *Kastner* in Fehling/Kastner/Störmer, Verwaltungsrecht, aaO, Rdnr. 11 Fn. 18 zu § 79. VwVfG; *Thomas Würtenberger* in Bonner Kommentar aaO, Rdnrn. 110ff zu Art. 45 c.

682 Vgl. Abschn. 7 II; *Hömig*, GG, aaO, Rdnr. 7 zu Art. 17.

herrscht insoweit in Rechtsprechung und Literatur Übereinstimmung, als der Petitionsbescheid »zumindest eine Mitteilung über die Art der Erledigung« der Eingabe enthalten soll und damit den Petenten in Kenntnis setzen muss, »ob seiner Petition abgeholfen wird oder nicht oder ob sie in sonstiger Weise«[683], das heißt in welcher Art bzw. durch welche Maßnahmen erledigt wurde.[684]

Zu beantworten bleibt demnach die Frage, ob sich aus Art. 17 GG die Verpflichtung der angegangenen Stelle einer Petition oder Dienstaufsichtsbeschwerde ergibt, ihre zurückweisende Entscheidung in nachvollziehbarer Form zu begründen bzw. ob der Petent oder Beschwerdeführer ein subjektives öffentliches Recht auf die Bekanntgabe von einschlägigen Gründen in dem Beschwerdebescheid hat.

Ausgangspunkt jeder Erörterung in der Literatur und Rechtsprechung hierzu ist der Beschluss des Bundesverfassungsgerichts vom 22.04.1953[685], der in der einschlägigen Passage wie folgt lautet:

> *»Dass ein auf eine zulässige Petition ergehender Bescheid eine besondere Begründung enthalten muss, wird allgemein verneint. In der Tat würde eine solche Forderung eine Überspannung des Grundrechts des Art. 17 GG bedeuten. Soweit daher nicht ein besonderes Gesetz eine Begründungspflicht statuiert, liegt den mit der Petition angegangenen Verwaltungsbehörden und Verfassungsorganen eine Pflicht, ihre Bescheide mit einer Begründung zu versehen, nicht ob.«*

In der Folgeentscheidung aus dem Jahr 1961[686] hat sich das Bundesverfassungsgericht erneut mit der Begründungsproblematik von Petitionsbescheiden befasst und seine Rechtsprechung bestätigt, indem es feststellte, dass die angegangene Behörde verpflichtet sei, die Petition entgegenzunehmen, sachlich zu prüfen und dem Petenten zumindest die Art der Erledigung schriftlich mitzuteilen habe. Weitergehende Rechte gewähre Art. 17 GG nicht.

Dieser Rechtsstandpunkt wurde unter anderem vom Hamburgischen Oberverwaltungsgericht sowie dem Oberverwaltungsgericht Berlin übernommen.[687] Ihr

683 Vgl. Nr. 1. 14 und Nr. 7. 15 Verfahrensgrundssätze des Petitionssauschusses.

684 *Klein* in Maunz/Dürig/Herzog/Scholz aaO, Rdnr. 89 zu Art. 17 m. Nw. *Hofmann* in Schmidt-Bleibtreu/Hofmann/Hopfauf, GG, aaO, Rdnr. 7 zu Art. 14. Anzumerken ist hier, dass dann, wenn Eingaben wiederholt geltend gemacht werden, nicht jedes Mal erneut eine Bescheidung der Beschwerde erfolgen muss. Hier reicht ein Hinweis auf die frühere Erledigung aus, es sei denn es werden erkennbar neue tatsächliche oder rechtliche Umstände vorgetragen. Dazu unter Nr. 7.1; so auch z.B. OVG Münster in NWVBl 1993, 296f; VG Ansbach Urt. v. 22.04.2009 – AN 11 K08 – 01195 – (zit. nach juris).

685 BVerfGE 2, 225ff.

686 BVerfGE 13, 54ff.

687 HmbOVG in DVBl 1967, 86f; OVG Berlin in DVBl 1976, 261ff.

schlossen sich ebenfalls ohne weitergehende Begründung der Bayerische Verfassungsgerichtshof und weitere Gerichte an.[688]

Das Bundesverfassungsgericht hat auch später an seiner restriktiven Rechtsprechung zu Art. 17 GG festgehalten und zum Inhalt des Petitionsrechts in einer Entscheidung vom 15.05.1992[689] dargelegt, warum nach seiner Auffassung eine Verpflichtung, Petitionsbescheide inhaltlich zu begründen, eine »Überspannung« des Grundrechts des Art. 17 GG darstelle. Das oberste Gericht stellte fest, dass eine aus Art. 19 Abs. 4 GG hergeleitete Pflicht zur Begründung von Petitionsbescheiden nicht weiter reichen könne als der Inhalt des Bescheidungsanspruches aus Art. 17 GG. Da dieser aber keinen Anspruch auf Erfüllung des mit der Petition verfolgten Begehrens gewähre, könne auch aus Art. 19 Abs. 4 GG kein Recht hergeleitet werden, das verfolgte Anliegen vor Gericht zu bringen und die Gründe der Bescheidung der Petition gerichtlich überprüfen zu lassen. Andernfalls erhalte das Petitionsrecht praktisch die Funktion einer Popularklage. Auch Art und Umfang der sachlichen Prüfung einer Petition durch die angegangene Stelle unterlägen nach dem Bundesverfassungsgericht keiner Kontrolle durch die Verwaltungsgerichte, so dass auch deswegen kein Anspruch auf Mitteilung des Umfanges der Sachprüfung bestehe.

In der Entscheidung vom 15.05.1992 – 1 BvR 1553/90 – wird u.a. ausgeführt:

> *»Art. 17 GG verpflichtet die Volksvertretungen des Bundes und der Länder – ebenso wie die anderen zuständigen Stellen iS. des Art. 17 GG – zur Kenntnisnahme, sachlicher Prüfung und Bescheidung der bei ihnen eingereichten Bitten und Beschwerden (BVerfGE 2,225= NJW 1953,817). Das bedeutet im Hinblick auf den gerichtlichen Rechtsschutz gegenüber Verletzungen des Petitionsrechts, dass ein Petitionsbescheid Angaben über die Stelle, die sachlich entschieden hat, sowie Angaben über die Art der Erledigung enthalten muss*

688 BayVerfGH in DÖV 1957, 719ff und in NVwZ 1988, 820f; im Beschl. v. 11.09.2000 – 12 ZC 00.2290 (zit. nach juris) spricht der BayVGH von einem mit der allgemeinen Leistungsklage durchsetzbaren Anspruch auf Erteilung eines »informatorischen Bescheides über die Art und Weise der Erledigung der Dienstaufsichtsbeschwerde«; vgl. auch BVerwG in NJW 1976, 637f; VG Berlin, Urt. v. 16.08.2011 – 85 K 3.110B – (zit. nach juris): »Das Petitionsrecht gewährt lediglich, dass der Adressat der Petition bzw. der Dienstaufsichtsbeschwerde sich mit der vom Beschwerdeführer vorgetragenen Sache befasst und ihm eine Antwort gibt, aus der sich die Tatsache der Behandlung und die Art der Erledigung ergeben. Verfassungsrechtlich kann weder eine Begründung und damit eine schriftliche Auseinandersetzung mit dem Vorbringen verlangt werden, noch ein bestimmtes Tätigwerden in der Sache«, vgl. hierzu VG München, Urt. v. 15.12.2010 – M 18 K 10.4850 (zit. nach juris); VGH Kassel in DÖV 1962, 757; OVG Münster in DVBl 1978, 895.

689 Beschl. der 3. Kammer des 1. Senats des Bundesverfassungsgerichts vom 15.05.1992 – 1 BvR 1553/90 (zit. nach juris) = BVerfG in DVBl 1993, 32f, in dem eine Verfassungsbeschwerde, in der das Fehlen einer inhaltlichen Begründung eines abweisenden Petitionsbescheides als Verstoß gegen das Grundrecht der Petition, die Rechtswegegarantie und des rechtlichen Gehörs sowie des Demokratieprinzips gerügt wurde, nicht zur Entscheidung angenommen wurde.

(BVerfGE 2,225 = NJW 1953,817, BVerfGE 13,54 = NJW 1961,1453). (...) Demgegenüber lässt sich eine besondere Begründungspflicht in dem vom Beschwerdeführer geforderten Sinne, dass der Petitionsbescheid die für die Entscheidung des Parlaments inhaltlich maßgeblichen Entscheidungsgründe enthalten muss, weder unmittelbar aus Art. 17 GG noch aus dem systematischen Zusammenhang zwischen Art. 17 GG und Art. 19 Abs. 4 GG, Art. 103 Abs. 1 GG und dem Gebot der Gewährung effektiven Rechtsschutzes (vgl. BVerfGE 40,272 = NJW 1976,141; BVerfGE 61,82 = NJW 1982,2173) herleiten. (...).«[690]

Nachdem die ältere Literatur[691] in den 1950er und 1960er Jahren sich dem Bundesverfassungsgericht zunächst angeschlossen hatte, stieß diese Ansicht später zunehmend auf Kritik.[692]

Es ist zu prüfen, ob die Ausführungen des Bundesverfassungsgerichts in Bezug auf die Dienstaufsichtsbeschwerde auch heute noch überzeugen oder ob das Beschwerderecht nach heutigem Verständnis weitgehend entwertet würde, wenn der Petitionsadressat zu keinerlei einschlägigen Begründung in einem zurückweisenden Bescheid verpflichtet wäre.

Der Rechtsprechung des Bundesverfassungsgerichts kann heute nicht mehr gefolgt werden. Zu Recht ist darauf hingewiesen worden[693], dass im demokratischen

---

690 Dieser Auffassung folgte das VG Berlin, Urt .v. 16.08.2011 – 85 K 3.110B – hinsichtlich der Dienstaufsichtsbeschwerde und führt aus: »Verfassungsrechtlich kann weder eine Begründung und damit eine schriftliche Auseinandersetzung mit dem Vorbringen verlangt werden. Es ist nicht Sinn des Petitionsrechts, dem Petenten ein, neben dem in Art. 19 Abs. 4 GG gewährten Rechtsweg zu den Gerichten, Verfahren zu eröffnen, dass hinsichtlich der Art und Weise sowie des Umfanges der Sachaufklärung und Vorbereitung der Entscheidung dem Verfahren nach den Prozessordnungen gleichkommt.« Hierzu ist anzumerken, dass die Pflicht, einen Bescheid zu begründen etwas anderes ist, als diese Begründung gerichtlich überprüfen lassen zu wollen. Dem Argument, dass mangels gerichtlicher Überprüfbarkeit des Inhalts eines Bescheides über eine Dienstaufsichtsbeschwerde diese deswegen nicht begründet zu werden brauche, kann nicht gefolgt werden.

691 *v. Mutius* in Jura 1989, 105 (107); *Dollinger* in Umbach/Clemens, GG, aaO, Rdnr. 46 zu Art. 17 GG, auch noch *Hofmann* in Schmidt-Bleibtreu/Hofmann/Hopfauf, GG, aaO, Rdnr. 7 zu Art. 17 GG.

692 Nachweise hierzu bei *Ulli Rühl*, Der Umfang der Begründungspflicht von Petitionsbescheiden in DVBl 1993, 15 (Fn. 5); ablehnend zum BVerfG *Bauer* in Dreier aaO, GG, Rdnr. 28 zu Art. 17; *Bauer*, aaO, in DÖV 2014, 453ff (456), *Klein* in Maunz/Dürig/Herzog/Scholz aaO, Rdnrn. 90f zu Art. 17; *Meyer*, Allgemeines Verwaltungsrecht, 1977, S. 132; *Jarass* in Jarass/Pieroth, GG, aaO, Rdnr. 9 zu Art. 17 »eine knappe Begründung«; *Burmeister*, HStR II, § 32, Nr. 31; *Dollinger* in Umbach/Clemens, GG, aaO, Rdnr. 39 zu Art. 17 GG (»Pflicht zur nichtjustitiablen Begründung informatorischen Inhalts«); *Kastner* in Fehling/Kastner/Störmer, Verwaltungsrecht, Rdnr. 11 zu § 79 VwVfG (»sachliche Prüfung und informatorische Bescheidung«); *Stein* in AltKomm., aaO, Rdnr. 29 zu Art. 17 GG; *Matthias Siegfried*, Begründungspflicht bei Petitionsbescheiden in DVBl 1990, 965 m. Anm. v. *Jörg Lücke* S. 967ff.

693 *Klein* in Maunz/Dürig/Herzog/Scholz aaO, Rdnr. 90 zu Art. 17 GG.

Verfassungsstaat Maßnahmen der öffentlichen Verwaltung grundsätzlich mit einer Begründung versehen werden müssen.[694] Dem ist zuzustimmen und dies muss auch für die Dienstaufsichtsbeschwerde gelten; insbesondere unter dem Gesichtspunkt, dass sich im Laufe der Jahre ein engeres Kommunikationsverhalten zwischen Bürger und öffentlicher Verwaltung herausgebildet hat, das nicht zuletzt auch zur Transparenz und Akzeptanz behördlicher Entscheidungen beitragen soll.

Weiterhin ist zu bedenken: Die Beschränkung des Petitionsrechts auf das bloße Recht seiner Anbringung und formalen Bescheidung birgt die Gefahr in sich, dass das Eingabenrecht keine wirksame Funktion hat, dass es »leerläuft«, trotz des in den letzten Jahrzehnten weiter entwickelten Verständnisses des Umganges von Staat und Bürger. Andernfalls erscheint auf den ersten Blick eine verfassungsrechtliche Normierung des Petitionsrechts im Grunde überflüssig, da es auch ohne ausdrückliche Rechtsgrundlage jedermann unbenommen ist, sich mit Bitten, Eingaben und Beschwerden an die Obrigkeit zu wenden.

Diese Argumentation ist allerdings zu kurz gegriffen, denn in einem solchen Fall würde für den Beschwerdeführer (Petenten) weder ein Anspruch auf Entgegennahme seiner Eingabe noch auf eine Reaktion (Bescheidung) der angegangenen Stelle bestehen. Anders verhält es sich, wenn ein Recht auf eine Eingabe besteht. Deshalb war auch das normativ verbriefte Recht, sich mit einer Eingabe an die Obrigkeit zu wenden, nicht immer anerkannt, wie die Geschichte des Petitionsrechts gezeigt hat.[695] Nach Auseinandersetzungen wurde das Recht, eine Petition einzulegen, erst in der zweiten Hälfte des 19. Jahrhunderts anerkannt, wobei ein Anspruch auf tatsächliche Befassung gegen die angegangene Stelle bei Beschwerden am ehesten akzeptiert wurde. Schon damals entbrannte allerdings ein Streit über den Umfang der Erledigungspflicht der angegangenen Stellen, der sich bis zum Inkrafttreten des Art. 17 GG hinzog.[696]

---

694 Vgl. dazu *Jörg Lücke*, Begründungszwang und Verfassung, Zur Begründungspflicht der Gerichte, Behörden und Parlamente, 1987; *Karl Doering*, Staatsrecht für die Bundesrepublik Deutschland, 3. A. 1984, weist auf S. 362 darauf hin, dass der Begründungszwang heute ein »unbestrittener Grundsatz des Verwaltungsrechts« sei. Dazu aber Sch-H VG, Urt. v. 22.10.2004 – 11 122/02 – (zit. nach juris).

695 Vgl. 2. Abschn.: Petitionsverbote waren keine Seltenheit.

696 In diesem Zusammenhang ist ein Hinweis auf die Verfassungsurkunde für das Königreich Württemberg vom 25.09.1819 (http://www.verfassungen.de/de/bw/wuerttemberg/wuertt1819-index.htm) interessant, die in § 36 folgende Regelung enthielt: »Jeder hat das Recht, über gesetz- und ordnungswidriges Verhalten einer Staatlichen Behörde oder Verzögerung der Entscheidung bei der unmittelbar vorgesetzten Stelle schriftlich Beschwerde zu erheben, und nöthigenfalls stufenweise bis zur höchsten Stelle zu verfolgen.«
§ 37: »Wird die angebrachte Beschwerde von der vorgesetzten Behörde unbegründet befunden, so ist letzte verpflichtet, den Beschwerdeführer über die Gründe ihres Urtheils zu belehren.«

Aus der Stellung des Art. 17 GG im Grundrechtesystem wollen einige Autoren[697] mit Hinweis auf das Gebot des »effektiven Rechtsschutzes nach Abschluss eines Petitionsverfahrens« und der Effektivität des Petitionsrechts eben durch das Verfahren eine Pflicht zur Bescheidung einer abgelehnten Petition unter der Beifügung von Gründen herleiten. Hierzu ist aber zu bemerken, dass das Rechtsschutzargument aus Art. 19 Abs. 4 GG auf die Petition und damit auch auf die Dienstaufsichtsbeschwerde nicht passt, weil es die Möglichkeit einer inhaltlichen Überprüfung der Bescheidung voraussetzt, die im Fall einer Leistungsklage vor dem Verwaltungsgericht nach einer zurückgewiesenen Eingabe gerade nicht besteht.[698] Wenn auch das allgemeine Bitt- und Beschwerderecht für den Petenten zwei wesentliche Funktionen erfüllt – einen individuellen Rechts- und Interessenschutz und die Möglichkeit der Teilhabe an staatlichen und politischen Entscheidungen[699] –, so ist dennoch der Gesichtspunkt des individuellen Rechts- und Interessenschutzes gemäß dem Wesensgehalt einer Eingabe hier nicht einschlägig und hilft nicht weiter. Die Eingabe soll gerade einen Schutz außerhalb des Rechtsweges gewähren.

Auch hat das Bundesverfassungsgericht[700] darauf hingewiesen, dass Petitionsbescheide der Kontrolle durch die Verwaltungsgerichte nur insoweit unterliegen, als es um den verfahrensrechtlichen Anspruch des Petenten geht, d.h. der Inhalt des Petitionsbescheides bzw. die beigefügte Begründung ist nicht Gegenstand der Leistungsklage.[701]

Somit ergibt sich als Ergebnis, dass aus der systematischen Stellung des Art. 17 GG mit Art. 19 Abs. 4 GG unter dem Gesichtspunkt der effektiven Rechtsschutzgewährung ein Anspruch auf Begründung eines zurückweisenden Petitionsbescheides und damit des Bescheides über eine Dienstaufsichtsbeschwerde nicht hergeleitet werden kann. Die systematische Auslegung des Art. 17 GG und die Auslegungsmethode nach dem Wortlaut der Norm führen zu keiner weiteren Erkenntnis, welche inhaltlichen Anforderungen an einen zurückweisenden Bescheid über eine Eingabe zu stellen sind.

bb. Entstehungsgeschichte des Art. 17 – Historische Auslegung

Mit der historischen Auslegungsmethode wird an die Entstehungsgeschichte einer Rechtsnorm und der darin verwendeten Begriffe angeknüpft. Dabei spielen die

---

697 So *Siegfried*, aaO, in DÖV 1990, 282f; dazu *Rühl* in DVBl 1993, 18f.

698 BVerwG in NJW 1976, 637ff und in NJW 1977, 118ff.

699 *Riehm/Coenen/Lindner/Blümel*, Bürgerbeteiligung, aaO, II, 3, S. 41; *Korinek*, aaO, S. 12; *Annette Guckelberger*, Der Europäische Bürgerbeauftragte und die Petitionen zum Europäischen Parlament. Eine Bestandsaufnahme zu Beginn des 21. Jahrhunderts, in Schriftenreihe der Hochschule Speyer 162, 2004, S. 11ff; auch *Sören Haase* in jusline.de, Art. 17 GG v. 31.07.2012, II.

700 BVerfG, Beschl. V. 15.05.1992 – 1 BvR 1553/90 – (zit. nach juris).

701 Das bedeutet im Wesentlichen, dass das Gericht die Einhaltung der Verfahrensgrundsätze des Petitionsausschusses des Deutschen Bundestages überprüft.

Entstehungsgeschichte der Norm eine Rolle sowie der in der Norm zum Ausdruck gekommene Wille des Gesetzgebers.[702] Mit dieser Auslegungsmethode soll untersucht werden, was der Gesetzgeber mit bestimmten Begriffen erreichen wollte und welche Vorstellungen er mit den verwendeten Begriffen verbunden hat.[703] Hierüber können die geschichtliche Entwicklung sowie die Gesetzesmaterialien Auskunft geben.[704] Bei der historischen Auslegungsmethode einer Norm ist zu berücksichtigen, dass es nicht auf die »vergeistigten Vorstellungen des Gesetzgebers«[705] ankommen kann, sondern auf das Gesetz, wie es schließlich formuliert wurde und in Kraft trat.

Diese Auslegungsmethode ist nicht immer geeignet, da sie dem sich wandelnden Rechtsleben nicht Rechnung tragen kann. So hat das Bundesverfassungsgericht zur der historischen Auslegungsmethode darauf hingewiesen, dass die Entstehungsgeschichte für die Auslegung einzelner Bestimmungen des Grundgesetzes nicht immer ausschlaggebende Bedeutung haben kann.[706] Das heißt allerdings nicht, dass Argumente aus der Entstehungsgeschichte einer Norm überhaupt keine Bedeutung haben. Sich ausschließlich auf sie zu stützen, hieße aber »schwankenden Boden« zu betreten.[707] Ergibt sich allerdings aus der Entstehung ein deutlicher Hinweis auf eine bestimmte Interpretation eines Grundrechts, dann hat diese Indizwirkung. Will man diesem Hinweis aus der Entstehungsgeschichte nicht folgen, dann sind gute Gründe erforderlich, die das rechtfertigen müssen.[708]

Angewendet auf die Entstehungsgeschichte des Art. 17 GG bedeutet das Folgendes: Aus den historischen Vorläufern des Art. 17 GG[709] kann man zu den inhaltlichen Anforderungen einer Petitionsbescheidung oder der Bescheidung einer Dienstaufsichtsbeschwerde nichts entnehmen. Wesentlicher Gesichtspunkt war hier die allgemeine Berechtigung, sich überhaupt an die Obrigkeit wenden zu können, ohne dafür Nachteile in Kauf nehmen zu müssen. Wegen der politischen Dimensionen von Petitionen und der Betrachtung der Petenten in der Vergangenheit als »Aufrührer«, waren Petitionsverbote im 19. Jahrhundert fast an der Tagesordnung. Wenn auch die Verbote im Wesentlichen die politischen und gemeinschaftlichen Petitionen betrafen und nicht das Recht der Bürger, sich mit Bitten und Beschwerden an die Volksvertretungen zu wenden, so war eine deutliche Abkehr von dieser Praxis angezeigt. Diese wurde mit dem Petitionsrecht als Grundrecht erreicht.

---

702 Vgl. *Kohler-Gehring*, aaO, Nr. 3.

703 Vgl. *Kohler-Gehring*, aaO, Nr. 3; – http://www.juraforum.de/lexikon/auslegung.

704 *Kohler-Gehring*, aaO, weist darauf hin, dass die historische Methode in Art. 33 Abs. 5 GG über die »hergebrachten Grundsätze des Berufsbeamtentums« anklingt.

705 Vgl. *Kohler-Gehring*, aaO, Nr. 3

706 z.B. BVerfGE 51, 98ff; BVerfG in DVBl 1974, 432: »Die Entstehungsgeschichte (...) die nur zur Bestätigung eines anderweitig gefundenen Auslegungsergebnisses bedeutsam sein kann, darf nicht ausschlaggebend sein, weil es nicht auf den Willen des Gesetzgebers, sondern auf den objektiven Willen des Gesetzes ankommt.«

707 Vgl. *Alexy*, aaO, S. 503.

708 Vgl. *Alexy*, aaO.

709 Vgl. 2. Abschn.

Zu prüfen ist, ob sich aus der Entstehungsgeschichte des Art. 17 GG Anhaltspunkte hinsichtlich der inhaltlichen Anforderungen an eine zurückweisende Petitionsentscheidung ergeben.

Die Entstehung des Grundgesetzes nahm mit der Außenministerkonferenz von sechs westlichen Staaten (Belgien, Frankreich, Luxemburg, Niederlange, Großbritannien und USA) in London ihren Anfang und führte zu dem Verfassungskonvent auf Herrenchiemsee vom 10. bis 23. August 1948, der einen Verfassungsentwurf für den Parlamentarischen Rat erstellte.[710] Im Zuge der Beratungen des Verfassungskonvents auf Herrenchiemsee beschloss dieser hinsichtlich des Petitionsrechts den Art. 10 mit folgendem Inhalt: »Jeder hat das Recht, sich schriftlich mit Anträgen oder Beschwerden an die Behörden oder die gesetzgebende Körperschaft zu wenden.«[711]

Diese Formulierung des allgemeinen Petitionsrechts enthält bereits alle Elemente die, wenn auch anders formuliert, später in Art. 17 GG wiederzufinden sind. Hinweise auf die inhaltlichen Voraussetzungen eines Bescheides über eine abgelehnte Petition liefert der Entwurf des Verfassungskonvents von Herrenchiemsee indes nicht.[712]

Am 01.09.1948 begannen die Beratungen des Parlamentarischen Rates mit den von den Landtagen gewählten Abgeordneten in Bonn. In seiner 6. Sitzung am 05.10.1948 ist ausweislich des Sitzungsprotokolls unter Nr. 7 auf Seite 137[713] das Petitionsrecht zur Sprache gekommen:

> *»Es kommt dann der Art.16, zu dem auch nicht viel zu sagen ist. Er behandelt die Frage des Petitionsrechts. Jeder hat das Recht, einzeln oder in Gemeinschaft mit anderen, sich mit Bitten oder Beschwerden an die zuständigen Stellen, insbesondere an die Volksvertretung zu wenden.*
> *Dr. Bergsträsser: Wenn ich mich recht erinnere, haben wir das absichtlich etwas allgemein gehalten, weil wir nicht von uns aus entscheiden oder einengen wollten, was nun ‚zuständige Stellen' sind. (...)*

---

710 Vgl. dazu *Karl-Hein Niclaus*, Der Weg zum Grundgesetz. Demokratiegründung im Weststaat 1945–1949, 1998. Dem Verfassungskonvent waren die von den Außenministern am 07.06.1948 verabschiedeten »Frankfurter Dokumente« am 01.07.1948 von den drei Militärgouverneuren mit Direktiven für eine Verfassung übergeben worden. Die Landesregierungen entsandten Fachleute auf die Insel Herrenchiemsee, die die Verfassung erarbeiten.

711 Vgl. Parlamentarischer Rat 1948 – 1949, Akten und Protokolle, *Kurt-Georg Wenicke/Hans Booms/Walter Vogel*, Bd. 2 – Der Verfassungskonvent auf Herrenchiemsee, bearb. v. *Peter Bucher*, 1981; »Chiemseer Entwurf«, Grundgesetz für einen Bund deutscher Länder; Bericht über den Verfassungskonvent auf Herrenchiemsee, Jahrbuch des öffentlichen Rechts 25.05–30.05.2004; 2004 zu Art. 10.

712 Insgesamt zum Verfassungskonvent auf Herrenchiemsee, vgl. *Angela Bauer-Kirsch*, Der Verfassungsentwurf von Herrenchiemsee. Wegbereiter des Parlamentarischen Rates, Diss., Bonn, 2005.

713 Der Parlamentarische Rat 1948–1949, Akten und Protokolle, Bd. 5/I, Ausschuss für Grundsatzfragen.

Dr. v. Mangoldt: Es ist daran gedacht worden, dass man sich etwa über die eigenen Behörden hinweg auch an Weltorganisationen wenden konnte.«

Es folgt sodann u.a. eine Diskussion über die Möglichkeit, sich mit einer Petition direkt an die Vereinten Nationen zu wenden, und ob dieses in das nationale Petitionsrecht aufgenommen werden sollte. Man kam überein, das nicht zu tun. Auch in diesen Materialien wird zwar über die Frage diskutiert, wo eine Petition eingelegt werden dürfe, es wird aber nichts über den Petitionsadressaten ausgesagt und damit über die inhaltlichen Anforderungen einer zurückweisenden Petitionsbescheidung.

In dem Bericht des Parlamentarischen Rates zum Entwurf eines Grundgesetzes ist der schriftliche Bericht des Abgeordneten Dr. v. Mangoldt zu »I. Grundrechte« enthalten[714]:

»Art. 17 über das Petitionsrecht ist in der Diskussion eigentlich als antiquiert bezeichnet worden. Auf Vorschlag des Redaktionsausschusses ist daher im Ausschuss für Grundsatzfragen am 30. November der Antrag auf Streichung gestellt worden, der aber abgelehnt wurde. Dabei ist auf die Bedeutung der in Abs. 1 Art. 17 ausgesprochenen Verbürgung des Rechts ‚sich an die zuständigen Stellen zu wenden', hingewiesen worden. Damit soll die Möglichkeit zur Ausübung des Petitionsrechts auch in einem weiteren internationalen Rahmen offen gehalten werden.«

Wie die Materialien zum Verfassungskonvent auf Herrenchiemsee geben auch die Protokolle der Sitzungen des Parlamentarischen Rates und seiner Unterausschüsse keinen Hinweis auf die inhaltlichen Anforderungen, die an einen zurückweisenden Petitionsbescheid zu stellen sind. Auch in den Beratungen des Parlamentarischen Rates beschäftigten sich die Teilnehmer nach anfänglicher Diskussion, ob es überhaupt erforderlich und noch zeitgemäß sei, das Petitionsrecht in den Grundrechtekatalog aufzunehmen, nicht mit den Pflichten des Petitionsadressaten.[715]

Aus den historischen Dokumenten zum Petitionsrecht lässt sich somit keine Verpflichtung des Petitionsadressaten herleiten, einen zurückweisenden Bescheid mit einer einschlägigen Begründung zu versehen.[716] Die Entstehungsgeschichte des Art. 17 GG sagt hierzu nichts aus.

cc. Teleologische Auslegung des Art. 17 GG

aaa. Auslegung des Art. 17 GG

Zu prüfen ist nun, ob mit der teleologischen Auslegung des Art. 17 GG Anhaltspunkte für eine Verpflichtung der angegangenen Stelle zur Begründung einer abgelehnten Bescheidung festgestellt werden können.

---

714 Anlage zum stenographischen Bericht der 9. Sitzung des Parlamentarischen Rates am 06.05.1949; Drs. Nr. 850, 854.

715 Insgesamt zum Parlamentarischen Rat, *Michael F. Feldkamp*, Der Parlamentarische Rat und das Grundgesetz für die Bundesrepublik Deutschland 1948–1949; 2008.

716 Vgl. dazu *Alexy* aaO.

Mit der teleologischen Auslegungsmethode wird nach Sinn und Zweck einer Norm gefragt, das heißt es ist zu ermitteln, was für ein Ziel mit der Norm erreicht werden soll.[717] Die teleologische Auslegungsmethode kann als »Fortentwicklung« der historischen Methode gesehen werden, »soweit sie bei der Frage ansetzt, welchen Sinn und Zweck der historische Gesetzgeber mit der Norm bezweckte«[718] und welche Bedeutung dem Gesetz heute zum Zeitpunkt seiner konkreten Anwendung beizumessen ist.[719] Jede Rechtsnorm ist das Ergebnis von Gesetzgebungsvorhaben, entstanden aus der Zeit ihres Inkrafttretens und damit »ein Produkt seiner Zeit«.[720] Deshalb ist nicht allein auf den Willen des historischen Gesetzgebers abzustellen, sondern auf den objektiven, in der Norm zum Ausdruck gekommenen Zweck. Dieser Normzweck kann aber im Laufe der Zeit eine Wandlung bzw. Veränderung erfahren haben, sodass kein Gesetzgebungszweck auf die beim Erlass der Norm gedachten Fälle begrenzt ist, denn das Gesetz »ist nicht toter Buchstabe, sondern lebendig entwickelter Geist, der mit den Lebensverhältnissen fortschreiten und ihnen sinnvoll angepasst weiter gelten will.«[721]

Vor diesem Hintergrund ist das Petitionsrecht nach seiner endgültigen Formulierung in Art. 17 GG im Laufe der Zeit in einer Weise praktiziert worden, die Sinn und Zweck dieses Artikels in der heutigen Zeit erfüllt. Hierbei spielten aktuelle Lebensbedürfnisse, neue wissenschaftliche Erkenntnisse und aktuelle Wertvorstellungen eine Rolle. Das bedeutet, dass mit der teleologischen Auslegungsmethode auch Erwägungen des heute bestehenden Verständnisses vom Umgang zwischen Bürger und Obrigkeit – Transparenz und Akzeptanz – eine Rolle spielen ebenso wie solche der Praktikabilität und Funktionserfüllung der Norm Bedeutung haben.

Fragt man entsprechend der teleologischen Auslegungsmethode zunächst nach Sinn und Zweck des Art. 17 GG, so kann man feststellen, dass der historische Gesetzgeber die Freiheit der Einbringung einer Eingabe oder Beschwerde im Blick hatte und sich mit den Pflichten des Petitions- oder Beschwerdeadressaten nicht befasste. Dieses ist nicht zuletzt eine Folge davon, dass in der Zeit von 1933 bis 1945 ein umfassendes und freies Petitionsrecht in der Praxis nicht bestand.[722] Jede Rechtsnorm ist aber »ein Produkt seiner Zeit«[723], und mit dem Zeitablauf hat sich der Blickwinkel insofern verändert, als das Recht, eine Petition einzubringen, heute fester Bestandteil des Rechtsbewußtseins geworden ist. Die Aufmerksamkeit hat

717 Vgl. *Kohler-Gehring*, aaO, Nr. 4: »Entgegen der historischen Methode, die statisch angelegt ist, ist die teleologische Methode dynamisch angelegt.«

718 Vgl. *Kohler-Gehring* aaO.

719 Vgl. *Kohler-Gehring* aaO, Anm. 5.

720 *Kohler-Gehring* aaO, Anm. 4.

721 BGHStE 10, 157ff(159). Vgl. *Kohler-Gehring* aaO, Anm. 4: »Befasst sich die historische Auslegung mit der Entwicklungslinie der Norm, die zu ihrer Abfassung führte, so knüpft die teleologische Auslegung an die Aufgabenstellung der Norm bei ihrem Erlass an und führt diese in die Gegenwart fort.«

722 Vgl. 2. Abschn. IV. Die WRV wurde in dieser Zeit nicht formal außer Kraft gesetzt.

723 *Kohler-Gehring* aaO, Anm. 4.

sich nunmehr auf den Umgang mit der Eingabe gerichtet, d. h. auf die Verpflichtung des Petitionsadressaten, die Bescheidung einer zurückweisenden Eingabe so zu bewirken, dass sie von Transparenz und Akzeptanz geprägt sein sollte und somit eine Befriedungsfunktion hat.

Das bedeutet, dass das Eingabenrecht des Art. 17 GG, ausgehend von dem historischen Normzweck – freier und ungehinderter Zugang zu den Volksvertretungen und anderen staatlichen Stellen – heute im Zeitpunkt seiner Anwendung nicht auf dem Entwicklungsstand aus dem Jahr 1949 stehen geblieben ist, sondern durch den sich lebendig entwickelnden Zeitgeist mit den Lebensverhältnissen »fortschreitet und ihnen sinnvoll angepasst«[724] werden muss. Vor diesem Hintergrund ist der in Art. 17 GG nicht angesprochene Petitionsadressat mit den ihn treffenden Verpflichtungen in das Bescheidungsgsverfahren einer Petition und Dienstaufsichtsbeschwerde inhaltlich mit einzubeziehen.[725] Das führt dazu, dass die Zielsetzung des Art. 17 GG entsprechend der teleologischen Auslegung – freies Zugangsrecht zu den Parlamenten und den zuständigen Stellen, Akzeptanz der Bescheidung durch Transparenz und damit Befriedungsfunktion – nur durch die Einfügung einer einschlägigen Begründung in einem zurückweisenden Bescheid über eine Eingabe erreicht werden kann. Sie soll dem Beschwerdeführer die inhaltliche Befassung der angegangenen Stelle mit seiner Beschwerde deutlich machen. Darauf hat auch der Beschwerdeführer einer Dienstaufsichtsbeschwerde einen Anspruch. Bei dessen Nichterfüllung ist er in seinem Grundrecht aus Art. 17 GG verletzt.[726] Die Folge der Vorenthaltung einer einschlägigen Begründung ist, dass sich ein Beschwerdeführer nicht gegen eine eventuelle Beeinträchtigung seines Beschwerderechts wirksam zur Wehr setzen kann.[727]

Das Fehlen einer einschlägigen Begründung in einem zurückweisenden Bescheid über eine Eingabe mindert vor diesem Hintergrund die Effizienz des Grundrechts des Art. 17 GG.[728] Zu Recht wird darauf hingewiesen[729], dass das Petitionsrecht nicht zuletzt auch dem Zweck diene, Vertrauen des Bürgers in die öffentliche Verwaltung herzustellen. Ein inhaltlich nicht begründeter, ablehnender Bescheid über eine

---

724 BGHStE 10, 157ff(159).

725 Wenn Art. 17 GG zu den Pflichten des Petitionsadressaten schweigt, die Beifügung einer einschlägigen Begründung in einem zurückweisenden Bescheid aber auch nicht verbietet, so könnte man von einer Lücke sprechen, die mit dem sich weiter entwickelnden Zeitgeist ausgefüllt werden könnte. *Bernd Rüthers*, Rechtstheorie: Begriffe, Geltung und Anwendung des Rechts, 1999, Rdnr. 724: Es ist »ein Gebot wissenschaftlicher wie richterlicher Methodenehrlichkeit und geistiger Hygiene, ein Schweigen des Gesetzgebers als Lücke und die Abweichung vom Gesetz als rechtspolitisch begründete, richterliche Gesetzeskorrektur zu erklären.«

726 Vgl. *Klein* in Maunz/Dürig/Herzog/Scholz aaO, Rdnr. 90 zu Art. 17 GG für die Petition.

727 Vgl. 8. Abschn. II.

728 Vgl. *Klein* in Maunz/Dürig/Herzog/Scholz aaO, Rdnr. 90 zu Art. 17 GG.

729 Vgl. *Klein* in Maunz/Dürig/Herzog/Scholz aaO,

Dienstaufsichtsbeschwerde oder einer mit einer nichtssagenden bzw. austauschbaren, »formelhaften« Begründung würde die gegenteilige Wirkung erzielen. Sie würde dem Bestreben der Behörde, mit dem Bürger ein positives Kommunikationsverhalten herzustellen, zuwiderlaufen. Die Dienstaufsichtsbeschwerde hätte dann weitgehend nur die Funktion einer »Klagemauer« und wäre im Grunde genommen überflüssig. Auch aus diesem Gesichtspunkt ist es geboten, dass die Behörde, die eine Dienstaufsichtsbeschwerde zu bescheiden hat, diese im Fall der Zurückweisung mit einer einschlägigen Begründung versehen muss.[730]

Heute kann eine Dienststelle gerade nicht mehr erwarten, dass allein wegen ihrer hoheitlichen Autorität der Bürger ihren zurückweisenden Bescheid akzeptiert, wenn dieser keine oder eine nichtssagende Begründung enthält. Das hat seinen Grund in der zunehmenden Teilhabe der Bürger an hoheitlichen Entscheidungen und der gegenseitigen Kommunikation unter »gleichberechtigten Partnern«.[731] Das wurde bereits im Jahr 1959 zutreffend formuliert.[732] Seitdem sind Jahrzehnte vergangen und die Verfahrensweise gemäß den oben genannten Entscheidungen des Bundesverfassungsgerichts, aus einem Petitionsbescheid müsse lediglich die Art und Weise der Erledigung ersichtlich sein, ist in der hier untersuchten Behörde sowie in den Wirtschaftsressorts anderer angefragter Bundesländer[733] durch die Praxis seit geraumer Zeit aufgegeben bzw. ergänzt worden.

Diese Praxis hat Niederschlag in einigen Verfassungen der sog. neuen Bundesländer gefunden.[734] Sie erfolgte nicht zuletzt auch in der Erkenntnis, dass die Entscheidung einer Behörde nicht mehr einfach hingenommen wird und nicht immer Rechtsfrieden zu erzeugen vermag. Das ist nur zu erreichen, wenn die mit einer Dienstaufsichtsbeschwerde angegangene Stelle, den Beschwerdeführer von ihrer getroffenen Entscheidung tatsächlich überzeugen kann. Das kann nur durch die Mitteilung von Gründen in einem zurückweisenden Beschwerdebescheid

730 Vgl. *Klein* in Maunz/Dürig/Herzog/Scholz aaO, für die Petition als »Quellrecht« der nicht förmlichen Rechtsbehelfe«.

731 *Kastner* in Fehling/Kastner/Störmer, Verwaltungsrecht, aaO, Rdnr. 11 zu § 79 VwVfG, Fn. 18, der eine Begründung zur besseren Akzeptanz für »angezeigt« hält. *Diether Hoffmann,* Das Petitionsrecht, Frankfurt, 1959, S. 37, der ausführt, dass die Verwaltung vielmehr den Bürger davon überzeugen müsse, dass ihre Entscheidung richtig und notwendig sei, bevor sie sich auf ihre hoheitliche Stellung berufe. Vgl. auch *Steffen H. Elsner,* Das Petitionsrecht zwischen politischer Teilhabe und Partizipationsplacebo, in Newsletter Bürgerschaft (Bremen) 16/2009 v. 14.08.2009.

732 *Hoffmann,* aaO, S. 37.

733 Gemäß einer Umfrage bei den Wirtschaftsressorts der Bundesländer teilten die Länder Niedersachsen, Hessen und das Saarland mit, dass zurückweisende Bescheide über Dienstaufsichtsbeschwerden stets mit einer »einschlägigen, nachvollziehbaren Begründung« erfolgt seien.

734 Vgl. unten bbb.

geschehen.[735] Demzufolge ist es geboten, eine zurückweisende Bescheidung über eine Dienstaufsichtsbeschwerde, mit einer einschlägigen, nachvollziehbaren Begründung zu versehen.[736]

Insofern bleibt noch die Frage zu beantworten, ob gemäß der teleologischen Auslegungsmethode, die an die »Aufgabenstellung der Norm bei ihrem Erlass« anknüpft und diese unter Berücksichtigung der »aktuellen Lebensbedürfnisse (...) in die Gegenwart fortführt«[737], die oben erwähnten Entscheidungen des Bundesverfassungsgerichts aus den Jahren 1953 und 1961[738] heute noch präjudizielle Bindungskraft haben können.

Robert Alexy[739] hat hinsichtlich der Präjudizienverwertung zwei Hauptregeln aufgestellt: Immer dann, wenn ein Präjudiz für oder gegen eine Entscheidung angeführt wird, sei dieses auszuführen. Derjenige, der von einem Präjudiz abweichen will, trage hierfür die Argumentationslast. In diesem Zusammenhang spielt eine Rolle, »wie häufig das Bundesverfassungsgericht sich mit einer Grundrechtsnorm befasst hat und inwieweit eine Verdichtung«[740] eingetreten ist. Aber auch das könne immer nur zu einer prima facie-Bindung führen, denn jede Entscheidungsregel kann aufgegeben werden, wenn hinreichende Gründe dafür sprechen.[741]

Demnach bedeuten die »rational zu rechtfertigenden Verfestigungen der grundrechtlichen Argumentation durch die präjudizielle Kraft der Entscheidung des Bundesverfassungsgerichts keine Verkrustung.«[742] Vielmehr ist es einer »fortgeschrittenen gesellschaftlichen Entwicklung und einer zeitgemäßen Grundrechtsauslegung zugänglich.«[743] Das hat sich in der Rechtsprechung des

---

735 Am Rande sei bemerkt, dass für die Ansicht *Hoffmanns*, dass der Petent Gelegenheit haben müsse, sich zu dem Petitionsbescheid mit einer »Gegenvorstellung« zu äußern, keinerlei Anhaltspunkte in der Entstehungsgeschichte des Art. 17 GG zu finden sind und auf dieses Argument auch in keiner Gerichtsentscheidung Bezug genommen wird, weil es nicht überzeugend ist.

736 Diese Ansicht vertritt z. B. auch *Haase* in seinem Beitrag zu Art. 17 GG (jusline.de v. 31.07.2012). Er führt aus, dass die Rspr. des Bundesverfassungsgerichts (BVerfG v. 22.04.1953, 1 BvR 162/51; BayVerfGH in NVwZ 1988, 820f und NJW 1983, 809f), nach der keine inhaltliche Begründung eines zurückweisenden Petitionsbescheides erforderlich sei, heute nicht mehr zu überzeugen vermag, denn nur aus der beigefügten Begründung könne der Petent die tatsächliche Befassung der angegangenen Stelle mit der Eingabe entnehmen. Er fährt fort: »Da kaum angenommen werden kann, dass der Verfassungsgeber ein derart „zahnloses Grundrecht" in den Grundrechtskatalog aufnehmen wollte«, sei eine Begründung erforderlich, die knapp gehalten werden könne.

737 Vgl. *Kohler-Gehring*, aaO, Anm. 4.

738 BVerfGE 2, 225ff; E 13, 54ff; auch BVerfG v. 15.05.1992 in DVBl 1993, 32ff.

739 *Robert Alexy*, Theorie der Grundrechte, 1985, S. 505ff.

740 Vgl. *Alexy*, aaO, S. 507.

741 Vgl. *Alexy*, aaO, S. 507 m. Nw.

742 Vgl. *Alexy*, aaO, S. 508.

743 Vgl. *Alexy*, aaO.

Bundesverfassungsgerichts beispielsweise zum Grundsatz der Verhältnismäßigkeit, dem Willkürverbot und dem Menschenrechtsbild gezeigt. Diese Offenheit jeder präjudiziellen Bindung muss gerade auch für das Verhältnis von Bürger/Staat und den zeitgemäßen Umgang miteinander gelten und damit auch für das Verständnis des Art. 17 GG. Deshalb stützt diese Erkenntnis die im Wege der teleologischen Auslegung des Art. 17 GG »bis in die Gegenwart« und »angepasst an die aktuellen Lebensbedürfnisse«[744] und derzeitigen Wertvorstellungen gefundene Betrachtung des Art. 17 GG.

Aus diesen Gründen ist Art. 17 GG so zu verstehen, dass er dem Petenten eine subjektives öffentliches Recht auf Einreichung einer Petition gewährt, auf ernsthafte Befassung mit der Sache und eine Art der Erledigung, aus der der Beschwerdeführer die ernsthafte Befassung mit seiner Eingabe entnehmen kann. Damit wird dem Petenten, zurückgehend auf das Allgemeine Preußische Landrecht von 1794[745]. in Weiterführung der historischen Entwicklung das Petitionsrecht als Rechtsanspruch zugesprochen, der sich nicht in dem Einreichung- und Befassungssrecht erschöpft, sondern dem aus den oben dargestellten Gründen ein Anspruch auf eine einschlägige Begründung gegenübersteht.[746]

Nach der grundsätzlichen Feststellung einer Begründungspflicht des Adressaten einer Eingabe ist der Frage nachzugehen, welchen Umfang die geschuldete Begründungspflicht in einem Bescheid haben muss.

Bei den Überlegungen zum Umfang der Begründungsverpflichtung des Beschwerdeadressaten sind zwei Fallgruppen zu unterscheiden, auf die bereits oben im 4. Abschnitt unter Nr. I, 9 hingewiesen worden ist. In dem seltenen Fall, dass ein nicht antragsberechtigter Beschwerdeführer, d. h. jemand, der durch die beanstandete Maßnahme oder deren Unterlassen nicht in seiner Interessensphäre betroffen ist, eine Dienstaufsichtsbeschwerde einlegt, hat dieser zwar einen Anspruch auf eine Antwort der Behörde bzw. auf eine Bescheidung. Er hat aber keinen Anspruch auf die Beifügung einer einschlägigen Begründung. Ihm wird im Wesentlichen mitgeteilt, dass er von der beanstandeten Maßnahme nicht betroffen und somit nicht

744 *Kohler-Gehring*, aaO, Anm. 4.

745 Vgl. auch Verfassungsurkunde für das Königreich Württemberg vom 25.09.1819, die nach § 37 die Behörde verpflichtet, »den Beschwerdeführer über die Gründe ihres Urtheils zu belehren.«.

746 Bemerkenswert ist hier, dass in den damaligen Verhandlungen der Bayerischen Verfassungsgebenden Landesversammlung im Jahr 1946 u.a. der Antrag gestellt wurde, in Art. 115 BayVerf den Zusatz aufzunehmen, »und haben Anspruch auf einen sachgemäßen Bescheid.« Darauf wurde verzichtet, weil nach Ansicht der Mitglieder der Landesversammlung kraft Natur der Sache jeder, der das Recht auf Gehör hat, auch das Recht auf eine Antwort hat. Es sei nicht erforderlich, eine »Selbstverständlichkeit zu einem Recht in der Verfassung auszugestalten.« (vgl. Stenografischer Bericht der Verfassungsgebenden Landesversammlung I, 319).

antragsbefugt für die Einlegung einer Dienstaufsichtsbeschwerde ist, denn niemand darf sich zum »Anwalt der Allgemeinheit« aufschwingen.[747]

Anders sieht es aus, wenn der Beschwerdeführer von der Maßnahme oder deren Unterlassen betroffen und somit antragsbefugt ist. Er hat im Fall der Zurückweisung seiner Dienstaufsichtsbeschwerde einen Anspruch auf einen mit einer einschlägigen Begründung versehenen Bescheid. Würde er einen wenig oder nicht detaillierten Bescheid erhalten wie der nicht antragsbefugte Beschwerdeführer, dann wäre sein Anspruch auf inhaltliche Befassung mit der Dienstaufsichtsbeschwerde nicht erfüllt und er könnte – ebenso, wenn die Behörde auf seine Dienstaufsichtsbeschwerde nicht reagiert – nach Ablauf von drei Monaten gemäß § 75 VwGO eine Bescheidung mit einschlägiger Begründung vor dem Verwaltungsgericht mit der Leistungsklage einklagen.[748]

Dies unterscheidet die Dienstaufsichtsbeschwerde von der Petition an die Volksvertretung. Diese dient nicht nur dem Schutz eigener Rechte des Petenten, sondern kann auch allgemeine Anliegen zum Gegenstand haben. Zudem schuldet die Volksvertretung einem Petenten keine Rechenschaft darüber, warum sie beispielsweise seinem Anliegen auf Änderung des geltenden Rechts in einem bestimmten Bereich nicht stattgegeben hat.[749] Es besteht keine Verpflichtung des Parlaments zu der materiellen Behandlung und Bescheidung von Gesetzes- oder Gesetzesänderungsvorschlägen eines Petenten. Daher reicht es aus, wenn dem Petenten in diesem Fall mitgeteilt wird, dass eine sachliche Prüfung vorgenommen wurde, die eine Information über den Sachstand einschließt und die Mitteilung, warum die aus dem Bescheid ersichtliche Entscheidung getroffen wurde.[750]

Bei der Dienstaufsichtsbeschwerde ist es – wie oben dargestellt – wegen des persönlichen Anliegens des Beschwerdeführers geboten, an den Umfang einer Bescheidung weitergehende Anforderungen zu stellen. Sie soll seinen Anspruch auf inhaltliche Befassung mit seinem Anliegen erkennen lassen und den Beschwerdeführer überzeugen. Der Beschwerdeführer einer Dienstaufsichtsbeschwerde steht, anders als der Petent gegenüber der Volksvertretung im Fall von Gesetzesvorschlägen, in einem individuellen Verhältnis zur Verwaltung. Wendet er sich mit einer Dienstaufsichtsbeschwerde an die Verwaltung, so ist diese nur ihm gegenüber hinsichtlich der beanstandeten oder unterlassenen Maßnahme verantwortlich und nicht auch gegenüber der Allgemeinheit, wie das Parlament im Falle einer Petition in dem oben

---

747 Vgl. dazu 4. Abschn. I, 9.

748 Dazu im Einzelnen 8. Abschn. II.

749 Vgl. *Klein* in Maunz/Dürig/Herzog/Scholz aaO: »Das Parlament ist dem ganzen Volk (vgl. Art. 38 Abs. 1 S. 2 GG) verantwortlich, nicht dem einzelnen Petenten.«

750 OVG Bremen in JZ 1990,967: »In eine sachliche Auseinandersetzung mit dem Begehren des Petenten braucht der Petitionsadressat nicht einzutreten.« Das folge daraus, dass die Begründungspflicht nicht weiter reichen könne, als der Inhalt des Bescheidungsanspruchs aus Art. 17 GG«; vgl. auch *Klein* in Maunz/Dürig/Herzog/Scholz aaO, Rdnr. 91 zu Art. 17 GG.

angenommenen Fall.[751] Das bedeutet, dass ihm die wesentlichen Entscheidungskriterien mitzuteilen sind.[752] Dies gilt unabhängig davon, dass der Beschwerdeführer diese Begründung nicht zum Gegenstand einer gerichtlichen Entscheidung machen kann.[753] Ist er allerdings in seinem Befassungsanspruch verletzt, kann nach Ablauf von drei Monaten mit der Leistungsklage das Verwaltungsgericht anrufen. Streitgegenstand des Verfahrens ist dann der verfahrensrechtliche Anspruch, den die Dienstaufsichtsbeschwerde gewährt, nämlich auf Bescheidung. Das bedeutet, dass eine gerichtliche Entscheidung über das inhaltliche Begehren des Beschwerdeführers und über den sachlichen Inhalt der Beschwerdebescheidung nicht erfolgt, d. h. die Richtigkeit der beigefügten Begründung in dem Bescheid über die zurückweisende Dienstaufsichtsbeschwerde wird nicht geprüft.[754]

Aus alldem ergibt sich, dass die rechtliche Herleitung einer Begründungsverpflichtung in einem zurückweisenden Petitionsbescheid und einer zurückweisenden Bescheidung einer Dienstaufsichtsbeschwerde als besondere Ausformung der Petition im Wege der teleologischen Auslegungsmethode aus Art. 17 GG möglich ist. Eine andere Auslegung würde das im Eingabenrecht enthaltene rechtstaatliche Kontrollpotential schwächen und für den Beschwerdeführer nicht deutlich machen, ob sich die angegangene Stelle mit seinem Beschwerdevortrag tatsächlich inhaltlich auseinandergesetzt hat.[755] Die Bescheidung einer Eingabe und damit einer Dienstaufsichtsbeschwerde unter Beifügung einer einschlägigen Begründung im Fall der

---

751 Interessant ist hier die Situation in Wien: Hier ist erste Anlaufstelle für alle Wünsche, Anregungen, Beschwerden und Fragen der »Bürgerdienst der Stadt Wien«. Für Dienstaufsichtsbeschwerden ist die Gruppe »Interne Revision« zuständig. Weiter heißt es auf der Webseite der Stadt Wien: »Im Hinblick auf den Servicecharakter können Begehren und Beschwerden eine angemessene Reaktion erwarten. Das Referat ‚Volksanwartschaft und Dienstaufsichtsbeschwerden' sorgt für Klärung und eine rasche Antwort. Beschwerden werden als Anstoß für mögliche Verbesserungen von Abläufen und Kontrollsystemen gesehen.«

752 Würde in einem Beschwerdebescheid lediglich mitgeteilt werden, dass die betreffende Maßnahme nicht zu beanstanden sei, würde die Dienstaufsichtsbeschwerde dem ihr innewohnenden individuellen Rechts- und Interessenschutz nicht gerecht werden.

753 Vgl. 8. Abschn. II.

754 Vgl. u.a. OVG Lüneburg, Beschl. v. 29.11.2008 – 11 LA 448/07 – (zit. nach juris), das ausführt, dass nur der Anspruch auf Entgegennahme, sachliche Prüfung und Bescheidung Gegenstand eines gerichtlichen Verfahrens sein kann. »Art und Umfang des Petitionsanliegens (...) unterliegen demgegenüber nicht der gerichtlichen Kontrolle.«

755 Zum Gebot des effektiven Rechtsschutzes gemäß Art 2 Abs. 1 GG in Verbindung mit dem Rechtsstaatsprinzip und dem Anspruch auf rechtliches Gehör gemäß Art.103 Abs. 1 GG vgl. BVerwG Beschl. v. 05.05.2008 in NJW 2008, 2635.

Zurückweisung erzeugt Transparenz und damit Akzeptanz, hat Befriedungsfunktion und dokumentiert, dass die öffentliche Verwaltung letztlich dienende Funktion hat.[756]

bbb. Regelungen des Petitionsrechts in Länderverfassungen

Von Bedeutung für die teleologische Auslegung des Art. 17 GG hinsichtlich einer Begründungspflicht bei zurückweisenden Petitionsbescheiden und Bescheiden über Dienstaufsichtsbeschwerden könnten Regelungen sein, die auf der Ebene des Länderverfassungsrechts bestehen. Sie könnten als Indiz dafür gewertet werden, dass die früher herrschende Ansicht, dass in einem zurückweisenden Beschwerdebescheid lediglich die Art der Erledigung darzustellen ist, inzwischen durch die Praxis aufgegeben bzw. ergänzt wurde und nunmehr die Beifügung einer einschlägigen Begründung in einem zurückweisenden Bescheid geboten ist. Die entsprechenden Normen in Verfassungen einiger neuer Bundesländer – d. h. die Länder des Beitrittsgebietes – könnten somit einen neuen, zeitgemäßen Standard bei der Bescheidung von Petitionen und Dienstaufsichtsbeschwerden darstellen.

Betrachtet man die Länderverfassungen unter diesem Gesichtspunkt, so ist festzustellen, dass die jeweiligen Verfassungsgeber unterschiedliche Wege gegangen sind.[757] Die Verfassungen der Länder der alten Bundesrepublik Deutschland enthalten vorwiegend Regelungen, die sich eng an dem Wortlaut des Art. 17 GG orientieren oder mit ihm identisch sind und deshalb in diesem Zusammenhang keine weiteren Erkenntnisse liefern können.

Anders sieht es allerdings in den Verfassungen des Beitrittsgebietes, der sogenannten »neuen Bundesländer«, aus. Hier haben die Länder Mecklenburg-Vorpommern, Sachsen und Thüringen Regelungen getroffen, die auf eine Neuausrichtung bzw. Ergänzung des Petitionsrechts hindeuten könnten.[758] Nach den in diesen drei Bundesländern nahezu identischen Verfassungsregelungen hat jeder das Recht, sich einzeln oder in Gemeinschaft mit anderen mit Bitten oder Beschwerden schriftlich[759]

---

756 Interessant ist ein Urteil des VG Wiesbaden v. 10.10.2007 – 4 E 890/06 – (zit. nach juris) in dem einem Kläger ein Anspruch auf Klärung der Frage zugebilligt wird, ob einem Rechtsanwalt ein subjektives öffentliches Recht dergestalt zusteht, dass von der Verwaltung dienstrechtlich relevantes Verhalten von Amtsträgern überprüft und ggf. sanktioniert wird. Der Kammer erscheint die Zurechnung der Dienstaufsichtsbeschwerde zur »Kategorie der Petitionen« zweifelhaft. Sie hält unter Hinweis auf Art. 19 Abs. 4 GG eine gerichtliche Überprüfung dienstrechtlicher Entscheidungen über Dienstaufsichtsbeschwerden aber dann für zulässig, wenn die beanstandete Amtshandlung nicht im Rahmen »üblicher förmlicher Rechtsbehelfe« überprüft werden kann.

757 Vgl. 2. Abschn. V, 2.

758 Art. 10 Satz 2 Verfassung des Landes Mecklenburg-Vorpommern v. 23.05.1993 – GVOBlM-V 1993, S. 372; Art. 35 Satz 2 Verfassung des Freistaates Sachsen v. 27.05.1992 – SächsGVBl 1992, S. 243; Art. 14 Satz 2 Verfassung des Freistaates Thüringen v. 25.10.1993 – GVBl 1993, S. 625.

759 In Art. 14 S.1 ThürVerf: »schriftlich oder mündlich«.

an die zuständigen Stellen und an die Volksvertretung zu wenden. Art 10 Satz 2 der Verfassung von Mecklenburg-Vorpommern fährt fort, dass »in angemessener Frist ein begründeter Bescheid« zu erteilen ist. In Art. 35 Satz 2 der Verfassung des Freistaates Sachsen und Art. 14 Satz 2 der Verfassung des Freistaates Thüringen ist formuliert, dass ein »Anspruch auf einen begründeten Bescheid in angemessener Frist« besteht. Die Artikel über das Petitionsrecht haben ihre inhaltliche Ausgestaltung in den entsprechenden Petitionsgesetzen dieser Bundesländer gefunden.[760]

Aus den o.a. Bestimmungen der Verfassungen der Länder Sachsen und Mecklenburg-Vorpommern könnte man entnehmen, dass die inzwischen geübte Praxis, einen zurückweisenden Bescheid in angemessener Frist zu erlassen und ihn mit einer einschlägigen Begründung zu versehen, allgemein verbindlichen Niederschlag gefunden hat: Der Petent soll »in nachvollziehbarer Weise über die Entscheidung des Petitionsausschusses informiert werden.«[761]

In dem Onlineauftritt des Landes Mecklenburg-Vorpommern[762] wird neben den Regularien einer Petitionseinlegung auch ausdrücklich die Dienstaufsichtsbeschwerde angesprochen, deren Ziele erläutert und der Verfahrensablauf wiedergegeben. Hier ist aus dem Sachzusammenhang zu entnehmen, dass für die Dienstaufsichtsbeschwerde als Ausformung des Petitionsrechts bei ihrer Bescheidung ebenso ein Anspruch auf einen begründeten Bescheid besteht wie bei der Petition.

---

760 Petitions- Bürgerbeauftragtengesetz des Landes Mecklenburg-Vorpommern v. 05.04.1995 – GVBl 1995 S.190 -; Gesetz über den Petitionsausschuss des Sächsischen Landtages v. 11.6.1991 – SächsGVBl. S. 90 – ; Thüringer Gesetz über das Petitionswesen v. 15.5.2007 – GVBl. S.57 – Diese Bundesländer geben in ihren Internetauftritten einem potentiellen Petenten oder Beschwerdeführer eine Reihe von Hilfen für eine sachgerechte Einlegung von Petitionen und Beschwerden. Es werden die entsprechenden Rechtsgrundlagen genannt und erläutert, es werden zudem die Petitionen zu anderen Rechtsbehelfen abgegrenzt, die Grenzen des Petitionsrechts aufgezeigt, die Verfahren in den Petitionsausschüssen erläutert, die Art und Weise der Erledigung von Petitionen und Beschwerden dargestellt sowie dem künftigen Petenten Onlineformulare für die Einlegung einer Petition zur Verfügung gestellt. Am 08.10.2009 beschloss auch die Hamburgische Bürgerschaft, dass ab dem 01.01.2010 Online-Eingaben möglich sein sollen. Damit soll »das Petitionsverfahren einfacher und auf die Höhe des 21. Jahrhunderts gebracht werden«, vgl. § 3 Gesetz über den Eingabenausschuss v. 18.04.2008 (HmbGVBl. 1977 S. 91, zuletzt geändert durch Gesetz v. 15.12.2009 (HmbGVBl. S. 534).

761 Vgl. *Rainer Wedde*, Steine statt Brot – Petitionen in der sächsischen Rechtspraxis, in SächsVBl 2004, 97–101.

762 Mecklenburg-Vorpommern, Dienstleistungsportal, Stichwort »Dienstaufsichtsbeschwerde«, Freigabe durch das Ministerium des Inneren und Sport v. 10.10.2012. Grundsätze der Behandlung von Eingaben an den Landtag (Verfahrensgrundsätze), GVOBl. 2011, S. 982.

aaaa. Thüringen und Sachsen

Eine Textexegese der Art. 14 ThürVerf[763] und Art. 35 SächsVerf[764] ergibt zunächst, dass diese Artikel das klassische Petitionsrecht regeln. Art. 14 Satz 1 ThürVerf ist bis auf die Tatsache, dass neben schriftlichen auch mündliche Petitionen zugelassen sind, wortgleich mit Art. 17 GG. Art. 35 Satz 1 SächsVerf enthält die Möglichkeit der mündlichen Petitionseinlegung nicht und entspricht somit Art. 17 GG.

Vorgesehen war im Fall Thüringens zunächst allerdings auch nur das schriftliche Petitionsrecht. Der Verfassungsunterausschuss des Freistaates Thüringen ergänzte aber in seiner Sitzung am 28.01.1993[765] das Petitionsrecht dahingehend, sich auch mit mündlichen Bitten oder Beschwerden an die zuständigen Stellen oder die Volksvertretung wenden zu können. Die Länderverfassung erleichtert damit im Vergleich zu Art. 17 GG, der von dem Erfordernis der Schriftlichkeit ausgeht, die Einlegung einer Petition nicht unerheblich.[766]

Inwieweit »mündlich« eine Niederschrift oder einen Aktenvermerk erfordert, ist nicht ausdrücklich geregelt. Das ist auch nicht zwingend, denn wenn eine Petition nach ihrer mündlichen Einlegung nicht direkt erledigt werden kann, was praktisch niemals der Fall ist, ist die schriftliche Fixierung des mündlich vorgebrachten Begehrens des Petenten erforderlich, denn sie ist Voraussetzung für eine spätere Bearbeitung und für den zu erteilenden Bescheid.[767] Hier reicht die Anfertigung eines bloßen Aktenvermerks durch den aufnehmenden Behördenangehörigen nicht aus, denn dieser hat lediglich verwaltungsinterne Bedeutung. Der Behördenangehörige fertigt nach dem mündlichen Vortrag des Petenten vielmehr eine die schriftliche Eingabe ersetzende Niederschrift, aus der sich Name, Anschrift und Unterschrift des Petenten ergeben.[768]

Satz 2 des Art. 14 ThürVerf – »Es besteht Anspruch auf einen begründeten Bescheid in angemessener Frist« – findet im Wortlaut des Art. 17 GG keine Entsprechung.

---

763 »Jeder hat das Recht, sich einzeln oder in Gemeinschaft mit anderen schriftlich oder mündlich mit Bitten oder Beschwerden an die zuständigen Stellen und an die Volksvertretung zu wenden. Es besteht Anspruch auf begründeten Bescheid in angemessener Frist.«

764 »Jede Person hat das Recht, sich einzeln oder in Gemeinschaft mit anderen schriftlich mit Bitten und Beschwerden an die zuständigen Stellen und an die Volksvertretung zu wenden. Es besteht Anspruch auf begründeten Bescheid in angemessener Frist.«

765 Dazu: Die Entstehung der Verfassung des Freistaates Thüringen 1991–1993; 2003, zu Art. 14 ThürVerf. Eine »Amtliche Begründung« der ThürVerf existiert nicht.

766 Anders aber Art. 10 S.1 VerfM-V und Art. 35 S. 1 SächsVerf die Schriftform vorsehen.

767 Vgl. 4. Abschn. I, 3a.

768 Vgl. auch *Joachim Linck/Siegfried Jutzi/Jörg Hopfe*; Die Verfassung des Freistaates Thüringen; Kommentar; 1994; Rdnr. 23 zu Art. 14 ThürVerf. Zu Recht wird hier darauf hingewiesen, dass diese Formerleichterung als eine für den Bürger günstigere Grundrechtsgewährleistung mit dem Bundesrecht vereinbar ist.

Das gleiche gilt für das Bundesland Sachsen. Nach Art. 35 Satz 2 SächsVerf besteht für den Petenten ebenfalls ein Anspruch auf einen begründeten Bescheid in angemessener Frist. Damit ist die Art und Weise der Erledigung der Petition mit diesen Formulierungen, anders als nach dem Wortlaut des Art. 17 GG, nicht in das Belieben des Petitionsverpflichteten gestellt.[769] Der zuständige Petitionsadressat ist demnach zur Entgegennahme der Petition, zu ihrer sachlichen Prüfung – wie bei Art. 17 –, aber darüber hinaus zur vorschriftsmäßigen Erledigung in Form eines begründeten Bescheides verpflichtet. Allerdings hat auch hier der Petent keinen Anspruch auf eine bestimmte Art der Erledigung oder gar ein bestimmtes Ergebnis.[770] Er hat aber »ein einklagbares Recht auf Beantwortung«.[771] Dabei ist ihm nicht nur die Art der Erledigung mitzuteilen, sondern der Bescheid »ist zu begründen«.[772]

Den zu Art. 17 GG oben dargestellten Meinungsstreit[773], ob nach dieser Grundrechtsnorm ein ablehnender Petitionsbescheid einer Begründung bedarf, haben Art. 14 S. 2 ThürVerf und Art. 35 Satz 2 SächsVerf positiv entschieden: Der Bescheid ist zu begründen. Eine ausführliche Darstellung des Eingabenanliegens ist in allen Einzelheiten allerdings nicht erforderlich.[774] Die Begründung muss aber in verständlicher Sprache für den Petenten inhaltlich nachvollziehbar sein.[775]

Ein bei der Verfassungsberatung aufgetretener Formulierungsdissens, ob es »sachlicher« oder »begründeter« Bescheid heißen sollte, ist aus dem Protokoll der 7. Klausurtagung des Sächsischen Verfassungs- und Rechtsausschusses vom 31.01.1992[776] zu entnehmen. Es gab eine ausführliche Diskussion über diese Formulierungsvarianten. Auf Anraten von v. Mangoldt, der als Berater

---

769 Vgl auch Art. 35 SächsVerf, der ebenfalls von einem Anspruch auf begründeten Bescheid spricht und Art. 10 S. 2 VerfM-V nach dem »ein begründeter Bescheid zu erteilen ist«.

770 *Joachim Linck/Siegfried Jutzi/Jörg Hopfe*; aaO, Rdnr. 15 zu Art. 14 ThürVerf.

771 BVerwG in DÖV 1976, 315.

772 Vgl. auch Grundsätze für die Behandlung von Petitionen auf Grund des § 61 Abs. 1 GeschO des Sächsischen Landtages v. 05.11.2009; Nr. 9 »Mitteilungen an der Petenten«: »Sobald der Sächsische Landtag über die Petition beschlossen hat, wird dem Petenten die Art der Erledigung schriftlich mitgeteilt. Diese Mitteilung ist mit einer Begründung zu versehen.«

773 Vgl. 4. Abschn. II, 1a.

774 *Linck/Jutzi/Hopfe,* aaO, Rdnr. 17 zu Art. 14 ThürVerf die darauf hinweisen, dass der Petent als Grundrechtsträger auf die Schriftform verzichten kann.

775 Schon § 39 Dienstordnung für Bayern v. 12.01.1933 (GVBl 1933, S.1), die bis 1953 galt, forderte, dass der Beschwerdebescheid »gemeinverständlich abgefasst« sein sollte, damit die Beteiligten – Beschwerdeführer und untergebene Behörde – die Ansicht der Aufsichtsbehörde entnehmen können.

776 *Volker Schimpff/Jürgen Rühmann (Hrsg):* Die Protokolle des Verfassungs- und Rechtsausschusses zur Entstehung der Verfassung des Freistaates Sachsen; 1997, Bd. 1; eine »Amtliche Begründung« der Verfassung Thüringens existiert nicht.

des Ausschusses an der Sitzung teilnahm, einigte man sich schließlich auf die Formulierung »begründeter Bescheid«.[777]

Die Abweichungen der Normen der Verfassungen der Freistaaten Thüringen und Sachsen von Art. 17 GG können deren Gültigkeit nicht beeinträchtigen. Art. 14 S. 2 ThürVerf und Art. 35 Satz 2 SächsVerf, die einen Anspruch auf einen begründeten Bescheid normieren, weichen in ihrer Grundaussage, dass jedermann ein freies und ungehindertes Zugangsrecht zu der Volksvertretung und Stellen der Verwaltung hat, nicht von Art. 17 GG ab. Die Begründungsverpflichtung des Petitionsadressaten stellt über dieses Zugangsrecht hinaus eine Verfahrensvorschrift, d.h. eine Konkretisierung des bundesrechtlich Geltenden, dar. Im Übrigen sind diese Verfahrensregularien – Begründung in einer angemessenen Frist – eine günstigere Grundrechtsgewährleistung für den Petenten, als wenn er nur die Art der Erledigung mitgeteilt bekommen würde. Sie hat nach Art. 142 GG, »ungeachtet der Vorschrift des Art. 31 GG als Bestimmung einer Landesverfassung insoweit Geltung, als sie in Übereinstimmung mit den Art. 1 bis 18 GG Grundrechte gewährt.«[778]

Für die hier vertretene Auffassung, dass nach der teleologischen Auslegungsmethode aus Art. 17 GG eine Begründungspflicht bei ablehnenden Petitionsbescheiden herzuleiten ist, bilden die ausdrücklichen Regelungen der Art. 14 S. 2 ThürVerf und Art. 35 Satz 2 SächsVerf ein Indiz.[779]

bbbb. Mecklenburg-Vorpommern

Ein Blick auf die Regelung des Petitionsrechts im Land Mecklenburg-Vorpommern erhärtet die hier vertretene Auffassung der Indizwirkung hinsichtlich der Begründungsverpflichtung der zuständigen Stelle bei ablehnenden Bescheidsentscheidungen. In Art. 10 Satz 2 LVerf M-V[780] wird der Petitionsverpflichtete in Erweiterung des Textes des Art. 17 GG ebenfalls ausdrücklich angesprochen. So stützt auch Art. 10 Satz 2 LVerf M-V die hier vertretene Auffassung, als er für den Petenten nicht nur einen Anspruch auf eine Bescheidung normiert, sondern zudem den Petitionsadressaten zur Erteilung eines »begründeten« Bescheides in angemessener Frist ausdrücklich verpflichtet.

---

777 Aus der Gesamtschau der Art. 17 GG, Art. 14 ThürVerf und Art. 35 SächsVerf ergibt sich, dass Art. 14 ThürVerf und Art. 35 SächsVerf insoweit enger als Art. 17 GG sind, als sie sich kraft einer Landesverfassung nur an die staatlichen Stellen dieses Bundeslandes richten können, nicht hingegen auch an solche des Bundes oder anderer Bundesländer.

778 *Linck/Jutzi/Hopfe* aaO, Einl. C, Rdnrn. 15ff, 22f und 23 zu Art. 14 ThürVerf.

779 Das gleiche gilt für die Formerleichterung des Art. 14. S.1 ThürVerf, der mündliche Eingaben zulässt. Auch diese Regelung ist als dem Bürger günstigere Grundrechtsgewährleistung mit Bundesrecht vereinbar; dazu auch *Linck/Jutzi/Hopfe*, aaO, Rdnr. 23 zu Art. 14 ThürVerf.

780 »Jeder hat das Recht, sich einzeln oder in Gemeinschaft mit anderen schriftlich mit Bitten oder Beschwerden an die zuständigen Stellen und an die Volksvertretung zu wenden. In angemessener Frist ist ein begründeter Bescheid zu erteilen.«

Der Verfassungsgeber des Landes Mecklenburg-Vorpommern hat diese Formulierung gewählt, weil sich »aus dem Petitionsrecht allein« (Art. 10 S. 1 LVerf M-V, Art. 17 GG) »nach allgemeiner Meinung« keine Verpflichtung ergebe, den erledigenden Bescheid mit einer Begründung zu versehen.«[781] Gleichwohl war man sich einig, dass »in der heutigen Zeit bei den Petenten ein Bedürfnis, die Gründe für den auf ihre Petition ergangenen Bescheid zu erfahren, nicht zu verkennen ist«.[782] Diese Erkenntnis einer weiter gegangenen Entwicklung bzw. Ergänzung im Recht der Petition hat ebenso wie in Thüringen und Sachsen somit auch Niederschlag in der Verfassung des Landes Mecklenburg-Vorpommern gefunden.[783] Mit der Begründungsverpflichtung soll garantiert werden, dass die Eingabe eines Petenten nicht nur zur Kenntnis genommen und formalistisch beantwortet wird, sondern dass sein Anliegen inhaltlich geprüft und die Behördenentscheidung begründet wird. [784]

cccc. Sachsen-Anhalt, Brandenburg und Berlin

Ergänzend soll hier erwähnt werden, dass im Land Sachsen-Anhalt das Petitionsrecht in Art. 19 Verf LSA[785] geregelt ist. Danach hat jeder das Recht, sich einzeln oder in Gemeinschaft mit anderen mit Bitten und Beschwerden an den Landtag, die Vertretungen des Volkes in den Kommunen und an die zuständigen Stellen zu wenden. In angemessener Frist ist ein Bescheid zu erteilen. In dieser Formulierung fehlt der Hinweis auf einen »begründeten« Bescheid. Das ist offensichtlich im Laufe der Jahre als Defizit erkannt worden und führte am 21.04.2011 zu einem Beschluss des Landtages von Sachsen-Anhalt[786] zu den Grundsätzen des Ausschusses für Petitionen über die Behandlung von Bitten und Beschwerden. In Nr. 8.1 »Benachrichtigung des Petenten« ist nun auch hier niedergelegt, dass der Mitteilung an den Petenten über die Behandlung seiner Petition die »Begründung der Beschlussfassung beizufügen« ist.

781 Vgl. *Burkhard Thiele/Jürgen Pirsch/Kai Wedemeyer*, Die Verfassung des Landes Mecklenburg-Vorpommern, 1995, Rdnr. 12 zu Art. 10 LVerf M-V.

782 *Thiele/Pirsch/Wedemeyer*, aaO, Rdnr. 12 zu Art. 10 LVerf M-V.

783 Vgl. auch Nr. 5. 3 der Anlage 3 GeschO des Landtages Mecklenburg-Vorpommern (GO LT, MV Referenz 1101-0-5): »Der Vorsitzende des Petitionsausschusses teilt dem Petenten nach Annahme der Beschlussfassung durch den Landtag die Art der Erledigung seiner Petition mit. Die Mitteilung enthält eine kurze Begründung.«

784 *Rainer Litten/Maximilian Wallerath,* Verfassung des Landes Mecklenburg-Vorpommern, 2007, Rdnr. 12 zu Art. 10 LVerf M-V; dazu *Bernd Wermeckes,* Der erweiterte Grundrechtsschutz in den Länderverfassungen: Zu Erscheinungsformen, Wirksamkeit und Bestand weitergehender Landesgrundrechte im Bundesstaat des Grundgesetzes, 2000, S. 179 m. Nw.

785 Verfassung des Landes Sachsen-Anhalt v. 16.07.1992 (GVBl. LSA. S. 600).

786 Beschluss des Landtages ausgegeben am 21.04.2011 (Drs. 6/3) zu den Grundsätzen des Ausschusses für Petitionen über die Behandlung von Bitten und Beschwerden (auf Grund der GeschO des Landtages Abschn. VII, §§ 47ff GO LT).

Im Land Brandenburg ist das Petitionsrecht in Art. 24 der Verfassung des Landes Brandenburg[787] geregelt, nach dem jeder das Recht hat, sich einzeln oder gemeinschaftlich mit Anregungen, Kritik oder Beschwerde an den Landtag, die kommunalen Selbstverwaltungskörperschaften und jede sonstige staatliche Stelle zu wenden. Weiterhin bestimmt Art. 24 Bbg Verf, dass »ein Anspruch auf Bescheid in angemessener Frist« besteht. § 7 des Gesetzes über die Behandlung von Petitionen an den Landtag Brandenburg[788] besagt hierzu, dass der Petent in der Regel über die Art der Erledigung seiner Petition unterrichtet wird, »und zwar (...) durch einen Bescheid des Petitionsausschusses. Solche Bescheide bedürfen keiner Begründung. Sie sollen jedoch den Petenten über den Sinn der Entscheidung aufklären. In geeigneten Fällen kann auch die Landesregierung aufgefordert werden, den Petenten über die Sach- und Rechtslage erschöpfend Auskunft zu erteilen.«[789] Wenn Art. 24 Bbg Verf in seinen Formulierungen den Verfassungen der anderen Länder des Beitrittsgebietes nahe kommt, so ist in ihm dennoch die Formulierung »begründeter« Bescheid nicht enthalten. Die Situation ist hier indes nicht anders als in Sachsen-Anhalt, berücksichtigt man die Ausführungen in § 7 PetG Brandenburg. Dort steht zwar ausdrücklich, dass Petitionsbescheide keiner Begründung bedürfen, dennoch sollen sie den Petenten über den »Sinn und Zweck einer Entscheidung aufklären« und gegebenenfalls sogar der Petent »über die Sach- und Rechtslage erschöpfend Auskunft« erteilt bekommen. Das bedeutet in der Gesamtschau, dass die Beifügung einer Begründung in einem zurückweisenden Bescheid zum einen nicht ausgeschlossen wird und zum anderen – zumindest in bestimmten Fällen – geboten ist.[790]

dddd. Zwischenergebnis

In den Verfassungsbestimmungen zum Recht der Petition der Länder Thüringen, Sachsen und Mecklenburg-Vorpommern hat die von der Praxis seit geraumer Zeit

---

787 Vom 20.08.1992 (GVBl. I/92 (Nr. 18), S. 298)).

788 PetG v. 20.12.2010 (GVBl. I/10, [Nr. 48]).

789 Dazu die Vorsitzende des Petitionsausschusses Bettina Fortunato: »Petitionen spiegeln die Sorgen der Bürgerinnen und Bürger wider. Auch wenn der Petitionsausschuss nicht alle Probleme lösen kann, so kann er doch dazu beitragen, die Entscheidungen transparenter zu machen.«

790 Die Formulierungen des Petitionsrechts in Brandenburg (aber auch in Berlin) sind immer wieder kritisiert worden, beispielsweise von »mehr Demokratie e.V.« (www.mehr-demokratie.de) mit dem Beitrag »Das Petitionsrecht in den Ländern Berlin und Brandenburg – mehr als ‚formlos, fristlos, fruchtlos' v. Juli 2012«. Dort wird das Petitionsrecht dieser Länder als »stark verbesserungsbedürftig« und als »Relikt aus grauer Vorzeit« bezeichnet. Kritisiert wird neben der in Art. 24 Bbg Verf nicht erwähnten Möglichkeit, elektronische und öffentliche Petitionen zu erheben – Art. 24 BbgVerf enthält zu den Formerfordernissen keine Aussage – und dem Mangel, eine verbindliche Bearbeitungsfrist festzulegen, vor allem, dass in das Petitionswesen kein »Begründungserfordernis bei abgelehnten Petitionen« eingeführt worden ist.

aufgegebene Ansicht, dass ein zurückweisender Petitionsbescheid nur die Art der Erledigung der Petition erkennen lassen muss, Niederschlag gefunden. Zu dem Recht, eine Petition einreichen zu dürfen, ist die Verpflichtung des Adressaten getreten, diese im Fall ihrer Zurückweisung mit einem begründeten Bescheid in angemessener Frist zu erledigen. Auch das Petitionsrecht muss, wie andere Grundrechte, im Laufe von 60 Jahren mit einem zeitgemäßen und den Entwicklungen des 21. Jahrhunderts angepassten Inhalt verstanden und um diese Verpflichtung ergänzt werden.[791] Das folgt nicht zuletzt aus dem ständigen Wandel, dem die menschliche Gesellschaft unterliegt, vor allem im Verhältnis des Bürgers zum Staat und seinen Verwaltungsdienststellen. Das hat in der Vergangenheit in der Verstärkung der Rechte, die die Teilhabe der Bürger an staatlichem Handeln gewährleisten oder in bestimmten Bereichen konkretisiert bzw. neu begründen, seinen Ausdruck gefunden.

Vor diesem Hintergrund hat Art. 17 GG ein weiter entwickeltes Verständnis erfahren, wofür die Verfassungen der Bundesländer Mecklenburg-Vorpommern, Sachsen und Thüringen Indizien darstellen. Damit erhält das Eingabenrecht einen bürgernahen und zeitgemäßen Sinngehalt, der dem Kommunikationsverhältnis zwischen Bürger und Staat aus heutiger Sicht Rechnung trägt. Schließlich ist jede Reaktion auf eine Petition oder eine Dienstaufsichtsbeschwerde aus der Sicht der Bürger eine »Antwort« auf sein Anliegen und soll damit nicht zuletzt »einen Ausdruck des modernen diskursiven Verständnisses« der Verwaltung« darstellen, das den Bürger gerade als »Partner und nicht mehr als Untertan« begreift.[792] Ein hoheitlicher Ausspruch ist nicht mehr allein an der Autorität des Staates zu messen, sondern er muss inhaltlich überzeugen.[793] Dieser Gesichtspunkt muss auch beim Recht der Dienstaufsichtsbeschwerde Geltung haben, denn er verkörpert ein Verständnis von Bürger/Staat, das aus dem einstigen Obrigkeitsstaat hervorgegangen und stetig weiter entwickelt wurde, bis es heute unbestritten ist. Man kann sagen, dass die aufgezeigte Entwicklung das gewandelte Rechtsbewusstsein widerspiegelt.

Als Ergebnis der Analyse der oben genannten Verfassungsbestimmungen der Länder Mecklenburg-Vorpommern, Sachsen und Thüringen kann man feststellen, dass sie das Petitionsrecht konkretisieren und Indizwirkung auch auf das Recht der Dienstaufsichtsbeschwerde bewirkt haben.[794]

---

791 Eine Änderung des Art. 17 GG allein mit dem Ziel, auch den Petitionsverpflichteten anzusprechen, ist nicht zu erwarten.

792 *Kopp/Ramsauer*, VwVfG, aaO, VwVfG, Rdnr. 4 zu § 39 VwVfG.

793 Vgl. 4. Abschn. II, 1.

794 VG Leipzig Urt. v. 18.05.2004 – 6 K 1024/03 – (zit. nach juris): »Der Beklagte wird verpflichtet, in einem Petitionsverfahren vor seinem Petitionsausschuss über die von dem Kläger am 15.03.2003 eingelegte Petition zu entscheiden und dem Kläger hierüber einen begründeten Bescheid zu erteilen.« *Klein* in Maunz/Dürig/Herzog/Scholz aaO, Rdnr. 90 zu Art. 17GG bemerkt zu der von ihm vertretenen Auffassung einer Petitionsbescheidung: »Diese Einsicht (der Begründungspflicht, d. Verf.) wird auf landesrechtlicher Ebene mittlerweile in Einzelfällen Rechnung

b. Begründungspflicht aus einer Analogie zu § 39 VwVfG

Es könnte ferner in Betracht kommen, eine Pflicht zurückweisende Bescheide über Dienstaufsichtsbeschwerden mit einer Begründung zu versehen, aus dem Rechtsgedanken des § 39 VwVfG herzuleiten. Für die typische Handlungsform der Verwaltung, dem Erlass von Verwaltungsakten, ist seit über 30 Jahren in den Verwaltungsverfahrensgesetzen diese Begründungspflicht vorgeschrieben.

aa. Direkte Anwendung des § 39 VwVfG

Das Verfahren der Dienstaufsichtsbeschwerde als ein nicht förmliches Rechtsbehelfsverfahren ist etwas anderes als das Verwaltungsverfahren, sodass eine Begründungsverpflichtung nicht direkt aus § 39 VwVfG hergeleitet werden kann.[795]

bb. Analoge Anwendung des § 39 VwVfG

Einige Vorschriften über das Verwaltungsverfahren enthalten aber allgemeine Rechtsgedanken, die Einfluss auf das Verhältnis von Behörde und Bürger haben und zugleich Ausdruck des gewandelten Umganges miteinander sein könnten. In diesem Zusammenhang wird hinsichtlich der Begründungspflicht gemäß § 39 VwVfG (und der entsprechenden Regelungen der Länder) darüber diskutiert, ob die Begründungsverpflichtung Ausdruck eines allgemeinen Rechtsgrundsatzes eines »rechtsstaatlich geordneten Verfahrens«[796] ist und damit analog auch auf Verfahren anwendbar ist, die nicht unter die allgemeinen Verfahrensgesetze fallen und für die keine sonstigen Regelungen bestehen.[797] Während in der Literatur[798] eine analoge Anwendung der Begründungsverpflichtung auch auf Verfahren außerhalb des Anwendungsbereiches des VwVfG überwiegend angenommen wird, ist die Rechtsprechung »zurückhaltender«.[799]

Bei der Frage der analogen Anwendung des § 39 VwVfG ist auf die »Rechtsnatur der jeweiligen Maßnahme« und darauf abgestellt, »ob die mit der Begründung verbundenen Funktionen« des § 39 VwVfG »(Akzeptanz, Kontrolle, Rechtsschutz,)

---

getragen.« Vgl. auch z.B. VGH Sachsen Beschl. V. 14.12.2002 – Vf 75 – IV – 06 (zit. nach juris). Dazu auch *Annette Guckelberger* in Studien zu Staat, Recht und Verwaltung, Hrsg. Wolfgang Hoffmann-Riem/Jens-Peter Schneider/Gunnar Folke Schuppert: Aktuelle Entwicklungen im parlamentarischen Petitionswesen, Bd. 19, 2011, Nr. VIII,1, S.102f.

795 § 39 VwVfG gilt unmittelbar nur für Verwaltungsakte. Ein Beschwerdebescheid ist kein Verwaltungsakt.

796 *Kopp/Ramsauer,* VwVfG, aaO, Rdnr. 10 zu § 39 VwVfG.

797 *Kopp/Ramsauer,* VwVfG, aaO.

798 Nachweise bei *Kopp/Ramsauer,* VwVfG, aaO.

799 Vgl. *Kopp/Ramsauer,* VwVfG, aaO, Rdnr. 10 zu § 39 VwVfG mit Hinweis auf z.B. BVerwGE 105,89; 92,192.

eine analoge Anwendung aufdrängen«.[800] Dies ist in Bezug auf den Bescheid über eine zurückweisende Dienstaufsichtsbeschwerde zu untersuchen.

Das in § 39 VwVfG enthaltene rechtsstaatliche Prinzip hat eine allgemeine Rechtsschutz- und Akzeptanzfunktion[801], und es »stellt das wesentliche Erfordernis jedes rechtsstaatlichen Verhaltens« dar. Darüber hinaus kommt in der Begründungspflicht auch das Demokratieprinzip insoweit zum Ausdruck, »als es die Transparenz staatlichen Handelns sichert.«[802] Der Adressat einer Maßnahme soll über die maßgeblichen Gründe der Entscheidung informiert sein, er soll nach Möglichkeit überzeugt oder gegebenenfalls in die Lage versetzt werden zu entscheiden, ob es sinnvoll ist, gegen die Maßnahme vorzugehen[803]. Die Begründungspflicht ist damit »unverzichtbare Voraussetzung für einen effektiven Rechtsschutz.«[804] und »ein wesentliches Element der heutigen Verfahrenskommunikation.«[805] Es wird darauf hingewiesen[806], dass einige Betroffene, Beteiligte oder Einwender im Verwaltungsverfahren keine direkten Antwortansprüche aus dem Gesetz haben, deshalb müssten diese »Antworten« in der behördlichen Begründung enthalten sein. Sie muss dokumentieren, dass die Behörde die Äußerung oder Eingabe des Bürgers zur Kenntnis genommen und im Verfahren gewürdigt hat.[807] Auf diese Weise werden die – eher einseitig – konzipierten Verfahrenshandlungen der Bürger zu einem Anspruch auf gegenseitige Information.

Bezieht man diese Funktionen des § 39 VwVfG auf die Dienstaufsichtsbeschwerde, so ist zu erkennen, dass zwei gesetzgeberische Zwecke des § 39 VwVfG auf die Dienstaufsichtsbeschwerde nicht zutreffen und insoweit ist eine analoge Anwendung des § 39 VwVfG ausgeschlossen. Dabei handelt es sich um die Rechtsschutz- und

---

800 *Kopp/Ramsauer*, VwVfG, aaO, Rdnr. 10 zu § 39 VwVfG.

801 Vgl. *Kopp/Ramsauer*, VwVfG, aaO, Rdnr. 4 zu § 39 VwVfG; *Kastner* in Fehling/Kastner/Störmer, Verwaltungsrecht, aaO, Rdnr. 18, Fn. 18 zu § 79 VwVfG.

802 *Kopp/Ramsauer*, VwVfG, aaO, Rdnr. 5a zu § 39 VwVfG.

803 Vgl. *Kopp/Ramsauer*, aaO, VwVfG, aaO.

804 *Kopp/Ramsauer*, VwVfG, aaO. Sie ist Teil des »Kernelements verfahrensrechtlicher Informationspflichten.« *Gusy* in Hoffmann-Riem/Schmidt-Aßmann/Voßkuhle, VerwR; aaO, Rdnr. 60 zu § 23. Ders. in Rdnr. 60: »Kernelement der verfahrensrechtlichen Informationspflichten ist die Begründungspflicht (§ 39 VwVfG). Der Begründungsanspruch der Beteiligten stellt sich als deren drittes Verfahrensgrundrecht auf Information dar.« Er steht somit als »Verfahrensgrundrecht auf Information der Begründungspflicht der Verwaltung gegenüber.« Zu diesem Verfahrensrecht auf Information gehören neben dem »Befriedungszweck, der Dokumentationszweck und der Selbstkontrollzweck der Verwaltung.«

805 *Hoffman-Riem* in Hoffmann-Riem/Aßmann/Voßkuhle, aaO, Rdnr. 61 zu § 23.

806 *Kopp/Ramsauer*, VwVfG, aaO, Rdnrn. 4, 5a zu § 39 VwVfG, die ausführen, dass die in einer behördlichen Maßnahme beigefügte Begründung praktisch die Antwort auf das Anliegen des Bürgers darstellt und so Ausdruck des modernen diskursiven Verständnisses ist, die den Bürger als Partner und nicht als Untertan begreift.

807 Vgl. *Kopp/Ramsauer*, Rdnr. 4 zu § 39 VwVfG; *Hoffmann-Riem* in Hoffmann-Riem/Schmidt-Aßmann/Voßkuhle, aaO, Rdnr. 61 zu § 23.

Kontrollfunktion in förmlichen Rechtsbehelfsverfahren. Es ist nicht erforderlich, dass ein Beschwerdeführer anhand einer beigefügten Begründung in einem Beschwerdebescheid seine Rechtsschutzchancen auf inhaltliche Überprüfung vor dem Verwaltungsgericht abschätzen kann, ebenso wie es nicht notwendig ist, das Verwaltungsgericht mit einer in der Bescheidung beigefügten Begründung in die Lage zu versetzen, die beanstandete Bescheidung vollständig zu überprüfen, denn das Verwaltungsgericht prüft nicht den Inhalt des Beschwerdebescheides, sondern nur die Erfüllung des verfahrensrechtlichen Anspruchs des Beschwerdeführers an die angegangene Stelle der Verwaltung.[808]

Zutreffend sind allerdings der Gesichtspunkt der Akzeptanzfunktion des § 39 VwVfG und der Gesichtspunkt der Transparenz behördlichen Handelns. Die Akzeptanzfunktion des § 39 VwVfG durch die Befügung einer überzeugenden Begründung für die beanstandete Maßnahme, die zu einer Befriedung führen soll, passt auch auf das Verfahren der Dienstaufsichtsbeschwerde. Gleiches gilt für den Gesichtspunkt, dass eine gegebene Begründung zu einer Maßnahme der Verwaltung die Transparenz staatlichen Handelns fördert.[809]

cc. Ergebnis

Als Ergebnis ist festzustellen, dass die in § 39 VwVfG enthaltene Akzeptanz- und Transparenzfunktion[810] auch auf das Verfahren der Dienstaufsichtsbeschwerde zutrifft, eine analoge Anwendung dieser Vorschrift insgesamt aber wegen des oben dargestellten gesetzgeberischen Zwecks dieser Vorschrift nicht möglich ist.

c. Begründungspflicht aus gewohnheitsrechtlicher Praxis

Die Pflicht zur Begründung der ablehnenden Bescheidung einer Dienstaufsichtsbeschwerde könnte sich aus der gewohnheitsrechtlichen Praxis der angegangenen Verwaltungsbehörden ergeben. Das würde eine längere anhaltende Übung bei der Bescheidung von Dienstaufsichtsbeschwerden erfordern und eine entsprechende allgemeine Rechtsüberzeugung, dass diese Verfahrensweise künftig rechtes sein

---

808 Im Einzelnen vgl. 8. Abschn. II.

809 *Wedde*, Steine statt Brot, aaO, in SächsVBl 2004, 97ff. Er weist darauf hin, dass einem Beschwerdeführer nur die formale Behandlung seiner Beschwerde mitzuteilen, ihm zu eröffnen, dass der handelnde Beamte keinen Fehler gemacht habe, »Steine statt Brot« geben bedeute. Ein derart abgefasster Bescheid über eine Dienstaufsichtsbeschwerde erreiche das Gegenteil dessen, was er erreichen sollte: Der Ärger über eine Entscheidung der Behörde oder über die Art und Weise der Amtsführung eines Beschäftigten würde größer werden.

810 Vgl. *Klein* in Maunz/Dürig/Herzog/Scholz aaO, Rdnr. 90 zu Art. 17 GG leitet bei Petitionen eine Begründungspflicht entspr. § 39 VwVfG aus dem Rechtsstaatsprinzip her.

soll.[811] Wenn dieses festgestellt werden könnte, dann könnte sich entsprechend dem Grundsatz der Gleichbehandlung jeder Beschwerdeführer darauf berufen, ebenso behandelt zu werden.

Sich einen Gesamtüberblick über die Art und Weise der Bescheidung von Dienstaufsichtsbeschwerden bei den Verwaltungsdienststellen des Bundes und der Länder zu verschaffen, ist nicht möglich, da es hierüber keine konkreten empirischen Erhebungen gibt. Zu diesem Zweck müssten alle Bundesministerien und Ministerien der 16 Bundesländer Auskunft erteilen. Da sich diese Untersuchung auf das Wirtschaftsressort der Stadt Hamburg bezieht, wurden dementsprechend die Wirtschaftsressorts der Bundesländer schriftlich um Auskunft über die Verfahrensweise bei der Bescheidung von Aufsichts- bzw. Dienstaufsichtsbeschwerden gebeten, d.h. u.a. ob in dem Zeitraum von 2004 bis 2014 zurückweisende Bescheide unter Beifügung einer einschlägigen Begründung entschieden wurden.

Die eingegangenen Antworten bezogen sich alle auf die Behandlung von persönlichen Dienstaufsichtsbeschwerden. Dies hatte seinen Grund in dem Umstand, dass die sachlichen Dienstaufsichtsbeschwerden regelmäßig in den jeweiligen Fachabteilungen der Dienststellen und die persönlichen Dienstaufsichtsbeschwerden in einer übergeordneten, zentralen Funktionsebene entschieden wurden. Es sei – so wurde mitgeteilt – undurchführbar, die einzelnen Fachabteilungen zu veranlassen, ihre Akten auf Vorgänge zu sachlichen Dienstaufsichtsbeschwerden durchzusehen.

Die Wirtschaftsressorts der Länder Niedersachsen, Hessen, Thüringen, Nordrhein-Westfalen und Saarland teilten mit, dass alle zurückweisenden persönlichen Dienstaufsichtsbeschwerden mit einer inhaltlichen Begründung versehen gewesen seien. Da die sachlichen Dienstaufsichtsbeschwerden in den einzelnen Fachabteilungen entschieden würden, könne man hierzu keine Aussagen machen, »wenn auch davon auszugehen sei, dass von dieser Verfahrensweise auch dort nicht abgewichen« worden sei. Hinsichtlich der ebenfalls nachgefragten Anzahl von Dienstaufsichtsbeschwerden in diesem Zeitraum wurde – wie oben bereits erwähnt – auch von den Wirtschaftsressorts der genannten Länder zu bedenken gegeben, dass hier ein wichtiger Faktor der jeweilige »Außenkontakt« der Behörde sei (z.B. Innenressort mit Polizei im Vergleich Wirtschaftsförderung oder Wirtschaftspolitik). Auch würden Dienstaufsichtsbeschwerden in den einzelnen Dienststellen nicht einheitlich abgelegt. Teils werden sie in den Fachakten und zum anderen Teil unter dem Namen des Beschwerdegegners geführt. Auch dieses führe zu Schwierigkeiten bei der Erfassung.

Das Ergebnis der Umfrage – soweit Antworten eingingen – bestätigte aber die Praxis der in dieser Arbeit untersuchten hamburgischen Fachbehörde (Wirtschaftsressort) im Untersuchungszeitraum von 1995 bis 2005. Es konnte festgestellt werden,

---

811 Vgl. OpinioJuris, Die freie juristische Bibliothek, www.opinioiuris.de/artikel/287: »Die Rechtsüberzeugung (OpinioJuris) hängt komplementär mit der lang andauernden Übung (consuetudo) zusammen, beide Elemente bedingen sich gegenseitig.«

dass die Bearbeitung von Dienstaufsichtsbeschwerden in dieser Zeitspanne entsprechend der Abwicklung von Dienstaufsichtsbeschwerden vor 1995 fortgeführt und in Teilbereichen hinsichtlich der Überprüfung des Beschwerdevortrages und des Umfanges der Unterrichtung des Beschwerdeführers noch intensiviert wurde. Den Beschwerdeführern wurde in allen Fällen, in denen ihren Beschwerden nicht abgeholfen werden konnte, eine detaillierte Begründung in dem Beschwerdebescheid gegeben.[812]

Die im Rahmen dieser Untersuchung durchgeführte Auswertung ergibt demnach, dass hier die Beifügung einer einschlägigen Begründung in einem zurückweisenden Bescheid der allgemeinen Praxis entsprach. Dies war somit eine längere einheitliche Übung nicht nur in der untersuchten Fachbehörde und bewirkte eine entsprechende Rechtsüberzeugung innerhalb der Verwaltung und für den einzelnen Beschwerdeführer einen Anspruch aus dieser de facto-Entwicklung.

Mündliche Informationen aus anderen hamburgischen Fachbehörden und Dienststellen vervollständigen das Bild. Demnach hat sich innerhalb der hamburgischen Landesverwaltung eine vergleichbare Übung herausgebildet. Das gleiche gilt für die Wirtschaftsressorts derjenigen Bundesländer, die die erbetene Auskunft erteilt hatten. Diese gewohnheitsrechtlich herausgebildete Praxis entspricht dem gebotenen kommunikativen Umgang der Verwaltung mit dem Bürger und ist Ausfluss der objektiven Pflichten der Beschäftigten im öffentlichen Dienst.

d. Begründungspflicht aus einer Analogie zu den Pflichten des Beamten

Weiterhin ist zu überlegen, ob sich eine Verpflichtung der angegangenen Verwaltungsdienststelle, einen zurückweisenden Bescheid über eine Dienstaufsichtsbeschwerde mit einer einschlägigen Begründung zu versehen, aus den Pflichten des Beamten ergeben könnte. Die Grundpflichten der Beamten sind in §§ 60,61 und 67 BBG[813] niedergelegt. Nach § 61 Abs.1, S. 2 BBG, § 34 BeamtStG hat der Beamte sein Amt uneigennützig nach bestem Gewissen wahrzunehmen. Diese Verpflichtung trifft ihn somit auch bei der Bearbeitung einer Dienstaufsichtsbeschwerde. Er hat sich demnach zu fragen, wie die zu bescheidende Dienstaufsichtsbeschwerde sachgemäß und angemessen, d. h. entsprechend dem Umgang von Verwaltung und Bürger abzuwickeln ist.

aa. Bescheidung von Beamtenbeschwerden

In diesem Zusammenhang könnte in Betracht kommen, ob er sich bei der Bearbeitung einer Dienstaufsichtsbeschwerde möglicherweise daran orientieren kann, wie mit Beamtenbeschwerden im internen Bereich seiner Verwaltungseinheit umzugehen und ob es angebracht ist, diese interne Verfahrensweise auf die Bescheidung

---

812 Ausnahmen vgl. 6. Und 7. Abschn.

813 Für Angestellte und Arbeitnehmer gelten ähnliche Pflichten entsprechend dem TVöD und ihren Arbeitsverträgen.

einer Dienstaufsichtsbeschwerde Dritter zu übertragen, d.h. sie zum Maßstab seines Handelns zu nehmen.

Das Beamtengesetz des Bundes und die Gesetze der Länder enthalten jeweils Vorschriften, die sich mit dem Recht des Beamten befassen, Anträge und Beschwerden vorzubringen.[814] Für Bundesbeamte gilt § 125 BBG – bis zum 11.02.2009 galt § 171 BBG –, nach dem ein Beamter Anträge und Beschwerden bis zur obersten Dienstbehörde vorbringen kann, wobei er den Dienstweg einzuhalten hat.[815] Ähnliche und teilweise inhaltsgleiche Regelungen enthalten die Beamtengesetze der Bundesländer.[816]

Vor diesem Hintergrund ist zu prüfen, ob sich eine Begründungspflicht der Dienststelle bei der Bescheidung einer zurückweisenden Dienstaufsichtsbeschwerde aus dem besonderen Rechte- und Pflichtenverhältnis im Beamtenrecht ableiten lässt, d.h. ob sich dieses Pflichtenverhältnis auf das Verhältnis Beamter zu Bürger übertragen lässt oder ob eine Analogie nicht möglich ist. Zu diesem Zweck ist zu klären, welche Ansprüche der Beamte selbst nach der Einlegung einer Beschwerde an seinen Dienstherrn hat. Insbesondere, ob er einen Anspruch auf Erteilung eines begründeten zurückweisenden Bescheides hat, denn nur dann könnten die Normen des Beamtenrechts des Bundes und der Länder gegebenenfalls einen Anhaltspunkt

814 Vgl. 3. Abschn. II, 2 c.

815 § 171 BBG trat mit der Verkündung des DNeuG v. 05.02.2009 (BGBl. I. S. 160) am 11.02.2009 außer Kraft. Das DNeuG fasste das BBG neu und schuf eine inhaltsgleiche Regelung in § 125 BBG. Die entsprechende Regelung über Anträge und Beschwerden in § 60 BRRG wurde durch das Beamtenstatusgesetz (BeamtStG) v. 15.05.2008 (BGBl. I. S. 1010) ersetzt, da nach der Föderalismusreform das BRRG aus der Rahmengesetzgebung herausgenommen wurde. Bund und Länder haben jetzt eine eigene Gesetzgebungszuständigkeit. Das BRRG am trat mit dem Inkrafttreten des BeamtStG am 01.04.2009 außer Kraft; dazu auch *Cornelia Peters*, Das Dienstrecht des Bundes nach der Föderalismusreform, in RiA 2008, 97ff.

816 § 101 HmbBG; § 117 BW LBG; Art. 121 BayBG; § 92 Bln LBG; § 102 Bbg LBG; § 101 BremBG; § 181 HBG; § 101 MV LBG; § 104 NBG; § 217 RP LBG; § 116 SBG; § 125 SächsBG; § 105 LSA BG; § 101 SH LBG; § 124 ThürBG; § 104 Abs. 2 LBG NRW. Vgl. 3. Abschn. II, 2 c. Dazu *Ernst Plog/Alexander Wiedow/Bernt Lemhöfer* (ab 2007 Bearbeiter *Carsten Tegetthoff*); Bundesbeamtengesetzte, Kommentar, Stand Sep. 2009, Rdnr. 2 zu § 171 BBG aF. *Sybille v.Heimburg* in Erwin Schütz/Joachim Maiwald, Beamtenrecht des Bundes und der Länder, Kommentar, 5. A. Stand Apr. 2008, Rdnr. 1 zu § 179 LBG NRW a.F. (außer Kraft seit 01.04.2009, ersetzt durch § 104 Abs. 2 LBG NRW v. 21.04.2009 – GV.NRW S. 224, ab November 2009 *Erwin Schütz/Joachim Maiwald/Robert Bockhaus*, Beamtengesetze des Bundes und der Länder, dargestellt anhand des BeamtStG und LBG NRW). Hervorzuheben ist, dass das beamtenrechtliche Antrags- und Beschwerderecht zwar alle Dienstaufsichtsbeschwerden umfasst, die sich gegen das Verhalten von Vorgesetzten richten, nicht aber auf Dienstaufsichtsbeschwerden von außerhalb der Verwaltung stehenden Dritten anzuwenden ist, wenn auch hinsichtlich der inhaltlichen Anforderungen an den Beschwerdebescheid hier keine wesentlichen Unterschiede bestehen.

auch für die Bescheidung einer zurückweisenden Dienstaufsichtsbeschwerde eines außerhalb der Verwaltung stehenden Dritten gestatten.

Wie bei der – allgemeinen – Dienstaufsichtsbeschwerde hat der Beschwerdeführer einer Beamtenbeschwerde einen Anspruch auf Entgegennahme, Befassung und Bescheidung seiner Beschwerde.[817] Umstritten ist auch hier, ob der Bescheid über eine zurückweisende Beamtenbeschwerde eine inhaltlich nachvollziehbare, einschlägige Begründung enthalten muss. Der Wortlaut der entsprechenden Normen des Beamtenrechts gibt hierüber keine Auskunft. Einigkeit besteht, dass der Bescheid zumindest erkennen lassen muss, dass die Dienstpetition geprüft und wie sie erledigt wurde. Dabei wird es überwiegend[818] für ausreichend angesehen, dem Beamten mitzuteilen, dass nach Befassung mit seiner Eingabe keine Veranlassung bestehe, in der Angelegenheit einzuschreiten oder eine getroffene Maßnahme aufzuheben oder zu ändern.[819]

Im Beamtenrecht kommt aber ein weiterer Gesichtspunkt hinzu, nämlich der derjenige der Fürsorgeverpflichtung des Dienstherrn gegenüber den Beamten.[820] Diese stellt ein eigenes Rechtsinstitut dar und zählt zu den Grundsätzen des Berufsbeamtentums nach Art. 33 Abs.5 GG. Damit hat die Fürsorgepflicht des Dienstherrn Verfassungsrang und ist das Pendant zur umfassenden Dienstpflicht des Beamten. Die Fürsorgepflicht des Dienstherrn verpflichtet zu einem besonderen Umgang mit seinen Beschäftigten. Daraus ist abzuleiten, dass der Dienstherr einen Beamten, der eine Beschwerde gemäß § 125 BBG eingereicht hat, über die Beweggründe, warum dieser Eingabe von der Dienststelle nicht abgeholfen wurde, nicht im Unklaren lassen darf. Das erfordert der angemessene partnerschaftliche Umgang miteinander, das enge Vertrauensverhältnis zwischen Beamten und Dienstherrn und die innere Transparenz behördeninterner Entscheidungen. Aus dieser Fürsorgeverpflichtung kann man für den Beamten einen Anspruch auf eine Begründung in dem ihm

817 Die Bescheidung einer Beamtenbeschwerde gemäß § 125 BBG ist kein Verwaltungsakt. BVerwG in NJW 1977, 118 m. Nw.; *Plog/Wiedow/Lemhöfer*, BBG, aaO, Rdnr. 12 zu § 171 BBG aF.; *v.Heimburg* in Schütz/Maiwald, Beamtenrecht, aaO, Rdnr. 42 zu § 179 LBG NRW a.F.

818 Vom 24.04.1953 E 2 , 225ff.

819 Die zu Art. 17 GG ergangenen Entscheidungen (z.B. BVerfGE 2, 225ff) und Literaturmeinungen werden auf das Beamtenrecht übertragen. Nachweise bei *v.Heimburg* in Schütz/Maiwald, Beamtenrecht, aaO, Rdnr. 43 zu § 179 LGB NRW a.F.

820 Art. 33 Abs .4 und 5 GG; § 78 BBG § 45 BeamtStG mit entsprechenden Regelungen in den Ländergesetzen.
§ 78 BBG: »Fürsorgepflicht des Dienstherrn: Der Dienstherr hat im Rahmen des Dienst- und Treueverhältnisses für das Wohl der Beamtinnen und Beamten und ihrer Familien, auch für die Zeit nach Beendigung des Beamtenverhältnisses, zu sorgen. Er schützt die Beamtinnen und Beamten bei ihrer amtlichen Tätigkeit und in ihrer Stellung.«

zugestellten zurückweisenden Bescheid über seine Dienstpetition bejahen.[821] Es ist darüber hinaus auch zweckmäßig, dem Beamten die sachlichen Gründe der Entscheidung der Dienststelle darzulegen, um ihn nicht nur die ordnungsgemäße sachliche Behandlung seines Antrages oder seiner Beschwerde aufzuzeigen, sondern ihn auch gegebenenfalls von der Aussichtslosigkeit seines Begehrens zu überzeugen und damit weiteren Beschwerden in dieser Sache vorzubeugen. Das gilt in vor allem dann, wenn der Beamte nicht bereits aus anderen vorangegangenen Umständen die Beweggründe der Dienststelle kennt.

Somit ist als Zwischenergebnis festzustellen, dass der Beamte gemäß den jeweiligen beamtenrechtlichen Bundes- und Ländervorschriften nicht nur das Recht hat, Anträge und Beschwerden vorzubringen[822], sondern in Verbindung mit der Fürsorgepflicht[823] des Dienstherrn ihm gegenüber, auch einen Anspruch darauf hat, in einem zurückweisenden Bescheid seiner Dienstpetition die wesentlichen Bescheidungsgründe der Dienststelle zu erfahren.

bb. Frage einer Analogie

Zu fragen ist allerdings, ob diese Grundsätze auf das Recht der – allgemeinen – Dienstaufsichtsbeschwerde übertragen werden können oder ob eine Analogie zweifelhaft und nicht geboten ist.

Hierzu ist festzustellen, dass sich in der Vergangenheit zwar eine engere Teilhabe der Bürger nicht nur an der politischen Willensbildung herausgebildet hat, sondern es ist auch in den Beziehungen zwischen Bürger und Staat ein Wandel eingetreten. Allerdings geht dieser nicht so weit, dass er mit dem Verhältnis des Beamten zu seinem Dienstherrn vergleichbar wäre. Die Verwaltungsbehörden sind aber gesetzlich verpflichtet, bei der Ermittlung von Sachverhalten von Amts wegen auch alle für die Verfahrensbeteiligten günstigen Umstände zu ermitteln und zu berücksichtigen (§ 24 Abs. 1 und 2 VwVfG und die gleichlautenden Regelungen der Länder). Zu Recht wird auch darauf hingewiesen[824], dass »der Untersuchungsgrundsatz Ausfluss des Rechtsstaatsprinzips (Art. 20 Abs. 3 GG), insbesondere der Grundsätze des fairen Verfahrens[825] und der Gesetzmäßigkeit der Verwaltung«[826] ist und »zugleich dem Rechtsschutz des Betroffenen«[827] dient. § 24 gilt unmittelbar nur für das Verwaltungsverfahren, ist aber als Ausdruck eines allgemeinen Rechtsgedankens[828] auch

821 Vgl. *v.Heimburg* in Schütz/Maiwald, Beamtenrecht, aaO, Rdnr. 44 zu § 179 LBG NRW a.F.

822 § 125 BBG.

823 Vgl. § 78 BBG, § 45 BeamtStG.

824 *Kopp/Ramsauer*, VwVfG, aaO, Rdnr. 3a zu § 24 VwVfG.

825 BVerfG NJW 2004, 1022

826 *Kopp/Ramsauer*, VwVfG, aaO.

827 *Kopp/Ramsauer*, VwVfG, aaO.

828 *Kopp/Ramsauer*, VwVfG, aaO, die in Rdnr. 3b zu § 24 VwVfG darauf hinweisen, dass die Pflicht der Behörden zur vollständigen Sachverhaltsermittlung auch

auf das Verhältnis von Verwaltung und Beschwerdeführer anwendbar. Dennoch ist das so verstandene Verhältnis von Verwaltungsdienststelle zu Bürger mit dem gesetzlich geregeltem Sonderrechtsverhältnis von Beamten und Dienstherrn zu vergleichen. Insbesondere fehlt es an einem vergleichbaren Verhältnis, wie es beim Beamten durch seine normierten Rechte und Pflichten besteht. Dies gilt vor allem für die Fürsorgepflicht des Dienstherrn (§ 78 BBG). Daran kann auch die in § 25 VwVfG geregelte besondere Auskunfts- und Beratungspflicht der Behörde nichts ändern.[829] Das in § 25 VwVfG zum Ausdruck gekommene verfahrensrechtliche Kooperationsprinzip war allerdings ein wichtiger Schritt[830] zu einer Verdichtung des Verhältnisses zwischen Bürger und Behörde.[831] Indes ist das Verhältnis von Bürger und Verwaltung mit der beamtenrechtlichen Fürsorgeverpflichtung des Dienstherrn gegenüber den Beamten nicht vergleichbar, da das beamtenrechtliche Fürsorgeverhältnis ein spezieller Ausfluss des besonderen Rechte- und Pflichtenverhältnisses zwischen Beamten und Dienstherr ist. Auch wenn die Auskunfts- und Beratungspflicht der Grundrechtsverwirklichung des Bürgers durch eine wirksame Verfahrensmaßnahme »zur Herstellung der Waffengleichheit im Verwaltungsverfahren«[832] dient und »Ausfluss des Rechts- und Sozialstaatsprinzips ist, nach dem die Verwaltung und deren Amtsträger den Bürger möglichst zu seinem Recht verhelfen, ihn gerade nicht um sein Recht bringen«[833] sollen, hat sie doch eine andere Qualität als die Fürsorgeverpflichtung des öffentlichen Dienstherrn gegenüber den Beamten.

---

europarechtlich als Element des allgemeinen Rechtsgrundsatzes der »guten Verwaltung« anzusehen ist. *Kopp/Ramsauer*, VwVfG, aaO, Rdnr. 4 zu § 24 VwVfG.

829 Wenn § 25 VwVfG als »Ausdruck des verfahrensrechtlichen Kooperationsprinzips« sinngemäß-analog auch auf Verwaltungsverfahren anwendbar ist, die nicht unter den Anwendungsbereich der Verfahrensgesetze fallen, vgl. *Kopp/Ramsauer*, VwVfG, aaO, Rdnr. 4 zu § 25 VwVfG.

830 Wenn die Auskunfts- und Beratungspflicht in § 25 VwVfG im Jahr 1976 eine Normierung erfuhr, so war sie doch eine Weiterentwicklung. Bereits in der Reichsabgabenordnung von 1919 gab es eine Auskunfts- und Beratungspflicht der Finanzämter. (RAO v. 13.12.1919 (RGBl 1919 S. 1993). Die RAO schuf Enno Becker mit einem kleinen Arbeitsstab innerhalb weniger Wochen. 1922 gab er eine Ausgabe der RAO mit Erläuterungen heraus. Wegen dieser Leistungen wurde Becker zum Senatspräsidenten an den RFH berufen. Die RAO galt praktisch unverändert bis 1976). Heute ist die Beratungs- und Auskunftspflicht der Finanzämter in § 89 Abs. 1 Abgabenordnung (AO 1977 v. 16.03.1973 (BGBl I. S. 613) geregelt und der Gesetzestext mit § 25 VwVfG wortgleich.

831 *Kopp/Ramsauer*, VwVfG, aaO, Rdnr. 5 zu § 25 VwVfG weisen darauf hin, dass das Fachrecht eine Reihe bereichsspezifischer Beratungs-, Auskunfts- und Informationspflichten kennt. Zu diesen speziellen Normen zählen neben § 13ff SGB I z.B. die beamtenrechtlichen Beratungspflichten als Ausfluss der Fürsorgepflicht des Dienstherrn.

832 *Roman Seer* in Tipke Klaus/Kruse, Wilhelm, Abgabenkommentar, Finanzgerichtsordnung, Kommentar, Loseblatt, Stand Nov. 2012.

833 *Seer* in Tipke/Kruse, aaO.

cc. Ergebnis

Als Ergebnis ist festzustellen, dass eine Analogie des Beamtenverhältnisses auf das Verhältnis von Bürger und Behörden nicht möglich ist und insoweit keine Erkenntnisse zu der Frage, ob ein zurückweisender Bescheid über eine Dienstaufsichtsbeschwerde mit einschlägigen Gründen zu versehen ist, liefern kann.

e. Geschäftsordnung des Deutschen Bundestages

Weiterhin ist zu untersuchen, ob sich eine Verpflichtung zur Beifügung einer einschlägigen Begründung in einem ablehnenden Petitionsbescheid aus der Geschäftsordnung des Deutschen Bundestages ableiten lässt, und dies gegebenenfalls Auswirkungen auf die Bescheidung von Dienstaufsichtsbeschwerden haben kann.

Nach § 112 Abs. 3 Satz 2 der Geschäftsordnung des Deutschen Bundestages[834] soll die Mitteilung über die Art und Weise der Erledigung der Petition mit Gründen versehen sein. Nr. 9.1.1 der Verfahrensgrundsätze des Petitionsausschusses[835] sieht vor, dass dem Petenten »die Art der Erledigung« seiner Petition mitzuteilen und die Begründung der Beschlussfassung beizufügen ist.[836] Aus den Jahresberichten des Petitionsausschusses ergibt sich, dass eine Würdigung der Petitionsanliegen in tatsächlicher und rechtlicher Hinsicht regelmäßig erfolgte.

In diesem Zusammenhang ist daran zu erinnern, dass Art. 17 GG sich seinem Wortlaut nach ausschließlich an den Petenten wendet[837] und der Adressat der Eingabe bei der Art und Weise der Bescheidung seinen eigenen Weg zu finden hat. Hierzu stellt § 112 Geschäftsordnung Deutscher Bundestag eine Verfahrensregelung dar, um das Grundrecht des Art. 17 GG in der Praxis umzusetzen. Er bindet nur den Petitionsausschuss des Deutschen Bundestages. Inhaltlich lassen § 112 Abs. 3 Geschäftsordnung Deutscher Bundestag und die Verfahrensgrundsätze des

---

834 § 112 Abs. 3 GO-BT für die 18. Wahlperiode durch Beschl. v. 15.01.2014 übernommen: »Den Einsendern wird die Art der Erledigung der Petition mitgeteilt. Diese Mitteilung soll mit Gründen versehen werden.«
Dazu *Siegfried* in DVBl 1990, 279ff, der darauf hinweist, dass es dem Petitionsadressaten ohnehin nicht verwehrt sei, den Petitionsbescheid zu begründen, wie es bei Petitionsbescheiden der Parlamente »gesetzlich vorgeschrieben« sei; ferner dazu *Karl Wittrock,* Gedanken zum Petitionswesen und seiner Bedeutung, in DÖV 1987, 1102ff.

835 Auf Grund von § 110 Abs. 1 GO-BT erlassenen Grundsätzen des Petitionsausschusses über die Behandlung von Bitten und Beschwerden (Verfahrensgrundsätze), aaO, Nr. 9. 1. 1.: »Nachdem der Bundestag über die Beschlussempfehlung entschieden hat, teilt der Vorsitzende dem Petenten die Art der Erledigung seiner Petition mit. (...) Die Begründung zur Beschlussfassung ist beizufügen.«

836 Vgl. z. B. auch § 111 Abs. 3 GeschO des Landtages von Rheinland-Pfalz v. 13.01.2012 (GVBl. S. 43). Danach wird dem Petenten der Beschluss des Petitionsausschusses schriftlich mitgeteilt: »Die Mitteilung soll eine kurzgefasste Begründung enthalten.«

837 Im Gegensatz zu Art. 10 S. 2 Verf-M-V, Art. 34 S. 2 SächsVerf, Art. 14 S.2 ThürVerf.

Petitionsausschusses erkennen, dass die Beifügung einer Begründung in einem ablehnenden Petitionsbescheid die »Effektivität«[838] des Petitionsgrundrechts ausmacht, vor allem im Hinblick auf das »Vertrauen des Bürgers in die Verwaltung und die Volksvertretung«.[839] Deshalb soll der ablehnende Petitionsbescheid mit Gründen versehen werden. Das ist auch deswegen erforderlich, weil die ernsthafte, inhaltliche Prüfung des Eingabebegehrens – auf das der Petent einen Anspruch hat – in einer beigefügten, einschlägigen Begründung zum Ausdruck kommt.[840]

Allein aus § 112 Abs. 3 Satz 2 GO-BT kann man allerdings keine Begründungspflicht für Petitionen und damit auch für Dienstaufsichtsbeschwerden herleiten, weil es sich hier um Verfahrensregelungen und um keine Rechtsnorm handelt und sich diese Bestimmung ausschließlich an die Mitglieder des Petitionsausschusses wendet. Dem Petenten gewährt sie keine eigenen Rechte.

Die Geschäftsordnung des Deutschen Bundestages in Verbindung mit den Verfahrensgrundsätzen des Petitionsausschusses bringt aber zum Ausdruck, dass die Beifügung einer einschlägigen Begründung zur Umsetzung des Art. 17 GG gehört und damit auch für die Bescheidung von Dienstaufsichtsbeschwerden relevant ist.

f. Begründungspflicht als Maßstab »guter Verwaltung« im Sinne von Art. 41 Abs. 2 lit. c der Charta der Grundrechte der Europäischen Union

Schließlich ist der Frage nachzugehen, ob die Beifügung einer einschlägigen Begründung in einem ablehnenden Bescheid über eine Dienstaufsichtsbeschwerde zum Maßstab »guter Verwaltung« im Sinne des Art. 41 Abs. 2 lit. c Grundrechte-Charta[841] gehören könnte.

aa. Voraussetzungen des Art. 41 GRCh

Im Recht der Europäischen Union spielen allgemeine Rechtsgrundsätze neben den spezifischen Ausprägungen, die das Gemeinschaftsverwaltungsrecht im Bereich des Sekundarrechts enthält, eine hervorgehobene Rolle.[842] In diesem Zusammenhang ist Art. 41 der Charta der Grundrechte[843] zu nennen, die in einem von dem

---

838 *Klein* in Maunz/Dürig/Herzog/Scholz aaO, Rdnr. 90 zu Art. 17 GG.

839 *Klein* in Maunz/Dürig/Herzog/Scholz aaO.

840 Diese Erwägungen liegen auch § 112 Abs. 1 S. WBO (»Der Bescheid ist zu begründen«) zu Grunde.

841 Charta der Grundrechte der Europäischen Union v. 07.12.2000 (ABl. Nr. C 364 v. 18.12.2000, S. 1; in Kraft getreten mit dem Vertrag von Lissabon am 01.12.2009.

842 Vgl. *Thomas v.Danwitz*, Europäisches Verwaltungsrecht, 2008, S.531; allgemein zu Art. 41 GRCh; *Laubinger, aaO,* S. 659–682; zur Entstehung der Charta (S. 41ff) und ihrer Bedeutung vgl. auch *Kai-Dieter Classen*, Gute Verwaltung im Recht der Europäischen Union, 2008; europarl.de/de/europa_undsie/europa_vorstellung/grundrechtecharta.html.

843 Art. 41 Charta der Grundrechte der Europäischen Union. Zit. aus Abl. 2012 C 326 v. 26.10.2012, S. 391–407. Art. 41 Recht auf eine gute Verwaltung

Europäischen Bürgerbeauftragten formulierten »Europäischen Kodex für gute Verwaltungspraxis«[844] weitere Konkretisierungen der rechtstaatlichen Grundsätze ordnungsgemäßer Verwaltung erfahren hat.

Der EuGH hatte bereits vor der Formulierung des Rechts auf eine gute Verwaltung in Art. 41 GRCh die dort niedergelegten Rechtsgrundsätze entwickelt. Darauf weisen die Erläuterungen zu Art. 41 GRCh ausdrücklich hin.[845] Bereits 1991 stellte er fest, dass die Verwaltung verpflichtet sei, jeden Fall sorgfältig und unparteiisch zu behandeln, den Betroffenen rechtliches Gehör zu gewähren und die Entscheidung ausreichend zu begründen.[846]

Der dann mit dem Vertrag von Lissabon am 01.12.2009 in Kraft getretene Art. 41 GRCh gewährt dementsprechend in Abs. 1 für jedermann ein Recht auf eine unparteiische, gerechte Behandlung seiner Angelegenheit innerhalb einer angemessenen Frist und in seinem Abs. 2 lit. a-c die Rechte auf rechtliches Gehör, Akteneinsicht und auf Begründung der Entscheidung.[847] Schließlich normiert Abs. 3 des Art. 41 GRCh einen Schadensersatzanspruch und in Abs. 4 ist eine Sprachengarantie niedergelegt, nach der jedermann sich in einer Sprache der Verträge an die Organe der Union wenden kann und in dieser Sprache eine Antwort erhält.[848]

---

(1) Jede Person hat ein Recht darauf, dass ihre Angelegenheiten von den Organen, Einrichtungen und sonstigen Stellen der Union unparteiisch, gerecht und innerhalb einer angemessenen Frist behandelt werden.

(2) Dieses Recht umfasst insbesondere

a) das Recht jeder Person, gehört zu werden, bevor ihr gegenüber eine für sie nachteilige individuelle Maßnahme getroffen wird,

b) das Recht jeder Person auf Zugang zu den sie betreffenden Akten unter Wahrung des berechtigten Interesses der Vertraulichkeit sowie des Berufs- und Geschäftsgeheimnisses,

c) die Verpflichtung der Verwaltung, ihre Entscheidungen zu begründen.

(3) (...)

(4) (...).

844 www.ombudsman.europa.eu/code/pdf/de/code2005_de.pdf.

845 Vgl. ABl. v. 14.12.2007, C 303/02, S. 28.

846 EuGH, Rs.C-269/90 (TU München), Slg. 1991, I-5469, Rdnr. 14. Diese Rspr. setzte er fort: EuGH, Rs.C-109/10 P (solvay), Slg. 2011, I-10329, Rdnr. 52; in EuGH, Rs. T-54/99, (max mobil), Slg. 2002, II-313, in Rdnr. 48 sprach er ausdrücklich vom »Recht auf eine gute Verwaltung«; vgl. auch *Ulrich Stelkens*, Europäische Rechtsakte als »Fundgrube« für allgemeine Grundsätze des Verwaltungsverfahrensrechts, ZEuS 2004 (Heft 1), 129ff, www.dhv-speyer.de/stelkens/Materialien/Zeus-1-2004-Stelkens1.pdf.

847 Art. 41 Abs. 1 und Abs. 2 lit. a-c GRCh. Das Recht auf Begründung ergibt sich nach den Erläuterungen zu Art. 41 (ABl. v. 14.12.2007, C-303/02, S.28) auch aus Art. 296 AEUV.

848 Art. 41 Abs. 1 und 2 GRCh werden im Gegensatz zu Abs. und 4 als »Verteidigungsrechte« bezeichnet, vgl. EuGH, Rs. 27/09 (Mojahedin), Urt. V. 21.12.2011.

Diese aus der Rechtsprechung des EuGH entwickelten, allgemeinen Prinzipien des Verfahrens-Unionsrechts gehören zu dem primären Unionsrecht.[849] Damit ist für jedermann das Recht auf eine gute Verwaltung garantiert[850] und damit auch die Verpflichtung der Behörden, ihre Entscheidungen zu begründen (Art. 41 Abs. 2 lit. c GRCh).

bbb. Bindungsweite[851] der Art. 41 GRCh

Wenn auch die Empfehlungen des Europarates wie die in dem Kodex für gute Verwaltungspraxis keine unmittelbare Rechtsverbindlichkeit für die Verwaltungsrechtsordnungen der Mitgliedstaaten entfalten[852] – allgemeine Rechtsverbindlichkeit wäre erst dann erreicht, wenn diese Grundsätze in eine Rechtsordnung aufgenommen werden würden[853] – und die Bürger der Mitgliedstaaten aus ihm keine Rechte ableiten können[854], so hat Art. 41 GRCh jedoch einen Impuls für die

---

849 D. h. Vertragsrecht, vgl. Art. 1 Abs. 2 S.1 AEUV; Art. 6 Abs. 1 EUV. Dazu *Martina Lais*, Das Recht auf eine gute Verwaltung unter besonderer Berücksichtigung der Rechtsprechung des Europäischen Gerichtshofes, in ZEuS 2002 (Heft 2), 447ff (449), www.jura.uni-sb.de/projekte/bibliothek/text.php?id=179; Stelkens, aaO, ZEuS 2004,136.

850 *Kopp/Ramsauer*, VwVfG, aaO, Einf. II, Rdnrn. 13, 37; dazu auch *Martin Plohmann,* Das Recht auf eine gute Verwaltung gemäß Art. 41 der Charta der Grundrechte der Europäischen Union, Walter Hallstein-Institut für Europäisches Verfassungsrecht, Humboldt-Universität zu Berlin, S.1 u. 3, WHI-Paper 01/2014, www.whi-berlin.eu/th_files/WHI-Papers%20ab%202013/WHI%20Paper%2001-2014.pdf.; *Thorsten Siegel*, Europäisierung des Öffentlichen Rechts, 2012, S. 51, Rdnr. 148 bemerkt, dass mit der Einführung dieses Grundrechts auf gute Verwaltung unter Anknüpfung an die Rechtsprechung des EuGH teilweise neues grundrechtliches Terrain betreten würde.

851 Diesen Ausdruck verwendet auch *Plohmann,* aaO, S. 4.

852 Vgl. *v.Danwitz*, aaO, S. 531; *Siegel*, aaO, S. 51, Rdnr. 149.

853 *v.Danwitz*, aaO, S.531, Fn. 366; vgl. auch *Hermann Hill* in Hermann Hill/Rainer Pitschas (Hrsg), Europäisches Verwaltungsverfahrensrecht, 2004, S. 280; Classen, aaO. Zum Inkrafttreten der Grundrechte-Charta vgl. *Laubinger* aaO, der ausführt, dass die Charta der Grundrechte durch einen Grundrechtekonvent erarbeitet und am 07.12.2007 erstmals proklamiert wurde. Die Grundrechte-Charta wurde sodann durch den Verfassungskonvent zur Schaffung eines Vertrages über eine Verfassung für Europa integriert. Nach dem Scheitern dieses Vertrages kam es zu dem Vertrag von Lissabon v. 13.12.2007. Parallel dazu wurde die Grundrechte-Charta 2000 überarbeitet und zum zweiten Mal proklamiert (Charta 2007). Mit dem Vertrag von Lissabon, der die EUV änderte und den Vertrag zur Gründung der Europäischen Gemeinschaft (EGV), der in den Vertrag über die Arbeitsweise der Europäischen Union (AEUV) überführte, trat die Grundrechte-Charta am 01.12.2009 in Kraft und steht neben dem EUV und dem AEUV.

854 *Laubinger*, aaO, Vortrag v. 06.11.2011, Nr. III u. FS Bull. S.660; *Matthias Ruffert* in Christian Callies/Matthias Ruffert, EUV, AEUV, 4. A. 2011, Rdnr. 9 zu Art. 41 GRCh;

Beachtung dieser Verfahrensgrundsätze für ein transparentes und bürgerfreundliches Verwaltungshandeln bewirkt.[855]

Gegen die unmittelbare Bindung der Mitgliedstaaten an Art. 41 Abs. 1 und 2 GRCh sprechen der Wortlaut und seine Entstehungsgeschichte.[856] Aus der Entstehungsgeschichte ergibt sich, dass der eingebrachte Vorschlag, Art. 41 GRCh so zu fassen, dass auch Verwaltungseinheiten der Mitgliedstaaten von ihm erfasst werden, seinerzeit keinen Erfolg hatte.[857]

Aber auch die unterschiedliche Bindungswirkung einzelner Bestimmungen der GRCh spricht gegen eine unmittelbare Bindung der Mitgliedstaaten an Art. 41. Abs. 1 und 2 GRCh. So bindet Art. 51 GRCh seinem Wortlaut nach die Mitgliedstaaten, soweit sie Unionsrecht ausführen, während andere Artikel der GRCh ausschließlich die Union binden. Zu nennen ist hier Art. 43 GRCh, der die Befassung des Europäischen Bürgerbeauftragten zum Gegenstand hat.[858] Er garantiert das Recht eines jeden, sich an den Europäischen Bürgerbeauftragten zu wenden, soweit es um »Missstände bei der Tätigkeit der Organe, Einrichtungen und sonstiger Stellen der Union« geht. Dies entspricht dem Wortlaut des Art. 41 Abs. 1 GRCh. Da sich aber die Befugnisse des Europäischen Bürgerbeauftragten ausdrücklich auf Stellen der Union beziehen (Art. 228 Abs. 2 AEUV), kann für Art. 43 GRCh auch nichts anderes gelten, d.h. er kann nicht auf Verwaltungseinheiten der Mitgliedstaaten ausgedehnt werden.[859] Das bedeutet wegen des identischen Inhalts der Art. 43 und 41 GRCh, dass dieses Ergebnis auch für das Recht auf eine gute Verwaltung gemäß Art. 41 GRCh gilt.[860]

Classen, aaO, S. 93f; auf Gegenstimmen weist *Plohmann*, aaO, Fn. 28 hin. Vgl. auch *v. Danwitz*, aaO, S. 531 in Fn. 367 mit Nw. zur Frage der Geltung des Art. 41 Abs. 1 und Abs. 2 GRCh für die Mitgliedstaaten.

855 *v. Danwitz*, aaO, der von einer »Selbstverpflichtung« der Mitgliedstaaten spricht. Vgl. auch *Siegel*, aaO, Rdnr. 149, der ausführt, dass Adressaten des Grundrechts gemäß Art. 41 GRCh die Stellen der Union sind, nicht diejenigen der Mitgliedstaaten.

856 Dazu im Einzelnen *Laubinger*, aaO, FS Bull S. 660 u.Vortrag Nr. III; *Classen*, aaO, S. 93; *Siegel*, aaO, S. 51, Rdnr. 149.

857 Vgl. Protokoll der Sechsten Sitzung des Konvents am 27./28.03.2000, abgedruckt in *Norbert Bernsdorff/Martin Boroswsky*, Die Charta der Grundrechte der Europäischen Union – Handreichungen und Sitzungsprotokolle, 2000, S. 203. Hierauf weist *Plohmann*, aaO auf S. 6 hin.

858 Vgl. *Classen*, aaO, S. 82.

859 Vgl. *Stelkens*, aaO, in ZEuS 2004, 138; *Lais*, aaO, in ZEuS 2002, Fn. 31 jeweils m. Nw.

860 Vgl. *Plohmann*, aaO, der darauf hinweist, dass auch andere Artikel der GRCh (z.B. Art. 22, 25, 26, 34, 36, 38) nur die Union binden. Hierhin gehören aber auch Abs. 3 und 4 von Art. 41 GRCh, die ihrem Wortlaut nach ausdrücklich auf die Union verweisen.

ccc. Bedeutung von Art. 41 GRCh für die Mitgliedstaaten der Europäischen Union

Art. 41 GRCh könnte aber auch ohne eine direkte Bindungsweite auf die Mitgliedstaaten der Union Bedeutung für deren Verwaltungshandeln entfalten. Er könnte unter den Gesichtspunkt der »Selbstverpflichtung«[861] der Verwaltungen der Mitgliedstaaten somit auch Auswirkungen auf die Frage der Gebotenheit der Beifügung einer einschlägigen Begründung bei ablehnenden Dienstaufsichtsbeschwerden haben, denn man wird gleichwohl »die Garantien des Art.41 der Grundrechte-Charta auch auf den indirekten Vollzug von Unionsrecht anzuwenden haben.«[862] Dies gilt deswegen, weil es sich bei den Verfahrensgrundsätzen des Art. 41 GRCh »im Wesentlichen um eine Kodifizierung der allgemeinen Verfahrensgrundsätze handelt«[863], die zu einer sachgerechten, bürgernahen und transparenten Handlungsweisen der Verwaltungsbehörden beitragen sollen.[864]

Mit der Verabschiedung der GRCh wurde ein wichtiger Schritt zu einem zeitgemäßen Verwaltungshandeln getan. Nachdem die GRCh am 01.12.2009 in Kraft getreten war, haben die Mitgliedstaaten der Europäischen Union »auch das in Art. 41 garantierte Recht auf eine gute Verwaltung zu beachten.«[865] Das Recht auf eine gute Verwaltung ist in Art. 41 GRCh »relativ offen formuliert.«[866]. Das bedeutet, dass durch diese »offene Formulierung« weitere, von der Rechtsprechung entwickelte Verfahrensgrundsätze hinzukommen können, die sich als »Standard guter Verwaltung erweisen oder erweisen werden.«[867]

Für diese Untersuchung ist Art. 41 Abs. 2 lit. c GRCh bedeutsam, nach dem die Verwaltungsbehörden für ihre Entscheidungen eine Begründungsverpflichtung

---

861 *v. Danwitz*, aaO, Fn. 366.

862 *Kopp/Ramsauer*, VwVfG, aaO, Einf. II, Rdnr. 45.

863 *Kopp/Ramsauer*, VwVfG, aaO, Einf. II, Rdnrn. 12, 45, der in Rdnr. 45 darauf hinweist, dass die Beachtung des Art. 41 GRCh Voraussetzung für eine dem Effektivitätsgebot und dem Diskriminierungsverbot (Art. 4 Abs. 3 AEUV) entsprechende Umsetzung und Anwendung von unmittelbarem und mittelbarem Unionsrecht sei. Vgl. auch *Bernd Grzesnick*, Das Grundrecht auf eine gute Verwaltung – Strukturen und Perspektiven der Charta-Grundrechte auf eine gute Verwaltung, in ZEuS 2006 (Heft 2), 161–181; www.europarecht.nomos.de/fileadmin/eur/doc/Aufsatz_EUR_06_02.pdf., der ergänzend bemerkt, dass die GRCh »ganz wesentlich auf den Aktivitäten des Europäischen Bürgerbeauftragten beruht.«

864 *Grzesnick*, aaO.

865 *Kopp/Ramsauer*, VwVfG, aaO, Einf. II, Rdnr. 45.

866 *Kopp/Ramsauer*, VwVfG, aaO, Einf. II, Rdnr. 46. Das Recht auf eine gute Verwaltung des Art. 41 GRCh ist teilweise auch kritisch gesehen worden,so *Ruffert* in Callies/Ruffert, aaO, Rdnr. 3 zu Art. 41 GRCh; *Laubinger*, aaO, FS Bull, S. 662, 682 (»vage und inhaltsleer«, »gesetzestechnisch misslungen»). Allerdings ohne nähere Begründung.

867 *Kopp/Ramsauer*, VwVfG, aaO, Einf. II, Rdnr. 46.

haben.[868] Diesem Verwaltungsgrundsatz liegt der Normzweck zu Grunde, dass einerseits der Adressat einer Behördenentscheidung nicht über die Erwägungen der Behörde im Unklaren gelassen werden soll und andererseits eine wirksame Kontrolle der Gerichte über Entscheidungen der Verwaltungsbehörden durch die konkrete Nachprüfbarkeit ihrer Entscheidungen gewährleistest werden soll.[869] Demnach gehört es »zu den »elementaren Teilen des Rechts auf eine gute Verwaltung«[870], das Entscheidungen gegenüber den Bürgern von der Verwaltung begründet werden.[871]

Zu der Frage, was unter dem Begriff der »Entscheidung« zu verstehen ist, enthalten die Erläuterungen zur GRCh keine Angaben bzw. Einschränkungen. Hierunter sind alle Maßnahmen zu verstehen, die von den Verwaltungsbehörden getroffen werden. Deshalb wird der Begriff »Entscheidung« iSd. Art. 41 GRCh auch als »umfassend«[872] bezeichnet. Das bedeutet, dass er sich nicht nur auf »Individualentscheidungen«[873], sondern auch sonstige Entscheidungen der Behörden wie z.B. die Bescheidung über eine Dienstaufsichtsbeschwerde bezieht. Damit geht die Begründungsverpflichtung der Verwaltungen über den Wirkungsbereich der im deutschen Verwaltungsverfahrensrecht (§ 39 VwVfG) normierten Pflicht zur Begründung einer Maßnahme – hier in Form eines Verwaltungsaktes – hinaus.[874]

---

868 Zum Ausdruck gekommen in früheren Entscheidungen des EuGH und den Erläuterungen zu Art. 41 GRCh; www.db.consilium.eu.int/df/default.asp?lang=de.

869 Vgl. *Plohmann*, aaO, S. 25; auch EuGH v. 12.09.2013, RS. T-347/09 (Deutschland), Rdnr. 94 zu Art. 296 AEUV (in DÖV 2013, 946); im Einzelnen Lais, aaO, ZEuS 2002,447ff, Nr. D, IV. Dieser Gesichtspunkt spielt bei der Dienstaufsichtsbeschwerde allerdings keine Rolle, da der Beschwerdeführer lediglich einen verfahrensrechtlichen Anspruch hat, d.h. die Verwaltungsgerichte überprüfen nicht den Inhalt der Beschwerdebescheidung.

870 *Kopp/Ramsauer*, VwVfG, aaO, Einf. II, Rdnr. 52 und in Rdnr. 6 zu § 39 VwVfG: »Die Begründungspflicht für Verwaltungsakte entspricht einem allgemeinen Rechtsgrundsatz des Unionsrechts, wonach die Begründung von Entscheidungen ein Element guter Verwaltung ist (vgl. Art. 296 AEUV; Art. 41 Grundrechte-Charta, Art. 18 Europäischer Kodex für gute Verwaltung). Die Regelungen in Absatz 1 stellen eine Ausprägung dieses Rechtsgrundsatzes dar. Zu beachten ist, dass das Europarecht eine generelle Begründungspflicht unabhängig von der konkreten Handlungsform statuiert.«

871 *Kopp/Ramsauer*, VwVfG, aaO, Einf. II, Rdnr. 52: »Diese Vorschrift ist objektiv formuliert und verlangt, dass Entscheidungen schlechthin begründet werden müssen.«

872 *Kopp/Ramsauer*, VwVfG, aaO, Einf. II, Rdnr. 52.

873 *Kopp/Ramsauer*, VwVfG, aaO: »Insbesondere nicht nur auf Beschlüsse iSd. Art. 288 Abs. 4 AEUV und Maßnahmen einer Verwaltungsbehörde, die nach dem deutschen Verwaltungsverfahresrecht als Verwaltungsakte iSd. § 35 VwVfG zu qualifizieren sind.«

874 *Stelkens*, aaO, ZEuS 2004, 140f, der den Begriff »Entscheidung« im Einzelnen untersucht.

Legt man den Maßstab einer guten Verwaltung bei der Bescheidung einer Dienstaufsichtsbeschwerde zu Grunde, so ist demzufolge nicht nur zu fordern, dass die Verwaltung rechtmäßig handelt. Das allein ist für eine »gute Verwaltung« nicht ausreichend. Es muss beispielsweise noch Effektivität, Transparenz und Nachvollziehbarkeit der Entscheidung durch Befügung einer Begründung und Bürgerfreundlichkeit hinzukommen. Der EuGH[875] hat in diesem Zusammenhang ausgeführt, dass der Grundsatz der ordnungsgemäßen Verwaltung die Ausprägung des spezifischen Rechts darauf ist, dass Entscheidungen begründet werden müssen. Vor diesem Hintergrund ist das Gebot einer guten Verwaltung und damit die Pflicht zur Begründung einer Verwaltungsentscheidung ein objektiver allgemeiner Programmsatz, der jedoch kein Recht des Einzelnen auf eine gute Verwaltung und ebenso kein subjektives öffentliches Recht auf eine rechtsstaatliche Verwaltung gewährleistet.[876] Allerdings wurde mit der Verabschiedung der GRCh diese in das Primärrecht der Europäischen Union übernommen und damit wurde auch Art. 41 GRCh – und somit die Garantie des Rechts auf eine gute Verwaltung – verbindlich.[877]

Das Recht auf Auskunft und Information, d. h. auch das Recht die Gründe für eine Entscheidung zu erfahren, wird auf europäischer Ebene als Prinzip der Kooperation und Transparenz und damit »als zentrales Element einer guten Verwaltung«[878] empfunden. Eine gute Verwaltung muss auch zum Ziel haben, in einem fairen Verfahren mit dem Adressaten einer Verwaltungsentscheidung zu einer gerechten Lösung zu kommen und somit Rechtsfrieden zu erzeugen. Diesem Bestreben dient Art. 41 Abs. 2 lit. c GRCh, der mit der Begründungsverpflichtung der Verwaltungsbehörde – wie oben erwähnt – den Betroffenen in die Lage versetzen soll, die maßgeblichen Gründe der Verwaltung nachzuvollziehen.[879] Dazu gehört die Mitteilung der Entscheidungsgründe, d. h. die relevanten Tatsachen und Rechtsgrundlagen, ohne dass die Ausführungen »allgemeingültig und formelhaft«[880] sind. Zudem muss die

875 Am 04.10.2006 – Rs.T -193/04, Ls. 3 und Rdnr. 127.

876 *Laubinger*, aaO, (Vortrag) Nr. V, 2b.

877 Zur Konkretisierung dieses Rechts dient der Europäische Kodex für gute Verwaltungspraxis, den der Europäische Bürgerbeauftragte erstellt hat. Art. 18 des Kodex: »1. Für jede Entscheidung des Organs, die sich nachteilig auf die Rechte oder Interessen einer Einzelperson auswirken kann, sind die Gründe zu nennen, auf die sie sich stützt, dazu sind die relevanten Tatsachen und die Rechtsgrundlage der Entscheidung eindeutig anzugeben. 2. Der Beamte sieht von Entscheidungen ab, die sich auf nicht ausreichende oder vage Gründe stützen und keine individuelle Argumentation enthalten. 3. [...].« Vgl. hierzu EuGH, Urt. v. 18.07.2013, Rs. C-584/10 (P u.A. Kalli), Rdnr.116 und EuGH, T-314/06 (Whirlpool Europe), Slg. 2010, II-5005, Rdnr. 112.

878 Art. 24 Abs. 4 AEUV; *Kopp/Ramsauer*, VwVfG, aaO, Rdnr. 7 zu § 25 VwVfG.

879 Sowie – worauf es in diesem Zusammenhang nicht ankommt – einem Gericht im Fall eines Rechtsstreits die Nachvollziehung der maßgeblichen Gründe der Verwaltung ermöglichen soll.

880 *Lais*, aaO, Nr. D, VI.

Begründung eindeutig und widerspruchsfrei sei.[881] Dabei ist es nicht erforderlich, dass sie auf das gesamte Vorbringen der Beteiligten eingeht. Es reicht aus, dass der Adressat die wesentlichen tatsächlichen und rechtlichen Erwägungen der Behörde aus dem Bescheid entnehmen kann.[882] Diese Erfordernisse, die an eine sachgerechte Begründung zu stellen sind, sind unerlässlich, denn mit einer vagen oder allgemein gehaltenen Begründung kann der Betroffene nicht in die Lage versetzt werden, die Behördenentscheidung nachzuvollziehen.

Eine unter Berücksichtigung dieser Verfahrensgrundsätze abgefasste Begründung kann im Einzelfall aber dann entbehrlich sein, wenn der Zweck der Begründung nicht mehr erreicht werden kann, bereits erreicht oder weggefallen ist.[883] Das kann der Fall sein, wenn der Adressat der Maßnahme am Verfahren bereits hinreichend beteiligt war bzw. die Absichten der Behörde kannte.[884]

Insgesamt kann man feststellen, dass nach dem Sinn des Art. 41 Abs. 2 lit. c GRCh eine – wie oben erwähnt – weitgehende Begründungspflicht der Verwaltung gegenüber dem Einzelnen zu entnehmen ist.[885] Diese Handlungsverpflichtung der Verwaltungsbehörden ist »ein Maßstab der guten Verwaltung«, denn sie erzeugt Akzeptanz, Transparenz und letztlich Rechtsfrieden. Art. 41 Abs. 1 und 2 GRCh ist vielleicht keine besonders glücklich formulierte »gelungene Norm«[886]. Man kann aus ihr und dem Europäischen Kodex für gute Verwaltungspraxis aber eine Neuorientierung des Verhältnisses von Behörden und Bürgern entnehmen.[887]

Diese Verfahrensgrundsätze, die die Mitgliedstaaten der Europäischen Union zu beachten haben, strahlen auf das Handeln der Verwaltungsbehörden der

---

881 Vgl. EuGH, RS. C-413/06 P (Bertelsmann und Sony), Slg. 2008, I-4951, Rdnr. 169.

882 EuGH, Rs. T – 48/05 (Franchet und Byke), Slg. 2000, II-1585, Rdnr. 244; auch Lais, aaO, Nr. D, VI.

883 *Kopp/Ramsauer*, VwVfG, aaO, Einf. II, Rdnr. 52 mit Verweis auf Rdnr. 31 zu § 39 VwVfG.

884 Darauf weist *Plohmann*, aaO, S. 26 hin. Auf S. 26 – 28 befasst er sich mit der Frage, ob auch »begünstigende Akte« entsprechend zu begründen seien und verneint dieses. Dieser Gesichtspunkt ist für die Frage der Begründungsverpflichtung von Dienstaufsichtsbeschwerden unerheblich.

885 *Kopp/Ramsauer*, VwVfG, aaO, Einf. II, Rdnr. 52. Im Gegensatz zur Begründungspflicht gemäß § 39 VwVfG erstreckt sie sich auf alle Maßnahmen und nicht allein auf Verwaltungsakte.

886 Vgl. *Laubinger*, aaO, (Vortrag) Nr. VII: »Sie ist gesetzestechnisch misslungen. Der Kodex des Europäischen Bürgerbeauftragten enthält eine unsystematische, bunte Mischung von zumeist vernünftigen Regeln, die teils subjektive Rechte, teils objektive Grundsätze statuieren.« Vgl. auch *Siegel*, aaO, S. 51, Rdnr. 149.

887 *Laubinger*, aaO, (Vortrag v. 06.11.2011) Nr. VII weist darauf hin, dass es in den von dem Präsidium des Grundrechtekonvents gegeben Erläuterungen zu Art. 41 Grundrechte-Charta heiße, dass die Vorschrift (...) den Grundsatz der guten Verwaltung festgeschrieben habe. Dazu werde auf Art. 253 (Pflicht zur Begründung von Rechtsakten) und Art. 21 Abs. 3 (Petitionsrecht) EGV hingewiesen, an deren Stelle mit dem Vertrag von Lissabon Art. 296, 24 Abs. 4 AEUV getreten seien.

Mitgliedstaaten der Europäischen Union insgesamt aus. Deshalb gehört eine für den Beschwerdeführer nachvollziehbare, einschlägige Begründung eines Bescheides über eine zurückgewiesene Dienstaufsichtsbeschwerde zum »Maßstab guter Verwaltung«.[888]

g. *Gesamtergebnis*

Als Gesamtergebnis kann festgestellt werden, dass aus den oben dargestellten Gründen ablehnende Bescheide über Dienstsaufsichtsbeschwerden mit einer für den Beschwerdeführer inhaltlich nachvollziehbaren, einschlägigen und sprachlich verständlichen Begründung zu versehen sind.[889]

Das ergibt sich zum einen aus der teleologischen Auslegung des Art. 17 GG und den Länderverfassungen der Bundesländer Mecklenburg-Vorpommern, Sachsen und Thüringen, die insoweit neue Standards gesetzt haben, die der Weiterentwicklung des Eingabenrechts vergangener Jahrzehnte Rechnung tragen. Die Begründungspflicht folgt weiter aus der gewohnheitsrechtlichen Praxis in den Behörden und aus dem Rechtsgedanken des § 39 VwVfG, soweit in ihm die Akzeptanzfunktion zum Ausdruck kommt, sowie aus der Forderung nach Transparenz staatlichen Handelns. Argumente für eine Begründungspflicht der Behörden bei ablehnenden Bescheiden über Dienstaufsichtsbeschwerden liefert zudem die in Art. 41 Abs. 2 lit. c GRCh normierte Begründungsverpflichtung gemäß dem »Grundsatz einer guten Verwaltung«. Vor diesem Hintergrund wird deutlich, dass erst die einschlägige Begründung eines Bescheides es ermöglicht, diesen daraufhin nachzuprüfen, ob sich die angegangene Stelle tatsächlich inhaltlich ernsthaft mit dem Anliegen beschäftigt hat. Darauf hat der Beschwerdeführer einen Anspruch und diesen kann er ggf. mit der Leistungsklage verwaltungsgerichtlich geltend machen.[890]

Im Untersuchungszeitraum hat sich im Übrigen gezeigt, dass nicht begründete Bescheide über Eingaben oder lediglich mit Floskeln und Leerformeln[891] versehene

---

888 Die Untersuchung hat gezeigt, dass nach diesem Verfahrensgrundsatz in der untersuchten Behörde gehandelt wurde. Gleiche Verfahrensweisen teilten auch die Wirtschaftsressorts der Länder Nordrhein-Westfalen, Niedersachsen, Hessen, Thüringen und des Saarlandes mit.

889 Im Ergebnis auch *Kopp/Ramsauer*, VwVfG, aaO, Rdnr. 21 zu § 79 VwVfG. So auch *Blomeyer-Bartenstein/Närger*, aaO, S. 53: »Der abweisende Beschwerdebescheid enthält dann weiter eine Begründung der Entscheidung, die gemeinverständlich abgefasst sein sollte (§ 39 Allgemeine Dienstordnung (ADO) für Bayern vom 12.01.1933 – GVBL 1933. S. 1) und aus der die Beteiligten – d.h. der Beschwerdeführer und die untergebene Behörde – die Ansicht der Aufsichtsbehörde entnehmen können.« In den Fn. wird dazu auf Art. 92 Fischereigesetz v. 1908 (GVBl. 527) hingewiesen: »Der Bescheid ist zu begründen, wenn eine Erlaubnis versagt wird (….), ein Antrag zurückgewiesen (…) wird.«

890 Im Einzelnen vgl. 8. Abschn.

891 Oder: »…haben wir mit Interesse gelesen, sie gibt aber keinen Anlass, das bisherige Verfahren zu ändern.«

Bescheide, die das Anliegen zurückweisen, nicht mehr hingenommen werden. Die Praxis ist über die lang andauernde Diskussion einer Begründungsverpflichtung hinweggegangen.[892]

2. Aufklärungstätigkeit der Behörde

Bei der Bearbeitung einer Dienstaufsichtsbeschwerde ist auch die Frage zu prüfen, welcher Umfang der Ermittlungen der Behörde zur Bescheidung der Dienstaufsichtsbehörde geboten ist, d.h. ob die angegangene Stelle eigene Ermittlungen zur Aufklärung des in der Beschwerde angesprochenen Sachverhaltes anzustellen und ggf. Akten beizuziehen und Zeugen anzuhören hat.

Im Allgemeinen Verwaltungsverfahren verpflichtet § 24 Abs. 1 VwVfG die Behörde zur Ermittlung des für ihre Entscheidung maßgeblichen Sachverhalts von Amts wegen, um eine zutreffende Entscheidung zu finden. Dieser Untersuchungsgrundsatz ist »Ausfluss des Rechtsstaatsprinzips, insbesondere des Grundsatzes des fairen Verfahrens«[893] sowie der Gesetzmäßigkeit der Verwaltung. Er dient dem öffentlichen Interesse an der Gesetzeskonformität und sachlichen Richtigkeit des Verwaltungshandelns und zugleich dem Rechtsschutz des Betroffenen.

Unmittelbar gilt § 24 VwVfG nur im Verwaltungsverfahren. Auch wenn diese Vorschrift Ausdruck eines allgemeinen Rechtsgedanken ist[894], kann sie nicht »sinngemäß-analog«[895] auf das Verfahren bei der Dienstaufsichtsbeschwerde angewendet werden, weil das Verwaltungsverfahren mit Hilfe des Grundsatzes der Amtsermittlung die Gesetzeskonformität und damit die Richtigkeit der zu treffenden Maßnahme zum Ziel hat, während der Beschwerdeführer einer Dienstaufsichtsbeschwerde dieses Ziel gerade nicht verfolgen kann.

Er hat aber gegen die Behörde einen Anspruch auf ernstliche Befassung mit seinem Beschwerdevortrag und auf eine einschlägige Begründung. Dagegen hat er

892 In keinem Bescheid über eine Dienstaufsichtsbeschwerde ist im Untersuchungszeitraum einem Beschwerdeführer nur der Eingang seiner Beschwerde bestätigt und ohne weitere Begründung mitgeteilt worden, dass eine Prüfung durch Aktenvorlage und Anhörung erfolgt sei, die jedoch keine Pflichtverletzung des handelnden Beschäftigten der Dienststelle ergeben habe. Das hätte an die alte Praxis erinnert, nach der die Behörde mitteilte: »Die Behörde hat ihre Beschwerde zur Kenntnis genommen, sieht aber keinen Anlass, gegen den Beschäftigen X einzuschreiten.« In der untersuchten Verwaltungsbehörde haben sich feste Arbeitsabläufe bei der Bearbeitung von Dienstaufsichtsbeschwerden herausgebildet. Der Beschwerdeführer konnte sich regelmäßig darauf verlassen, dass die Beschwerdeentscheidung mit nachvollziehbaren, einschlägigen Gründen in sprachlich verständlicher Form versehen wurde. Das Gleiche gilt für die Wirtschaftsressorts der Länder Nordrhein-Westfalen, Niedersachsen, Hessen, Thüringen und des Saarlandes.

893 BVerfG in NJW 2004, 1022; *Kopp/Ramsauer*, VwVfG, aaO, Rdnr. 3a zu § 24 VwVfG.

894 *Kopp/Ramsauer*, VwVfG, aaO, Rdnr. 4 zu § 24 VwVfG.

895 *Kopp/Ramsauer*, VwVfG, aaO.

keinen Anspruch auf eine »richtige«, d. h. rechtmäßige Bescheidung. Das schließt aber nicht aus, dass die Behörde dem Sachverhalt gegebenenfalls über den Beschwerdevortrag hinaus nachgeht, um sich ein vollständiges Bild von dem Vorgang zu machen, um damit die sachliche Richtigkeit oder Unrichtigkeit des Beschwerdevortrages festzustellen. Ob die angegangene Behörde so verfährt, ist ihre alleinige Entscheidung. Der Beschwerdeführer hat auf weiter gehende Erhebungen oder Ermittlungen über seinen Beschwerdevortrag und die von ihm vorgelegten Unterlagen hinaus keinen Anspruch.

Bei der Bearbeitung der Dienstaufsichtsbeschwerde dient ihr Inhalt als wesentlicher Ansatzpunkt. Entscheidet sich die Behörde für eine weitere Aufklärung des Vorganges, dann geschieht das im eigenen bzw. im öffentlichen Interesse. Einem Beschwerdevortrag, der Anhaltspunkte für eventuelles strafbares oder dienst- bzw. arbeitsrechtlich relevantes Verhalten eines Beschäftigten enthält, wird sie regelmäßig nachgehen, auch wenn der Beschwerdeführer selbst keine konkreten Beweise liefern kann. Richtschnur im Verfahren der Dienstaufsichtsbeschwerde ist, dem Beschwerdeführer ein faires Verfahren zu gewährleisten, bei dem die Behörde allerdings nicht mit langwierigen eigenen Ermittlungen belastet ist. Aus diesem Grunde ist es für den Beschwerdeführer von Vorteil, möglichst vollständig und unter Beifügung aller in Betracht kommenden Unterlagen vorzutragen.[896]

Auch wenn der Beschwerdeführer einer Dienstaufsichtsbeschwerde keinen Anspruch auf eine zutreffende, sondern lediglich auf eine einschlägige Begründung hat, ist es regelmäßig das Bestreben der Behörde, den tatsächlichen Sachverhalt zu ermitteln. Das kann gerade bei der Bescheidung einer persönliche Dienstaufsichtsbeschwerde problematisch sein, da besonders hier die Vorgänge nicht immer zweifelsfrei aufgeklärt werden können, vielmehr nicht selten eine Unerweislichkeit, ein »non liquet«, verbleibt. Dann hat die Behörde die Frage zu beantworten, zu wessen Lasten das »non liquet« bei ihrer Bescheidung geht: Zu Lasten der Behörde oder des Beschwerdeführers.

Bei der Bescheidung einer persönlichen Dienstaufsichtsbeschwerde bedeutet das, dass die jeweilige Dienststelle den Beschwerdevortrag und die Einlassung des betroffenen Behördenangehörigen auf Schlüssigkeit und Glaubwürdigkeit – beispielsweise bei einer behaupteten unangemessenen Behandlung eines Beschwerdeführers durch einen Behördenbeschäftigten – zu bewerten hat.

Dabei können, abgesehen von der Schlüssigkeit des Beschwerdevortrages, auch noch weitere Gesichtspunkte eine Rolle spielen. Beispielsweise die Tatsache, dass der Beschwerdeführer ein eifriger Verfasser von Dienstaufsichtsbeschwerden über

---

896 In der Praxis ist es regelmäßig angebracht, die betreffenden Sachakten beizuziehen und – bei einer persönlichen Dienstaufsichtsbeschwerde – den betroffenen Beschäftigten, über den sich beschwert wurde, anzuhören. Zudem kann in Betracht kommen, weitere Erkenntnisse zu gewinnen, wenn dies ohne großen Zeitaufwand zu erledigen ist, wie beispielsweise telefonische Rückfragen bei eventuell beteiligten Sachverständigen, falls sie zur Sachverhaltsermittlung beitragen können.

eine Reihe von Behördenangehörigen der Dienststelle ist, aber auch auf der anderen Seite, ob über den Beschwerdegegner außerdem von anderen Personen Beschwerden in der Vergangenheit vorlagen.

Da persönliche Dienstsaufsichtsbeschwerden für den betreffenden Behördenmitarbeiter ggf. dienst- oder arbeitsrechtliche Konsequenzen haben können, hat – im Fall keiner weiteren Erkenntnisse – bei einer »Aussage gegen Aussage-Situation« derjenige, der einen Anspruch geltend macht – hier das Begehren auf Einschreiten des Dienstvorgesetzten gegen den Beschwerdegegner –, die Folge der Nicht-Erweislichkeit zu tragen, denn er muss alle Tatsachen vorbringen, die seinen Beschwerdevortrag rechtfertigen.[897] Gelingt ihm das nicht und ist im Fall eines »non liquet« die Einlassung des betreffenden Behördenangehörigen nachvollziehbar und glaubwürdig, würde die Dienstaufsichtsbeschwerde zurückgewiesen werden.

Als Ergebnis ist festzustellen, dass die Behörde bei der Bescheidung einer Dienstaufsichtsbeschwerde grundsätzlich keine weiteren, über den Beschwerdevortrag hinausgehenden Ermittlungen anstellen muss, da der Beschwerdeführer keinen Anspruch auf eine zutreffende, sondern nur auf eine einschlägige Bescheidung hat. Der Beschwerdeführer muss alle Tatsachen, die seine Beschwerde rechtfertigen, erschöpfend vortragen. Es ist der Behörde aber unbenommen, eine weiter gehende Sachaufklärung zu betreiben, wenn sie es für angebracht hält.

3. Mitwirkung ausgeschlossener oder befangener Personen an der Bescheidung der Dienstaufsichtsbeschwerde

In seltenen Fällen kann es vorkommen, dass ein Bearbeiter einer Dienstaufsichtsbeschwerde selbst in irgendeiner Weise in den Beschwerdevorgang involviert ist. Da Dienstaufsichtsbeschwerden regelmäßig auf einer anderen Funktionsebene entschieden werden, kam im Untersuchungszeitraum kein derartiger Fall vor. Denkbar wäre ein solcher Fall aber, wenn z.B. der Bearbeiter aus außerdienstlichen Gründen in irgendeiner Weise mit dem Beschwerdeführer in Kontakt ist oder gewesen ist und deshalb zum Kreis der ausgeschlossenen oder befangenen Personen gehören könnte. Eine derartige Konstruktion wäre allerdings ein Ausnahmefall. Der Vollständigkeit halber soll kurz darauf eingegangen werden.

Ein rechtstaatliches, d.h. ein faires, objektives Verfahren wird im Verwaltungsverfahrensgesetz durch die Unzulässigkeit der Mitwirkung von ausgeschlossenen oder befangenen Personen am Verfahren gewährleistet (§§ 20, 21 VwVfG). Damit soll das öffentliche Interesse an der Aufgabenerfüllung durch die Verwaltung gewahrt werden, aber auch der Rechtschutz des Bürgers vor möglichen sachfremden Einflüssen von Seiten eines verfahrensbeteiligten Amtsträgers.[898] Der »böse Schein« von Parteilichkeit, aber auch der Eindruck des »Heimzahlens« sollen verhindert werden.

897 *Michael Schmid*, Dienstaufsichtsbeschwerde und Petitionsrecht, in BayVBl 1981, 267(268).

898 Vgl. *Kopp/Ramsauer*, VwVfG, aaO, Rdnr. 1 zu § 20 VwVfG.

§§ 20, 21 VwVfG gelten unmittelbar zwar nur für das Verwaltungsverfahren im Sinne von § 9 VwVfG. Sie sind »als Ausdruck allgemeiner Rechtsgedanken aber regelmäßig darüber hinaus für sonstiges Verwaltungshandeln entsprechend anwendbar«[899],und damit auf für das Verfahren bei der Bescheidung einer Dienstaufsichtsbeschwerde sinngemäß anzuwenden, da die Verfahrensweisen innerhalb einer Verwaltungseinheit in einem allgemeinen Verwaltungsverfahren mit demjenigen bei der Bescheidung einer Dienstaufsichtsbeschwerde vergleichbar sind.

Da der Bearbeiter einer Dienstaufsichtsbeschwerde auf Grund seiner Zugerhörigkeit zu einer anderen Funktionsebene der Verwaltungseinheit praktisch nie an dem Beschwerdegrund beteiligt ist, käme hier eine Befangenheit nur auf Grund außerdienstlicher Umstände in Betracht. Diese könnten ggf. seine Besorgnis der Befangenheit bei der Bescheidung der Dienstaufsichtsbeschwerde bewirken. Wäre der Behördenangehörige tatsächlich befangen – beispielsweise weil er mit dem Beschwerdeführer einen Rechtsstreit führt oder aber auch mit ihm gemeinsam Sport treibt –, dann wäre er von einer Bescheidung der Dienstaufsichtsbeschwerde ausgeschlossen.[900] Dies muss er seinem Dienstherrn anzuzeigen.[901] Kommt er dieser Obliegenheit nicht nach, ist nicht nur seine Amtshandlung in dem Verfahren rechtswidrig, sondern dieses Unterlassen kann auch disziplinar- oder arbeitsrechtliche Konsequenzen gegen ihn auslösen.[902]

Als Ergebnis ist festzustellen, dass die Vorschriften des Verwaltungsverfahrensgesetzes über ausgeschlossene und befangene Personen bei der Bescheidung einer Dienstaufsichtsbeschwerde entsprechend anzuwenden sind. In der Praxis spielt diese Konstellation nur in seltenen Ausnahmefällen eine Rolle.

4. Suspensiv- und Devolutiveffekt der Dienstaufsichtsbeschwerde

Weiterhin ist die Frage zu prüfen, ob der Beschwerdeführer mit der Einlegung der Dienstaufsichtsbeschwerde den Aufschub der angegriffenen Maßnahme im Fall der sachlichen Dienstaufsichtsbeschwerde erreichen kann[903]; d. h. ob die Dienstaufsichtsbeschwerde einen Suspensiveffekt entfaltet.

---

899 OLG Brandenburg in NJW 1999, 1142; *Kopp/Ramsauer*, VwVfG, aaO, Rdnrn. 6a, 7a zu § 20 VwVfG und Rdnr. 8 zu § 21VwVfG.

900 Besorgnis der Befangenheit bedeutet, dass ein Grund vorliegen muss, der geeignet ist, Misstrauen gegen die unparteiische Amtsführung des Amtsträgers zu rechtfertigen, vgl. K*opp/Ramsauer*, VwVfG, aaO, Rdnr. 13 zu § 21 VwVfG.

901 Für Beamte gemäß § 63 Abs. 2 BBG, § 63 Abs. 2 BeamtStG und für andere Arbeitnehmer des öffentlichen Dienstes aus ihren Arbeitsverträgen.

902 Eine andere Frage ist, ob für einen Bearbeiter einer Dienstaufsichtsbeschwerde ein Recht auf Selbstablehnung besteht, vgl. dazu *Kopp/Ramsauer*, VwVfG, aaO, Rdnrn. 4, 56, 57 zu § 20 VwVfG.

903 Vgl. 3. Abschn. II. Bei der persönlichen Dienstaufsichtsbeschwerde stellt sich diese Frage nicht.

Für den förmlichen Rechtsbehelf des Widerspruchs bestimmt § 80 Abs. 1 VwGO, dass Widerspruch und Anfechtungsklage aufschiebende Wirkung haben. Damit bezweckt § 80 Abs. 1 VwGO, ergänzt durch das aus Art. 19 Abs. 4 GG abzuleitende allgemeine verfassungsrechtliche Gebot, dass hoheitliche Eingriffe – insbesondere die Vollziehung von Verwaltungsakten – grundsätzlich nicht so kurzfristig angeordnet und durchgeführt werden dürfen, dass der Betroffene gerichtlichen Rechtsschutz nicht oder nicht mehr rechtzeitig in Anspruch nehmen kann.[904] Dieser gesetzlich angeordnete Suspensiveffekt gilt für den Widerspruch als förmlicher, an die Widerspruchsfrist gebundener und auf Verwaltungsakte beschränkter Rechtsbehelf.[905]

Die Situation bei dem nicht förmlichen Rechtsbehelf der Dienstaufsichtsbeschwerde ist eine andere und mit der des Widerspruchsführers nicht vergleichbar. Wie oben dargestellt[906], ist die Rechtswirkung einer Dienstaufsichtsbeschwerde schwächer als diejenige des förmlichen Rechtsbehelfs des Widerspruchs. Das hat zur Folge, dass für sie – soweit es keine besonderen Rechtsvorschriften gibt – die allgemeinen Rechtsgrundsätze gelten, die entsprechend dem Charakter als nicht förmliche Rechtsbehelfe weder Suspensiveffekt noch Devolutiveffekt auslösen.[907]

Hinsichtlich des Devolutiveffekts wird das auch dann deutlich, wenn die Erlassbehörde selbst einer Dienstaufsichtsbeschwerde abhilft[908]. Die Frage der Verlagerung der Entscheidungskompetenz auf eine höhere Funktionsebene stellt sich allerdings bei den Hamburgischen Fachbehörden nicht, da sie keine vorgesetzte

---

904 Keine Vollziehung eines Verwaltungsaktes, solange über einen Antrag nach § 80 Abs. 1 VwGO nicht entschieden ist.

905 Zur Abschaffung des Devolutiveffekts des Widerspruchs im Rahmen der Einschränkungsbestrebungen des Widerspruchsverfahrens vgl. 9. Abschn. II und III.

906 Vgl. 3. Abschn. II.

907 BGH Beschl. v. 24.06.2009 – IV ZB 2/09 – kein Suspensiveffekt bei Anhörungsrüge und Gegenvorstellung; BPatG München, 21. Senat, Beschl. v. 09.06.2011 – 21 W(pat) 45/10 (zit. nach juris): »Der Dienstaufsichtsbeschwerde kommt gegenüber der regulären Beschwerde keine aufschiebende Wirkung zu«. So schon *Blomeyer-Bartenstein/Närger*, Dienstaufsichtsbeschwerde, aaO, S. 15 und 59; *Kopp/Ramsauer*, VwVfG, aaO, Rdnr. 17 zu § 79 VwVfG; *Kastner* in Fehling/Kastner/Störmer, Verwaltungsrecht, Rdnr. 10 zu § 79 VwVfG; *Blanke* in Sodan/Ziekow, VwGO, aaO, Rdnr. 7 vor § 124 VwGO: Mangels Devolutiv- und Suspensiveffekt »sind die formlosen Rechtsbehelfe keine Rechtsbehelfe im prozessualen Sinn«. *Kratzer*, aaO, in BayBl 1969, 189ff(191). Da die Verwaltungsbehörden ihre Maßnahmen und Entscheidungen, die mit einer Dienstaufsichtsbeschwerde beanstandet werden, zugunsten des Beschwerdeführers ändern oder aufheben können, ist es ihnen unbenommen, auch die Vollziehung einer beanstandeten Maßnahme auszusetzen oder das gesamte Verfahren ggf. unter den Voraussetzungen des § 51 VwVfG wieder aufzugreifen, wenn dessen Voraussetzungen vorliegen; vgl. auch *Woike*, aaO, in DÖV 1984, 419(424f).

908 Dann würde die Entscheidungskompetenz gerade nicht auf eine höhere Ebene verlagert. Vgl. auch VG Hamburg Urteil v. 16.3.2001 – 4 VG 433/01 -; (nicht veröffentlicht); VG Halle Urteil v. 11.03.2004 – 1 A 258/03 – (zit. nach juris).

Behörde haben, denn nach der Hamburgischen Verfassung besteht in Hamburg eine Einheitsgemeinde, in der eine Trennung von Staats- und Gemeindeverwaltung nicht stattfindet.[909]

Die Dienstaufsichtsbeschwerde als nicht förmlicher Rechtsbehelf hat somit im Gegensatz zu den förmlichen Rechtsbehelfen keine aufschiebende Wirkung und entfaltet regelmäßig auch keinen Devolutiveffekt. Der Beschwerdeführer kann in der Regel mit ihrer Einlegung nicht mit einem Aufschub der beschwerenden Verwaltungsmaßnahme rechnen.[910]

909 Vgl. Art 4 Abs. 1 HmbVerf: »In der Freien und Hansestadt Hamburg werden staatliche und gemeindliche Aufgaben nicht getrennt.«

910 Vgl. 3. Abschn. I.

5. Abschnitt: Die persönliche Dienstaufsichtsbeschwerde

I. Zulässigkeitsvoraussetzungen

Mit einer persönlichen Dienstaufsichtsbeschwerde werden Verhaltensweisen von Behördenangehörigen[911] beanstandet, die mit ihrer Dienstpflicht nicht in Einklang stehen und durch die sich der Beschwerdeführer verletzt fühlt[912]. Beschwerdegegenstand ist demnach der Antrag des Beschwerdeführers an den Dienstvorgesetzten oder den Behördenleiter, das Verhalten eines Behördenmitarbeiters zu überprüfen und gegebenenfalls disziplinar- oder arbeitsrechtliche Maßnahmen einzuleiten.

Die Zulässigkeitsvoraussetzungen der sachlichen und der persönlichen Dienstaufsichtsbeschwerde entsprechen sich weitgehend, so dass hinsichtlich der Beschwerdebefugnis, Form, Einlegung, Weiterleitung und Anforderungen an den Beschwerdebescheid auf die Ausführungen zur sachlichen Dienstaufsichtsbeschwerde verwiesen werden kann und hier die durch den unterschiedlichen Inhalt der Beschwerde bedingten Unterschiede behandelt werden sollen.

II. Adressat und Gegenstand

Eine Unterscheidung zwischen der sachlichen und persönlichen Dienstaufsichtsbeschwerde liegt darin, dass die sachliche Dienstaufsichtsbeschwerde regelmäßig bei der Stelle eingelegt wird, die für die beanstandete oder begehrte Maßnahme zuständig ist, während die persönliche Dienstaufsichtsbeschwerde idR. an die die Dienstaufsicht führende Stelle gerichtet wird, d.h. bei derjenigen Stelle eingelegt wird, die die Dienstaufsicht über den Behördenangehörigen führt, dessen Verhalten oder Unterlassen von dem Beschwerdeführer beanstandet wird. Das ist regelmäßig der Dienstvorgesetzte.

1. Der Dienstvorgesetzte als Adressat einer persönlichen Dienstaufsichtsbeschwerde

Nach § 3 Abs. 2 BBG ist Dienstvorgesetzte oder Dienstvorgesetzter, wer für beamtenrechtliche Entscheidungen über die persönlichen Angelegenheiten der ihm nachgeordneten Beamten zuständig ist.[913]

---

911 D. h. Beamte, Angestellte und Arbeiter.

912 Vgl. 3. Abschn. I.

913 Vgl. auch § 3 Abs. 1 HmbBG: »Die oberste Dienstbehörde für hamburgische Beamten und Beamtinnen ist der Senat als oberste Verwaltungsbehörde. Oberste Dienstbehörde der Körperschaftsbeamten und Körperschaftsbeamtinnen ist die durch Gesetz, Rechtsverordnung oder Satzung bestimmte Stelle.«. Auf Bundesebene ist die

Der Dienstvorgesetzte ist zu unterscheiden von dem Amtsvorgesetzten (oder Vorgesetzten), der einem anderen Beamten in Bezug auf dessen dienstliche Tätigkeit Weisungen erteilen kann (§ 3 Abs. 3 BBG; § 3 Abs. 3 HmbBG). Wer im Einzelfall Vorgesetzter ist, bestimmt sich nach dem Aufbau der jeweiligen Verwaltungseinheit bzw. nach ihrer Organisation.[914] Regelmäßig wird der (Amts-) Vorgesetzte auch der Dienstvorgesetzte sein.[915]

Das gleiche gilt für die anderen Arbeitnehmer im öffentlichen Dienst, die keine Beamten sind. Auch sie haben in der Hierarchie der Behörde einen Vorgesetzten, der ihnen auf Grund des Direktionsrechts des öffentlichen Arbeitgebers Weisungen erteilen und im Fall einer Dienstpflichtverletzung arbeitsrechtliche Schritte einleiten kann.

Im Untersuchungszeitraum haben die Beschwerdeführer überwiegend ihre persönliche Dienstaufsichtsbeschwerde mangels genauer Kenntnis der jeweiligen Behördenstruktur bei dem Leiter der jeweiligen Fachbehörde eingelegt, d.h. bei dem jeweils zuständigen Senator, dessen Ressort der Mitarbeiter angehörte, dessen Verhalten beanstandet wurde. Damit hatten sie sich an den »richtigen« Dienstvorgesetzten gewandt, da der Präses einer Fachbehörde die Dienstaufsicht in sachlicher und persönlicher Hinsicht über die Beschäftigten der Fachbehörde führt.[916]

2. Verbundene sachliche und persönliche Dienstaufsichtsbeschwerden

Im Untersuchungszeitraum ist es in Einzelfällen vorgekommen, dass sachliche und persönliche Dienstaufsichtsbeschwerden miteinander verbunden wurden. Beanstandet ein Bürger die ablehnende Entscheidung eines Behördenmitarbeiters,

---

oberste Dienstbehörde der Beamten oder Beamtinnen die oberste Dienstbehörde eines Dienstherrn, in deren Geschäftsbereich die Beamten oder Beamtinnen das Amt wahrnehmen, (§ 3 Abs. 1 BBG).

914 § 3 Abs. 4 BBG: »Die Dienstvorgesetzten- und Vorgesetzteneigenschaft bestimmt sich nach dem Aufbau der Verwaltung.« § 3 Abs. 4 HmbBG: Die oberste Dienstbehörde kann Zuständigkeiten der oder des Dienstvorgesetzten auch teilweise zur Ausführung auf andere Behörden übertragen.

915 Vgl. dazu § 12 Abs. 1 HmbDG (v. 18.01.2004 – HmbGVBl. 2004, S. 69). Disziplinarbefugnisse werden von dem Disziplinarvorgesetzten (§ 3 Abs. 2 Satz 1 HmbBG) oder der obersten Dienstbehörde (§ 3 Abs. 1 und § 105 Abs. 2 Satz 1 HmbBG) und den für Disziplinarsachen zuständigen Gerichten ausgeübt. Vgl. § 17 Abs. 1 BDG (v. 01.01.2002, BGBl I, S. 1510).

916 Bei bezirklichen Angelegenheiten an den Bezirksamtsleiter oder ggf. Ortsamtsleiter. Da in Hamburg gemäß Art. 4 Abs. 1 HmbVerf staatliche und gemeindliche Aufgaben nicht getrennt sind, spielt die Frage, wer die Dienstaufsicht bei gemeindlichen Selbstverwaltungskörperschaften führt, keine Rolle. Innerhalb der Fachbehörde hat der Präses regelmäßig die Zuständigkeit zur Bescheidung von Dienstaufsichtsbeschwerden an den Leiter der Rechtsabteilung oder die Personalabteilung delegiert.

beschwert er sich zudem über die unhöfliche Behandlung durch diesen Mitarbeiter und ersucht um ein Einschreiten der zuständigen Stelle, so bringt er damit zwei Anliegen vor: eine sachliche und eine persönliche Dienstaufsichtsbeschwerde.[917] Ebenso verhält es sich, wenn ein Beschwerdeführer sich z. B. darüber beklagt, dass ihm eine Konzession verweigert wurde, während ein anderer Antragsteller von einem anderen Mitarbeiter diese erhalten habe, weil er den zuständigen Bearbeiter gut kenne und mit ihm privat verkehre. Auch hierin liegt eine Beschwerde über die negative Sachentscheidung, aber auch eine solche über das Verhalten eines Verwaltungsangehörigen hinsichtlich der Integrität seiner Amtsführung.

Betrachtet man diese Gesamt- oder Doppeleingabe von sachlicher und persönlicher Dienstaufsichtsbeschwerde, so könnte erwogen werden, auf eine Trennung der beiden Erscheinungsformen der Dienstaufsichtsbeschwerde gänzlich zu verzichten. Das wäre aber nicht hilfreich. Abgesehen davon, dass die überwiegende Mehrzahl der Dienstaufsichtsbeschwerden solche mit sachlichem Gehalt sind, ohne dass der Beschwerdeführer dem Bearbeiter in der Behörde einen persönlichen Vorwurf macht, sollte eine Trennung dieser beiden nicht förmlichen Rechtsbehelfe beibehalten werden, da beide Erscheinungsformen der Dienstaufsichtsbeschwerde verschiedene Zielrichtungen haben und die erwähnte Gesamt- oder Doppeleingabe der Ausnahmefall ist. Zudem spielt es in der Praxis der Verwaltungsbehörden sehr wohl eine Rolle, ob sich ein Bürger über die getroffene Maßnahme eines Behördenangehörigen beschwert oder über die persönliche Art und Weise seiner Amtsausübung. Bei der sachlichen Dienstaufsichtsbeschwerde ergeht nach der Würdigung des Beschwerdevortrages durch die Dienststelle ein Bescheid, und es ist für den Behördenbeschäftigten nichts Ungewöhnliches, falls seine Maßnahme in irgendeiner Form korrigiert oder aufgehoben werden sollte. Dieses geschieht auch im innerbehördlichen Betrieb nicht selten durch seine Vorgesetzten[918].

Anders ist die Situation bei der persönlichen Dienstaufsichtsbeschwerde. Hier wird dem Beschäftigten ein Fehlverhalten bei seiner Dienstausübung vorgeworfen. Dieser Vorwurf hat eine andere Qualität und berührt den Behördenangehörigen in seiner Amtsstellung. Vor allem ist darauf hinzuweisen, dass der Beschäftigte, dessen Maßnahme auf Grund einer sachlichen Dienstaufsichtsbeschwerde korrigiert oder aufgehoben wird, regelmäßig nicht mit Konsequenzen zu rechnen hat. Derjenige hingegen, dem ein Fehlverhalten bei seiner Dienstausübung zur Last gelegt wird, muss im Fall der Erweisbarkeit der Vorwürfe gegebenenfalls mit disziplinar- oder arbeitsrechtlichen Maßnahmen rechnen. Auch aus diesem Grund sollte die Unterscheidung von sachlichen und persönlichen Dienstaufsichtsbeschwerden beibehalten werden.

---

917 Vgl. *Stoebenau* aaO, in PersV 1968, 228ff (230); *Kratzer*, aaO, in BayBVl 1969, 189; *v. Mutius*, aaO, in Jura 1969, 105(108).

918 Allerdings kann dieser Vorgang für die Verwaltungseinheit im Einzelfall Anlass sein, zugleich auch das dienstliche Verhalten des betreffenden Beschäftigten zu überprüfen, wenn Anhaltspunkte dieses gebieten.

Bei der Erhebung einer Dienstaufsichtsbeschwerde ist eine genaue Bezeichnung der Beschwerde als sachliche und/oder persönliche Dienstaufsichtsbeschwerde durch den Beschwerdeführer indes nicht erforderlich und auch nicht üblich. Der Grund dafür liegt vielfach in der für einen Beschwerdeführer etwas verwirrend anmutenden Terminologie. Auch die allgemeine Bezeichnung der Eingabe als »Beschwerde« oder »Dienstaufsichtsbeschwerde« ist nicht notwendig, denn meist ergibt sich unmittelbar aus der Eingabe, welcher Zweck verfolgt wird. Es ist grundsätzlich Sache der angegangenen Behörde, die Eingabe auf ihren Inhalt hin zu prüfen und festzustellen, was Gegenstand der Beschwerde ist. Sie ist dabei nicht an die Bezeichnungen in dem Beschwerdevortrag gebunden.

3. Ausübung der Dienstaufsicht

Bei den Behördenangehörigen, deren Verhalten mit einer persönlichen Dienstaufsichtsbeschwerde beanstandet wird, kann es sich um Beamte, Angestellte oder sonstige Arbeitnehmer des öffentlichen Dienstes handeln. Voraussetzung ist, dass die Behörde berechtigt ist, das dienstliche Verhalten des Beschäftigten zu beaufsichtigen[919], d.h. mit der Dienstaufsichtsbeschwerde können nur solche Maßnahmen beanstandet werden, die der Dienstaufsicht des Vorgesetzten tatsächlich unterliegen.[920] Dies ist die Folge der Übertragung selbständig wahrzunehmender Aufgaben an Mitarbeiter im Rahmen der behördlichen Organisation – Delegation – und die Kontrolle der Aufgabenerledigung durch den Delegierenden.[921] Die Dienstaufsicht soll das »ordnungsgemäße Funktionieren der Verwaltungstätigkeit einer Behörde gewährleisten.«[922] Mit ihr soll »eine Kontrolle der delegierten Befugnisse vorgenommen«[923] werden.

---

919 Zur Selbstkontrolle der Verwaltung durch Amtsaufsicht (Rechts-, Fach- und Dienstaufsicht) und Behördenaufsicht (behördenübergreifende Rechts-, Fachaufsicht) und Körperschaftsaufsicht (über Anstalten und Stiftungen) vgl. *Schiedermair* in Hoffmann-Riem/Schmidt-Aßmann/Voßkuhle, VerwR. aaO, Rdnr. 6 zu § 48. Wenn auch insgesamt die Dienstaufsichtsbeschwerde in der Literatur wenig Aufmerksamkeit gefunden hat, so gilt das nicht für Dienstaufsichtsbeschwerden gegen Richter, weil hier die Frage der richterlichen Unabhängigkeit berührt wird. Vgl. *Karl Eckhart Heinze*, Die Dienstaufsicht über Beamte und Richter, in DÖD 2009, 109.

920 *Erich Lindgen*, Handbuch des Disziplinarrechts, Band 2, 1968, § 108, S. 810.

921 Zur Dienstaufsicht im Einzelnen *Heinze*, aaO, in DÖV 2009, 109ff.

922 *Heinze*, aaO, macht darauf aufmerksam, dass die Dienstaufsicht »überraschenderweise bisher nur geringes wissenschaftliches Interesse gefunden« habe und dass auch die Praxis sich nur selten mit ihr befasse. Es gäbe kaum Literatur dazu und auch die Rspr. vermeide eine Definition des Begriffs.

923 Dabei darf die kontrollierende Instanz ihre Entscheidung nicht an die Stelle der eigenständigen Entscheidung der handelnden Stelle setzen, denn das käme einer Rücknahme der Delegation gleich.

Die Ausübung der Dienstaufsicht über die Amtsführung der ihm nachgeordneten Mitarbeiter über deren Verhalten bei der Ausübung ihres Dienstes ist eine der wesentlichen Aufgaben des Vorgesetzten. Er hat sich ständig im täglichen Dienstbetrieb zumindest stichprobenartig zu überzeugen, dass die ihm nach geordneten Mitarbeiter ihre Sachaufgaben ohne Beanstandungen erfüllen und in ihrem dienstlichen Verhalten Dritten gegenüber keinen Anlass zu Kritik geben. Eine an der Verwirklichung von Recht und Gesetz orientierte Verwaltung setzt voraus, dass an der Integrität der Behördenbeschäftigten kein Zweifel besteht.[924] Die Erfüllung von Straftatbeständen durch Beschäftigte kann dabei in dienstlicher Hinsicht von Bedeutung sein. Sie sind es ohne weiteres, wenn die Straftat im Dienst oder bei Gelegenheit einer dienstlichen Verrichtung begangen wird. Allerdings fällt nicht immer eine Straftat mit einer Dienstpflichtverletzung zusammen.[925]

III. Dienstpflichtverletzung

Die persönliche Dienstaufsichtsbeschwerde wird regelmäßig auf die Verletzung einer Dienstpflicht durch den betreffenden Behördenangehörigen gestützt. In diesem Zusammenhang kommen alle Dienstpflichten in Betracht, die ein Angehöriger einer Behörde zu beachten bzw. einzuhalten hat und die für einen Dritten Bedeutung haben, d. h. ggf. zu einer Beeinträchtigung führen, die Gegenstand einer persönlichen Dienstaufsichtsbeschwerde sein kann. Vor diesem Hintergrund spielen rein interne Dienstpflichten der Behördenmitarbeiter, beispielsweise Mitteilungspflichten wie die Unterrichtung des Vorgesetzten über den Stand oder das Ergebnis der Aktenbearbeitung oder die innerbehördlich erforderliche Beteiligung einer anderen Stelle der Verwaltung, keine Rolle.

Bei der Prüfung der Frage, ob eine persönliche Dienstaufsichtsbeschwerde begründet ist, ist somit darauf abzustellen, ob ein Beschäftigter einer Behörde durch sein Verhalten in irgendeiner Art und Weise innerhalb oder möglicherweise auch außerhalb des Dienstes[926] gegen eine Dienstpflicht verstoßen hat, die eine Drittrichtung

924 Dazu BVerwG, 1. Wehrdienstsenat – Beschl. v. 08.08.2007 – 1 WB 51.06 – (zit. nach juris).

925 Die Dienstaufsicht besteht nicht nur gegenüber allen staatlich Beschäftigten. Auch das Verhalten von Ruhestandsbeamten kann von ihr erfasst werden. (vgl. *Blomeyer-Bartenstein/Närger*, Dienstaufsichtsbeschwerde, aaO, S. 67; *Kratzer* in BayVBl 1969, 189(190)) Die Disziplinargesetze bestimmen, dass sich Disziplinarmaßnahmen sowohl gegen Beamte richten können, die während ihres Beamtenverhältnisses ein Dienstvergehen begehen, als auch gegen Ruhestandsbeamten, denen entweder ein während ihres Beamtenverhältnisses begangenes Dienstvergehen vorgeworfen wird oder die die Voraussetzungen des § 77 Absatz 2 Nrn. 1 bis 5 BBG erfüllen (§ 47 Abs. 2 BeamtStG).

926 Der Regelfall ist allerdings das Verhalten des Beamten bei der Erfüllung seiner dienstlichen Obliegenheiten. Aber noch in den 1970er Jahren konnte er »dienstwidrig« handeln, wenn er »ehebrecherische Beziehungen« pflegte. Dieses Verhalten

auf den Beschwerdeführer hat. Die persönliche Dienstaufsichtsbeschwerde enthält eine Aufforderung des Beschwerdeführers gegenüber den Dienstvorgesetzten oder die dienstvorgesetzte Behörde, das Verhalten eines Beschäftigten hinsichtlich einer Dienstpflichtverletzung zu würdigen.

1. Dienstpflichten des Beamten im Dienst und deren Verletzung

Deshalb muss festgestellt werden, welche Dienstpflichten im Einzelfall relevant sein können. Dabei ist von Bedeutung, ob es sich bei dem betreffenden Beschäftigten um einen Beamten oder anderen Arbeitnehmer des öffentlichen Dienstes handelt. Während für Pflichtverletzungen der Bundesbeamten das Bundesdisziplinargesetz[927] und für Beamte der Stadt Hamburg das Hamburgische Disziplinargesetz[928] in Verbindung mit dem Beamtenrecht des Bundes[929] und dem Hamburgischen Beamtenrecht[930] heranzuziehen sind, gilt bei Arbeitnehmern des öffentlichen Dienstes der TVöD oder TV-L[931] in Verbindung mit den allgemeinen Grundsätzen des Arbeitsrechts.

Ausgangspunkt für die Frage einer möglichen Dienstpflichtverletzung bei Beamten sind § 77 Abs. 1 BBG und § 47 Abs. 1 BeamtStG. Nach § 77 Absatz 1 Satz 1 BBG (§ 47 Abs.1 BeamtStG) begeht der Beamte ein Dienstvergehen[932], wenn er schuldhaft die ihm obliegenden Pflichten verletzt. Weder in den Beamten- noch in den Disziplinargesetzen ist der Begriff des Dienstvergehens näher beschrieben.[933] Sie enthalten vielmehr Regeln zur Ausgestaltung des Verfahrens und eine Darstellung möglicher Ahndungen.[934] Wird von einem Beschwerdeführer die Verletzung der

konnte allerdings nicht mit einer Dienstaufsichtsbeschwerde beanstandet werden, da es nicht zu einer dem evtl. Beschwerdeführer gegenüber obliegenden »Dienstpflicht« gehörte, es sei denn er war der betreffende Ehepartner.

927 Vom 09.07.2001 (BGBl. I S. 1510).

928 Vom 18.02.2004 (HmbGVBl. 2004 S. 69 und entsprechend den Disziplinargesetzen in den anderen Bundesländern.

929 Bundesbeamtengesetz (BBG) v. 05.02.2009 (BGBl. I S. 160).

930 Hamburgisches Beamtengesetz (HmbBG) v. 15.12.2009 (HmbGVBl. 2009 S. 405) und entsprechend den Beamtengesetzen in den anderen Bundesländern.

931 Tarifvertrag für den öffentlichen Dienst vom 13.09.2005 – TVöD – AT und BT-V- (Bund und Kommunen), in Kraft getreten am 01.10.2005; Tarifvertrag öffentlicher Dienst – Länderbereich – TV-L – vom 12.10.2006, in Kraft getreten am 01.11.2006.

932 Die Beamten- und die Disziplinargesetze sprechen von »Dienstvergehen« (§§ 77 Abs. 1 BBG 47 Abs. 1 BeamtStG, vgl. § 51 HmbBG: » (...) wenn der Beamte eine ihm obliegende Dienstpflicht verletzt.«

933 Im Unterschied zum Strafrecht, in dem die einzelnen Straftaten beschrieben werden.

934 Welche Handlung oder Unterlassung ein Dienstvergehen darstellt, wird im Wesentlichen durch die Rechtsprechung der Disziplinargerichte, insbesondere des Bundesverwaltungsgerichts, deutlich. Dadurch kann sich das Disziplinarrecht ohne eine Gesetzesänderung an den jeweiligen Zeitgeist anpassen.

Dienstpflicht eines Beamten mit Auswirkungen auf ihn geltend gemacht, so muss er Tatsachen vortragen, die diese Verletzung einer aus dem Beamtenrecht zu entnehmenden Pflicht ihm gegenüber oder den Verstoß der Handlung des Beamten gegen ein Strafgesetz bei dem Umgang mit dem Beschwerdeführer darlegen.[935] Das betrifft in erster Linie das Verhalten des Beamten im Dienst. Außerhalb des Dienstes liegt eine Dienstpflichtverletzung dann vor, wenn die Pflichtverletzung nach den Umständen des Einzelfalls in besonderem Maße geeignet ist, das Vertrauen in einer für ihr Amt oder das Ansehen des Beamtentums bedeutsamen Weise zu beeinträchtigen.[936]

Die Beamtenpflichten ergeben sich aus dem Gesetz, wonach der Beamte in einem Dienst- und Treueverhältnis steht. Eine abschließende Aufzählung aller Beamtenpflichten gibt es nicht. Sie lassen sich aus den vereinzelt verankerten gesetzlichen Grundpflichten des Beamten, aus Dienstanweisungen und Dienstanordnungen entnehmen. Die Grundpflichten der Beamten sind in §§ 60, 61 und 67 BBG[937] niedergelegt. Ausgangspunkt ist die sogenannte Wohlverhaltensklausel des Beamten. Er muss mit seinem Verhalten innerhalb und außerhalb des Dienstes der Achtung und dem Vertrauen gerecht werden, die sein Beruf erfordert (§ 61 Abs. 1 BBG, § 34 BeamtStG). Das ihnen übertragene Amt haben die Beamten uneigennützig und nach bestem Gewissen wahrzunehmen (§ 61 Abs. 1 Satz 2 BBG, § 34 BeamtStG). Sie haben sich mit vollem persönlichen Einsatz ihrem Beruf zu widmen (§ 61 Abs. 1 Satz 1 BBG). Zu den Beamtengrundpflichten gehört auch, dass die Beamten ihre Aufgaben unparteiisch und gerecht erfüllen und bei ihrer Amtsführung auf das Wohl der Allgemeinheit Bedacht nehmen (§ 60 Abs. 1 Satz 2 BBG, § 33 BeamtStG), denn Beamte dienen dem ganzen Volk, nicht einer Partei.[938] Bei einem Verstoß gegen

---

935 *Michael Bertling,* http://www.michaelbertling.de/disziplinarrecht/dienstvergehen.htm, führt dazu aus, dass »die Pflicht des Beamten teils nur sehr pauschal in den Beamtengesetzen oder in anderen Gesetzen, teils versteckt in Verwaltungsanweisungen, Dienstanweisungen oder Einzelanordnungen beschrieben sind« und erst von der Rechtsprechung konkretisiert werden.

936 Vgl. § 77 Abs. 1 S. 2 BBG, § 47 Abs. 2 BeamtStG. Wesentlich enger sind die Bestimmungen für Ruhestandsbeamten sowie frühere Beamten mit Versorgungsbezügen. Für sie gilt es als Dienstvergehen, wenn einer der Fälle des § 77 Abs. 2 Nrn. 1 bis 4 BBG vorliegt: Betätigung gegen die freiheitliche demokratische Grundordnung, Bestrebungen gegen Bestand oder Sicherheit Deutschlands, Verstoß gegen Verschwiegenheitspflicht, gegen Anzeigepflichten oder Verbot einer Tätigkeit oder das Verbot der Vorteilsannahme sowie einer erneuten Berufung in das Beamtenverhältnis nicht nachzukommen (vgl. § 51 HmbBG).

937 §§ 33, 34 BeamtStG.

938 § 60 Abs. 1 Satz 1 BBG; früher: Art. 130 WRV. Zu den Grundpflichten der Beamten gehört zudem ihr Bekenntnis zur freiheitlich demokratischen Grundordnung sowie die Pflicht, für deren Erhaltung einzutreten (§ 60 Abs. 1 Satz 3 BBG), die Wahrung von Mäßigung und Zurückhaltung bei der politischen Betätigung, die sich aus ihrer Stellung gegenüber der Allgemeinheit und aus Rücksicht auf die Pflichten ihres Amtes ergeben (§ 60 Abs. 2 BBG) sowie die Verschwiegenheitspflicht (§ 67 BBG, § 37 BeamtStG). Von der allgemeinen Wohlverhaltensklausel für ein ordnungsgemäßes

die Wohlverhaltensklausel oder die ausdrücklich genannten Beamtenpflichten liegt gemäß § 77 Abs. 1 Satz BBG eine Dienstpflichtverletzung (Dienstvergehen) vor.

Von dieser Nichterfüllung der Dienstpflichten durch Beamte wurden in der Vergangenheit Fehler auf Grund von Leistungsschwächen, bloße Ungeschicklichkeiten, Nachlässigkeiten oder geringe Unkorrektheiten unterschieden, die als sogenannte Bagatellverfehlungen bezeichnet wurden.[939] Diese Unterscheidung zwischen Dienstpflichtverletzung einerseits und Bagatellverfehlungen andererseits, die gegebenenfalls nicht mit der Dienstaufsichtsbeschwerde angegriffen werden könnten, weil ihnen ein »Minimum an Gewicht und Evidenz«[940] fehle, ist nicht immer sachgerecht. Der Umgang von Bürger und Verwaltung nach dem zeitgemäßen Verständnis einer Dienstleistung der Behörde für den Bürger kann auch »Bagatellverfehlungen« nicht unbeachtet lassen. Auch in diesen Fällen kann deshalb eine Dienstaufsichtsbeschwerde erhoben werden, und diese kann begründet sein, wenn sich möglicherweise geringfügige, aber missbilligenswerte Verhalteweisen bewahrheiten. Eine andere Frage ist es, ob diese dann für den betroffenen Beschäftigten der Behörde zu dienst- oder arbeitsrechtlichen Konsequenzen führen oder aber eine Ermahnung durch den Dienstvorgesetzten ausreicht.

2. Außerdienstliches Fehlverhalten des Beamten

Eine persönliche Dienstaufsichtsbeschwerde kann auch wegen des Verhaltens eines Behördenangehörigen außerhalb des Dienstes erhoben werden, wenn dieses einen Bezug zu dem Beschwerdeführer hat.

Nach § 77 Absatz 1 Satz 2 BBG, § 47 Abs.1 Satz 2 BeamtStG stellen außerdienstliche Handlungen von Beamten ein Dienstvergehen dar, wenn es sich um ein Verhalten des Beamten handelt, das nach den Umständen des Einzelfalls in besonderem Maße geeignet ist, Achtung und Vertrauen in einer für sein Amt oder das Ansehen des Beamtentums bedeutsamen Weise zu beeinträchtigen. Das außerdienstliche Fehlverhalten des Beamten muss demnach in besonderem Maße geeignet sein, für das in Betracht kommende Amt oder für das Ansehen des Berufsbeamtentums beeinträchtigend zu wirken. Dabei ist unerheblich, ob eine tatsächliche Ansehensminderung und Vertrauenseinbuße eingetreten ist. Ausschlaggebend ist allein, ob das Verhalten »geeignet war«, derartige Folgen zu bewirken.

Die Beurteilung des außerdienstlichen Verhaltens eines Beamten unterliegt in wesentlichen Teilen dem jeweiligen Zeitgeist. Im Untersuchungszeitraum hat sich der in diesem Bereich vollzogene Wandel der gesellschaftlichen Anschauungen

---

Beamtenverhalten werden darüber hinaus auch die Wahrheitspflicht, die Pflicht zur Wahrung des Betriebsfriedens, die Pflicht zur Wahrung von Gesetz und Recht und die Pflicht zur würdevollen Abwicklung von Schulden erfasst. (*Becker-Kavan,* Pflichtverletzungen von Beamten und anderen Mitarbeitern des öffentlichen Dienstes, in DÖD 1999, 249ff).

939 BVerfG in NJW 1975, 1641: »Ein Minimum an Gewicht und Evidenz«.

940 BVerfG, aaO.

weiterentwickelt. War noch vor den 1970er Jahren z.B. eine außereheliche Beziehung eines Beamten geeignet, eine derartige Ansehensminderung zu bewirken, so gilt das heute nicht mehr.[941] Es hat sich gezeigt, dass Dienstaufsichtsbeschwerden über außerdienstliches Verhalten eines Beamten der Ausnahmefall sind, denn es sind nur wenige Fälle denkbar, die das Verhältnis von Beamten zu seinem Dienstherrn und gleichzeitig das Verhältnis von Beamten und Beschwerdeführer betreffen. In diesen Fällen ist die Frage zu beantworten, wann nach den Umständen des Einzelfalls ein Verhalten in besonderem Maß geeignet ist, Achtung und Vertrauen in einer für sein Amt oder Ansehen des Beamtentums bedeutsamen Weise zu beeinträchtigen. Hier kann es – wie oben erwähnt – keine allgemeingültige Antwort geben. Die Beamten- und Disziplinargesetze enthalten – wie dargestellt – keine entsprechenden Beschreibungen.[942] Relevant sind in diesem Zusammenhang im Wesentlichen die Fälle, in denen ein Beamter einen Straftatbestand erfüllt. Hat dieses außerdienstliche Verhalten des Beamten dann Bezug zu einem Beschwerdeführer, dann wäre – abgesehen von einer Anzeige bei der Staatsanwaltschaft – die Erhebung einer persönlichen Dienstaufsichtsbeschwerde denkbar. Rechtsprechung und Literatur haben eine Reihe von Straftaten herausgestellt, die bei ihrer Begehung durch einen Beamten »in besonderer Weise Achtung und Vertrauen hinsichtlich des jeweiligen Amtes des Beamten beeinträchtigen oder das Ansehen des Berufsbeamtentums insgesamt beeinträchtigen« können. Dabei spielt vereinzelt eine Rolle, dass auch der außerdienstliche Bereich bei Beamten in Einzelfällen in die Schlagzeilen geraten kann.[943] In diesen Fällen ist zu fragen, ob neben der strafrechtlichen Würdigung auch ein Dienstvergehen vorliegt, d.h. ob der betroffene Beamte durch sein außerdienstliches Fehlverhalten die Grenzen zur disziplinarrechtlichen Relevanz überschritten hat oder nicht.

Letzteres ist regelmäßig dann der Fall, wenn das strafrechtlich relevante Verhalten des Beamten einen Funktions- oder Dienstbezug hat, also mit seinem Amt in Zusammenhang steht. Ist dies der Fall, dann ist ein Rückschluss auf seine Beamteneigenschaft zulässig, d.h. durch eine derartige außerdienstliche Straftat könnten die Achtung und das Vertrauen in das Amt des Beamten beeinträchtigt sein. Das Bundesverwaltungsgericht[944] hat hierzu ausgeführt, dass ein solches Verhalten des Beamten »Bedenken auslösen, er werde auch seine dienstlichen Aufgaben

941 Ein außerdienstliches Verhalten, das strafrechtlich nicht relevant ist, aber disziplinarrechtlich eine Rolle spielt, wäre z.B. die Ausübung einer nicht genehmigten Nebentätigkeit. In diesem Zusammenhang wäre eine Dienstaufsichtsbeschwerde unter dem Gesichtspunkt des Konkurrenzdrucks vorstellbar. Sie würde allerdings kaum den erstrebten Erfolg haben, da die mangelnde Genehmigung einer Nebenbeschäftigung nur das Innenverhältnis des Beamten zu seinem Dienstherrn betrifft und nicht das Verhältnis des Beamten zum Beschwerdeführer.

942 §§ 77 Abs. 1 S. 2 BBG, 47 Abs. 1 S. 2 BeamtStG.

943 Beispiele sind Trunkenheitsfahrten, Bordellbesuche von – früheren – Ministerialbeamten oder auch tätliche Auseinandersetzungen im familiären Bereich.

944 BVerwG, Urt. v. 16.03.2004 – 1 D 15.03 – (zit. nach juris).

nicht sachlich-rechtmäßig, korrekt, unparteiisch und in uneigennütziger Weise erfüllen.«[945] Dem ist zuzustimmen. Eine außerdienstliche Straftat, die Achtung und Vertrauen in die Amtsführung eines Beamten zu erschüttern vermag, kann in Einzelfällen auch das Ansehen des Berufsbeamtentums insgesamt beeinträchtigen[946] und im Fall eines Bezugs zu einem Beschwerdeführer diesen zu der Erhebung einer persönlichen Dienstaufsichtsbeschwerde berechtigen.[947]

3. Fehlverhalten von Angestellten und Arbeitern

Was für Beamte gilt, hat in ähnlicher Form auch für Angestellte und Arbeitnehmer des öffentlichen Dienstes Geltung. Hier ergeben sich die allgemeinen Pflichten der Angestellten und Arbeiter des öffentlichen Dienstes aus §§ 3,41 TVöD bzw. 3 TV-L.[948] Die Vorschriften beinhalten u.a. allgemeine Verhaltenspflichten der Beschäftigten, die bei einer eventuellen Verletzung mit einer persönlichen Dienstaufsichtsbeschwerde beanstandet werden können, wie die Verpflichtung, die im Rahmen des Arbeitsvertrages geschuldete Leistung gewissenhaft und ordnungsgemäß auszuführen und die Pflicht zur Geheimhaltung und Verschwiegenheit in

945 Zur politischen Betätigung eines Beamten und dem Maß der gebotenen Zurückhaltung, VG Münster, Urt. v. 16.10.2009 – 4 K 1756/08 – (zit. nach juris); Besitz von kinderpornografischen Darstellungen als Persönlichkeitsmangel und Ansehensschädigung des Beamtentums, BayVGH, Urt. v. 14.10.2009 – 166 D 08.3009 – m. Nw. (zit. nach juris); *Schütz/Maiwald*, Beamtenrecht, aaO, Rdnr. 4 zu § 56; *Plog/Wiedow/Lemhöfer/Bayer*, Beamtenrecht, aaO, Rdnr. 6 zu § 53.

946 *Ulrich Pflaum*, Straftaten als außerdienstliche Dienstvergehen, in NVwZ 2011, 280f; zur Frage, ob außerdienstliche Trunkenheitsfahrten ein Dienstvergehen sind, vgl. BVerwGE 33, 123 und E 53, 10).

947 Insgesamt kann man sagen, dass sich das Disziplinarrecht bei Fehlverhalten von Beamten außerhalb des Dienstes in einem Spannungsfeld zwischen Wahrung der Privatsphäre des Beamten und Erhaltung der Glaubwürdigkeit und des Ansehens staatlicher Institutionen bewegt. Die Wohlverhaltenspflichten, die jeden Beamten treffen, haben hingegen in der Privatwirtschaft nur Personen, denen auf Grund ihrer Position und ihrer Arbeitsvertrages z.B. eine gewisse Repräsentanzfunktion zukommt. Hier zeigt sich der Unterschied zum Berufsbeamtentum, denn die Wohlverhaltenspflichten treffen nicht nur Beamte in exponierten Stellungen mit Vorbildfunktion, sondern jeden »kleinen Beamten«. Zur Glaubwürdigkeit der Amtsträger, vgl. BVerwG, Beschl. v. 24.10.2002 in ZBR 2003, 94. Beim Zusammentreffen von Strafverfahren und disziplinarischen bzw. arbeitsrechtlichen Maßnahmen, vgl. § 22 BDG; § 14 HmbDG; vgl. dazu Leitfaden – Maßnahmen bei Verstößen gegen Dienst- und Arbeitspflichten – veröffentlicht von der Universität Hamburg, Präsidialverwaltung im August 2008.

948 Tarifvertrag für den öffentlichen Dienst (TVöD) v. 19.09.2005 (löste den BAT und die Tarifverträge für Arbeiter und Arbeiterinnen des Bundes und der kommunalen Arbeitgeber ab); Tarifvertrag für den öffentlichen Dienst der Länder v. 19.05.2006.

dienstlichen Angelegenheiten bei Beschäftigten des Bundes und anderer Arbeitgeber, in deren Aufgabenbereich hoheitliche Aufgaben wahrgenommen werden.[949]

Für die Verletzung der arbeitsvertraglichen Pflichten der öffentlich-rechtlichen Arbeitnehmer gegenüber Dritten, gilt das gleiche wie bei Beamten. Das bezieht sich auch auf ihr außerdienstliches Verhalten.[950]

IV. Beschwerdeberechtigung/Betroffenheit

Die Beurteilung der Frage der Beschwerberechtigung bzw. Antragsbefugnis des Beschwerdeführers einer persönlichen Dienstaufsichtsbeschwerde kann grundsätzlich auf die sachliche Dienstaufsichtsbeschwerde[951] verwiesen werden, d.h. die Beschwerdeberechtigung bzw. Antragsbefugnis liegt bei einem Beschwerdeführer vor, wenn ein Behördenangehöriger eine Dienstpflicht verletzt hat, die auch dem Beschwerdeführer gegenüber besteht.[952]

Auch in diesem Zusammenhang ist darauf hinzuweisen, dass die Frage der Antragsbefugnis bzw. Betroffenheit bei der Erhebung von Dienstaufsichtsbeschwerden in der Praxis so gut wie keine Rolle spielt. Gerade auch bei der persönlichen Dienstaufsichtsbeschwerde gab es im Untersuchungszeitraum keinen Fall, in dem ein Dritter, d.h. ein nicht Betroffener, eine persönliche Dienstaufsichtsbeschwerde für einen anderen erhoben hatte.

---

949 Im Einzelnen dazu *Alfred Breier/Anette Dassau/Karl-Heinz Kiefer/Rolf Thiessen* u.A. TV-L für den öffentlichen Dienst der Länder, Kommentar, Stand 5/2007, Anm. 1 zu § 3 TV-L; dazu auch *Becker-Kavan*, in DÖD 1999, 249ff. Anzumerken ist, dass der TVöD und der TV-L keine dem Beamtenrecht entsprechenden Beratungs- und Unterstützungspflicht der Bürger enthält. Gleichwohl ergibt sich eine entsprechende Verpflichtung als Nebenpflicht zum Arbeitsvertrag. Im Hinblick auf die persönliche Dienstaufsichtsbeschwerde ist das nicht ohne Bedeutung, denn zusätzlich zu dem Vortrag, »unfreundlich und autoritär« behandelt worden zu sein, wurde im Untersuchungszeitraum auch geltend gemacht, der betreffende Beschäftigte habe den Beschwerdeführer mit seinem Anliegen allein gelassen und nicht zuletzt deswegen sei es zu der beanstandeten negativen Entscheidung gekommen

950 Eine Verletzung des Arbeitsvertrages (»Dienstvergehen«) liegt hier regelmäßig dann vor, wenn das Verhalten des Arbeitnehmers nach den Umständen des Einzelfalls in besonderem Maße geeignet ist, das Ansehen des Arbeitgebers bzw. des Amtes in Bezug auf einen betroffenen Dritten in bedeutsamer Weise zu beeinträchtigen. Allgemeingütige Maßstäbe gibt es auch hier nicht.

951 Vgl. 4. Abschn. I, 9.

952 Vgl. III, 1.

V. Abwicklung der persönlichen Dienstaufsichtsbeschwerde durch die Behörde

1. Gang des Verfahrens

Der Bescheidungsvorgang bei der persönlichen Dienstaufsichtsbeschwerde innerhalb einer Verwaltungseinheit unterliegt keinen festen Regeln. Gleichwohl hatte sich im Untersuchungszeitraum bei der untersuchten Behörde ein regelmäßiger Verfahrensablauf herausgebildet.[953]

Zuständige Stelle für die Bearbeitung einer persönlichen Dienstaufsichtsbeschwerde ist grundsätzlich diejenige Stelle einer Verwaltungseinheit, die örtlich, sachlich und funktionell für die in der Beschwerde angesprochene Verhaltensweise des Beschäftigten verantwortlich ist. Das ist diejenige Stelle, die die Dienstaufsicht ausübt. Wendet sich der Beschwerdeführer direkt an den nächst höheren Dienstvorgesetzten oder die oberste Dienstbehörde, so sind diese Stellen zwar verwaltungsintern befugt, dem Dienstvorgesetzten Weisungen zu erteilen. Im Rahmen des Dienstrechts haben sie aber nur in wenigen, gesetzlich normierten Fällen eine unmittelbare Einwirkungsmöglichkeit gegenüber denjenigen, über den sich der Beschwerdeführer beschwert. In der Regel geben sie die Dienstaufsichtsbeschwerde an den direkten Dienstvorgesetzten ab. Das ist auch zulässig, denn ein Recht, gerade von der angegangenen Stelle einen Beschwerdebescheid zu erhalten, besteht nicht.[954]

Allerdings gibt es auch Ausnahmen.[955] Der nächst höhere Vorgesetzte oder die oberste Dienstbehörde werden regelmäßig dann selbst entscheiden, wenn der Beschwerdeführer in seiner Dienstaufsichtsbeschwerde Anhaltspunkte vorträgt, die auf ein mögliches Zusammenwirken – nicht nur im dienstlichen Bereich, möglicherweise auch im privaten Bereich – des unmittelbaren Vorgesetzten mit dem Beschwerdegegner in der Behörde hindeuten. In einem solchen Fall könnte die Besorgnis der Befangenheit des unmittelbaren Vorgesetzten bestehen. Regelmäßig

---

953 Die persönliche Dienstaufsichtsbeschwerde geht regelmäßig bei dem Behördenleiter ein, der dann die Art der Bearbeitung insofern festlegt, als er die Bescheidung insgesamt derjenigen Stelle in der Behörde überlässt, die dazu ermächtigt ist – regelmäßig die Rechtsabteilung – oder dem jeweiligen Dienstvorgesetzten des Beschwerdegegners. Der Behördenleiter behält sich aber in Einzelfällen vor, die Art und Weise der Bescheidung vor deren Absendung sich zur Genehmigung vorlegen zu lassen.

954 Dazu Beschl. OVG Lüneburg v. 25.01.2008 – 11 PA 399/07 – in NordÖR 2008, 118f: kein Anspruch auf Durchführung eines Petitionsverfahrens in einer bestimmten Art und Weise; vgl. auch *Woike* in DÖV 1984, 419(423); *Klein* in Maunz/Dürig/Herzog/Scholz, aaO, Rdnr. 100 zu Art. 17 GG.

955 Das kann in Hamburg das Personalamt sein oder aber der Senat kann die Bescheidung als oberste Verwaltungsbehörde an sich ziehen, wenn herausragende Umstände dieses gebieten. Ein solcher Fall ist im Untersuchungszeitraum nicht vorgekommen.

wird dann die Bescheidung der persönlichen Dienstaufsichtsbeschwerde auf den nächst höheren Funktionsträger in der Hierarchie übertragen, wenn die Gründe der Besorgnis der Befangenheit bei ihm nicht vorliegen. Um in einem solchen Fall den von dem Beschwerdeführer befürchteten Verdacht, dass alle Angehörigen eines Amtes oder einer Abteilung »unter einer Decke stecken«, vorzubeugen, war die Bescheidung von Dienstaufsichtsbeschwerden in der untersuchten Behörde auf die Rechtsabteilung delegiert. Es erwies sich als sinnvoll, den Bescheid über eine Dienstaufsichtsbeschwerde von einer anderen Verwaltungseinheit zu erlassen als von derjenigen, der der Beschwerdegegner angehört.

Dasselbe gilt, wenn sich die persönliche Dienstaufsichtsbeschwerde gegen die Untätigkeit des Dienstvorgesetzten richtet, gegen einen seiner nachgeordneten Beschäftigten zu ermitteln. Der Beschwerdeführer hat aber keinen Anspruch dahin gehend, dass der Dienstvorgesetzte gegen den vermeintlich pflichtwidrig handelnden Beamten oder Angestellten dienst- oder arbeitsrechtlich etwas unternimmt. Insofern besteht kein Unterschied zur sachlichen Dienstaufsichtsbeschwerde, bei der dem Beschwerdeführer ebenfalls kein Anspruch auf eine neue Sachentscheidung zusteht.

Weigert sich der Dienstvorgesetzte, die Dienstaufsichtsbeschwerde zu behandeln und gibt er für seine Weigerung keinen triftigen Grund an, so hat der Beschwerdeführer entweder die Möglichkeit, gegen den Dienstvorgesetzten selbst bei der übergeordneten Behörde eine eigene persönliche Dienstaufsichtsbeschwerde wegen dessen Untätigkeit einzulegen und im Rahmen dieser Dienstaufsichtsbeschwerde auch den Beschwerdegegenstand seiner ersten Dienstaufsichtsbeschwerde mit einzubringen oder nach Ablauf von drei Monaten vor dem Verwaltungsgericht Leistungsklage auf Bescheidung zu erheben (§ 75 VwGO).[956]

Sieht der Dienstvorgesetzte oder eine andere zur Bescheidung der Dienstaufsichtsbeschwerde berufene Stelle Anhaltspunkte für das Vorliegen eines dienstlichen oder außerdienstlich relevanten Fehlverhaltens des beschuldigten Beamten oder anderen Mitarbeiters, so muss er eine Untersuchung veranlassen. Für das Bearbeitungsverfahren gelten dieselben Grundsätze wie bei der sachlichen Dienstaufsichtsbeschwerde. Ergeben die Ermittlungen eine Dienstpflichtverletzung, so hat dieses für den Beschäftigten dienst- oder arbeitsrechtliche Konsequenzen.[957]

Das Recht der persönlichen Dienstaufsichtsbeschwerde hat insgesamt in dem Untersuchungszeitraum an Bedeutung gewonnen. Das zeigte sich nicht nur daran, dass von dem Institut der Dienstaufsichtsbeschwerde zunehmend Gebrauch

956 Dass die zuständige Stelle einer Behörde sich weigert, eine Dienstaufsichtsbeschwerde zu bescheiden, ist ein seltener Ausnahmefall und im Untersuchungszeitraum nicht vorgekommen. Das Gleiche gilt für die angefragten Wirtschaftsressorts der Bundesländer.

957 Vgl. §§ 5 bis 12 BBG; §§ 3 bis 9 HmbBBG. Zum behördlichen Disziplinarverfahren vgl. § 17 BBG, §§ 23ff HmbDG und zum gerichtlichen Disziplinarverfahren vgl. §§ 45ff BDG, §§ 44ff HmbDG; für Arbeitnehmer gilt der TVöD bzw. TV-L.

gemacht wurde, sondern auch an den innerbehördlichen Reaktionen, wenn ein Misstand sich als wahr erwies.[958]

2. Exkurs: Praktische Überlegungen des Dienstvorgesetzten

Im Untersuchungszeitraum hat sich gezeigt, dass die Behandlung persönlicher Dienstaufsichtsbeschwerden problematisch sein kann. Nicht selten stellt ihre Einlegung ein Ventil dar, um Ärger über »die Verwaltung« zu artikulieren, und nicht selten war sie ein Schlussakt von längeren Misshelligkeiten zwischen dem Beschwerdeführer und einem Angehörigen einer Behörde.

Aus diesem Grund sollen an dieser Stelle in einem Exkurs zwei praktische Überlegungen des Dienstvorgesetzten bei der Behandlung von persönlichen Dienstaufsichtsbeschwerden eingefügt werden.

a. *Beleidigende persönliche Dienstaufsichtsbeschwerden und Fürsorgeverpflichtung des Dienstvorgesetzten*

Die Dienststelle muss auf Grund einer persönlichen Dienstaufsichtsbeschwerde jedem aufgezeigten vermeintlichen Missstand, jedem angezeigten unkorrekten Verfahren, jedem Verdacht einer dienstwidrigen Handlung nachgehen und aufklärende Ermittlungen einleiten. Dabei obliegt dem Dienstvorgesetzten aber auch eine Fürsorgepflicht gegenüber den Angehörigen der Behörde[959], über den Beschwerde geführt wird. Der Dienstvorgesetzte hat seine ihm nachgeordneten Mitarbeiter vor unbegründeten und unangemessenen Angriffen, Beschimpfungen, Beleidigungen und Diffamierungen zu schützen. Es kann nicht ausgeschlossen werden, dass ein Beschwerdeführer mit einer persönlichen Dienstaufsichtsbeschwerde vornehmlich das Ziel verfolgt, seinem »Widerpart« in der Behörde Schwierigkeiten zu bereiten, indem er ihn der Verletzung einer Dienstpflicht bezichtigt.

Bei einer persönlichen Dienstaufsichtsbeschwerde mit beleidigendem oder verleumderischem Inhalt ist zu entscheiden, ob die Behörde aus Fürsorgegesichtspunkten nach § 194 StGB Strafantrag gegen den Beschwerdeführer stellt. Formalbeleidigungen bleiben auch dann strafbar, wenn sie in einer Dienstaufsichtsbeschwerde geschehen. Weder Art. 17 GG noch § 193 StGB können solche

958 *Blomeyer-Bartenstein/Närger*, Dienstaufsichtsbeschwerde, aaO, S. 78 zitieren die Antwort einer bayerischen Staatsverwaltung aus dem Jahr 1950 auf die Frage nach der Anzahl der eingelegten Dienstaufsichtsbeschwerden: »Maßnahmen gegen Beamte mussten auf Grund von Dienstaufsichtsbeschwerden nicht eingeleitet werden, wohl aber verschiedentlich Verfahren gegen Beschwerdeführer wegen falscher Anschuldigung, Beleidigung pp.«

959 Für Beamte gemäß § 78 BBG, § 45 BeamtStG. Bei den übrigen öffentlichrechtlichen Arbeitnehmern aus arbeitsrechtlichen Verpflichtungen des Dienstherrn.

Beleidigungen rechtfertigen.[960] Das Beschwerderecht findet eine Grenze in dem bewusst falschen Vortrag, bei leichtfertig aufgestellten und offensichtlich unhaltbaren Behauptungen sowie bei einem Vorbringen, das allein dazu dienen soll, den betroffenen Amtsträger herabzusetzen und verächtlich zu machen.[961]

b. Persönliche Dienstaufsichtsbeschwerden wider besseres Wissen

Problematisch ist auch der Umgang mit einer persönlichen Dienstaufsichtsbeschwerde, die wider besseres Wissen erhoben wird mit dem Ziel, dem betroffenen Mitarbeiter der Behörde zu schaden. Wenn auch der Behördenangehörige durch §§ 187,194 StGB geschützt wird, so ist dieser Schutz nur gegeben, wenn sich nicht nur die aufgestellte Behauptung als unwahr erweist[962], sondern auch der subjektive Tatbestand – »wider besseres Wissen« – der falschen Anschuldigung erweislich vorliegt. Letzteres ist schwer festzustellen und es gilt hier abzuwägen, ob tatsächlich ein Strafantrag mit dem Risiko gestellt wird, dass der Beschwerdeführer mangels Nachweisbarkeit des Vorsatzes freigesprochen wird. Dann wird das Gegenteil erreicht: Nämlich dass die unwahre Behauptung, um die es im Urteil gar nicht geht, an dem Betroffenen hängen bleibt.[963]

960 Stattgebender Kammerbeschluss v. 28.07.2014 – BVerfG 1. Senat 3 – 1BvR 482/13 (zit. nach juris); das BVerfG hält »starke und eindringliche Ausdrücke« für zulässig, solange sich der Beschwerdeführer einer Dienstaufsichtsbeschwerde im »Kampf um das Recht« befindet. In diesem Fall brauche er nicht »jedes Wort auf die Goldwaage legen«, mit Hinw. auf BVerfGE 76,171(192); Kammer des 1. Senats v. 29.02.2012 – 1 BvR 2883/11 – (zit. nach juris); und in NJW-RR 2012, 1002; vgl. *Klein* in Maunz/Dürig/Herzog/Scholz aaO, Rdnrn. 56f zu Art. 17 GG; *Michael Schmid*, Dienstaufsichtsbeschwerde und Petitionsrecht, in BayVBl 1981, 267; vgl. 4. Abschn. I, 5b.

961 BVerfG, Kammerbeschl. v. 28.07.2014 – 1 BvR 482/13 (zit. nach juris); vgl. OLG Karlsruhe, aaO, OLG Hamm, Beschl. v. 06.02.2007 2 Ss 589/06 – (zit. nach juris).

962 Das wird angesichts der Beweislast, die beim Beschwerdeführer liegt, regelmäßig ohne großen Aufwand gelingen.

963 Im Untersuchungszeitraum sind zwei derartige Fälle vorgekommen. Beide führten zu erheblichen, lang anhaltenden Belastungen der zu Unrecht beschuldigten Behördenmitarbeiter.

6. Abschnitt: Nicht förmliche Rechtsbehelfe in der Justiz

I. Nicht förmliche Rechtsbehelfe gegen Gerichtsentscheidungen

Hier soll die Frage untersucht werden, ob die nicht förmlichen Rechtsbehelfe der Dienstaufsichtsbeschwerde und der Gegenvorstellung auch gegenüber Gerichtsentscheidungen erhoben werden können.

Wendet sich ein Beschwerdeführer mit einem nicht förmlichen Rechtsbehelf außerhalb der einschlägigen Verfahrensordnungen und außerhalb des förmlichen Verfahrensrechts an das Gericht mit dem Ziel, dessen Entscheidung überprüfen zu lassen, so wird idR. von einer »Gegenvorstellung« gesprochen.[964] Nach der hier vertretenen Definition der Gegenvorstellung ist dieses irreführend. Deshalb sollte für dieses Begehren nicht die Bezeichnung Gegenvorstellung gewählt werden[965], vielmehr handelt es sich bei diesem Überprüfungsbegehren nach den hier vertretenen Definitionen um eine sachliche Dienstaufsichtsbeschwerde. Der Betroffene will mehr als nur seine Ansicht zu einer Gerichtsentscheidung darzustellen: Er wünscht deren Überprüfung.[966] Gleichwohl soll im Folgenden der Begriff der »Gegenvorstellung« für diesen Fall verwendet werden, wie in Rechtsprechung und Literatur üblich.

Im Folgenden soll zunächst das Ziel einer solchen Gegenvorstellung und sodann der Frage nachgegangen werden, ob sie gegenüber Gerichtsentscheidungen nach dem Inkrafttreten der Anhörungsrüge gemäß § 152a VwGO noch zulässig ist.

1. Ziel einer »Gegenvorstellung« zu Gerichtsentscheidungen

Mit einer sachlichen Dienstaufsichtsbeschwerde (Gegenvorstellung) will der Beschwerdeführer außerhalb der Verfahrensordnungen das Gericht veranlassen, seine idR. rechtskräftige Entscheidung zu überprüfen.

Eine sachliche Dienstaufsichtsbeschwerde gegen eine rechtkräftige Entscheidung kann das Gericht aber nur veranlassen, nach Maßgabe des geltenden Verfahrensrechts vorzugehen.[967] Deshalb könnten Gegenvorstellungen bzw. sachliche

---

964 BVerfG v. 25.11.2008 in NJW 2009, 829; BVerwG in NVwZ-RR 1991, 260; *Guckelberger* in Sodan/Ziekow, VwGO, aaO, Rdnr. 10 zu § 150 VwGO.

965 Es handelt sich um einen außerhalb des geschriebenen Verfahrensrechts gestellten Überprüfungsantrag an das Gericht. Man könnte in Anlehnung an den Begriff der »Anhörungsrüge« die Bezeichnung »Urteilsrüge« erwägen.

966 Er stellt einen nicht förmlichen Überprüfungsantrag.

967 Gesetzlich geregelte Verfahren bei rechtskräftigen Gerichtsentscheidungen sind das Wiederaufnahmeverfahren und ggf. die Anhörungsrüge.

Dienstaufsichtsbeschwerden gegen rechtskräftige Gerichtsentscheidungen kein geeigneter Rechtsbehelf sein, weil gegen sie ausschließlich in einem nach der Prozessordnung zulässigen Verfahren vorgegangen werden kann.[968] Ein Beschwerdeführer hat in einem solchen Fall aber gemäß dem Rechtsstaatsprinzip einen Anspruch auf eine Reaktion des Gerichts, mit der er etwas anfangen kann: Die Aufklärung über die Rechtslage hinsichtlich der Möglichkeit, gegen rechtskräftige Entscheidungen vorzugehen. Das Gleiche gilt für Beschwerden und Eingaben an das Bundesverfassungsgericht. Auch dieses Gericht kann nur im Rahmen der gesetzlichen Verfahrensarten rechtsprechend tätig werden[969], dh. das Gericht kann nur veranlasst werden, nach dem jeweiligen Verfahrensrecht vorzugehen: Das bedeutet, ein Wiederaufnahmeverfahren zu prüfen und den Betroffenen über die Reaktion des Gerichtes entsprechend aufzuklären.

2. Zulässigkeit der »Gegenvorstellung« zu Gerichtsentscheidungen nach Inkrafttreten der Anhörungsrüge gemäß § 152a VwGO

Die vorrangige Frage ist, ob die »Gegenvorstellung« (sachliche Dienstaufsichtsbeschwerde) nach dem Inkrafttreten der Anhörungsrüge gemäß § 152a VwGO überhaupt noch zulässig ist.

Gegen unanfechtbare Urteile, die auf einer Verletzung von Verfahrensrechten beruhen, war zunächst nur die Verfassungsbeschwerde gegeben.[970] Ob und inwieweit daneben nicht förmliche Rechtsbehelfe oder sonstige Überprüfungsmöglichkeiten bestehen, war umstritten. Ausnahmen von der Unanfechtbarkeit von Entscheidungen sollten nur dann in Betracht kommen, wenn verhindert werden sollte, dass die Unanfechtbarkeit einer Entscheidung zu einem anders nicht zu beseitigenden, groben prozessualen Unrecht führen würde. Dieses sei bei der Verletzung des rechtlichen Gehörs der Fall.

In den vergangenen Jahren hat hinsichtlich des Aspektes der Verletzung des rechtlichen Gehörs durch eine unanfechtbare Gerichtsentscheidung eine Fortentwicklung in der Rechtsetzung stattgefunden. Es ist daher zu prüfen, ob dies Auswirkungen auf die Frage der Zulässigkeit von Gegenvorstellungen gegen gerichtlichte Entscheidungen hat.

Bisher blieb einem Betroffenen bei der Verletzung des rechtlichen Gehörs durch eine rechtskräftige Gerichtsentscheidung regelmäßig nur der Weg zum Bundesverfassungsgericht. Das hat sich mit dem Anhörungsrügengesetz vom 09.12.2004, das

---

968 Vgl. *Klein* in Maunz/Dürig/Herzog/Scholz, aaO, Rdnr. 102 zu Art. 17 GG; *Stein* in AltKomm. aaO, Rdnr. 22 zu Art. 17 GG.

969 BVerfG in NVwZ 2002, 1499; *Klein* in Maunz/Dürig/Herzog/Scholz, aaO, Rdnr. 102 zu Art. 17GG. Etwas anderes ist es, wenn die Dienstaufsichtsbeschwerde eine Verwaltungsangelegenheit aus dem Zuständigkeitsbereich des Gerichts betrifft.

970 BVerfG in NJW 2002, 3387.

am 01.01.2005 in Kraft trat,[971] geändert. Es ermöglicht für alle Verfahrensarten bei Gehörverstößen den außerordentlichen Rechtsbehelf der Anhörungsrüge. Orientiert an dem seit dem 01.01.2002 in Kraft getretenen § 321a ZPO soll die Anhörungsrüge nach seiner gesetzgeberischen Zielsetzung in erster Linie das Bundesverfassungsgericht entlasten.[972] Hintergrund war ein Plenarbeschluss des Bundesverfassungsgerichts vom 30.04.2003[973], in dem das Gericht die Möglichkeit fachgerichtlicher Abhilfe für den Fall gefordert hatte, dass ein Gericht in entscheidungserheblicher Weise den Anspruch auf rechtliches Gehör verletzt hat[974]. Nach dieser Entscheidung, die außerordentliche Rechtsbehelfe nur dann für zulässig erklärte, wenn sie in einer geschriebenen Rechtsordnung geregelt sind und in ihren Voraussetzungen für den Bürger erkennbar sind, wurden Anhörungsrügen in die Verfahrengesetze eingefügt[975] und sie fanden – als bisher formlose Rechtsbehelfe – auch in § 152a VwGO ihren normativen Ausdruck.

Die Frage ist, ob die Gegenvorstellung im Verwaltungsgerichtsverfahren gegen rechtskräftige Entscheidungen der Gerichte weiter zulässig ist oder es der Rechtssicherheit und Rechtsklarheit widersprechen würde, wenn sie neben der jetzt ausdrücklich geregelten Anhörungsrüge des § 152a VwGO als ungeschriebener außerordentlicher Rechtsbehelf weiter zugelassen wird.[976]

Mit dieser Frage hatte sich der Bundesfinanzhof auseinandergesetzt. Der IV. Senat der BFH entschied am 13.10.2005[977], dass durch die Einführung der Anhörungsrüge das Institut der Gegenvorstellung nicht ausgeschlossen werde. Wird also mit einer Gegenvorstellung nicht die Verletzung des Anspruchs auf rechtliches Gehör geltend gemacht, ist sie auch weiterhin als Gegenvorstellung im herkömmlichen Sinn zu werten. Der V. Senat des BFH hatte im Beschluss vom 26.09.2007[978] eine andere Auffassung vertreten und die Frage dem Gemeinsamen Senat der Obersten Gerichte des Bundes zur Entscheidung vorgelegt. Konkret sollte die Frage geklärt

971 BGBl I 2004, S. 3220.

972 Vgl. BT-Drucksache 14/4722, S. 63; dazu *David Schnabl*, Die Anhörungsrüge bei versäumten Rechtsmitteln, in Neue Justiz 2007, 289(290); *Wolf-Rüdiger Schenke*, Außerordentliche Rechtsbehelfe im Verwaltungsprozessrecht nach Erlass des Anhörungsrügengesetzes, in NVwZ 2005, 729–739.

973 Beschl. v. 30.04.03 1 PBvU 1/02 – BVerfGE 107, 395(416) und in NJW 2003, 1924ff.

974 Zu dem Gesetzesentwurf vgl. BT-Drucksache 15/3966 und 15/3706, S. 14, wo darauf hingewiesen wird, dass die Anhörungsrüge andere ungeschriebene, außerordentliche Rechtsbehelfe wie (...) die Gegenvorstellung nicht beschränken oder ausschließen solle.

975 Vgl. §§ 133a FGO, 33a und 356a StPO, 29a FGG, 178a SGG.

976 Vgl. BVerfG, Beschl. v. 08.02.2006 – 2 BvR 575/05 (zit. nach juris) – in NJW 2006, 2907ff; BFH, Beschl. v. 26.09.2007 – VS 10/07 (zit. nach juris) -, in NJW 2008, 543ff; dazu *Peter Günter*, Rechtssicherheit vs. materielle Gerechtigkeit – Außerordentliche Rechtsbehelfe im Zivilprozess, 2006.

977 BFHE 211, 13; in NJW 2006, 645.

978 BFHE 219, 27.

werden, ob eine Gegenvorstellung gegen einen Beschluss über einen Prozesskostenhilfeantrag auch nach Schaffung der Anhörungsrüge statthaft ist. Dabei berief sich der V. Senat des Bundesfinanzhofes auf die oben zitierte Entscheidung des Bundesverfassungsgerichts vom 30.04.2003[979] und verneinte die Statthaftigkeit. Eine Gegenvorstellung sei unzulässig, weil die gesetzlich nicht geregelte Gegenvorstellung den Anforderungen an die Rechtsmittelklarheit nicht erfülle, wonach Rechtsbehelfe »in der geschriebenen Rechtsordnung geregelt und in ihren Voraussetzungen für die Bürger erkennbar sein müssen.« Daraus folge die Nichtstatthaftigkeit einer Gegenvorstellung

Die Frage ist auch in der Literatur diskutiert worden mit dem Ergebnis, dass eine Reihe von Autoren[980] sich ebenfalls für eine Nichtstatthaftigkeit der Gegenvorstellung gegen rechtskräftige Entscheidungen der Gerichte aussprachen, weil das Anhörungsrügengesetz, soweit es anwendbar sei, die Gegenvorstellung verdrängt habe.[981]

Die Vorlage an den Gemeinsamen Senat der Obersten Gerichtshöfe des Bundes nahm der V. Senat mit Beschluss vom 01.07.2009[982] zurück. Vorausgegangen war ein Beschluss des Bundesverfassungsgerichts vom 25.11.2008.[983] In diesem Beschluss führte das Bundesverfassungsgericht aus, dass sich aus seiner Entscheidung vom 30.04.2003 weder herleiten lasse, dass eine Gegenvorstellung gegen gerichtliche Entscheidungen von Verfassungs- wegen unzulässig sei noch dass die Gegenvorstellung nicht den rechtstaatlichen Anforderungen an die Rechtsklarheit genüge. Soweit die Gerichte Gegenvorstellungen als statthaft behandelten, führe dieses nicht zu einer Beeinträchtigung der Interessen des Rechtsuchenden. Vielmehr werde im Gegenteil der Schutz der Rechte erweitert, wenn das Gericht nach der maßgeblichen gesetzlichen Regelung zu einer Änderung seiner vorangegangenen Entscheidung befugt ist und die Gegenvorstellung Anlass zu einer dahin gehenden Prüfung gebe. Allerdings seien die Gerichte bei der Entscheidung über eine Gegenvorstellung nicht von der Beachtung der einschlägigen gesetzlichen Regelungen namentlich des Verfahrensrechts befreit. Grundsätzlich, so fährt das Bundesverfassungsgericht fort, sei eine Lösung des Konflikts zwischen materieller Gerechtigkeit und Rechtssicherheit in ersten Linie aber dem Gesetzgeber übertragen.[984]

---

979 BVerfGE 107, 395.

980 Dazu *Rüdiger Zuck*, Rechtspolitik am Scheideweg: Was wird aus der Gegenvorstellung? in ZRP 2008, 44ff; *ders.* Die Anhörungsrüge im Zivilprozess, 2008, Rdnrn. 133ff; *Reinhart Rüsken*, Wird die Gegendarstellung abgeschafft? Die Anrufung des Gemeinsamen Senats durch den BFH, in NJW 2008, 481ff; zum Beschl. des BVerfG v. 30.04.2003 ausführlich: *Andreas Voßkuhle,* Bruch mit einem Dogma: Die Verfassung garantiert Rechtsschutz gegen den Richter, in NJW 2003, 2193ff.

981 Dazu OVG Berlin in NVwZ 2005, 470(471); OVG Lüneburg in NJW 2001, 2171f; *Guckelberger* in Sodan/Ziekow, VwGO, aaO, Rdnr. 10 zu § 150 VwGO.

982 BFH, Beschl. v. 01.07.2007 -V S 10/07 (zit. nach juris).

983 – 1 BvR 848/07 – in NJW 2009, 829.

984 BayVGH, Beschl. v. 24.11.2009 – 19 C 09.2688: »Die Gegenvorstellung ist als formloser Rechtsbehelf (Art. 17 GG) nach allgemeiner Auffassung ohne weitere

Das heißt, dass die Gegenvorstellung bzw. die sachliche Dienstaufsichtsbeschwerde nach wie vor zulässig ist[985], die gesetzlich angeordnete Bindung des Gerichts an seine eigenen Entscheidungen aber »ohne gegenläufige gesetzliche Grundlage«[986] bestehen bleibt und unanfechtbare Entscheidungen, ohne einen Gehörsverstoß weder mit ordentlichen Rechtsmitteln angegriffen – selbst dann, wenn sie Rechtsfehler enthalten sollten – noch mit der Gegenvorstellung beanstandet werden können.[987] Dieses ist wegen der materiellen Rechtskraft gerichtlicher Entscheidungen, der »auch wesentliche rechtsstaatliche Funktionen zukommt, indem sie Rechtsfrieden zwischen den Beteiligten herstellt«[988] ausgeschlossen.

Daraus ergibt sich, dass ein ungeschriebener Rechtsbehelf wie die Gegenvorstellung mit den von dem Gericht begehrt wird, seine vorangegangene Entscheidung zu überprüfen und ggf. zu ändern, nur dann statthaft ist, wenn das Gericht nach dem einschlägigen Verfahrensordnungen überhaupt befugt ist, seine vorangegangene Entscheidung zu ändern. Ist das nicht der Fall, d. h. besteht hierfür keine gesetzliche Grundlage, muss es bei der vom Gesetz angeordneten Bindung des Gerichts an seine Entscheidung bleiben. In einem solchen Fall ist ein – auch nach dem Inkrafttreten des § 152a VwGO – ungeschriebener Rechtsbehelf nicht statthaft.[989]

3. Ergebnis

Die Konsequenz ist: Auch nach dem Inkrafttreten des § 152a VwGO kann sich ein Betroffener mit einer Gegenvorstellung (sachlichen Dienstaufsichtsbeschwerde) außerhalb der Verfahrensordnung und des förmlichen Verfahrensrechts mit dem Begehren auf Überprüfung einer Entscheidung an das Gericht wenden. In diesem Fall ist das Gericht – wie dargelegt – bei der Entscheidung über die Gegenvorstellung an die einschlägigen Gesetze, vor allem das Verfahrensrecht gebunden. Wenn es dabei eine fehlerhafte Entscheidung feststellt, an der es nicht mehr festhalten will, so ist dieser Konflikt – wie oben dargestellt – zwischen materieller Gerechtigkeit und Rechtssicherheit durch den Gesetzgeber zu lösen. Von den derzeitigen Gesetzen kann das Gericht nicht abweichen. Macht der Betroffene die Verletzung rechtlichen

---

Voraussetzung statthaft, wenn das Gericht befugt ist, seine Entscheidung von Amts wegen zu ändern.«. Die Frage, ob »darüber hinaus« nach der Einfügung der Anhörungsrüge nach § 152a VwGO als außerordentlicher Rechtsbehelf noch eine Gegenvorstellung wegen offenkundiger Rechtsfehler (»greifbare Gesetzeswidrigkeit«) statthaft ist, lässt das Gericht offen.

985 Vgl. NiedersächOVG, Beschl. v. 28.08.2009 – 4 ME 165/09 – in DÖV 2009, 1012.

986 NiedersächOVG, aaO.

987 NiedersächOVG, aaO.

988 BVerfG, Beschl. v. 25.11.2008, in NJW 2009, 831.

989 Vgl. NiedersächOVG, Beschl. v. 28.08.2009 – 4 ME 165/09 – in DÖV 2009, 1012; BFH, Beschl. v. 01.07.2009 – VS 10/07 – (zit. nach juris). Zur Funktion der Anhörungsrüge vgl. BVerwG, Beschl. v. 02.02.2011 – 1 WB 2.11(1 WB 12.10) (zit. nach juris).

Gehörs durch die zuletzt unanfechtbar ergangene gerichtliche Entscheidung geltend, steht ihm nunmehr der außerordentliche Rechtsbehelf der Anhörungsrüge zur Verfügung.[990]

Im Grunde genommen hat sich nichts geändert. Da § 152a VwGO die Gegenvorstellung nicht verdrängt, sondern für mögliche Gehörsverstöße eine gesetzliche Grundlage geschaffen hat, bedeutet das, dass im Übrigen jedermann mit dem nicht förmlichen Rechtsbehelf der Gegenvorstellung (sachliche Dienstaufsichtsbeschwerde) zu einer rechtskräftigen Entscheidung an ein Gericht herantreten kann.[991]

II. Persönliche Dienstaufsichtsbeschwerde über Richter

Wenn oben festgestellt wurde, dass persönliche Dienstaufsichtsbeschwerden gegen jedes unangemessene Handeln oder Unterlassen eines Beschäftigten der öffentlichen Verwaltung erhoben werden kann, so ist vor diesem Hintergrund die Frage zu untersuchen, ob auch die Richter einer Dienstaufsicht hinsichtlich ihres persönlichen Verhaltens unterliegen oder ob ihr Verhalten auf Grund der richterlichen Unabhängigkeit (Art. 97 GG) mit einer persönlichen Dienstaufsichtsbeschwerde nicht beanstandet werden kann.

Die nachfolgenden Erörterungen gelten ausschließlich für Richter und nicht für die sonstigen Beamten, Angestellten und Arbeiter der Gerichte und Justizverwaltungen. Für sie gilt vielmehr das Gleiche wie für die anderen Behördenangehörigen, d.h. ihr Verhalten kann sowohl mit einer sachlichen als auch mit einer persönlichen Dienstaufsichtsbeschwerde beanstandet werden, wenn Anhaltspunkte dafür gegeben sind.

---

990 BVerfG in NJW 2009, 829(831); BVerwG, Beschl. v. 02.02.2011 – 1 WG 2.11 (WB 12.10): »Die Anhörungsrüge dient nicht dazu, in einem früheren Verfahrensabschnitt ergangene Bescheide nochmals auf ihre Rechtmäßigkeit zu überprüfen. Das Verfahren der Anhörungsrüge eröffnet lediglich einen außerordentlichen Rechtsbehelf allein gegen mögliche Gehörsverstöße durch die zuletzt unanfechtbare ergangene Entscheidung.« Dazu VG Ansbach, Beschl. v. 20.01.2010 – AN 9 S 09.02415, AN 9 V 02420 (zit. nach juris).

991 NiedersächOVG, Beschl. V. 28.08.2009 – 4 ME 165/09 – in DÖV 2009, 1012 mit Hinweis auf BVerfG in NJW 2009, 829. (Es wird in diesem Beschl. darauf hingewiesen, dass gemäß BT-Drs. 15/3706 (Anhörungsrüge) S.14 der Gesetzgeber zum Ausdruck gebracht habe, dass die gesetzliche Regelung der Anhörungsrüge andere ungeschriebene außerordentliche Rechtsbehelfe wie etwa die Beschwerde oder die Gegenvorstellung nicht beschränken oder ausschließen wolle. (siehe oben). Zur Frage, inwieweit neben der Gehörsrüge gemäß § 152a VwGO die Gegenvorstellung bei der Verletzung anderer Prozessrecht einen Anwendungsbereich hat, vgl. *Michael Kleine-Cosack*, Verfassungsbeschwerden und Menschenrechtsbeschwerde, 2. A. 2007, Rdnr. 374ff.

1. Der »richterliche Kernbereich«

Grundsätzlich ist die Frage aufzuwerfen, ob sich die Sonderstellung der Richter auf Grund der Verfassungsgarantie der Unabhängigkeit überhaupt mit einer Kontrolle vereinbaren lässt. Wenn die Richter nach §§ 25ff DRiG gleichwohl einer Dienstaufsicht unterliegen, ist die Frage zu beantworten, welche Handlungen der richterlichen Tätigkeit hiervon erfasst werden, ohne dass in den Bereich der grundgesetzlich garantierten richterlichen Unabhängigkeit eingegriffen wird.[992] Mit dieser Frage haben sich Literatur und Rechtsprechung befasst.[993]

Ausgangspunkt der Erörterungen, inwieweit Handlungen der Organe der rechtsprechenden Gewalt mit einer persönlichen Dienstaufsichtsbeschwerde beanstandet werden können, sind die §§ 25ff DRiG, in denen der Inhalt der Dienstaufsicht über Richter beschrieben wird. Nach § 26 Abs. 1 DRiG untersteht der Richter einer Dienstaufsicht nur soweit, als seine richterliche Unabhängigkeit nicht beeinträchtigt wird.[994]

2. Inhalt der Dienstaufsicht über Richter

Ausgehend davon, dass die richterliche Unabhängigkeit durch dienstaufsichtliche Maßnahmen nicht beeinträchtigt werden darf und nach § 26 Abs. 2 DRiG die Dienstaufsicht über einen Richter, vorbehaltlich des Abs. 1, die Befugnis umfasst, die ordnungswidrige Art der Ausführung eines Amtsgeschäfts dem Richter vorzuhalten und ihn zu ordnungsgemäßer, unverzüglicher Erledigung der Amtsgeschäfte zu ermahnen, sind diesbezügliche Abgrenzungskriterien zu finden.

Zur Abgrenzung, welche richterlichen Tätigkeiten der Dienstaufsicht unterliegen und welche nicht, hat der Bundesgerichtshof – ein besonderer Senat des

---

992 *Karl-Eckhart Heinz*, Dienstaufsicht über Richter, aaO, in DÖD 2009, 109 stellt hierzu fest, dass dienstaufsichtliche Maßnahmen im herkömmlichen Sinn gegenüber der richterlichen Tätigkeit nicht in Betracht kommen und bezweifelt die Zulässigkeit der Regelungen der § 25ff DRiG.

993 BGH, Dienstgericht des Bundes, Urt. v. 12.05.2011 – RiZ (R) 4/09 – (zit. nach juris); BGH Dienstgericht des Bundes, Urt. v. 04.06.2009 – RiZ(R) 5/08 – (zit. nach juris); BGH, Dienstgericht des Bundes, Urt. v. 03.11.2004 – RiZ(R) 5/03 in NJW 2006, 692 und v. 22.02.2006 in RiZ(R) 3/05 in NJW 2006, 1674ff; BGH, Urteil v. 22.02.2006 – RiZ(R) 3/05 in NJW 2006, 1674 und v. 05.07.2000 – RiZ(R) 6/99 in NJW-RR 2001, 498 m. Nw.; BGH, Urteil v. 14.09.1990 – RiZ(R) 1/90; BGHZ 112, 195; BGH, Urteil v. 16.09.1987 – RiZ(R) 4/87; BGH in NJW 1988, 419ff; BGH, Urt. v. 19.09.1986 – RiZ/R) 1/86; BGH in DRiZ 1987, 57; z.B. *Schiedermair* in Hoffmann-Riem/Schmidt-Aßmann/Voßkuhle, Verwaltungsrecht, aaO, Rdnrn. 54, 55 zu § 50; *Ruth Schmidt-Räntsch*, Dienstaufsicht über Richter, 1985.

994 Macht ein Richter geltend, dass z.B. eine auf Grund einer Dienstaufsichtsbeschwerde eingeleitete dienstaufsichtliche Maßnahme seine richterliche Unabhängigkeit beeinträchtigt, entscheidet auf Antrag des Richters ein Gericht, § 26 Abs. 3 DRiG.

Bundesgerichtshofs als »Dienstgericht des Bundes« – Unterscheidungskriterien entwickelt. Dabei sind wesentliche Abgrenzungsmerkmale: Der »Kernbereich richterlicher Tätigkeit« und der »äußere Ordnungsbereich«.[995] Im ersteren Bereich sind dienstaufsichtliche Maßnahmen ausgeschlossen, im zweiten Bereich kommen sie in Betracht.

Zu dem »Kernbereich richterlicher Tätigkeit« gehören die eigentliche Rechtsfindung und die ihr unmittelbar dienenden Sach- und Verfahrensentscheidungen, einschließlich nicht ausdrücklich vorgeschriebener, dem Interesse des Rechtsuchenden dienenden richterlichen Handlungen, die in einem konkreten Verfahren mit der Aufgabe des Richters, Recht zu finden und den Rechtsfrieden zu sichern, in Zusammenhang stehen.[996] Der Ausschluss dienstaufsichtlicher Maßnahmen in diesem durch Art. 97 GG geschützten Bereich der richterlichen Unabhängigkeit gilt auch dann, wenn die Rechtsanwendung für fehlerhaft gehalten oder das Verfahren als nicht im Einklang mit dem Gesetz stehend angesehen wird.[997] In seiner Entscheidung vom 15.11.2007[998] hat der Bundesgerichtshof dazu ergänzend ausgeführt, dass jede Maßnahme der Dienstaufsicht unzulässig ist, »wenn sie im Bereich der eigentlichen Rechtsfindung auf eine direkte oder indirekte Weisung hinausläuft, wie der Richter entscheiden oder verfahren soll. Insoweit müsse sich die Dienstaufsicht auch jeder psychischen Einflussnahme enthalten.«

Demzufolge verbleiben für den zweiten Bereich – den »äußeren Ordnungsbereich« – nur wenige Anwendungsfälle, in denen die Dienstaufsicht gemäß § 26 Abs. 2 DRiG dem Richter die »ordnungsgemäße Art der Amtsführung eines Amtsgeschäfts« vorhalten und ihn entsprechend ermahnen kann. Nach der Rechtsprechung des Bundesgerichtshofes[999] umfasst der »äußere Ordnungsbereich« diejenigen richterlichen Tätigkeiten, die dem »Kernbereich der eigentlichen Rechtssprechung soweit entrückt sind, dass für sie die Garantie des Art. 97 GG vernünftigerweise nicht in Anspruch genommen« werden kann, d.h. dienstaufsichtliche Maßnahmen sind in diesem Bereich zulässig.

Legt man diesen Maßstab zu Grunde, so kommen dienstaufsichtliche Maßnahmen gegenüber Richtern nur bei Fehlverhalten in Zusammenhang mit der Sicherung

995 Vgl. BGH, Dienstgericht des Bundes, Urt. v. 04.06.2009 – RiZ(R) 5/08; Urt. v. 17.04.2008 – RiZ) 3/07; Urt. v. 15.11.2007 – RiZ(R) – 4/07; (zit. nach juris), *Heinz*, aaO, in DÖD, 2009, 109ff(114).

996 Vgl. BGH, Dienstgericht des Bundes, Urt. v. 04.06.2009 – RiZ(R) 5/08; Urt. v. 17.04.2008 – RiZ(R) 3/07; Urt. v. 15.11.2007 – RiZ(R) -4/07; Urt. v. 22.02.2006 – RiZ (R) – 3/05 (zit. nach juris); Urt. v. 22.02.2006 auch in NJW 2006, 1674.

997 *Heinz*, aaO, in DÖD 2009, 209ff(115) formuliert, dass Maßnahmen »im herkömmlichen Sinn gegenüber richterlicher Tätigkeit keinesfalls in Betracht kommen.« Er plädiert zudem dafür, (S.116), dass die Zulässigkeit der dienstaufsichtsrechtlichen Regeln des DRiG überprüft wird und tritt für deren Aufhebung ein.

998 BGH, Dienstgericht des Bundes, Urt. v. 15.11.2007 – RiZ(R) – 04/07 (zit. nach juris).

999 BGH, Dienstgericht des Bundes, Urt. v. 04.06.2099 – RiZ(R) 5/08; Urt. v. 19.04.2008 – RiZ(R) 3/07 (zit. nach juris); BGH in NJW-RR 2001 ,498; BGH in DRiZ 1997, 467.

des ordnungsgemäßen Geschäftsablaufs sowie der äußeren Ordnung des Rechtsfindungsverfahrens in Betracht, d. h. bei einem in diesem Bereich »offensichtlichen, jeden Zweifel entrückten Fehlgriff«[1000] des Richters. In diesem Zusammenhang weist der Bundesgerichtshof[1001] darauf hin, dass § 26 Abs.2 DRiG dann, wenn die richterliche Tätigkeit der Dienstaufsicht vollständig entzogen wäre, keinen Anwendungsbereich hätte.

3. Beanstandungen der Verfahrensdauer

Vor diesem Hintergrund ist die aus der Sicht eines Betroffenen beklagte lange Verfahrensdauer eines Gerichtsverfahrens zu betrachten, d. h. ob eine persönliche Dienstaufsichtsbeschwerde möglich ist, in der der Beschwerdeführer geltend macht, der die Verhandlung leitende Richter befleißige sich nicht der gebotenen zügigen Verhandlungsführung und die Dienstaufsicht führende Stelle müsse entsprechend eingreifen.[1002]

1000 BGH, Dienstgericht des Bundes, Urt. v. 04.06.2099 – RiZ(R) 5/08.

1001 BGH Dienstgericht des Bundes, Urt. v. 04.06.2009 – RiZ(R) 5/08; Urt. v. 15.11.2007 – RiZ 4/07 – und Urt. v. 04.06.2009 – RiZ(R) -5/08(zit. nach juris); *Schiedermair* in Hoffmann-Riem/Schmidt-Aßmann/Voßkuhle, Verwaltungsrecht, aaO, Rdnr. 55 zu § 50; *Hans-Jürgen Papier*, Richterliche Unabhängigkeit und Dienstaufsicht, in NJW 1990, 8–14; *Martin Redeker*, Die Dienstaufsicht über Richter, in SächsVBl 2007, 73.

1002 Hier hat der Betroffene für den Fall, dass er seine Rechte nicht mit dem nicht förmlichen Rechtsbehelf der persönlichen Dienstaufsichtsbeschwerde geltend machen will, die Möglichkeit, eine Verzögerungsrüge gemäß § 198 GVG einzulegen. Dazu müsste eine unangemessene Dauer des Gerichtsverfahrens vorliegen, die zu einem Schaden geführt hat. Wann eine Verfahrensdauer unangemessen ist, richtet sich nach den Umständen des Einzelfalls, insbesondere nach der Schwierigkeit und Bedeutung des Verfahrens und auch dem Verhalten der Verfahrensbeteiligten und Dritter (§ 198 Abs. 1 GVG). Vgl. dazu BVerfG, Beschl. v. 02.12.2011 – 1 BvR 314/11 – (zit. nach juris); OVG Brandenburg-Berlin aaO: »Die Beklagte ist verpflichtet, seine Rechtsordnung so zu organisieren, dass seine Gerichte in der Lage sind, das Recht des Einzelnen zu garantieren, innerhalb einer angemessenen Frist eine rechtskräftige Entscheidung zu erwirken, wobei ein zeitweiliger Rückstand bei der Geschäftserledigung der Gerichte nach der Rechtsprechung des EGMR nur dann nicht zur Haftung führt, wenn mit der gebotenen Schnelligkeit geeignete Abhilfemaßnahmen getroffen wurden (vgl. EGMR, Urt. v. 24.06.2010, Beschwerde Nr. 21423/07, Rdnr. 34.).« Im Verhältnis zur Verfahrensrüge und Dienstaufsichtsbeschwerde gilt, dass die Dienstaufsicht über den Richter ausschließlich das Innenverhältnis betrifft und ein Beschwerdeführer keinen Anspruch auf ein Einschreiten der Aufsichtsbehörde hat. Dazu auch OLG Köln, Urt. v. 31.10.2013 – 7 SchH 7/12 – : »Abzugrenzen ist die Verzögerungsrüge von der Dienstaufsichtsbeschwerde. Die Dienstaufsicht besteht in der personalrechtlichen Aufsicht über die Pflichterfüllung der Amtswalter im Innenverhältnis zu ihren Dienstherren und wird allein im öffentlichen Interesse wahrgenommen. Der Einzelne hat keinen Rechtsanspruch auf ein Eingreifen der Dienstaufsichtsbehörde, sondern nur auf Mitteilung über

Nach den oben dargelegten Grundsätzen des Bundesgerichtshofes, nach denen dienstaufsichtliche Maßnahmen gegenüber Richtern nur gestattet sind, wenn sie die äußere Ordnung des Geschäftsablaufs betreffen und darüber hinaus wegen des Kernbereichs der richterlichen Unabhängigkeit unzulässig sind, liegt der Fall einer begehrten Aufsichtsmaßnahme gegenüber einem Richter wegen vorgetragener zu langer Verfahrensdauer innerhalb der Unabhängigkeitsgarantie der Richtertätigkeit und ist deshalb unzulässig. Es ist ausschließlich Sache des die Verhandlung führenden Richters darüber zu entscheiden, wie die mündliche Verhandlung zu gestalten ist. Nur der Richter entscheidet, welche Fragen an die Verfahrensbeteiligten er für entbehrlich hält und welche nicht sowie in welchem Umfang er sich ihrer Beantwortung widmet. Dieses kann auch durch die mündliche Verhandlung vorbereitende Auflagen des Gerichts geschehen.[1003] In diesem Zusammenhang kann sich die Verhandlung auch länger erstrecken. Es wäre ein Eingriff in den Kernbereich der richterlichen Unabhängigkeit, wäre die Dienstaufsicht berechtigt, diese richterliche Tätigkeit zu beeinflussen.

Der Bundesgerichtshof als Dienstgericht des Bundes hat in mehreren Entscheidungen entschieden und deutlich gemacht, dass »eine Aufforderung an den Richter zur strafferen Verhandlungsführung diesen in seiner richterlichen Unabhängigkeit beeinträchtige.[1004] Es sei ausschließlich Sache des Richters zu entscheiden, in welchem Umfang er die Beteiligten vortragen lässt und ob die angesprochenen Umstände entscheidungserheblich sind oder nicht ebenso wie die Frage der Erörterung eines im Verfahren unterbreiteten Vergleichsvorschlages[1005].

Das bedeutet schlussendlich, dass diejenige Stelle, die die Dienstaufsicht führt, im Fall einer persönlichen Dienstaufsichtsbeschwerde wegen der nach Ansicht des Beschwerdeführers zu langen Verfahrensdauer nicht einschreiten darf. Bereits die bloße Bitte der Dienstaufsicht an den Richter, eine Stellungnahme oder einen Bericht zu der Verfahrensdauer abzugeben, ist ein »unzulässiger Einfluss auf die Entscheidung über die Reihenfolge der Bearbeitung der Dienstgeschäfte« und damit ein »unzulässiger Erledigungsdruck«.[1006] Das bedeutet letztendlich, dass Dienstaufsichtsbeschwerden mit einem Vortrag, die lange Verfahrensdauer sei auf die Art und Weise der Verhandlungsführung des Richters zurückzuführen, regelmäßig in den Kernbereich richterlicher Unabhängigkeit eingreifen und zurückzuweisen sind.[1007]

---

die Art der Erledigung seiner Beschwerde, so dass regelmäßig eine Umdeutung der Dienstaufsichtsbeschwerde in eine Verzögerungsrüge nicht möglich ist.«

1003 BGH, Dienstgericht des Bundes, Urt. v. 04.06.2009 – RiZ(R) – 5/08 (zit. nach juris).

1004 BGH, Dienstgericht des Bundes, Urt. v. 04.06.2009 – RiZ(R) – 5/08 (zit. nach juris); BGH in DRiZ 1995, 352; BGHZ 90, 41(44).

1005 BGH aaO.

1006 BGHZ 112, 189(196); BGH Dienstgericht des Bundes, Urt. v. 12.05.2011 – RiZ (R) 4/09.

1007 Dazu aber BGH, Dienstgericht des Bundes, Urt. v. 04.06.2009 – RiZ(R) – 5/08 (zit. nach juris): Der Vorhalt unangemessener Urteilsabsetzungsfristen kann eine zulässige Ausübung von Dienstaufsicht sein. Vgl. dazu auch *Uwe Scheffler*, Die überlange

4. Beanstandungen der Ausdrucksweise

Weiterhin wäre eine persönliche Dienstaufsichtsbeschwerde in dem Fall denkbar, in dem sich ein Betroffener wegen seiner Behandlung durch den Richter in der mündlichen Verhandlung, insbesondere durch die Wortwahl des Richters ihm gegenüber, beeinträchtigt fühlt, d. h. der Beschwerdeführer beanstandet die Art und Weise der Verhandlungsführung durch den Richter bzw. die äußere Form der Erledigung der richterlichen Amtsgeschäfte.

Generell gilt auch in diesem Fall, dass der Schutz der richterlichen Unabhängigkeit gebietet, nicht nur die eigentliche Rechtsfindung und den Richterspruch der Dienstaufsicht zu entziehen, sondern auch »alle ihm dienenden Verfahrensentscheidungen, die in einem konkreten Verfahren mit der Aufgabe des Richters, Recht zu finden, im Zusammenhang stehen.«[1008]

Bei der Beurteilung der Verhaltensweise eines Richters in der mündlichen Verhandlung und seiner Wortwahl einem Verfahrensbeteiligten gegenüber ist auch in diesem Fall darauf abzustellen, ob die von dem Beschwerdeführer begehrte Maßnahme der Dienstaufsicht in den Kernbereich der richterlichen Unabhängigkeit eingreift oder nicht.

Grundsätzlich sind dienstaufsichtliche Maßnahmen gegenüber Richtern zulässig, »soweit sie die äußere Ordnung des Geschäftsablaufs und des Verfahrensganges betreffen«[1009], im richterlichen Kernbereich aber unzulässig.[1010] Zu diesem Kernbereich richterlicher Unabhängigkeit sind nicht nur die richterlichen Sachentscheidungen selbst zu rechnen, sondern auch »Maßnahmen der Verfahrensleitung, der Termin- und Fristbestimmung, des Umganges mit den Parteien und Verfahrensbeteiligten«.[1011] In diesem Kernbereich richterlicher Unabhängigkeit sind dienstaufsichtliche Maßnahmen ausnahmsweise nur bei »evidenten Fehlgriffen und offensichtlich unvertretbaren Entscheidungen«[1012] zulässig. Im Zweifel ist die richterliche Unabhängigkeit zu respektieren.

Eine dienstaufsichtliche Maßnahme gegenüber einem Richter kommt vor diesem Hintergrund nur dann in Betracht, wenn ein Fall einer offensichtlich zu beanstandende Amtsausübung, z. B. herabwürdigende Äußerungen über eine Partei oder

---

Dauer von Strafverfahren, Schriften zum Strafrecht, S. 87–89, http://www.rewi.europa-uni.de/lehrstuhl/sr/krimirecht/lehrstuhlinhaber/publikationen/monographien/die_überlange_dauer_von_strafverfahren.pdf.; *Ruth Schmidt-Räntsch*, Dienstaufsicht über Richter, 1985.

1008 BGHZ 112, 189(196).

1009 BGH, Dienstgericht des Bundes, Urt. v. 12.05.2011 RiZ(R) 4/09 (zit. nach juris).

1010 BGH, Dienstgericht des Bundes, Urt. v. 20.01.2011 RiZ(R) 1/10 (zit. nach juris); BGHZ 181, 268.

1011 BHG, Dienstgericht des Bundes, Urt. v. 12.05.2011 – RiZ(R) 4/09 (zit. nach juris).

1012 BGH aaO; BGHZ 181, 268.

einen Verfahrensbeteiligten, vorliegt, d.h. dem Richter im Einzelfall »offensichtlich und ohne jeden Zweifel entrückte Fehlgriffe unterlaufen«.[1013]

Eine solche Handlungsweise betrifft nicht den Inhalt der richterlichen Tätigkeit oder Entscheidung, sondern gehört der äußeren Ordnung an und ist für dienstaufsichtliche Maßnahmen zugänglich. Zu der Frage, wann ein solcher Fall vorliegt, hat der Bundesgerichtshof mehrfach Stellung genommen.[1014] Danach ist die richterliche Verhandlungsführung der Dienstaufsicht nach den oben ausgestellten Kriterien nur dann zugänglich, wenn sich der Richter im Einzelfall einer Ausdrucksweise bedient, die ein »vom Inhalt seiner richterlichen Tätigkeit abhebbares Formelement darstellt und deshalb den äußeren Ordnungsbereich«[1015] betrifft. Dabei muss es sich um »verbale Exzesse«[1016] handeln, die dann der Beanstandung – z.B. nach einer persönlichen Dienstaufsichtsbeschwerde – durch die Dienstaufsicht zugänglich sind. Ist die Dienstaufsicht führende Stelle im Einzelfall der Auffassung, dass Vorhalt und Ermahnung nicht genügen, kann ein Richter gegebenenfalls auch disziplinarisch belangt werden.[1017]

Wann die Äußerung eines Richters einen »verbalen Exzess« oder »ohne jeden Zweifel entrückten Fehlgriff« darstellt, ist Tatfrage und kann allgemein nicht beantwortet werden. Hier sind alle Umstände und der Zusammenhang, in dem die Äußerung gefallen ist, zu berücksichtigen, deren Inhalt, Anlass und Zweck, d.h. der gesamte Kontext. Für eine verbale Entgleisung spricht aber regelmäßig, wenn die im Zusammenhang gemachte richterliche Äußerung in die Persönlichkeit des Verfahrensbeteiligten eingreift und geeignet ist, ihn herabzuwürdigen. Dabei kommt es nicht darauf an, ob sie strafrechtlich eine Beleidigung darstellt und dem Richter möglicherweise – strafrechtlich betrachtet – Rechtfertigungsgründe zur Seite stehen, nachdem ihm z.B. Voreingenommenheit vorgehalten wurde. Maßgebend ist allein, »dass die Äußerung objektiv herabwürdigend ist.«[1018]

Der Bundesgerichtshof[1019] hatte einen Fall zu entscheiden, in dem es um die Berechtigung des Eingreifens der Dienstaufsicht (§ 26 Abs. 2 DRiG) ging, weil der

1013 BGH Dienstgericht des Bundes, Urt. v. 15.11.2007 – RiZ(R) 4/07 – (zit. nach juris); BGH in DRiZ 1991, 410.

1014 z.B. Bundesgerichtshof, Dienstgericht des Bundes, Urt. v. 12.05.2011 – RiZ(R) 4/09; Urt. v. 17.04.2008 – RiZ (R) 3/07; Urt. v. 15.11.2007 – RiZ(R) 4/04; Urt. v. 22.02.2006 – RiZ(R) 3/05; vgl. auch Verfügung OLG Frankfurt Präsident v. 13.03.2009 – II L 1073: »Äußerungen mit einer ungewöhnlichen Wortwahl können dabei für sich genommen in den Bereich eines ‚verbalen Exzesses' geraten, im Kontext betrachtet können sie aber eine persönliche pointierte Aussage darstellen.«

1015 BGHZ 77, 70(72).

1016 BGHZ 70, 1(5); BGHZ 77, 70(72) und in NJW 2006, 1674ff; vgl. auch BGH, Dienstgericht des Bundes, Urt. v. 12.05.2011 – RiZ (R) 4/09: »evidente Fehlgriffe«.

1017 NiedersächOVG v. 08.01.2003 – 11 LA 393/02 – (zit. nach juris).

1018 BGH, Dienstgericht des Bundes, Urt. v. 22.02.2006 – RiZ(R) 3/05 (zit. nach juris).

1019 BGH, aaO.

betreffende Richter eine Partei sinngemäß als »dumm« bezeichnet hatte.[1020] Das Gericht entschied, dass diese Äußerung eines Richter, ohne dass sie den »sachlichen Inhalt einer Entscheidung mitbestimmt«, »vernünftigerweise« nicht mehr unter die Unabhängigkeitsgarantie des Art. 97 GG fällt. Dem ist zuzustimmen. Fehlt einer richterlichen Äußerung ein nachvollziehbarer Sachbezug zum Streitgegenstand, dann ist sie idR. geeignet, in die Person des betreffenden Verfahrensbeteiligten einzugreifen und ihn herabzuwürdigen. Damit stellt sie einen »verbalen Exzess« dar. Derartige Herabsetzungen der Person eines Verfahrensbeteiligten hat sich ein Richter zu enthalten, und er kann sich – im Fall ihrer Äußerung – nicht auf ein richterliches Recht auf Meinungsfreiheit berufen.

Unbeachtlich ist ferner, dass die »verfehlte Wortwahl«[1021] möglicherweise eine Reaktion des Richters auf vorheriges, unangemessenes Prozessverhalten einer Partei war und der Richter seine Wortwahl als eine Reaktion darauf entsprechend »angepasst« habe. Darauf kann es nicht ankommen, denn ein Richter darf sich zu keiner Zeit zu einem »verbalen Exzess« hinreißen lassen. In einem solchen Fall wäre ein Eingreifen der Dienstaufsicht zulässig. Sie kann bei dem Richter die ordnungsgemäße, äußere Verhandlungsführung anmahmen. Eine auf einen solchen »verbalen Exzess« gestützte persönliche Dienstaufsichtsbeschwerde wäre möglicherweise erfolgreich.

Diese Fallkonstellation, in der ein Betroffener sich mit einer persönlichen Dienstaufsichtsbeschwerde erfolgreich an die über einen Richter führende Stelle der Dienstaufsicht wenden kann, ist die Ausnahme.

5. Ergebnis

Als Ergebnis ist zusammenzufassen, dass eine persönliche Dienstaufsicht über Richter nur in sehr eingeschränktem Maß möglich ist. Das kommt unter anderem darin zum Ausdruck, dass persönliche Dienstaufsichtsbeschwerden über eine nach Ansicht des Beschwerdeführers »zu langsame Verhandlungsführung« – der sog. »Leerlauf« – regelmäßig erfolglos bleiben, weil eine Aufforderung an den Richter zur »strafferen Verhandlungsführung« diesen in seiner richterlichen Unabhängigkeit beeinträchtigt.[1022] Der Gang einer mündlichen Verhandlung unterliegt keiner Dienstaufsicht.

1020 BGH, Dienstgericht des Bundes, Urt. v. 22.02.2006 – RiZ(R) 3/05 – (zit. nach juris): »Die richterliche Frage: »Wollen Sie mich nicht verstehen oder sind Sie zu dumm, mir zu folgen« ist eine Entgleisung und rechtfertigt die Einschaltung der Dienstaufsicht«. Vgl. auch BGH; Dienstgericht des Bundes, Urt. v. 12.05.2011 – RiZ(R) 4/09 »evidente Fehlgriffe«. Die Bezeichnung einer Partei als »Querulant« durch einen Richter wertet das OLG Frankfurt, Beschl. v. 13.08.2002 – 1 W 23/01 – als »sprachliche Entgleisung«, die eine Ablehnung wegen Befangenheit rechtfertigen würde.

1021 BGH, Dienstgericht des Bundes, Urt. v. 22.02.2006 – RiZ (R) 3/05 (zit. nach juris).

1022 BGH, Dienstgericht des Bundes, Urt. v. 04.06.2009 – RiZ(R) 5/08; Urt. v. 22.02.2006 – RiZ(R) 3/05 (zit. nach juris).

Maßnahmen der Dienstaufsicht über Richter können im Einzelfall bei einer »offensichtlich fehlerhaften Amtsausübung« in Betracht kommen, wenn dem Richter bei seiner Rechtssprechungstätigkeit »offensichtliche und jedem Zweifel entrückte Fehlgriffe« unterlaufen. Das bedeutet, dass dienstaufsichtliche Maßnahmen in Einzelfällen zulässig sind, die nicht den Inhalt einer richterlichen Entscheidung betreffen, sondern »dem Bereich der äußeren Ordnung angehören«, d.h. diese Fragen sind dem »Kernbereich richterlicher Rechtsfindung soweit entrückt (...)«, dass »für sie die Unabhängigkeitsgarantie des Art. 97 GG vernünftigerweise nicht mehr angenommen werden kann.«[1023] Unter das dem äußeren Ordnungsbereich zuzurechnende Formelement kann auch die Wortwahl eines Richters fallen, die im Fall eines »verbalen Exzesses« einer Beanstandung durch dienstaufsichtliche Maßnahmen zugänglich ist. Ein »verbaler Exzess« kann vorliegen, wenn die richterliche Äußerung in die Persönlichkeit des Adressaten eingreift und objektiv geeignet ist, ihn herabzuwürdigen.[1024]

Insgesamt sind persönliche Dienstaufsichtsbeschwerden gegen Richter vor diesem Hintergrund grundsätzlich möglich und zulässig, kommen aber wegen der eingeschränkten Dienstaufsicht über Richter auf Grund ihrer verfassungsrechtlich garantierten Unabhängigkeit nur in wenigen Ausnahmefällen mit Aussicht auf Erfolg in Betracht.[1025]

1023 Bundesgerichtshof, Dienstgericht des Bundes, aaO.

1024 Bundesgerichtshof, Dienstgericht des Bundes, aaO.

1025 *Heinz*, aaO, in DÖD 2009, 109(117), der dafür plädiert, die dienstaufsichtsrechtlichen Regelungen des DRiG aufzuheben, da richterliches Fehlverhalten nicht »beaufsichtigt« zu werden braucht. Vielmehr reiche eine statistische Kontrolle darüber, wie häufig Entscheidungen eines Richters von der höheren Instanz aufgehoben werden, um über sein Verhalten und seine richterlichen Qualitäten Auskunft zu geben. Diese statistische Kontrolle werde die Richterschaft zu ordnungsgemäßem Verhalten veranlassen.

7. Abschnitt: Missbräuchliche Dienstaufsichtsbeschwerden

I. Missbräuchliche Rechtsausübung

Als »besondere Erscheinungsformen« von Dienstaufsichtsbeschwerden kann man diejenigen Fälle bezeichnen, in denen Beharrlichkeit und Uneinsichtigkeit eine Rolle spielen.

Versucht ein Beschwerdeführer »eigensinnig, rechthaberisch und kampfeslustig«[1026] die ihm zur Verfügung stehenden Rechte einzusetzen, um gezielt verfahrensfremde und verfahrenswidrige Zwecke zu verfolgen[1027], dann kann ein Fall von Rechtsmissbrauch vorliegen. In einem solchen Fall der zweckwidrigen Inanspruchnahme einer Rechtsposition kann es geboten sein, den Umgang mit einer in diesem Sinn erhobenen Dienstaufsichtsbeschwerde auf ein Mindestmaß der Befassung zu beschränken.

Wann ein Fall von Rechtsmissbrauch vorliegt, kann nicht generell beantwortet werden. Jedenfalls muss die Zielrichtung der verfahrensfremden Inanspruchnahme der Behörden und Gerichte erkennbar sein: Blockierung der Verwaltungseinheiten in ihren dienstlichen Tätigkeiten mit dem Bestreben, diese nach Möglichkeit »in Bewegung zu halten« und »lahm zu legen«.[1028]

Fälle der rechtsmissbräuchlichen Einlegung von Dienstaufsichtsbeschwerden mit derartigen sachfremden Zielen sind z. B. Beschwerden in großer Zahl mit gleichem oder nahezu identischem Inhalt, aber auch eine Vielzahl von Dienstaufsichtsbeschwerden, in denen die reine Lust am Streiten, Voreingenommenheit oder Rechthaberei den Antrieb bilden.

In einigen Fällen kann man die rechtsmissbräuchliche Einlegung von weiteren, in der Sache bereits beantworteter Dienstaufsichtsbeschwerden allein mit dem Ziel, die Behörde lahm zu legen, nicht immer von den Fällen unterscheiden, in denen der Rechtsmissbrauch Ausdruck einer querulatorischen Veranlagung ist.

1026 Zit. aus Querulanz über Recht, Paranoia, Kuturlabor Berlin, www:ici-kulturlabor.berlin.org.

1027 BGH, Urt. v. 17.11.2005 – I ZR 300/02 (zit. nach juris).

1028 VG Magdeburg, Urt. v. 24.02.2009 – 5 A 356/08 (zit. nach juris): Rechtsmissbrauch ist gemäß §§ 226, 242 BGB anzunehmen, wenn die Geltendmachung eines Rechts, der keine formellen Hinderungsgründe entgegen stehen, wegen besonderer Umstände gegen Treu und Glauben verstoßen und damit eine unzulässige Rechtsausübung darstellen würde.

II. Missbrauch durch wiederholte Einlegung der Dienstaufsichtsbeschwerde

Wird eine Dienstaufsichtsbeschwerde bei derselben Stelle einer Verwaltungseinheit wiederholt eingelegt, so ist das allein zunächst noch kein Indiz für eine missbräuchliche Inanspruchnahme des Instituts der Dienstaufsichtsbeschwerde. Gleichlautende Dienstaufsichtsbeschwerden können auch den Zweck haben, in besonderem Maß auf einen beanstandeten Missstand hinzuweisen und damit das Interesse der Behörde auf das Begehren in der Beschwerde zu lenken.[1029] Die erneute Einlegung einer Beschwerde kann auch dann Sinn machen, wenn beispielsweise die Behörde auf eine frühere Dienstaufsichtsbeschwerde nicht reagiert hat. Dann könnte ein Beschwerdeführer nach Ablauf von drei Monaten zwar eine verwaltungsgerichtliche Leistungsklage auf Bescheidung gemäß § 75 VwGO erheben, wenn er aber sein Ziel ohne Inanspruchnahme des Verwaltungsgerichts erreichen möchte, wäre die erneute Beschwerdeeinlegung ein Weg.

Um von einem möglichen Missbrauch zu sprechen, muss bei der wiederholten Einlegung einer identischen Dienstaufsichtsbeschwerde das Bestreben des Beschwerdeführers hinzukommen, die Behörde mit seinen Eingaben in erster Linie ausführlich zu beschäftigen.[1030] Diese Zielsetzung kann man in einigen Fällen daran erkennen, dass der Beschwerdeführer bereits in der Vergangenheit mit Beschwerden, Anträgen, Anzeigen oder Befangenheitsanträgen bei der Dienststelle in Erscheinung getreten ist. Typisch ist dabei, dass die Vorwürfe im Kern regelmäßig identisch sind und sich somit mit dem gleichen Begehr befassen und nicht zu erkennen ist, dass der Beschwerdeführer die Ausführungen einer vorangegangenen Beschwerdebescheidung in seine Betrachtungen einbezogen hat. Mit dieser wiederholten Geltendmachung einer Beschwerde kommt regelmäßig eine gewisse Unbelehrbarkeit verbunden mit dem Bestreben zum Ausdruck, in einen lang anhaltenden Diskurs mit der jeweiligen Behörde einzutreten.

In diesen Zusammenhang gehört auch der Fall, dass ein Beschwerdeführer die Entscheidung einer Behörde, die sich auf Grund der Gesetzeslage periodisch wiederholt – beispielsweise die Verlängerung einer befristeten Konzession mit strittiger Auflage – oder bei Maßnahmen der Behörde, die der Beschwerdeführer partout nicht akzeptieren will, diese immer wieder mit den selben Argumenten beanstandet. In einem solchen Fall wiederholter Dienstaufsichtsbeschwerden an dieselbe Stelle, die bereits entschieden hat, kann Rechtsmissbrauch vorliegen, da der Beschwerdeführer seine Dienstaufsichtsbeschwerde in derselben Sache mehrfach unbelehrbar wiederholt, ohne dass wesentlich neue tatsächliche oder rechtliche Aspekte angesprochen werden, die in den bereits beschiedenen

---

1029 VG Düsseldorf, Beschl. v. 28.06.2013 – 1 K 6816/12 (zit. nach juris).
1030 Vgl. VG Magdeburg, Urt. v. 24.02.2009 – 5 A 365/08 – (zit. nach juris).

Dienstaufsichtsbeschwerden nicht enthalten waren.[1031] Hier prüft die Behörde dann lediglich, ob es sich tatsächlich um das gleiche schon beschiedene Anliegen handelt und ob gegebenenfalls ein neuer Vortrag erfolgt ist.[1032]

III. Missbrauch in Gestalt von querulatorischen Dienstaufsichtsbeschwerden

Ein Missbrauch, d.h. die zweckwidrige Inanspruchnahme der Dienstaufsichtsbeschwerde, kann auch in Gestalt einer Dienstaufsichtsbeschwerde geschehen, die querulatorischen Charakter hat und letztendlich – ebenso wie die Vielzahl identischer Beschwerden in derselben Sache – Kapazitäten einer Verwaltungseinheit binden. Die querulatorische Dienstaufsichtsbeschwerde ist eine weitere Erscheinungsform der missbräuchlichen Dienstaufsichtsbeschwerde und hat oft Berührungspunkte mit der wiederholt eingelegten Dienstaufsichtsbeschwerde.[1033]

1. Begriff des Querulanten

Die Figur des »Querulanten«[1034] hat in der Verwaltung eine eigene Geschichte. Als Querulant wird der »Beschwerdevielschreiber«[1035] bezeichnet, der das Beschwerderecht zu seinem Vorteil missbraucht oder die Verwaltung mit seinen Eingaben

---

1031 Vgl. Hess.VGH, Beschl. v. 20.03.2013 – 7 D 225/13 – (zit. nach juris): Die Grenze zur routinemäßigen Wiederholung einer Dienstaufsichtsbeschwerde ist dort zu ziehen, wo man von einem offensichtlichen Missbrauch dieses Rechtsinstituts sprechen muss. *Woike* in DÖV 1984, 419(425; *Stoebenau* in PersV 1968, 228(231).

1032 Vgl. VG Ansbach, Urt. v. 22.04.2009 – AK 11 K 08.1195 – ; VG Magdeburg, Urt. v. 24.02.2009 – 5 A 356/08 – (zit. nach juris). Vgl. *Klein* in Maunz/Dürig/Herzog/Scholz, aaO, Rdnr. 88 zu Art. 17 GG; *Hofmann* in Schmidt-Bleibtreu/Hofmann/Hopfauf, GG, aaO, Rdnr. 14 zu Art. 17 GG.

1033 OLG Braunschweig, Beschl. v. 05.09.2013 – 6 SchH 267/13 – Niedersächs. Landesjustizportal hält ein Verhalten, das einen Antrag »unzählige Mal wiederholt hat und gerichtliche Hinweise und Entscheidungen in keinem einzigen Fall akzeptiert« hat als »hartnäckig und unbelehrbar«. »Dieses Verhalten ist als rechtsmissbräuchlich einzuordnen, weil durch die immer gleichen Wiederholungen (...) die Justiz sinnlos beschäftigt werden soll und beschäftigt worden ist.«

1034 Lat. queri – vor Gericht klagen. Zu dem Begriff des Querulanten ausführlich vgl. *Rupert. Gaderer*, Querulatorische Schreiben, Paranoia, Aktenberge und mimetischer Parasitismus, in Zeitschrift für Medien und Kulturforschung, Heft 2, 2013, S. 47–51.

1035 *Felix Mühlberg*, Informelle Konfliktbewältigung. Zur Geschichte der Eingaben in der DDR, 1999, S.83. Eine gesetzliche Begriffsbestimmung existiert nicht. Vgl. auch www.ici-kulturlabor.berlin.org, aaO: »Als merkwürdiger Typ eines Klägers ist der Querulant in unterschiedlichen Institutionen anwesend: Er versucht, eigensinnig sein Recht zu erlangen – aggressiv, rechthaberisch, kampfeslustig, jähzornig. Er ist ein furchtbarer Schwätzer, stört mit seinen unzähligen Beschwerden und schmälert sinnlos die Arbeitskapazität der Bürokratie.«

belästigt. Er wurde als der »ewige Meckerer und Quengler«[1036] charakterisiert, der durch keine Antwort zufriedenzustellen ist.[1037]

Der Begriff des Querulanten ist der Rechts- und Verwaltungspraxis nicht neu. Dabei wurde das Bestreben der staatlichen Stellen deutlich, den »lästigen Querulanten auf Distanz zu halten«,[1038] um einen möglichst reibungslosen Verwaltungsbetrieb zu gewährleisten.

Auch im Untersuchungszeitraum ist deutlich geworden, dass die Figur des Querulanten zum Beschwerderecht gehört und ein Weg gefunden werden muss, hier eine angemessene Lösung zu finden.[1039] Dazu gehört, den oftmals emotionalen Beschwerdeführer, der rechtsunkundig, aber vehement sein Anliegen nachdrücklich geltend macht, von demjenigen Beschwerdeführer zu unterscheiden, der zweckwidrig und unbelehrbar das Ziel verfolgt, die betreffende Verwaltungseinheit zu beeinträchtigen, d.h. lahm zu legen. Dabei kann der »exzessive und ungezügelte«[1040] Gebrauch von nicht förmlichen Rechtsbehelfen wie die Einlegung von Dienstaufsichtsbeschwerden im Einzelfall auf einen querulatorischen Hintergrund schließen lassen mit der Konsequenz, dass diese Dienstaufsichtsbeschwerden als rechtsmissbräuchlich anzusehen sind.

1036 *Mühlberg*, aaO, S. 83.

1037 In der Vergangenheit wurden derartige Dienstaufsichtsbeschwerden »unberücksichtigt« gelassen, da sie nur dazu dienten, »Amtspersonen zu beunruhigen oder einzuschüchtern.« (So noch *Stoebenau*, aaO, in PersV 1968, 231).

1038 *Mühlberg*, aaO, S. 84f berichtet, dass in der Zeit des Nationalsozialismus versucht wurde, eine »Querulantenliste« einzuführen (ähnlich § 30 der Allgemeinen Geschäftsordnung für den Preußischen Staat v. 06.07.1793. Danach sollte das Petitionsrecht dem Querulanten zwar nicht verwehrt, der Justiz aber die Möglichkeit eröffnet werden, »notorische Querulanten« zu bestrafen). Ob es dazu gekommen ist, sei ungewiss. *Peters*, VerwR. aaO, S. 192, schlägt vor: »Bei Querulanten, d.h. Personen, die sich stets über irgendwelche angeblichen Missstände beklagen und lediglich den Arbeitsbetrieb der Behörde aufhalten, kann natürlich von einer Antwort abgesehen werden.«

1039 § 30 Allgemeine Gerichtsordnung für den Preußischen Staat von 06.07.1793, III, Theil 1: »Diejenigen Parteyen, welche sich der vorgeschriebenen Ordnung nicht unterwerfen, sondern entweder Collegia und deren Vorgesetzte mit offenbar grundlosen und widerrechtlichen Beschwerden gegen bessere Wissenschaft und Überzeugung belästigen; oder nachdem sie ihres Unrechts gehörig bedeutet worden, mit ihren Klagen dennoch fortfahren, (…) sollen als muthwillige oder boshafte Querulanten angesehen, ihnen der Prozess gemacht, und über ihre Bestrafung rechtlich anerkannt werden« vgl. auch ausführlich *Gaderer*, aaO, in Zeitschrift für Medien und Kulturforschung, Heft 2, 2013, S. 47–51.

1040 LSG Hamburg, Urt. v. 14.02.2013 – L 4 AS 202/12 – (zit. nach juris).

2. Querulatorischer Charakter einer Dienstaufsichtsbeschwerde

Bei der Einordnung einer Dienstaufsichtsbeschwerde als rechtsmissbräuchlich, weil sie querulatorischen Charakter hat, kommen Auffälligkeiten in der Formulierung der Dienstaufsichtsbeschwerde sowie Besonderheiten des Beschwerdebegehrens in Betracht.

a. Formulierungsauffälligkeiten

Nicht selten weisen bereits äußere Merkmale – wie erheblicher Umfang und Form der Darstellung: Formatierung, Fußnoten, Hervorhebungen auch in Farbe, Großschrift, auch Kleinschrift ohne Rand, Unterstreichungen, aber auch das Setzen von Ausrufungs- und Fragezeichen nach einer Behauptung als besondere Form der Verdichtung des Vortrages in steigernder Anzahl sowie die eigentümliche Verwendung von Fachbegriffen – auf einen querulatorischen Charakter der Dienstaufsichtsbeschwerde hin. Aber auch umfangreiche, nicht einschlägige Anlagen in Papierform oder auf elektronisch gespeicherten Medien, die weit weg von dem eigentlichen Begehren führen, können einen Hinweis auf das Vorliegen einer querulatorischen Dienstaufsichtsbeschwerde sein.

Querulatorischer Rechtsmissbrauch kann sich aber auch aus einer Vielzahl von Anliegen in den unterschiedlichsten Angelegenheiten ergeben, wozu auch das Vortragen von Umständen und Ereignissen gehört, die gar nicht Gegenstand einer behördlichen Maßnahme waren, also gleichsam abwegig sind.[1041]

Vor allen Dingen kommt eine querulatorische Veranlagung eines Beschwerdeführers – wie oben erwähnt – in ausuferndem Vortrag zum Ausdruck. Regelmäßig sprechen auch sich steigernde Unhöflichkeiten, Verdächtigungen, Unterstellungen bis hin zu Beleidigungen[1042] für einen querulatorischen Charakter einer Dienstaufsichtsbeschwerde. Hierher gehören auch Dienstaufsichtsbeschwerden mit wirrem und bekehrendem Inhalt.[1043]

1041 Nicht nur in den Verwaltungsdienststellen, auch bei den Gerichten wird die »Last« mit Querulanten beklagt. Vgl auch *Gaderer*, aaO, in Zeitschrift für Medien und Kulturforschung, Heft 2, 2013, S. 47–51. *Johannes Becher*, Die querulatorische Justizaufsichtsbeschwerde, 1986. Im Untersuchungszeitraum gab es die Dienstpetition eines Beamten wegen der Ziffernfolge seines innerbehördlichen Leitzeichens mit 45 Seiten.

1042 Dienstaufsichtsbeschwerden mit beleidigendem Inhalt sind nicht immer querulatorische. Sie können aber eine Dienstaufsichtsbeschwerde mit unzulässigem Inhalt sein, vgl. 4. Abschn. I, 5b.

1043 In der untersuchten hamburgischen Behörde gab es eine Dienstaufsichtsbeschwerde, der eine CD mit über 900 Seiten Ausführungen zu abseitig gelegenen religiösen Themen beigefügt war.

b. *Inhaltliche Auffälligkeiten*

Inhaltlich weist eine Dienstaufsichtsbeschwerde auf einen querulatorischen Charakter und damit auf Rechtsmissbrauch hin, wenn der Beschwerdevortrag uneinsichtig und verstockt, oftmals aggressiv ist und damit auf eine querulatorische Unzulänglichkeit der Persönlichkeit des Beschwerdeführers hindeutet.

Man kann zwischen dem Querulantenwahn und der querulatorischen Persönlichkeitsstörung unterscheiden. Beiden ist gemeinsam ein rechthaberisches, unbelehrbares, fanatisches Verhalten bei Menschen, die auf jede Antwort einer Behörde sehr empfindlich reagieren.

Merkmale einer auf eine psychische Erkrankung zurückzuführende Querulanz mit der Folge einer möglichen partiellen Geschäfts- und Prozessunfähigkeit sind außerdem: die wahnhafte Verfolgung eines nicht ernst zu nehmenden Rechtsschutzziels aus nichtigen oder unsinnigen Gründen mit umfangreichen, wirren, sich inhaltlich ständig wiederholenden Eingaben.[1044] In diesen Fällen kann auch ein medizinisch nicht vorgebildeter Laie den Schluss auf eine geistige Erkrankung ziehen, die die freie Willensbestimmung des Beschwerdeführers ausschließt.[1045]

Ein solcher Fall kann vorliegen, wenn trotz ausführlicher, sachlicher Belehrung der Behörde der Beschwerdeführer zu erkennen gibt, er werde »immer wieder« gegen die Maßnahme vorgehen, »ganz gleich was die Behörde sage«. Aus einem derartigen Vortrag ist zu erkennen, dass der Beschwerdeführer außerstande ist, die Ausführungen der Behörde zur Kenntnis zu nehmen, zu bewerten und sein Beschwerdeverhalten vernunftbezogen zu steuern.[1046] Er betrachtet sich in einem »immerwährenden Kampf« mit der Behörde stehend. Dienstaufsichtsbeschwerden, die solche inhaltlichen Auffälligkeiten aufweisen, haben regelmäßig querulatorischen Charakter und sind rechtsmissbräuchlich.

1044 LSH Hamburg , Urt. v. 14.02.2013 – L 4 AS 202/12 – (zit. nach juris): »(...) mit ganz überwiegend unverständlichen und praktisch sinnlosen Schriftsätzen.«

1045 Vgl. OVG Münster in NVwZ-RR 1996, 619f; ausführlich HmbOVG Urteil v.30.10.1990 – OVG Bf VI 95/90 – (nicht veröffentlicht), wenn »ein geistiger Defekt den Antrieb zum Betreiben des Verfahrens bildet.« BVerwG v. 15.11.2000 (Disziplinarsenat) – 1 D 65/98 – zur Schuldunfähigkeit infolge krankhaften Querulantenwahns. Dazu *Gaderer*, aaO, in Zeitschrift für Medien und Kulturforschung, Heft 2, 2013, S. 47–51.

1046 Vgl. BVerwG v. 15.11.2000 (Disziplinarsenat) – 1 D 65/98 – zur Schuldunfähigkeit infolge krankhaften Querulantenwahns; LSG Hamburg, Urt. v. 14.02.2013 – L 4 AS 202/12 – (zit. nach juris) zur Definition der Prozessunfähigkeit bei maßloser Inanspruchnahme des Gerichts.

IV. Behandlung von missbräuchlichen Dienstaufsichtsbeschwerden

Bei der Beantwortung der Frage, wie die Behörde mit einer missbräuchlich erhobenen Dienstaufsichtsbeschwerde umzugehen hat, ist darauf abzustellen, was in jedem Einzelfall geboten ist, um dem Institut der Dienstaufsichtsbeschwerde gerecht zu werden, dennoch aber einem Missbrauch zu begegnen.

1. Bei wiederholt eingelegter Dienstaufsichtsbeschwerde

Vor diesem Hintergrund ist die Behörde bei jeder wiederholt vorgebrachten, identischen Dienstaufsichtsbeschwerde in der Regel nicht erneut zu einer inhaltlichen Bescheidung verpflichtet. Anderenfalls hätte der Beschwerdeführer sein Ziel erreicht, die Behörde »in Bewegung zu halten« und Dienststellen nahezu »lahmzulegen«. Eine Antwort erscheint aber dennoch geboten. Allerdings ist die Behörde berechtigt, routinemäßig vorgebrachte, identische Dienstaufsichtsbeschwerden mit Bezugnahme auf ihre frühere Bescheidung in einer kurzen Antwort, z.B. in Form einer Eingangsbestätigung, zurückzuweisen.[1047] Das kann mit dem Zusatz geschehen, dass in dem Fall einer erneuten, identischen Dienstaufsichtsbeschwerde in dieser Sache diese dann nicht mehr beantwortet werde.[1048]

2. Bei querulatorischer Dienstaufsichtsbeschwerde

Bei Dienstaufsichtsbeschwerden mit querulatorischem Charakter, die dennoch ein sachliches Begehren erkennen lassen, das noch nicht von der Behörde beschieden wurde, hat der Beschwerdeführer einen Anspruch auf Bescheidung. Auf einen umfangreichen schriftlichen Diskurs über diese Bescheidung braucht die Behörde sich indes nicht einzulassen.[1049] Regelmäßig tragen die Folgebeschwerden dann verstärkt

---

1047 Ergänzend kann auf die Verfahrensgrundsätze des Petitionsausschusses des Bundestages hingewiesen werden. Nach Nr. 7. 4 der Verfahrengrundsätze besteht für den Petenten kein Anspruch auf eine erneute sachliche Prüfung einer Petition, wenn er sein Anliegen bereits in einer früheren Petition vorgebracht hat, diese beschieden worden ist und keine neuen entscheidungserheblichen Tatsachen oder Beweismittel vorgebracht werden. In solchen Fällen würde im Übrigen ein weiteres sachliches Eingehen auf die jeweiligen Reaktionen und Vorträge des Beschwerdeführers, die oft auch schon weit von dem ursprünglichen Beschwerdegrund wegführen, keine Befriedung herbeiführen.

1048 OLG Braunschweig, Beschl v. 05.09.2013 – 6 SchH 267/13 (zit. Nach Niedersächs. Landesjustizportal): »Durch rechtsmissbräuchliches Verhalten hat der Antragsteller seinen Anspruch auf weitere Antworten verwirkt.«

1049 Der HessVGH aaO, hält bei rechtsmissbräuchlich erhobenen Dienstaufsichtsbeschwerden mangels »schutzwürdigen Sachbescheidungsinteresses« eine Unterrichtung des Beschwerdeführers für nicht erforderlich.

querulatorische Züge und stellen dieses in ihrer oft »maßlosen Inanspruchnahme« der Verwaltung unter Beweis.[1050] Die weitere Verfahrenweise ist dann die gleiche wie bei der wiederholt eingelegten Dienstaufsichtsbeschwerde.

1050 HambOVG, Urt. v. 30.10.1990 – OVG Bf VI 95/90 – (nicht veröffentlicht) Dort wird von dem »medizinischen Bild eines Querulanten« gesprochen, bei dem »ein geistiger Defekt den Antrieb zum Betreiben des Verfahrens bildet«. Man kann in solchen Fällen sich wiederholender, querulatorischer Beschwerden daran denken, dem Beschwerdeführer jedes Mal auf seine erneute Beschwerde eine Empfangsbestätigung zukommen zu lassen. In solchen Fällen würde ein Eingehen auf die jeweiligen Reaktionen und Vorträge des Beschwerdeführers, die oft auch weit von dem ursprünglichen Beschwerdegrund wegführen, keine Befriedung herbeiführen. Dazu *Klein* in Maunz/Dürig/Herzog/Scholz, aaO, Rdnr. 58, Fn.1 zu Art. 17 GG; *Woike* in DÖV 1984, 419(425); *Stoebenau* in PersV 1968, 228(231). Nicht nur in den Verwaltungsdienststellen, auch bei den Gerichten wird die »Last« mit Querulanten beklagt. Dazu *Johannes Becher*, Die querulatorische Justizaufsichtsbeschwerde, 1986.

8. Abschnitt: Rechtsschutz

Wenn von Rechtsschutz im Zusammenhang mit Dienstaufsichtsbeschwerden gesprochen wird, so sind damit regelmäßig die Fragen gemeint, ob es gegen einen zurückweisenden Bescheid über eine Dienstaufsichtsbeschwerde eine weiterführende Beschwerdemöglichkeit (»Folge-Dienstaufsichtsbeschwerde«) gibt und ob die Möglichkeit besteht, die Beschwerdebescheidung inhaltlich überprüfen zu lassen.

I. Die »Folge-Dienstaufsichsbeschwerde«

Zunächst soll die Frage geprüft werden, ob nach einem zurückweisenden Beschwerdebescheid die Möglichkeit besteht, sich mit Hilfe einer »Folge-Dienstaufsichtbeschwerde« gegen die Dienststelle, die entschieden hat, vorzugehen.

Erhält der Beschwerdeführer von der angegangenen Stelle einen ablehnenden Bescheid, so kann er grundsätzlich eine nicht fristgebundene »Folge-Dienstaufsichtsbeschwerde«, die eine neue Beschwerde darstellt, zu der Behörde erheben, die der Erlassbehörde vorgesetzt ist. Mit einer Dienstaufsichtsbeschwerde können alle Aufsichtsinstanzen befasst werden, denn ein einmal erteilter Bescheid hindert die höhere Aufsichtsbehörde nicht an einer weiteren Bescheidung. Das ist bis zur obersten Dienstbehörde möglich.[1051]

Legt ein Beschwerdeführer beispielsweise in Hamburg seine Dienstaufsichtsbeschwerde nicht beim Leiter einer Fachbehörde[1052] – oder in einem Flächenland bei dem Minister – ein, sondern bei einem Amtsleiter oder Abteilungsleiter – oder dem entsprechenden Leiter der jeweiligen Funktionsebene in einem Flächenland – und hat der die Dienstaufsichtsbeschwerde abschlägig beschieden, so könnte er eine »Folge-Beschwerde« in dieser Angelegenheit beim Senator bzw. Minister einlegen, denn dieser übt die Dienstaufsicht über alle Beschäftigten seines Geschäftsbereichs aus. Einen weiteren Beschwerdeweg gibt es nicht, denn eine Dienstaufsichtsbeschwerde an den Ersten Bürgermeister in Hamburg oder entsprechend an einen Ministerpräsidenten eines Flächenlandes, ist nicht möglich, weil weder der Erste Bürgermeister noch der Ministerpräsident über die Regierungsmitglieder die Dienstaufsicht ausüben. Die

1051 Vgl. *Kratzer*, aaO, in BayVBl 1969, 189(194); *Blomeyer-Bartenstein/Närger*, aaO, S. 54.

1052 Unter einer Fachbehörde ist in Hamburg das Ministerium eines Flächenlandes zu verstehen. Beamte sind gemäß § 125 BBG verpflichtet, den Dienstweg einzuhalten. Zu der Frage, ob das bei der allgemeinen Dienstaufsichtsbeschwerde auch gilt, vertritt *Kratzer* in BayVBl 1969, 189(194) die Ansicht, dass jede Dienstaufsichtsbeschwerde bei der nächst höheren Behörde eingelegt werden müsse und »Sprungbeschwerden« unzulässig seien. Diese Ansicht ist abzulehnen, da dadurch das freie Zugangsrecht des Beschwerdeführers beeinträchtig wird. Vgl. auch *Klein* in Maunz/Dürig/Herzog/Scholz aaO, Rdnr. 98 zu Art. 17 GG).

Kabinettsmitglieder eines Bundeslandes oder die Senatsmitglieder in Hamburg tragen im Rahmen der Richtlinienkompetenz des Regierungschefs für ihren Geschäftsbereich bzw. ihr Ressort die Verantwortung.[1053] Ihr Handeln ist einer Dienstaufsichtsbeschwerde nicht zugänglich.

Gegenstand der nachfolgenden Dienstaufsichtsbeschwerde bleibt die ursprünglich beanstandete Verwaltungsmaßnahme, ergänzt durch Ausführungen, die die erstentscheidende Stelle gemacht hat. Mit diesen Ausführungen hat sich der Beschwerdeführer in seiner nachfolgenden Beschwerde regelmäßig auseinander gesetzt und weiter begründet, warum er sich mit der ersten Bescheidung nicht zufrieden geben könne. Damit hat er sein ursprüngliches Begehren weiter erläutert, aber nicht verändert. Somit gleicht die nachfolgende Dienstaufsichtsbeschwerde in ihrer Zielsetzung zwar der vorangegangenen, allerdings mit dem Unterschied, dass der bisherige Vortrag um weitere Argumente als Erwiderung auf die vorangegangene Beschwerdebescheidung ergänzt wurde und zudem an einen anderen Adressaten gerichtet ist. Das hat zur Folge, dass die vorgesetzte Stelle sich mit dem Beschwerdevortrag auseinandersetzen muss, der neu dazu gekommen ist. Wird hingegen die Erstbescheidung lediglich als unzutreffend – ohne weiterführende inhaltliche Argumente – bezeichnet, so kann die »Folge-Dienstaufsichtsbeschwerde« unter Bezugnahme auf die Erstbescheidung beschieden werden.

Eine Verpflichtung für den Beschwerdeführer zur Einhaltung eines »behördlichen Instanzenzuges« besteht nicht.[1054] Im Gegenteil, der Beschwerdeführer kann seine Dienstaufsichtsbeschwerde sofort bei der obersten Aufsichtsbehörde einlegen, die dieser Angelegenheit ohnehin direkt entscheiden könnte.

Regelmäßig wird eine Dienstaufsichtsbeschwerde allerdings bei der Stelle eingelegt, deren Verwaltungsmaßnahme beanstandet wird. Das ist in den meisten Fällen auch sachgerecht, denn die oberste Dienstbehörde würde eine bei ihr eingelegte Beschwerde mangels eigener Kenntnis des Beschwerdevorganges ohnehin zur Stellungnahme an die Erlassbehörde abgeben, ehe sie die Dienstaufsichtsbeschwerde bescheidet.[1055]

1053 Für Hamburg vgl. Art 42 Abs. 2 HmbVerf. Im Untersuchungszeitraum ist ein solches Durchlaufen der Behördenhierarchie bei einer Anhörung zu einem Planfeststellungsverfahren vorgekommen, in dem der Beschwerdeführer zunächst eine Dienstaufsichtsbeschwerde über den Vorsitzenden des Erörterungstermins erhob, dann über den Leiter der Rechtsabteilung, der die Dienstaufsichtsbeschwerde beschieden hatte, weiter über den Amtsleiter, den Staatsrat bis zum Präses der Behörde.

1054 Dazu *Kratzer*, aaO, in BayVBl 1969, 189ff(194); *Blomeyer-Bartenstein/Närger*, aaO, S. 55.

1055 Eine direkte Einlegung der Dienstaufsichtbeschwerde bei der obersten Dienstbehörde kann im Einzelfall von Vorteil sein, denn damit hat der Beschwerdeführer diese auf sich aufmerksam gemacht. Die oberste Dienstbehörde entscheidet dann, ob sie die Dienstaufsichtsbeschwerde nach Einholung einer Stellungnahme von der Erlassbehörde selbst bescheidet oder sie an die Erlassbehörde zur Erledigung

II. Klagemöglichkeit

Bei der Prüfung, ob es gerichtlichen Rechtsschutz gegen einen die Dienstaufsichtsbeschwerde zurückweisenden Bescheid der Behörde gibt, ist die Frage zu beantworten, worauf sich ein Rechtsschutz richten kann, d.h. welches Ziel mit ihm gegebenenfalls erreicht werden kann.

Da es spezialgesetzliche Regelungen nicht gibt, richtet sich der gerichtliche Rechtsschutz bei Dienstaufsichtsbeschwerden nach den allgemeinen Vorschriften. Maßgeblich für die Klageart ist die rechtliche Einordnung des Beschwerdebescheides, da mit dem Beschwerdebescheid eine öffentlich rechtliche Entscheidung nicht verfassungsrechtlicher Art ergangen ist. Jede Beschwerdebescheidung ist ein Akt der öffentlichen Gewalt und jeder Streit um die Verletzung eines subjektiven öffentlichen Rechts durch die Verwaltung ist eine nichtverfassungsrechtliche öffentlich-rechtliche Streitigkeit im Sinne des § 40 Abs. 1 VwGO und den Verwaltungsgerichten zugewiesen.[1056]

Die Bescheidung einer Dienstaufsichtsbeschwerde durch eine Verwaltungsdienststelle enthält aber keine unmittelbar rechtliche Regelung und setzt keine Rechtsfolge.[1057] Sie stellt keinen Verwaltungsakt dar[1058], sondern ist vielmehr nur die tatsächliche Erfüllung der Verpflichtung aus Art. 17 GG. Hieraus ergibt sich, dass ein Beschwerdebescheid nicht im Wege einer Verpflichtungsklage begehrt[1059] oder

---

in eigener Zuständigkeit abgibt. Dann erhält er einen Bescheid, der regelmäßig die Eingangsformel hat: »Der Erste Bürgermeister (oder: Der Präses der Behörde für (...) oder: Der Minister für (...) hat mich gebeten, Ihnen direkt zu antworten (...).«

1056 Vgl. § 40 Abs. 1 VwGO; LSG Berlin-Brandenburg, Beschl. v. 06.12.2011 – L 5 AS – (zit. nach juris): »Der Streit über die Art und Weise der Behandlung einer Dienstaufsichtsbeschwerde gründet in einem dem öffentlichen Recht zuzuordnenden Rechtsverhältnis«; OVG Rhl-Pfalz, Beschl. v. 20.11.1996 – 7 E 13031 – (zit. nach juris); VG Halle, Urt. v. 11.03.2004 – 1 A 259/03 – (zit. nach juris); *Klein* in Maunz/Dürig/Herzog/Scholz, aaO, Rdnr. 128 zu Art. 17 GG; *v. Mutius* in Jura 1989, 105(107).

1057 BVerwG in NJW 1977, 118; OVG Bremen in JZ 1990,965; HambOVG in DVBl 1967, 86; *Klein* in Maunz/Dürig/Herzog/Scholz, aaO, Rdnr. 129 zu Art. 17 GG.

1058 BayVGH, Beschl. v. 15.11.2010 – 3 CE 10.2390 (zit. nach juris); VG Berlin, Urt. v. 18.03.2013 – 1 K 376.11 – (zit. nach juris); VG Ansbach, Urt. v. 30.04.2009 –16 K 09.00020 – (zit. nach juris); *Klein* in Maunz/Dürig/Herzog/Scholz, aaO, Rdnr. 129 zu Art. 17 GG: »Der Bescheid kann somit auch nicht wie Verwaltungsakte bestandskräftig werden, denn das würde dem Beschwerdeführer den garantierten Zugang zum Staat verwehren«; *Hofmann* in Schmidt-Bleibtreu/Hofmann/Hopfauf, GG, aaO, Rdnr. 14 zu Art. 17 GG.

1059 Vgl. OVG Berlin-Brandenburg, Beschl. v. 16.12.2011 – 1 Bf 469/98; VG Berlin, Urt. v. 16.08.2011 – 85 K 3.110B – (zit. nach juris); VG München, Urt. v.15.12.2010 – M 18 K.4850 – (zit. nach juris): »Eine Verpflichtungsklage gemäß § 42 Abs. 1 2. Alt. VwGO auf Erlass eines rechtsmittelfähigen Bescheides ist nicht statthaft, da die Aufsichtsbeschwerde mangels sachlichen Regelungsgehalts keine

mit der Anfechtungsklage angefochten werden kann. Vielmehr ist die allgemeine Leistungsklage[1060], gerichtet auf Überprüfung des verfahrensmäßigen Ablaufs der Bescheidung durch die Behörde, d. h. der Bescheidung als solche, nicht des inhaltlichen Gehalts der Dienstaufsichtsbeschwerde, die richtige Klageart. Kein Dienstvorgesetzter muss demnach befürchten, dass ihm ein Verwaltungsgericht bescheinigt, sein Beschwerdebescheid sei inhaltlich rechtswidrig. [1061]

Hat sich eine Behörde auf eine Dienstaufsichtsbeschwerde nicht geäußert oder den Bescheidungsanspruch nicht erfüllt, d. h. sie hat sich nicht für den Beschwerdeführer erkennbar mit seiner Beschwerde befasst, wird der Beschwerdeführer in seinem Recht auf Bescheidung[1062] verletzt. Er kann dann Leistungsklage vor dem Verwaltungsgericht auf Bescheidung seiner Dienstaufsichtsbeschwerde erheben, denn er hat ein subjektives öffentliches Recht auf ordnungsgemäße Bescheidung seiner Dienstaufsichtsbeschwerde.[1063]

Im Rahmen dieser Leistungsklage ist die Regelung des § 75 VwGO – »Untätigkeitsklage«, wenn die Verwaltung ohne zureichenden Grund nach Ablauf einer angemessenen Frist von idR. drei Monaten untätig bleibt – gerichtet auf die Pflicht der Behörde zur Bescheidung der Dienstaufsichtsbehörde sinngemäß-analog auf das Verfahren der Dienstaufsichtsbeschwerde anzuwenden. Der Rechtsgedanke des § 75 VwGO – eine durch Art. 19 Abs. 4 GG gewährte Klagemöglichkeit durch Untätigkeit gegenstandslos zu machen oder unangemessen zu verzögern – hat auch im Verfahren der Dienstaufsichtsbeschwerde seine Berechtigung. Andernfalls könnte eine Behörde durch Verschweigen den nicht förmlichen Rechtsbehelf der Dienstaufsichtsbeschwerde ins Leere laufen lassen, obwohl der Beschwerdeführer ein Recht auf Bescheidung hat. Das Verwaltungsgericht würde in diesem Fall, wenn die Voraussetzungen im Übrigen vorliegen, die Behörde zu einer Bescheidung verurteilen.

Verwaltungsaktqualität besitzt.« VGH München, Beschl. v.11.09.2000 – 12 ZC 00.2/90 – (zit. nach juris).

1060 VG Berlin, Urt. v. 18.03.2013 – 1 K 376.11 – (zit. nach juris): »Eine Dienstaufsichtsbeschwerde wird nicht durch Verwaltungsakt entschieden. Statthafte Klageart ist die Leistungsklage«. *Kopp/Ramsauer*, VwVfG, aaO, Rdnr. 21 zu § 79 VwVfG; *Klein* in Maunz/Dürig/Herzog/Scholz, aaO, Rdnr. 129 zu Art. 17 GG: »Wird dem Petenten die Entgegennahme einer Petition verweigert, erhält er binnen einer angemessenen Frist keinen Bescheid oder entspricht dieser nicht den verfassungsrechtlichen Anforderungen, steht ihm die verwaltungsgerichtliche Leistungsklage zur Verfügung.« Dies gilt auch für den nicht förmlichen Rechtsbehelf der Dienstaufsichtsbeschwerde.

1061 BVerwG in DVBl 1977, 868, in 1961, 87 und in NJW 1981, 700; HmbOVG Hamburg in DVBl. 1967, 86; *Kopp/Ramsauer*, VwVfG, aaO, Rdnr. 19 zu § 79 VwVfG; *Stein* in GG-Alternativkommentar, 1989, Rdnr. 30 zu Art. 17; dazu auch *Hofmann* in Schmidt-Bleibtreu/Hofmann/Hopfauf, GG, aaO, Rdnr. 8 zu Art. 17 GG.

1062 Zum Bescheidungsanspruch vgl. 4. Abschn. II, 1.

1063 BVerfG in NVwZ 1989, 953; *Kopp/Ramsauer*, VwVfG, aaO, Rdnrn. 19 und 21 zu § 79 VwVfG; *Hofmann* in Schmidt-Bleibtreu/Hofmann/Hopfauf, GG, aaO, Rdnr. 5 zu Art. 17 GG.

Das bedeutet: Geht der Beschwerdeführer gegen den zurückweisenden Beschwerdebescheid mit der allgemeinen Leistungsklage vor das Verwaltungsgericht, so ist Streitgegenstand des Verfahrens der verfahrensrechtliche Anspruch, den die Dienstaufsichtsbeschwerde gewährt, nämlich auf Bescheidung. Das heißt, dass eine inhaltliche Auseinandersetzug und eine gerichtliche Entscheidung über das Begehren des Beschwerdeführers an die Behörde nicht erfolgt[1064], weil die Prüfungskompetenz des Verwaltungsgerichts hier eingeschränkt ist. Das Verwaltungsgericht prüft lediglich, ob der Anspruch des Beschwerdeführers auf Entgegennahme und Befassung in angemessener Frist erfüllt worden ist.[1065]

Der Kläger/Beschwerdeführer kann demnach vor dem Verwaltungsgericht keine zutreffende, d.h. rechtmäßige Begründung, einklagen, sondern ausschließlich sein Recht auf Befassung mit der Dienstaufsichtsbeschwerde und Erteilung eines einschlägigen Bescheides.

In diesem Zusammenhang spielt die Beifügung einer Begründung im Beschwerdebescheid eine wichtige Rolle, denn sie ist ein Indiz dafür, dass sich die Behörde mit dem Beschwerdebegehren ernsthaft befasst hat. Der verfahrensrechtliche Anspruch an die Behörde auf ernsthafte Befassung ist nicht erfüllt, wenn der Kläger/Beschwerdeführer mit der Leistungsklage vor Gericht lediglich eine inhaltsleere und nichtssagende Bescheidung erstreiten könnte. Da die Begründung in einer Beschwerdebescheidung der richterlichen Kontrolle entzogen ist, erfolgt von dem Gericht kein Ausspruch darüber, ob die in dem Beschwerdebescheid mitgeteilte inhaltliche Begründung sachlich richtig ist oder nicht.

Als Ergebnis ist festzustellen, dass entsprechend dem verfahrensrechtlichen Anspruch des Klägers die Bescheidung einer Dienstaufsichtsbeschwerde mit der allgemeinen Leistungsklage – gegebenenfalls analog § 75 VwGO – vor dem Verwaltungsgericht erstritten werden kann, die Befugnis des Verwaltungsgerichts sich aber auf eine »förmliche Befassung«[1066] beschränkt. Der Beschwerdeführer hat keinen Anspruch auf eine der Sach- und Rechtslage entsprechende und mit dem objektiven Recht in Einklang stehende Prüfung seines Beschwerdebegehrs. Der eigentliche Beschwerdegegenstand ist einer gerichtlichen Überprüfung nicht zugänglich. Er kann gerichtlich auch nicht die Beifügung einer »zutreffenden Begründung« in dem Bescheid über eine Dienstaufsichtsbeschwerde einklagen, sondern nur seinen verfahrensrechtlichen Anspruch auf ernsthafte Befassung mit seinem Beschwerdevorbringen. Hierfür ist eine einschlägige Begründung im Bescheid ein maßgebliches Indiz.

1064 Das ist unstreitig: *Klein* in Maunz/Dürig/Herzog/Scholz, aaO, Rdnr. 132 zu Art. 17 GG; *Dollinger* in Umbach/Clemens, GG, aaO, Rdnr. 4 zu Art. 17 GG; *Burmeister* in HbStR II, § 32, Rdnr. 59; *Rühl* in DVBl 1993, 19.

1065 Vgl. *Klein* in Maunz/Dürig/Herzog/Scholz, aaO, Rdnr. 132 zu Art. 17 GG.

1066 *Klein* in Maunz/Dürig/Herzog/Scholz,aaO, Rdnr. 136 zu Art. 17 GG weist darauf hin, dass Art. 17 und Art. 19 Abs. 4 GG »ihr prozessualer Charakter« gemeinsam ist, denn sie verbürgen die Durchführung eines Verfahrens, nicht die Durchsetzung des betreffenden Anliegens.« Petitionsfreiheit und Rechtswegegarantie können als »formelle Grundrechte« bezeichnet werden.

9. Abschnitt: Vorschlag für eine spezielle Rechtsnorm de lege ferenda

Ausgehend von der Erkenntnis, dass die nicht förmlichen Rechtsbehelfe auf Art. 17 GG zurückzuführen sind, d.h. sowohl die Parlaments- als auch die Verwaltungs- oder Administrativpetition – »an die zuständigen Stellen und an die Volksvertretung« – den Schutz des Art. 17 GG genießen[1067], ist es bemerkenswert, dass hinsichtlich der Parlamentspetition in den jeweiligen Petitionsgesetzen bzw. Grundsätze oder Richtlinien über die Behandlung von Petitionen an die Volksvertretung Normierungen zu ihrer Behandlung erfolgt sind, während hinsichtlich der Eingaben an die zuständigen Stellen weder empirische Untersuchungen stattgefunden haben noch sie statistisch[1068] erfasst sind und sie auch keiner normativen Regelung zugeführt wurden.[1069]

Vor dem Hintergrund, dass Art. 17 GG von »Bitten oder Beschwerden an die zuständigen Stellen und an die Volksvertretung« ausgeht und damit beide Petitions- oder Eingebeformen gleichberechtigt nebeneinander stehen, ist zu fragen,

---

1067 Wenn im Tätigkeitsbericht des Petitionsausschusses des Deutschen Bundestages (2. Ausschuss), Bitten und Beschwerden an den Deutschen Bundestag für das Jahr 2013 (BT-Drs. 18/1300) auf S. 12 in Nr. 1. 7 davon gesprochen wird, dass »nur Petitionen, die bei den Parlamenten eingereicht werden, im Schutz des Art. 17 des Grundgesetzes stehen«, so ist diese Aussage missverständlich. Sie ist vielmehr im Kontext zu den Ausführungen zu öffentlichen und privaten Einrichtungen als Petitionsadressaten zu verstehen.

1068 Bei Parlamentspetitionen vgl. die Berichte der Petitionsausschüsse des Bundestages und der Länderparlamente.

1069 *Röper*, aaO, in DÖV 2015, 456(458) spricht hier von einem »dringenden Desiderat« und fährt fort, dass »solange nähere Informationen über die rechtsstaatliche Bedeutung und Behandlung von Eingaben an die Exekutive fehlen«, diese Gefahr laufen, » in einer abgedunkelten Schattenecke des Petitionsrechts zu verharren und sowohl im politischen als auch im wissenschaftlichen Diskurs nicht mit der gebotenen Aufmerksamkeit wahrgenommen zu werden«. Weiterhin stellt er mit Hinweis auf *Woike* (aaO, in DÖV 1984, 419(424ff) fest, dass es bereits früher Anregungen gab, »die Behördenpetition aus ihrem wissenschaftlichen Mauerblümchendasein durch gesetzliche Rahmenbedingungen über die Behandlung von Administrativpetitionen herauszuführen.« *Röper* beschreibt in seinem Beitrag (DÖV 2015, 456(458–460)) eine Initiative zu § 1 Abs. 1 S. 1 BremPetG mit dem Vorschlag, einen § 4a BremPetG einzufügen (Petition an die Bremische Bürgerschaft L 18, 224 v. 05.03.2013), nach dem Petitionen (»Bitten, Beschwerden, Anregungen und Kritik«) vom Senat erfasst und über sie in der Bürgerschaft schriftlicher Bericht zu erstatten ist. Dieses Anliegen wies der Bremische Senat zurück.

ob es geboten ist, für Verwaltungs- oder Administrativpetitionen, die als Dienstaufsichtsbeschwerden einzuordnen sind, eine normative Regelung anzuregen.[1070]

Auch auf Grund des vermehrten Gebrauchs und der zunehmenden Beachtung, die die nicht förmlichen Rechtsbehelfe erfahren haben, insbesondere weil es geboten ist, dem Beschwerdeführer im Falle der Zurückweisung eines nicht förmlichen Rechtsbehelfs einen Bescheid mit einer einschlägigen Begründung zu erteilen ist es erwägenswert, das Rechtsinstitut der Dienstaufsichtbeschwerde in eine spezielle Rechtsnorm zu kleiden.[1071]

I. Ausgangsituationen

Es wäre geboten und bürgerfreundlich, dem Rechtssuchenden eine Regelung in Gestalt eines mit Definitionen und Abgrenzungen[1072] formulierten, nicht förmlichen Rechtsbehelfs zur Verfügung zu stellen, die ihm bei seinem Begehren auf Änderung oder Aufhebung einer behördlichen Maßnahme, Richtigstellung, Kritik an der Art und Weise des Handelns eines Behördenangehörigen oder irgend gearteter Überprüfung behilflich sein könnte. Mit einer gesetzlichen Normierung der Dienstaufsichtsbeschwerde würden auch die Behörden zu einem transparenten, nach bestimmten Regeln bei dem Umgang mit Dienstaufsichtsbeschwerden, einheitlichem Verfahren verpflichtet werden.

Dienstaufsichtsbeschwerden sind unter anderem nicht selten auch ein Ventil des Bürgers, um sich über eine Behördenentscheidung oder die Amtsführung, also die Art und Weise der Dienstausübung eines Beschäftigten in einer Verwaltungsstelle, zu beklagen. Sei es die Unfreundlichkeit oder schroffe Ausdrucksweise eines Polizei- oder Zollbeamten oder sogar ein körperlicher Eingriff in die Unversehrtheit des

---

1070 *Röper*, aaO, in DÖV 2015, 456(460) mutmaßt, dass eine gesetzliche Regelung für Administrativpetitionen deswegen nicht erfolge, weil »die Exekutive sich nicht in die Karten sehen lassen will« und weil für den Gesetzgeber dies »zweifellos zu Konflikten mit der Regierung führen« würde. Als Indiz verweist er auf die Formulierung im Petitionsbericht des Petitionsausschusses des Deutschen Bundestages für 2013, Seite 12, Nr. 1.7 (BT-Drs. 18/1300), nach dem »nur Petitionen, die bei Parlamenten eingereicht werden, im Schutz des Art. 17 des Grundgesetzes stehen« und eine Bearbeitung garantierten. Dieses ist allerdings vordergründig argumentiert, weil diese Formulierung, die missverständlich und unglücklich ist, im Kontext zu sehen ist.

1071 Anlässlich der Begründungspflicht bei Petitionsbescheiden wies *Schmidt-Aßmann* in Maunz/Dürig/Herzog/Scholz, Grundgesetz, aaO, bereits 1988 in Rdnr. 253 zu Art. 19 Abs. 4 GG darauf hin, dass eine Normierung des Rechts der Dienstaufsichtsbeschwerde sinnvoll sei; dazu *Siegfried, aaO,* in DÖV 1990, 284; *Heinz*, aaO, in DÖV 2009, 109ff schlägt vor, solange es keine gesetzliche Grundlage für die nicht förmlichen Eingaben des Bürgers an die Verwaltung gibt, diese nicht länger als Dienstaufsichtsbeschwerden oder Aufsichtsbeschwerden zu bezeichnen, sondern wie in der Schweiz als »Anzeige«.

1072 Abgrenzung der Dienstaufsichtsbeschwerde von der Gegenvorstellung und Definition der sachlichen und persönlichen Dienstaufsichtsbeschwerde.

Einzelnen, sei es die autoritäre Art, wie beispielsweise ein Revierförster Spaziergänger aus bestimmten Waldgebieten weist, die unfreundliche Art und Weise, in der dem Beschwerdeführer rechtliches Gehör gewährt wird, bis hin zu nahezu unverständlichen Schreiben der Behörden im sogenannten Behörden- oder Amtsdeutsch. Auch unter diesem Gesichtspunkt wäre es hilfreich, auf eine Norm zurückgreifen zu können, die für den Beschwerdeadressaten und den Beschwerdeführer verbindlich ist.

Der Umgang mit Dienstaufsichtsbeschwerden ist derzeit in den verschiedenen Verwaltungseinheiten nicht immer einheitlich. Dabei spielt die Art und Weise der Ausübung der Dienstaufsicht eine Rolle und die innerbehördliche Befassung mit dem Gegenstand der Beschwerde. Solange die Stellen der Verwaltung davon ausgehen können, dass die Art und Weise der Bescheidung einer Dienstaufsichtsbeschwerde praktisch in ihrem Belieben steht, weil der Beschwerdeführer weder einen Anspruch auf Einschreiten noch auf Mitteilung von einschlägigen Gründen im Fall der Zurückweisung seiner Beschwerde hat, da es keine Norm gibt, die festlegt, wie mit der Dienstaufsichtsbeschwerde zu verfahren ist, werden sie oft keinen Erfolg haben.[1073] Mit einer gesetzlichen Regelung und einer darin angeordneten Begründungsverpflichtung bei zurückweisenden Bescheiden würde sich auch der innerbehördliche Entscheidungsgang deutlicher strukturieren, denn die vorgesetzte Stelle wäre gesetzlich verpflichtet – für den Beschwerdeführer erkennbar –, den Beschwerdevorgang aufzuklären und zu bescheiden.[1074]

Der Verwaltung fällt es idR. nicht leicht, einen Missstand, der Gegenstand einer Dienstaufsichtsbeschwerde ist, nach außen einzuräumen. Das ist mit ein Grund für die restriktive Behandlung einer Dienstaufsichtsbeschwerde im Bescheidungsverfahren.[1075] Abgesehen von dem Problem, Kritik an Beschäftigten entgegen nehmen zu müssen, ist es im Übrigen eine schwierige Situation für die dienstvorgesetzte Stelle, den in einer Dienstaufsichtsbeschwerde gemachten Vorwürfen im eigenen Apparat nachzugehen. Es besteht die Gefahr, dass in einem Bescheid über eine Dienstaufsichtsbeschwerde – selbst dann, wenn die Beschwerde

---

1073 *Heinz*, aaO, in DÖV 2009, 109ff vermutet, dass sich auch deshalb die Fachliteratur kaum mit der Dienstaufsichtsbeschwerde beschäftigt.

1074 *Thieme* in DÖD 2001, 77 weist darauf hin, dass dieses oft auch deswegen nicht hinreichend erfolge, weil der Dienstvorgesetzte im Beschwerdeverfahren es sich nicht »mit seinen Mitarbeitern verderben« und ggf. sich zudem nicht mit der Personalvertretung «herumärgern« wolle.

1075 *Walter Jellinek*, Verwaltungsrecht, 3. A. 1966, S. 292 schrieb noch, dass man Dienstaufsichtsbeschwerden »einfach zu den Akten legen« sollte, da man zu einer Antwort nicht verpflichtet sei. *Hans Peters* stellte in seinem »Lehrbuch des Verwaltungsrechts«, 1949, S. 192 fest, dass eine Nachprüfungspflicht der Behörde bei Dienstaufsichtsbeschwerden nicht bestehe und *Stoebenau* , aaO, in PersV 1968, 229(231) bemerkt, dass es »unzweckmäßig« sei, sich ausführlich mit den Argumenten des Beschwerdeführers auseinanderzusetzen, da dieses nur neue »Angriffsflächen« böte. *Ernst Forsthoff*, Lehrbuch des Verwaltungsrechts, Bd. 1, 1966, S. 454 bezeichnet die Dienstaufsichtsbeschwerde als »nobile officium«.

berechtigt ist – das Verhalten des Mitarbeiters nach außen verteidigt wird, weil es einer näheren Begründung in dem Bescheid nicht bedarf[1076], wenn auch der betreffende Vorgang innerbehördlich für den betroffenen Mitarbeiter in der Dienststelle disziplinar- oder arbeitsrechtliche Konsequenzen hat.

Mit der in einer Vorschrift festgeschriebenen Verpflichtung der Behörde, dem Beschwerdeführer einen mit nachvollziehbaren, einschlägigen Gründen versehenen Bescheid zu erteilen, soll diesen Verfahrensweisen begegnet werden.

II. Nützlichkeit von Verfahrensregeln

Bei der Petition gemäß Art. 17 GG besteht Einigkeit, dass bei ihrer Bearbeitung hinsichtlich der Organisation und der Verfahrensgestaltung eine »grundrechtsfreundliche« Anwendung vorhandener Verfahrensvorschriften geboten ist.[1077] Dem wurde auch im parlamentarischen Bereich durch bundes- und landesrechtliche Bestimmungen in Petitionsgesetzen und den Geschäftsordnungen des Bundestages und der Länderparlamente Rechnung getragen[1078]. Anders sieht es bei der Dienstaufsichtsbeschwerde aus. Allgemeine Regelungen über den Umgang mit Eingaben an Behörden, sei es in Form von Gesetzen oder zentralen Vorschriften, gibt es nicht.[1079]

Stellt man die Frage nach der Nützlichkeit von Verfahrensregeln für die Dienstaufsichtsbeschwerde, so ist dies nicht allein oder überwiegend an den Interessen der Behörde, einen Vorgang möglichst schnell und ohne großen Aufwand zu erledigen, zu messen. Verbindliche Verfahrensregeln müssen gleichermaßen von Nutzen für den Beschwerdeführer sein, der einen normierten Anspruch auf eine einschlägige Bescheidung in angemessener Frist und Ausgestaltung ihrer Bearbeitung in der Behörde erhält.[1080] Für den Beschwerdeführer sind Verfahrensregeln über den Umgang mit seiner Dienstaufsichtsbeschwerde im Wesentlichen aus dem Gesichtspunkt der Transparenz behördlichen Verhaltens zweckdienlich. Er hat vor allem mit der Dienstaufsichtsbeschwerde die Möglichkeit, ohne ein förmliches Verfahren Ermessenserwägungen der Behörde in Frage zu stellen. Der Beschwerdeführer kann zudem mit der Dienstaufsichtsbeschwerde versuchen, Maßnahmen und Entscheidungen zu beanstanden, die bereits unanfechtbar geworden sind. Vor allem hat er

1076 *Thieme*, aaO, in DÖD 2001, 78 und in DÖV 1989, 987; ders. In Verwaltungslehre, 4. A.; 1984 bezeichnet dieses als »Festungsverhalten – Rüge nach innen, Verteidigung nach außen«. Noch 1951 empfahl *Ernst Harnack,* Die Praxis der öffentlichen Verwaltung, S. 123f diese Vorgehensweise bei Dienstaufsichtsbeschwerden; dazu auch *Willi Strunz,* Einspruch, Beschwerde und Dienstaufsichtsbeschwerde, in DStZ 1992, 272.

1077 BVerfGE 69, 315(355).

1078 Vgl. Grundsätze des Petitionsausschusses über die Behandlung von Bitten und Beschwerden (Verfahrensgrundsätze) vom 08.03.1989, für die 18. Wahlperiode übernommen durch Beschl. v. 15.01.2014. Im Übrigen vgl. 3. Abschn. II, 2.

1079 Vgl. *Klein* in Maunz/Dürig/Herzog/Scholz, aaO, Rdnr. 96 zu Art. 17 GG.

1080 Vgl. *Woike,* aaO, in DÖV 1984, 419ff (420).

die Möglichkeit, sein Begehr geltend zu machen ohne eine ihn belastende Kostenfolge wie bei den förmlichen Rechtsbehelfen.[1081]

Auf der anderen Seite wird den Behörden daran gelegen sein, bei der Bearbeitung von Dienstaufsichtsbeschwerden überflüssigen Verwaltungsaufwand zu vermeiden, der entstehen kann, wenn bei jeder Dienstaufsichtsbeschwerde routinemäßig der gesamte Verwaltungsapparat in Bewegung gesetzt wird, bevor man sich innerbehördlich auf ein Verfahren einigt. Schließlich muss die Behörde Interesse daran haben, dass Verfahrensweisen, die allein am Einzelfall ausgerichtet sind und insgesamt gesehen einzelne Beschwerdeführer verfahrensmäßig ungleich behandeln könnten, vermieden werden.[1082]

Auch vor diesem Hintergrund wäre es wünschenswert, Dienstaufsichtsbeschwerden gleichen verfahrensmäßigen Regeln zu zuzuführen.

III. Entwurf einer Rechtsnorm

1. Einfügung eines § 79a in das Verwaltungsverfahrensgesetz

Berücksicht man, dass in den Verwaltungsverfahrensgesetzen des Bundes und der Länder neben verfahrensrechtlichen Regelungen auch materiellrechtliches allgemeines Verwaltungsrecht enthalten ist[1083], wäre eine gesetzliche Regelung der Dienstaufsichtsbeschwerde in diesem Gesetz denkbar. Es würde sich die Aufnahme in Teil VI des Verwaltungsverfahrensgesetzes – »Rechtsbehelfsverfahren« – als § 79a VwVfG: »Gegenvorstellung und Dienstaufsichtsbeschwerde« empfehlen.

Bei einer Aufnahme des nicht förmlichen Rechtsbehelfs der Dienstaufsichtsbeschwerde in das Verwaltungsverfahrensgesetz ist darauf hinzuweisen, dass die Vorschriften dieses Gesetzes – und damit z.B. auch § 10 VwVfG, nach dem ein Verwaltungsverfahren an bestimmte Formen nicht gebunden ist – nur in den Fällen gelten, in denen ein Verwaltungsaktverfahren oder ein Verwaltungsvertragsverfahren läuft. Damit werden »Verwaltungsmaßnahmen und -tätigkeiten, die nicht auf den Erlass eines Verwaltungsakts oder den Abschluss eines verwaltungsrechtlichen Vertrages abzielen wie z.B. das schlichte Verwaltungshandeln«[1084] ausgeschlossen. Letzteres ist bei dem Verfahren der Dienstaufsichtsbeschwerde der Fall, denn die Bescheidung einer Dienstaufsichtsbeschwerde geschieht nicht in Form eines Verwaltungsakts. In diesem Fall ist die Frage einer analogen Anwendung der §§ 9ff VwVfG zu prüfen.[1085] Eine Analogie kann dann in Betracht kommen, wenn in den betreffenden Verfahren einzelne Verfahrensrechte und -pflichten nicht geregelt sind

---

1081 Vgl. *Woike*, aaO.

1082 Vgl. *Woike*, aaO, in DÖV 1984, 419ff(421), der ausführt, dass verfahrensmäßige Ungleichbehandlung von Beschwerdeführern »Unzufriedenheit und Missmut bei den Bürgern« fördert und als Ungerechtigkeit registriert wird.

1083 z.B. §§ 35, 36, 48, 49, 54ff VwVfG.

1084 *Kopp/Ramsauer*, VwVfG, aaO, Rdnr. 1 zu § 9 VwVfG.

1085 Vgl. 9. Abschn. III, 1.

»ohne dass aus dem Fehlen der Schluss gezogen werden dürfte, dass es derartige Rechte und Pflichten in diesem Verfahren nicht geben soll (planwidrige Lücke).«[1086]

Das Verfahren der Dienstaufsichtsbeschwerde ist insgesamt nicht geregelt. Das bedeutet aber nicht, dass es Verfahrensregeln in diesem Verfahren nicht geben soll. Dazu sind aus der Gesamtentwicklung der Dienstaufsichtsbeschwerde keine Anhaltspunkte zu entnehmen.

Es ist deshalb zu fragen, ob eine analoge Anwendung der §§ 9ffVwVfG auf andere Handlungsformen der Verwaltung, die schlichtes Verwaltungshandeln sind, also nicht den Erlass von Verwaltungsakten oder den Abschluss von Verwaltungsverträgen zum Gegenstand haben, möglich ist. Diese Frage einer analogen Anwendung kann man nicht einheitlich beantworten.[1087] Eine analoge Anwendung kann aber in den Fällen in Betracht kommen, in denen das schlichte Verwaltungshandeln dem Handeln durch Verwaltungsakt vergleichbar ist. Das ist bei dem Verfahren zur Bescheidung einer Dienstaufsichtsbeschwerde der Fall und somit eine Analogie möglich. Auf dieses schlichthoheitliche Handeln einer Verwaltungsbehörde auf Erlass einer »verwaltungsaktähnlichen Maßnahme«[1088] in einem nicht förmlichen Verfahren können demnach die Vorschriften der §§ 9ff VwVfG analog angewendet werden. Aus diesem Grund ist die Einfügung einer Bestimmung über das Verfahren der Dienstaufsichtsbeschwerde als § 79a in das Verwaltungsverfahrensgesetz möglich.

2. Fragen der Erforderlichkeit einer speziellen Vorschrift

Vor dem Hintergrund des Plenarbeschlusses des Bundesverfassungsgerichts vom 30.04.2003[1089] zur Rechtsmittelklarheit und Erkennbarkeit der Rechtsbehelfe in der geschriebenen Rechtsordnung wäre es wünschenswert, wenn ein Beschwerdeführer bei der Gegenvorstellung und der Dienstaufsichtsbeschwerde erkennen könnte, wie sich diese beiden nicht förmlichen Rechtsbehelfe unterscheiden, was sie bewirken können und wie mit ihnen zu verfahren ist. Das Bundesverfassungsgericht hat sich in seiner Entscheidung einer Aussage über die Konsequenzen bei der Verletzung anderer Verfahrensrechte als dem Gebot des rechtlichen Gehörs enthalten.

Die Frage der Normierung von Voraussetzungen und Rechtsfolgen einer Dienstaufsichtsbeschwerde ist nach wie vor offen. Eine Erstreckung der Gehörsrüge auf die Verletzung anderer Verfahrensrechte als im Gesetzgebungsauftrag des Bundesverfassungsgerichts enthalten[1090], ist nicht möglich, denn die Dienstaufsichtsbeschwerde ist mit der Anhörungsrüge nicht vergleichbar. Eine Dienstaufsichtsbeschwerde ist nicht erst nach Unanfechtbarkeit einer Behördenentscheidung möglich, sondern

---

1086 *Kopp/Ramsauer*, VwVfG, aaO, Rdnrn. 50, 50a, 50b zu Einl. I und 4c zu § 9 VwVfG.

1087 Vgl. *Kopp/Ramsauer*, VwVfG, aaO, Rdnr. 4 c zu § 9 VwVfG.

1088 *Kopp/Ramsauer*, VwVfG, aaO, Rdnr. 50a, Einf. I.

1089 BVerfGE 107, 395ff.

1090 Dazu *Alexander Kettinger*, Die Verfahrensgrundrechtsrüge – Das Anhörungsrügegesetz in der zivilprozessualen Praxis – (§ 321a ZPO), 2007, S.48ff.

zu jeder Zeit eines Verwaltungsverfahrens. Um eine Verletzung des Grundrechts des rechtlichen Gehörs kann es zwar in einer Dienstaufsichtsbeschwerde gehen, muss es aber nicht. Voraussetzung für § 152a VwGO ist, dass gegen eine gerichtliche Entscheidung kein Rechtsmittel oder anderer Rechtsbehelf gegeben ist und dass das Gericht den Anspruch des Beteiligten auf rechtliches Gehör in entscheidungserheblicher Weise verletzt hat. Mit der Anhörungsrüge soll eine Selbstkontrolle der Gerichte bezweckt werden[1091]. Damit liegt eine andere Ausgangslage als bei der Dienstaufsichtsbeschwerde vor.[1092]

Vor allem aber gilt Art. 103 Abs. 1 GG nur für das gerichtliche Verfahren, nicht für Verwaltungsverfahren. Allerdings ist das Recht auf Gehör eine Ausprägung des Rechtsstaates sowie der Verpflichtung des Staates zur Achtung und Wahrung der Menschenwürde, die es verbietet, »den Menschen zum Objekt staatlichen Handelns zu machen.«[1093] Im Verwaltungsverfahren trägt § 28 VwVfG dem grundgesetzlichen Recht des Bürgers auf Gehör Rechnung und ist damit das »wichtigste Recht« der Beteiligten und »wesentliche Voraussetzung für das für eine moderne Verwaltung«[1094] im demokratischen Rechtsstaat notwendige Vertrauensverhältnis zwischen Bürger und Behörde.

Aber selbst wenn man von einer gewissen Vergleichbarkeit der Voraussetzungen der Anhörungsrüge und der Dienstaufsichtsbeschwerde ausgehen wollte, so liegt diese Vergleichbarkeit jedenfalls bei der persönlichen Dienstaufsichtsbeschwerde nicht vor.

Gegen eine entsprechende Anwendung des § 152a VwGO auf die Dienstaufsichtsbeschwerde spricht weiter, dass ein geltend gemachter Verstoß gegen die Grundsätze des Art. 20 Abs.3 GG von der Anhörungsrüge nicht erfasst wird, selbst wenn man die Ansicht vertreten würde, »der Anwendungsbereich der Anhörungsrüge sei nicht auf die Gehörsrüge (...) beschränkt, sondern in entsprechender Anwendung auch auf Verfahrensverstöße im Sinne des § 138 Nrn.1, 2, 4 – 6 VwGO auszudehnen.«[1095] Hierfür bietet der Wortlaut des § 152 a VwGO und die Entstehungsgeschichte der Vorschrift keinen Anhaltspunkt.[1096]

1091 BVerwG, Beschl. v. 17.02.2005 – 8 B 9/05 -.

1092 NiedersächOVG, Beschl. v. 08.07.2010 – 2 ME 233/10 – (zit. nach OpenJur 2012, 50753). Die Anhörungsrüge kann in ihrer unmittelbaren Anwendung nur auf die Verletzung rechtlichen Gehörs gestützt werden, nicht aber auf andere Verfahrensverstöße.

1093 Vgl. *Kopp/Ramsauer*, aaO, Rdnr. 3 zu § 28 VwVfG.

1094 Vgl. *Kopp/Ramsauer, aaO,* Rdnr. 1 zu § 28 VwVfG.

1095 OVG Lüneburg, Beschl. v. 12.07.2005 – 2 ME 241/05 – (zit. nach juris).

1096 NiedersächOVG, Beschl. v. 08.07.2010 – 2 ME 233/10 – (zit. nach juris) weist hierzu auf den Wortlaut und die Entstehungsgeschichte hin und führt weiter aus, dass § 152a VwGO nicht auf die Verletzung anderer grundgesetzlicher Verfahrensbestimmungen analog angewendet werden könne.

An eine gesetzliche Regelung der Dienstaufsichtsbeschwerde kann man umso mehr denken, als in einigen Bundesländern[1097] die Überprüfung von Verwaltungsakten in einem Widerspruchsverfahren abgeschafft werden soll bzw. bereits ist, um gegen Verwaltungsakte unmittelbar eine Klagemöglichkeit zu eröffnen.[1098] Es kann vermutet werden, dass nach einer weitreichenden Abschaffung des Widerspruchsverfahrens bei den Behörden ein zusätzlicher Bedarf an Beratung und Erklärungen für die Bürger entstehen wird, die den kostenträchtigen und langwierigen Weg zum Verwaltungsgericht scheuen. Bezogen auf die Dienstaufsichtsbeschwerde hätte die Abschaffung des Widerspruchsverfahrens aller Voraussicht nach Auswirkungen bei den Behörden, wo gerade ein Bürokratieabbau bewirkt werden soll. Die Abschaffung hätte auch voraussichtlich eine Zunahme von Beschwerdeeinlegungen zur Folge und würde somit die »Bürokratie« bestenfalls verschieben. Im Übrigen würde durch eine Reduzierung der Widerspruchsverfahren ein Stück bürgernaher Verwaltung verloren gehen und dies stände in einem Kontrast zu der immer wieder angestrebten »Bürgerorientierung der Verwaltung«.[1099]

1097 Baden-Württemberg, Bayern, Berlin, Hamburg, Hessen, Niedersachsen haben das Widerspruchsverfahren stark reduziert. In NRW war das Widerspruchsverfahren bereits zum 01.01.2005 mit Ausnahme weniger Bereiche abgeschafft. In anderen Ländern, in denen es noch ein Widerspruchsverfahren gab, wurde dessen Devolutiveffekt eingeschränkt; *Schiedermair* in Hoffmann-Riem/Schmidt-Aßmann/Voßkuhle, VerwR, aaO, Rdnr. Fn. 202 zu § 48.

1098 Zur Abschaffung des Widerspruchsverfahrens vgl. z.B. *Thomas Holzner,* Die Abschaffung des Widerspruchsverfahrens – Problemstellung und rechtliche Erwägungen -, in DÖV 2008, 217ff m. Nw. Bedenken hinsichtlich der Gesetzgebungskompetenz des Landes Bayern; *Guy Beaucamp/Petra Ringermuth,* Empfiehlt sich die Beseitigung des Widerspruchsverfahrens, in DVBl 2008, 426ff; *Stefan Vetter,* Mediation und Vorverfahren, 2003, S. 50f; *Johannes Unterreitmeier,* Die Neuregelung des Widerspruchsverfahrens in Bayern, in BayVBl 2007, 609ff; *Sven Müller-Grune/Jaenette Grune,* Abschaffung des Widerspruchsverfahrens, in BayVBl 2007, 65ff; *Schiedermair* in Hoffmann-Riem/Schmidt-Aßmann/Voßkuhle, Verwaltungsrecht, aaO, Rdnr. 33 zu § 48; *Ulrike Rüssel,* Zur Zukunft des Widerspruchsverfahrens, in NVwZ 2006, 523ff; *Müller-Grune/Grune* aaO, in BayVBl 2007, 65ff; *Herwig van Nieuwland,* Abschaffung des Widerspruchsverfahrens in Niedersachsen – Bilanz nach zwei Jahren -, in NdsGVBl 2007, 38ff; *Beaucamp/Ringermuth* aaO, in DVBl 2008, 426ff.

1099 *Schiedermair* in Hoffmann-Riem/Schmidt-Aßmann/Voßkuhle, Verwaltungsrecht, aaO, Rdnr. 34 zu § 48. Eine Abschaffung oder Einschränkung des Widerspruchsverfahrens passt auch nicht zu den Bemühungen um eine kostengünstige und konsensuale Streitbeilegung, vgl. *Kopp/Ramsauer,* VwVfG, aaO, Rdnr. 6 zu § 79 VwVfG.

3. Reglungsinhalt des § 79a Entwurf-VwVfG

Unter dem Gesichtspunkt einer Bürgernähe und des partnerschaftlichen Umganges von Bürger und Verwaltung wäre es wünschenswert, eine gesetzliche »Nahtstelle« zwischen Bürger und Verwaltung in Form einer Normierung des Instituts der Dienstaufsichtsbeschwerde zu haben.[1100]

Denkbarer Regelungsinhalt einer entsprechenden Norm könnte sein:

- Abgrenzung von Gegenvorstellung und Dienstaufsichtsbeschwerde,
- Bezeichnung des Beschwerdegegenstandes der persönlichen und sachlichen Dienstaufsichtsbeschwerde,
- Antrags-/Beschwerdeberechtigung,
- Form der Einlegung,
- Fristsetzung für beide Seiten, d.h. für die Einlegung und für die Erledigung,
- die Verpflichtung der Verwaltung zur Erteilung gegebenenfalls eines Zwischenbescheides,
- die Verpflichtung der Verwaltung zur inhaltlichen Auseinandersetzung mit dem Beschwerdegegenstand, die in der Beschwerdebegründung erkennbar sein muss,
- die Feststellung der Unanfechtbarkeit der Beschwerdeentscheidung.

Vor diesem Hintergrund wird der folgende Regelungsentwurf eines § 79a VwVfG (HmbVwVfG) vorgeschlagen:

§ 79a Gegenvorstellung und Dienstaufsichtsbeschwerde

(1) Jeder von der Maßnahme einer Stelle der öffentlichen Verwaltung oder einer solchen, die unter staatlicher Aufsicht steht, sowie durch das Verhalten von Angehörigen dieser Stellen in seinen Rechten Betroffene kann sich an die zuständige oder die übergeordnete Stelle der Verwaltungseinheit wenden und die Angelegenheit aus seiner Sicht darlegen (Gegenvorstellung). Die angegangene Stelle ist verpflichtet, die Gegenvorstellung zur Kenntnis zu nehmen, dem betreffenden Vorgang beizufügen und dem Absender dieses unverzüglich zu bestätigen.

(2) Jeder von der Maßnahme einer Stelle gemäß Abs. 1 Betroffene kann sich mit dem Ersuchen an die zuständige oder übergeordnete Stelle der Verwaltungseinheit mit dem Begehren wenden, die beanstandete Maßnahme zu überprüfen oder die Erlassbehörde entsprechend anzuweisen (sachliche Dienstaufsichtsbeschwerde) oder an den Dienstvorgesetzten oder die oberste Dienstbehörde eines oder mehrerer Beschäftigter mit dem Ziel, dessen oder deren Verhalten zu würdigen (persönliche Dienstaufsichtsbeschwerde).

(3) Gegenvorstellung und Dienstaufsichtbeschwerde sind an keine Form gebunden. Sie können schriftlich oder zur Niederschrift bei der Ausgangsstelle, Aufsichtsbehörde, dem

1100 Für eine gesetzliche Regelung des Rechts der Dienstaufsichtsbeschwerde könnte man auch der Forderung des Bundesverfassungsgerichts nach Rechtsmittelklarheit bei der Schaffung von Rechtsbehelfen außerhalb des geschriebenen Rechts nachkommen; BVerfG, Beschl. v. 16.01.2007 – 1 BvR 2803/06 unter Hinweis auf BVerfGE 107, 396 (416); BVerwG, Beschl. v. 11.01.2007 – 8 KSt 17/06 -.

Dienstvorgesetzten oder der obersten Dienstbehörde eingelegt werden. § 3a gilt entsprechend.
(4) Die Dienstaufsichtsbeschwerde ist einen Monat nach Kenntnis des beanstandeten Sachverhaltes einzulegen.
(5) Nach Eingang der Dienstaufsichtsbeschwerde ist innerhalb von zwei Wochen ein Zwischenbescheid an den Beschwerdeführer zu erteilen, es sei denn, es ergeht innerhalb dieser Frist die Beschwerdebescheidung.
(6) Die Ausgangsstelle, die Aufsichtsbehörde, der Dienstvorgesetzte oder die oberste Dienstbehörde prüfen die Dienstaufsichtsbeschwerde und erlassen innerhalb von drei Monaten eine Beschwerdebescheidung, in der sie sich mit dem Beschwerdeersuchen auseinandersetzen.
(7) Die Beschwerdebescheidung ist unanfechtbar.

IV. Anmerkungen zu den Regelungstatbeständen

Zu den einzelnen Regelungstatbeständen des § 79a Entwurf-VwVfG ist Folgendes zu bemerken:

1. Anmerkungen zu § 79a Abs. 1 Entwurf-VwVfG

Absatz 1 des Entwurfs definiert die Gegenvorstellung und legt fest, wie die Verwaltung mit ihr zu verfahren hat. Mit dieser Legaldefinition soll die Gegenvorstellung von der sachlichen Dienstaufsichtsbeschwerde abgegrenzt werden. Dieses geschieht mit den Formulierungen »aus seiner Sicht darlegen« in Absatz 1 (Gegenvorstellung) und »mit dem Ersuchen« in Absatz 2 (Dienstaufsichtsbeschwerde). Mit der Festlegung, dass die Dienstaufsichtsbeschwerde im Gegensatz zur Gegenvorstellung ein Begehr – Petitum – enthalten muss, ist ein Abgrenzungskriterium gefunden. Damit sollen die Begriffsüberschneidungen und Begriffsverwirrungen möglichst vermieden werden.

2. Anmerkungen zu § 79a Absatz 2 Entwurf-VwVfG

In Abs. 2 des Entwurfs wird definiert, welche Arten von Dienstaufsichtsbeschwerden regelmäßig vorkommen und gleichzeitig soll eine Abgrenzung der Dienstaufsichtsbeschwerde von der allgemeinen Petition des Art. 17 GG oder den entsprechenden Regelungen der Länderverfassungen erfolgen. Der Beschwerdeführer soll erkennen, dass es sich bei der Dienstaufsichtsbeschwerde grundsätzlich um das Vorgehen gegen Maßnahmen der Exekutive, d.h. der Verwaltungsbehörden handelt, sei es in sachlicher oder persönlicher Hinsicht, auch wenn beide Bereiche in der Praxis in Einzelfällen nicht immer voneinander zu trennen sind.

Mit der Festlegung, dass die Dienstaufsichtsbeschwerde ein Petitum, d.h. ein Ersuchen zum Gegenstand haben muss, wird sie von der Gegenvorstellung abgrenzt und gleichzeitig wird deutlich, dass Anregungen an die Verwaltung, Verbesserungsvorschläge und Auskunftsverlangen von dieser Regelung nicht erfasst werden.

Einen wesentlichen Unterschied zur allgemeinen Petition des Art. 17 GG soll der Entwurf zudem verdeutlichen: Wenn eine Petition von »jedermann« eingereicht werden kann, so sollen die Dienstaufsichtsbeschwerde und Gegenvorstellung nur von dem unmittelbar oder mittelbar in seinen Rechten möglicherweise Betroffenen eingelegt werden können mit der Folge, dass dieser Anspruch auf eine einschlägige Begründung im Falle der Ablehnung der Beschwerde hat. Eine sachgemäße und nicht lediglich auf allgemeine Ausführungen beschränkte Reaktion der Behörde auf eine Dienstaufsichtsbeschwerde ist nur möglich, wenn die Dienststelle in der konkreten Angelegenheit mit persönlichen Angaben antworten kann. Wie im Verwaltungsprozessrecht die Popularklage ausgeschlossen ist und sich niemand zum Anwalt der Allgemeinheit machen kann, soll es auch im Verwaltungsverfahren keine »Popularbeschwerde« geben, mit der sich jemand zum allgemeinen Verwaltungskontrolleur aufschwingt.

3. Anmerkungen zu § 79a Absatz 3 Entwurf-VwVfG

§ 79a Absatz 3 Entwurf-VwVfG befasst sich mit den Möglichkeiten der Erhebung der Dienstaufsichtsbeschwerde. Wenn bei der allgemeinen Petition regelmäßig Schriftform[1101] gefordert wird, auch im Wege des Ausfüllens einer Vorlage im Web-Formular des Parlaments (Online Petition), soll die Dienstaufsichtsbeschwerde ohne Einhaltung einer Form bei der Ausgangsstelle, der Aufsichtsbehörde, dem Dienstvorgesetzten oder der obersten Dienstbehörde auch zur Niederschrift eingelegt werden können. Zudem wird mit dem Verweis auf § 3a VwVfG die Möglichkeit eröffnet, eine Dienstaufsichtsbeschwerde auf elektronischem Weg zu erheben sowie unter Verwendung eines möglicherweise zur Verfügung gestellten Web-Formulars.[1102]

Dass das Verwaltungsverfahrensgesetz und damit auch der für das allgemeine Verwaltungsverfahren in § 10 VwVfG normierte Grundsatz der Formfreiheit unmittelbar nur in den Fällen gilt, in denen ein Verwaltungsaktverfahren oder ein Verwaltungsvertragsverfahren läuft, wurde bereits oben angesprochen. Die analoge Anwendung der Vorschrift über die Formfreiheit auch auf schlichtes hoheitliches Verwaltungshandeln ist hier geboten, da nicht festgestellt werden kann, dass der Gesetzgeber hier mit Bedacht keine Regelung getroffen hat, weil es bei spezialgesetzlichen Regelungen verbleiben sollte – denn solche bestehen hier nicht –, vielmehr

---

1101 Ausnahme Art. 14 Satz 1ThürVerf »schriftlich oder mündlich«.

1102 In § 3a VwVfG wird die grundsätzliche Zulässigkeit der Übermittlung elektronischer Dokumente zwischen Bürger und Verwaltung klargestellt, die bereits vor Einführung dieser Vorschrift nach dem Grundsatz der Nichtförmlichkeit der Verwaltung zulässig war (vgl. *Kopp/Ramsauer*, VwVfG, aaO, Rdnr. 6 zu § 3a VwVfG; Rdnr. 7: »Voraussetzung für die Zulässigkeit der Übermittlung elektronischer Dokumente ist die vorausgehende Zugangsöffnung durch die Verwaltung.« Zur Frage einer evtl. Pflicht der Behörde zur Zugangsöffnung, vgl. Rdnrn. 8, 8a zu § 3a VwVfG).

ist nicht auszuschließen, dass er das Verfahren der Dienstaufsichtsbeschwerde bei Inkrafttreten des Gesetzes mit in Betracht gezogen hätte, wenn es seinerzeit mehr Beachtung gefunden hätte. Wie oben dargestellt, hat das Verfahren der Dienstaufsichtsbeschwerde »verwaltungsaktähnlichen«[1103] Charakter, auch wenn die Bescheidung der Dienstaufsichtsbeschwerde nicht durch Verwaltungsakt erfolgt.[1104]

4. Anmerkungen zu § 79a Absatz 4 Entwurf-VwVfG

Zu § 79a Abs. 4 Entwurf-VwVfG ist anzumerken, dass Literatur und Rechtsprechung die Einlegung der Dienstaufsichtsbeschwerde in Konsequenz zu Art. 17 GG an keine Frist binden.[1105] Das allgemeine Rechtsschutzbedürfnis würde ohnehin den zeitlichen Rahmen der Möglichkeit ihrer Einlegung bestimmen. Dem ist grundsätzlich zuzustimmen. Schließlich ist nicht von der Hand zu weisen, dass ein Beschwerdeführer, der erhebliche Zeit zwischen Beschwerdesachverhalt und Einlegen einer Beschwerde verstreichen lässt, sich die Einwände der Verwirkung und des mangelnden Interesses entgegenhalten lassen muss. Hinzu kommt, dass bei einer an keine Frist gebundenen Beschwerdemöglichkeit durch Zeitablauf die Aufklärung des Beschwerdevortrages erschwert und damit die Gefahr besteht, dass die Dienstaufsichtsbeschwerde in ihrer Funktion beeinträchtigt wird. Aus diesem Grund ist es auch im Interesse eines Beschwerdeführers sinnvoll und geboten, die Einlegung der Dienstaufsichtsbeschwerde an eine Frist zu binden.

Eine Monatsfrist für den Beschwerdeführer zu normieren, erscheint vor diesem Hintergrund angemessen und realistisch. Hierfür sprechen auch die Erkenntnisse aus dem Untersuchungszeitraum. Im Untersuchungszeitraum hat sich gezeigt, dass bei der Einlegung einer Dienstaufsichtsbeschwerde, und hier insbesondere bei der persönlichen Dienstaufsichtsbeschwerde, diese Frist regelmäßig erheblich unterschritten wurde. Wegen der oftmals emotionalen Befrachtung einer Dienstaufsichtsbeschwerde ist im Untersuchungszeitraum deutlich geworden, dass die Beschwerdeführer idR. sofort reagieren, um ihren Unwillen kund zu tun.[1106]

1103 *Kopp/Ramsauer*, VwVfG, aaO, Einf. I.

1104 *Kopp/Ramsauer*, VwVfG, aaO, Rdnr. 50b hält eine vergleichbare Interessenlage mit der Folge der Heranziehung derjenigen Bestimmungen des VwVfG, die Ausdruck des Grundsatzes der guten Verwaltung (Art. 41 GRCh) sind, für möglich.

1105 Vgl. 4. Abschn. I, 3a. *Kopp/Ramsauer*, VwVfG, aaO, Rdnr. 17 zu § 79 VwVfG; *Kastner* in Fehling/Kastner/Störmer, Verwaltungsrecht, aaO, Rdnr. 10 zu § 79 VwVfG.

1106 Man kann von einer Art Ventilfunktion sprechen, denn die Möglichkeit, sich an die Dienstaufsicht führende Stelle oder den Dienstvorgesetzten bei der persönlichen Dienstaufsichtsbeschwerde zu wenden, kommt hier eine besondere psychologische Funktion zu.

5. Anmerkungen zu § 79a Absätze 5 und 6 Entwurf-VwVfG

Anders sieht es bei den Stellen aus, die über die Dienstaufsichtsbeschwerde zu entscheiden haben (§ 79a Abs. 5 Entwurf-VwVfG). Hier wird ein nicht unbeträchtliches internes Verwaltungsverfahren in Gang gesetzt, dass regelmäßig nicht in der Frist von einem Monat abzuschließen ist. Allein die Gewährung des rechtlichen Gehörs, d.h. das Einholen einer Stellungnahme desjenigen, über den Beschwerde geführt wird, dauert nicht selten zwei bis vier Wochen, oftmals länger, beispielsweise bei Urlaubs- oder Krankheitsabwesenheit des Behördenmitarbeiters. Erst danach kann eine Würdigung des Vortrages in der Dienstaufsichtsbeschwerde unter tatsächlichen und rechtlichen Gesichtspunkten erfolgen. Ein sich möglicherweise hieran noch anschließendes Informations- und/oder Abstimmungsverfahren in der Entscheidungsbehörde ist nicht weniger aufwändig. Ähnliches gilt bei der Beanstandung einer Maßnahme. Auch hier muss eine Stellungnahme des Beschwerdegegners eingeholt, die Sachakten oftmals beigezogen und bewertet werden.

Vor diesem Hintergrund ist es unerlässlich, dass der Beschwerdeführer unverzüglich, spätestens jedoch zwei Wochen nach Eingang der Dienstaufsichtsbeschwerde bei der zur Bescheidung berufenen Stelle, einen Zwischenbescheid bzw. einen Bescheid über die Abgabe seiner Beschwerde an eine andere Dienststelle zu erhalten hat (§ 79a Abs. 5 Entwurf-VwVfG).[1107]

a. Bescheidungsfrist

Insofern ist die vorgesehene Dreimonatsfrist in § 79a Abs. 6 Entwurf-VwVfG eher knapp bemessen, aber dennoch gerechtfertigt.[1108] Alles andere, von Ausnahmen abgesehen, würde negative, bürgerunfreundliche Signale aussenden: Die Beschwerde werde nicht ernst genommen, vielleicht gar als lästig empfunden oder die Verwaltung wolle sich »tot stellen« und die Beschwerde »aussitzen«. Im Untersuchungszeitraum hat sich darüber hinaus erwiesen, dass diese Frist von drei Monaten ausnahmslos eingehalten worden ist.

Hinzu kommt, dass ein Beschwerdeführer die Einhaltung der Dreimonatsfrist bereits nach den derzeit geltenden Gesetzen durchsetzen kann. Reagiert die angegangene Stelle der Verwaltung innerhalb von drei Monaten nicht auf sein Ersuchen, so kann er beim Verwaltungsgericht gemäß § 75 VwGO in sinngemäßer Anwendung Leistungsklage («Untätigkeitsklage«) auf Bescheidung erheben[1109], wenn die angegangene Stelle der Verwaltung ohne zureichenden Grund seine Dienstaufsichtsbeschwerde nicht beschieden hat.[1110] Man kann somit feststellen, dass die in

---

1107 Obwohl das eine Selbstverständlichkeit ist, wird nicht immer danach verfahren.

1108 Nach § 7 EingG der DDR von 1975 wurde die Bearbeitung der Eingabe innerhalb von vier Wochen »garantiert«.

1109 Vgl. dazu 8. Abschn. II

1110 Zur Anwendung des Rechtsgedankens des § 75 VwGO auf die Dienstaufsichtsbeschwerde, vgl. 8. Abschn. II.

§ 79a Abs. 6 Entwurf-VwVfG vorgeschlagene Dreimonatsfrist zur Bescheidung einer Dienstaufsichtsbeschwerde von dem Beschwerdeführer bereits heute verwaltungsgerichtlich durchgesetzt werden kann.

Aus diesem Grund ist die Frage berechtigt, ob die Festlegung der Dreimonatsfrist in § 79a Entwurf-VwVfG überhaupt notwendig ist, wenn die Möglichkeit der Erhebung einer Leistungsklage nach dem Ablauf von drei Monaten (§ 75 VwGO) besteht. Dazu ist zu bemerken, dass es qualitativ einen Unterschied macht, ob ein Betroffener ein gesetzliches Recht hat, die Tätigkeit einer Verwaltungsbehörde einzuklagen (§ 75 VwGO) oder ob eine Vorschrift die Behörde direkt innerhalb einer Frist eine Handlungsverpflichtung auferlegt (§ 79a Abs. 6 Entwurf-VwVfG). Die Handlungsverpflichtung der Behörde innerhalb von drei Monaten gemäß § 79a Abs. 6 Entwurf-VwVfG und die Möglichkeit, nach drei Monaten vor dem Verwaltungsgericht Klage zu erheben (§ 75 VwGO), sind verschiedene Ansatzpunkte. Der Schritt eines Betroffenen, das Verwaltungsgericht anzurufen, setzt immer die Überwindung einer nicht unerheblichen Hemmnisschwelle voraus und hat eine andere Qualität als der Umgang mit einer Behörde. Hinzu kommen regelmäßig auch finanzielle Überlegungen des Betroffenen vor dem Gang zum Gericht. Deshalb ist die Auferlegung einer Bescheidungsverpflichtung der Behörde innerhalb eines festgelegten Zeitraums nicht zuletzt bürgerfreundlicher.

b. Begründungsverpflichtung

In § 79a Abs. 6 Entwurf-VwVfG wird eine Abkehr von der Rechtsprechung und einiger Meinungen in der Literatur zur Frage der inhaltlichen Anforderungen an den Beschwerdebescheid vollzogen. Mit der Regelung, dass die angegangene Stelle der öffentlichen Verwaltung in einer einschlägig begründeten Beschwerdebescheidung sich mit dem Beschwerdeersuchen inhaltlich erkennbar auseinanderzusetzen hat, erhält die Dienstaufsichtsbeschwerde einen angemessenen Sinn und der Beschwerdeführer kann feststellen, dass sein Vortrag nicht nur zur Kenntnis genommen wurde. Dass ein auf diese Weise abgefasster Bescheid bürgerfreundlicher ist und damit wesentlich besser dem Rechtsfrieden dient, ist ersichtlich.

Es wurde festgestellt, dass in dem Untersuchungszeitraum jeder ablehnende Bescheid über eine Dienstaufsichtsbeschwerde bereits eine einschlägige Begründung erhielt, d.h. das Anliegen des § 79a Abs. 6 Entwurf-VwVfG erfüllte. Dies ist nicht zuletzt ein Ausfluss des zeitgemäßen Umgangs von Stellen der öffentlichen Verwaltung mit den Bürgern.[1111]

Wie oben erwähnt[1112], ist in dem Untersuchungszeitraum zudem kein Fall vorgekommen, dass ein unbeteiligter Dritter eine Dienstaufsichtsbeschwerde eingelegt

---

1111 Das Gleiche teilten auch die Wirtschaftsressorts der Länder Nordrhein-Westfalens, Niedersachsens, Hessens, Thüringens und des Saarlandes mit. Auch in diesen Bundesländern wurden abweisende Dienstaufsichtsbeschwerden mit einschlägigen Begründungen versehen.

1112 4. Abschn. I, 9; 5. Abschn. V.

hatte.[1113] In einem solchen Fall wäre die Einlegung einer Dienstaufsichtsbeschwerde zwar zulässig, der unbeteiligte Dritte bzw. nicht betroffene Beschwerdeführer hätte dann allerdings keinen Anspruch auf einen Bescheid, der mit einer einschlägigen Begründung versehen wäre. Die Mitteilung der individuellen Ablehnungsgründe an den unbeteiligten Dritten wäre regelmäßig nicht zulässig. Er würde vielmehr einen Bescheid erhalten, der im Wesentlichen allgemeine, wenig detaillierte Ausführungen enthält, verbunden mit dem Hinweis, dass er in seiner Sphäre nicht betroffen sei.

6. Anmerkungen zu § 79a Absatz 7 Entwurf-VwVfG

Die mit Rechtsmitteln nicht anfechtbare Beschwerdebescheidung in § 79a Abs. 7 Entwurf-VwVfG ist niemals umstritten gewesen und nach wie vor unabweisbar. Ihre ausdrückliche Erwähnung ist nicht zuletzt auch die Konsequenz aus der Begründungspflicht der Beschwerdeentscheidung, um dem Einwand vorzubeugen, dass eine einschlägige Begründung einer Dienstaufsichtsbeschwerde einen sich anschließenden Schriftverkehr mit dem Beschwerdeführer über die Beschwerdeentscheidung hervorrufe. Eine interne Überprüfung der Verwaltungstätigkeit auf Grund einer Dienstaufsichtsbeschwerde kann ein bereits abgeschlossenes Verwaltungsverfahren nicht wieder aufleben lassen und den Rechtsweg gleichsam parallel zu den Rechtsmitteln erneut eröffnen.

1113 Das Gleiche gilt für die genannten Bundesländer.

10. Abschnitt: Schlussbetrachtung und Ausblick

Es liegt in der Natur der Sache, dass Bürger bei dem Umgang mit Vertretern der Obrigkeit oder den Behörden über deren Maßnahmen oder die Art und Weise des Umganges miteinander unzufrieden sein können. Die Möglichkeit, Maßnahmen und Handlungsweisen zu beanstanden und sich über sie zu beklagen, bildet im Einzelfall oft auch ein Ventil des individuellen Ärgers und der Verdrossenheit. Vor diesem Hintergrund kommt der Dienstaufsichtsbeschwerde eine besondere Funktion zu. Dieser Weg, seinen Verdruss kund zu tun, hat auch durch die Möglichkeiten, die die Medien mit Presse, Rundfunk, Fernsehen und Internet bieten, nichts an seiner Bedeutung eingebüßt, vor allem deshalb, weil der Einzelne bei Presse, Rundfunk und Fernsehen nur dann Gehör findet, wenn es diesen Medien aus Eigeninteresse zweckmäßig erscheint, sich der Sache anzunehmen.[1114]

Gern genutzte Möglichkeit, seinen Unwillen zu artikulieren und vielleicht sogar Mitstreiter zu aktivieren, ist heute das Internet.[1115] Ob ein Einstellen seiner Probleme und Ärgernisse mit einer Behörde als Eintrag in das Internet aber eine nützliche Reaktion hervorruft, ist zweifelhaft. In der Regel melden sich nur andere Nutzer mit ähnlichen Problemen oder Personen, die ihren professionellen Rechtsbeistand anbieten, aber niemals die Behörde selbst, die in der Sache aktiv werden könnte.

Anders verhält es sich mit der Dienstaufsichtsbeschwerde, die bei einer Stelle der Verwaltung eingelegt wird. Die Behörde hat die Verpflichtung zu reagieren und muss sich der Beschwerde annehmen. Für sie sind Inhalt und Anzahl von

1114 Diese Funktion beschreibt *Klein* in Maunz/Dürig/Herzog/Scholz, GG, aaO, Rdnr. 138f zu Art. 17 GG ähnlich für das Petitionsrecht. Das Internet bietet ein weites Spektrum zum Institut der Dienstaufsichtsbeschwerde, allerdings in erster Linie mit Anerbieten von Fachkundigen jeder Art, gegen Entgelt bei einer Dienstaufsichtsbeschwerde behilflich zu sein sowie Beispielsfällen und Klagen über Behörden. In keinen Fall meldet sich jedoch eine Verwaltungseinheit zu einem im Internet beklagten Vorgang zu Wort.

1115 Vgl. *Röper*, aaO, in DÖV 2015, 456ff, der insbesondere für politische Massenanliegen auf die nach seiner Ansicht durch das Internet und die Sozialen Medien veränderten Kommunikationsformen hinweist. Er möchte private Internet-Plattformen den Sammel- und Massenpetitionen als Eingaben an die Volksvertretung bzw. die zuständigen Stellen iSd. Art. 17 GG gleichstellen. Er tritt zudem für eine Berichtspflicht der Behörden über Administrativpetitionen gegenüber dem Parlament ein. Vgl. dazu auch »Bremer Vereinigung zur Förderung des Petitionsrechts in der Demokratie e.V.« – http://www.bremerpetitions-verein.de/.

Dienstaufsichtsbeschwerden aber auch eine Art Spiegelbild des zweck- und rechtmäßigen Verhaltens ihrer Beschäftigten und deshalb von beachtenswerter Aussage.[1116]

Dienstaufsichtsbeschwerden werden heute wesentlich emotionsloser entgegengenommen und behandelt, als das vor Jahren noch der Fall war. Das gilt vor allem für die sachliche Dienstaufsichtsbeschwerde. Etwas anders sieht es bei der persönlichen Dienstaufsichtsbeschwerde aus. Hier sind Emotionen auf beiden Seiten – Verärgerung auf der einen und Entrüstung auf der anderen – manchmal vorgegeben. Es obliegt dann demjenigen, der die Berechtigung einer Dienstaufsichtsbeschwerde zu bescheiden hat, diese persönlichen Dinge zu kanalisieren und seine Prüfung auf die Frage der Vorwerfbarkeit des Handelns des Behördenangehörigen zu beschränken.

Tatsächlich gibt es hier Fälle, in denen die Art und Weise der Amtsführung die Grenze zu einer Dienstpflichtverletzung überschritten hat, also unangemessen, vielleicht sogar brüskierend war. Hier darf keine falsch verstandene «Kollegialität« den Bearbeiter der Beschwerdeentscheidung davon abhalten, dies dem Beschwerdeführer gegenüber einzuräumen, verbunden mit der Mitteilung, dass der von ihm kritisierte Beschäftigte bzw. dessen Vorgesetzter angehalten worden sei, künftig den Bürgern gegenüber freundlich und kundenorientiert entgegenzutreten.[1117]

Die Dienstaufsichtsbeschwerde und die ausgewogene Beschwerdebescheidung dienen nicht zuletzt dem Abbau von Ängsten, Besorgnissen und Voreingenommenheit. Die Dienstaufsichtsbeschwerde soll als legitime Plattform des Ärgers eines Beschwerdeführers über Maßnahmen oder die Art der Amtsführung von Beschäftigen der öffentlichen Hand und damit letztendlich auch der Herstellung des Rechtsfriedens dienen. Dieses Ziel zu erreichen hängt nicht zuletzt von denjenigen ab, die über Dienstaufsichtsbeschwerden zu befinden haben. Diesen Stellen würde ihre Arbeit durch die Schaffung einer Rechtsnorm, die ihr Handeln strukturiert, erleichtert werden. Die zunehmende Bedeutung der Dienstaufsichtsbeschwerden[1118] in

---

1116 Eine vermehrte Anzahl von Dienstaufsichtsbeschwerden, die einen bestimmten Bereich einer Behörde betreffen, kann im Einzelfall zu einer Überprüfung und ggf. Umorganisation dieses Arbeitsgebietes führen; vgl. *Klein* in Maunz/Dürig/Herzog/Scholz, GG, aaO, Rdnr. 142 zu Art. 17 GG spricht bei der Petition von einem »Spiegel der öffentlichen Meinung«. *Hömig*, GG, aaO, Rdnr. 2 zu Art. 17 GG: »Als soziales Frühwarnsystem dient das Grundrecht der Rückkopplung von Parlamenten, Regierungen und Verwaltungen zu den Bedürfnissen und Problemlagen der Bürger.«

1117 Mit der Problematik des Entstehens eines «Korpsgeistes« bei der Bescheidung von Dienstaufsichtsbeschwerden, d. h. »Festungsverhalten«: »Verteidigung nach außen, Maßregelung nach innen«, hat sich *Werner Thieme* wiederholt befasst, vgl. *Thieme*, Die Dienstaufsichtsbeschwerde, in DÖD 2001,77ff; Der Bürger und der Vorgesetzte, in DÖV 1989, 986ff und in Verwaltungslehre, Lehrbuch, 1984, Rdnr. 509, in dem er einen typischen Fall schildert.

1118 Vgl. auch *Riehm/Coenen/Lindner/Blümel*, Bürgerbeteiligung, aaO, S. 53: »Die anhaltende Bedeutung des Petitionswesens in demokratischen Rechtsstaaten ergibt sich aus seiner Offenheit, Flexibilität und Anpassungsfähigkeit für unvorhergesehene und neuartige Problemlagen. Die Reformierung und Modernisierung des

der täglichen Verwaltungspraxis rechtfertigt den Gedanken an die Schaffung einer Norm, ohne dass dem der oft zu Recht angeführte Einwand der Überreglementierung entgegengehalten werden könnte.

Die Dienstaufsichtsbeschwerde sollte Eingangstor eines konstruktiven und offenen Umganges der Behörden mit den Bürgerinnen und Bürgern sein. Keinem anderen Zweck soll auch das immer wieder ins Gespräch gebrachte »Bürgertelefon« dienen. Auch hier können die Anrufer außerhalb des Rechtsweges und des formalen Verwaltungshandelns mit den Beschäftigten einer Dienststelle ins Gespräch kommen, damit mehr Verständnis für beide Seiten erzeugen und letztlich mehr Bürgernähe herstellen.

Einen Anfang in diese Richtung hat die Europäische Union mit der Schaffung des Bürgerbeauftragten gemacht[1119], dessen Aufgabe es ist, sich mit jedem »Missstand« zu befassen, der bei der Tätigkeit der europäischen Organe auftritt. Hierher gehört auch die Einrichtung einer Bürgersprechstunde, auf die in dem Internetauftritt des Thüringischen Petitionsausschusses hingewiesen wird, in der jeder sein Anliegen vortragen kann.

Petitionswesens ist deshalb eine ständige Aufgabe.« Dies gilt sinngemäß auch für die Dienstaufsichtsbeschwerde.

1119 Diesem Beispiel sind eine Reihe von Bundesländern gefolgt: Rheinland-Pfalz, Mecklenburg-Vorpommern, Thüringen und Schleswig-Holstein.

Anhang 1: Vorschlag einer Verfahrensweise für die Behörde

1. Allgemeines

Die Art und Weise der Bearbeitung von Dienstaufsichtsbeschwerden in den einzelnen Verwaltungseinheiten ist unterschiedlich. Es wäre hilfreich, einen allgemeinen Bearbeitungsablauf zu finden, der eine möglichst unbeeinflusste Entscheidungsfindung gewährleistet. Dazu wird der folgende Verfahrensablauf vorgeschlagen:

Dienstaufsichtsbeschwerden gehen in Hamburg oftmals direkt bei dem Leiter einer Fachbehörde bzw. in der Präsidialabteilung oder in den Flächenländern im Büro eines Landesministers, in einigen Fällen auch bei dem Staatsrat (Staatssekretär) ein. Sie werden von den Präsidialverwaltungen regelmäßig der Behördenleitung (Senator/Minister) vorgelegt und zur Bearbeitung und Bescheidung der Rechtsabteilung zugeleitet. Dort ist eine Beschwerdebescheidung zu entwerfen und diese, sofern verfügt, vor deren Absendung der Behördenleitung vorzulegen. In einigen Fällen werden Beschwerden auch unmittelbar von der Präsidialverwaltung der Rechtsabteilung zugeleitet, mit der Bitte um direkte Erledigung. In diesen Fällen ist eine Unterrichtung der Behördenleitung über die Beschwerdebescheidung in der Regel nicht erforderlich.

In Ausnahmefällen kann es über die Art der Bearbeitung und die Zielrichtung der Beschwerdebescheidung im Laufe des Verfahrens zu Differenzen kommen zwischen der bearbeitenden Stelle und dem Fachamt/Abteilung bzw. demjenigen Beschäftigten, über den sich beschwert wurde. Obwohl eine Einigung mit dem Fachamt über die Beschwerdebescheidung nicht erforderlich ist, sollte einer Diskussion nicht ausgewichen werden, könnte sie doch weitere Erkenntnisse für die Beschwerdebescheidung bringen. Ist die Entscheidung über die Dienstaufsichtsbeschwerde hingegen dem Leiter des Amtes überlassen, dem der Beschwerdegegner angehört, kann das problematisch sein, denn eine Beschwerdebescheidung von einem anderen Amt hat eine höhere Akzeptanz und führt eher zur Herstellung des Rechtsfriedens.[1120] Daher sollte die Beschwerdebescheidung möglichst von einem Mitarbeiter getroffen werden, der nach der Organisation der Verwaltungseinheit einer anderen Funktionsebene zuzuordnen ist.

Im Zuge der Bearbeitung einer Dienstaufsichtsbeschwerde wird innerhalb von zwei Wochen dem Beschwerdeführer ein Zwischenbescheid gegeben und die baldige Entscheidung nach Aufklärung der Angelegenheit angekündigt, denn in zwei Wochen ist eine Aufklärung der Vorwürfe oder Würdigung des Sachvorganges aus der Dienstaufsichtsbeschwerde sowie die Abfassung eines Bescheides nur selten

1120 Dies gilt auch für das Widerspruchsverfahren, vgl. *Kopp/Ramsauer*, VwVfG, aaO, Rdnr. 5b zu § 79 VwVfG.

möglich. Gleichzeitig sendet der Bearbeiter eine Kopie der Dienstaufsichtsbeschwerde an den betroffenen Mitarbeiter und bittet, innerhalb einer Frist von ca. zwei Wochen zu der Beschwerde unter Beifügung aller eventuell notwendigen Unterlagen abschließend Stellung zu nehmen.

Diese Frist kann in begründeten Ausnahmefällen auch länger sein, wenn beispielsweise der Gesamtvorgang sehr umfangreich ist und noch andere Stellen zu beteiligen sind, der Mitarbeiter krank oder in Urlaub ist. Nach Eingang der Stellungnahme des Betroffenen und der Bewertung der vorgelegten Unterlagen ist die Beschwerdebescheidung vorzubereiten und dem Behördenleiter zuzuleiten.

2. Vorlage an den Behördenleiter

Nach der Anfertigung des Beschwerdebescheides ist in den Fällen, in denen die Entscheidung von der Präsidialverwaltung dem Bearbeiter zur direkten Erledigung überlassen wurde, der Beschwerdebescheid abzusenden. In allen anderen Fällen, in denen die Angelegenheit der Behördenleitung vorzulegen ist, empfiehlt sich eine Vorlage mit folgendem Inhalt:

I. Sachverhalt:

Hier werden Angaben zur Person desjenigen gemacht, über den Beschwerde geführt wird, sowie der Inhalt der Beschwerde in eigenen Worten wiedergegeben. Danach folgt die Wiedergabe der Einlassung des betroffenen Mitarbeiters sowie die Mitteilung des Datums des Zwischenbescheides, damit die Präsidialverwaltung die Dringlichkeit abschätzen kann.

II. Rechtliche Würdigung:

Diese sollte kurz, aber erschöpfend, verständlich und überzeugend sein und die bescheidungserheblichen Rechtsvorschriften mit der Abwägung und Würdigung des Beschwerdevorbringens und der Einlassung des Betroffenen enthalten. Es ist deutlich zu beantworten, ob der betroffene Beschäftigte sachgerecht gehandelt oder seine Dienstpflichten in irgendeiner Weise verletzt hat, und zwar sowohl in seiner sachlichen Amtsführung als auch im Umgang mit dem Publikum in Wort und Schrift.

III. Vorschlag:

Dieser Abschnitt beginnt mit dem Vorschlag einer beigefügten Beschwerdebescheidung entweder im Namen des Präses/Staatsrats (Ministers/Staatssekretärs) oder in eigenem Namen.

Bei der Formulierung der Beschwerdebescheidung sollte auf eine abgewogene und verständliche Ausdrucksweise geachtet werden. Rechtliche Belehrungen, Zurückweisungen, meist in der Form des Passivs ausgedrückt, führen nicht zu einem sachgerechten Ergebnis. Sie haben selten Aussicht auf Akzeptanz und erzeugen keinen Rechtsfrieden. Bei aller Klarheit in der Sache, empfiehlt es sich in irgendeiner Form, Verständnis für den Beschwerdeführer auszudrücken.

Die Beschwerdeentscheidung enthält keine Rechtsbehelfsbelehrung, da kein Verwaltungsakt vorliegt und die Entscheidung inhaltlich nicht justitiabel ist.

Eine nicht einfach zu handhabende Sache ist der »Dienstweg« vor der Absendung der Beschwerdeentscheidung. Grundsätzlich sollte derjenige, der die Entscheidung trifft, sich innerlich unabhängig fühlen und nach außen auch so handeln. Regelmäßig hat er die Beschwerdebescheidung allerdings vor Abgang seinem unmittelbaren Vorgesetzten vorzulegen, der in der Regel aber nicht in das Verfahren eingreift.

Eine andere Frage ist es, in welcher Art und Weise das betroffene Amt/Abteilung, zu beteiligen ist, der der Beschäftigte angehört, über den Beschwerde geführt wird. Hilfreich kann es sein, den Entwurf der Entscheidung dem Amt/Abteilung zur Durchsicht insbesondere hinsichtlich der Darstellung des Sachverhalts zuzuleiten. Dabei kann auch derjenige, über den sich beschwert wurde, den Bescheidentwurf vor Abgang durchsehen und gegebenenfalls Bemerkungen, Ergänzungen oder Richtigstellungen zum Sachverhalt anregen. Hieran ist der Bearbeiter grundsätzlich nicht gebunden, wenn er auch die ihm einleuchtenden Änderungen übernehmen wird. Ergibt sich in der Gesamtbeurteilung der Dienstaufsichtsbeschwerde ein Dissens mit dem betroffenen Amt/Abteilung und kann dieser nicht ausgeräumt werden, sollte dem Leiter des Amtes, dem der Mitarbeiter angehört über den Beschwerde geführt wird, die Möglichkeit eingeräumt werden, in einer Vorlage dem Präses der Behörde vorzuschlagen, die Sache an sich zu ziehen[1121] und selbst zu entscheiden. Ein solcher Fall ist in dem Untersuchungszeitraum nicht vorgekommen. Es hat allerdings einen Fall gegeben, in dem ein Dissens über eine Rechtsfrage zu einer Dienstaufsichtsbeschwerde mit dem juristisch vorgebildeten, betroffenen Mitarbeiter, dem kollegialerweise die beabsichtigte – der Beschwerde abhelfende – Bescheidung vorab zugeleitet worden war, nicht ausgeräumt werden konnte. Da eine Vorlage an den Präses der Behörde mit der Bitte, das Evokationsrecht auszuüben, aber nicht erfolgte, wurde der Bescheid unverändert abgesendet.[1122]

Alles in allem sollte der Bearbeiter einer Dienstaufsichtsbeschwerde sich weder von dem Beschwerdeführer beeindrucken oder einschüchtern lassen, wenn dieser mit Presse und der Einschaltung des Senators, Bürgermeisters oder Ministers droht[1123], noch von dem verständlichen Unwillen des Mitarbeiters, dessen Verhalten beanstandet und kritisiert wird.

1121 In Hamburg gemäß § 1 Abs. 4 VerwBehG.

1122 In diesen Fällen kann es vorkommen, dass der betreffende Mitarbeiter seinen Groll über den Beschwerdeführer auf den Bearbeiter der Dienstaufsichtsbeschwerde überträgt. Hier wird das Problem »Mitarbeiter decken nach außen und handeln nach innen« deutlich, das dem Bearbeiter der Dienstaufsichtsbeschwerde intern den Vorwurf mangelnder Kollegialität einbringen kann.

1123 Das bekannte »name droping«.

Anhang 2: Beispiele von Bescheiden

Im Folgenden sollen drei Beispiele von Bescheiden über Dienstaufsichtsbeschwerden wiedergegeben werden. In dem ersten Fall handelt es sich um eine von einem Rechtsanwalt eingelegte sachliche Dienstaufsichtsbeschwerde, bei der es um die Zulassung eines Schaustellers zu einem großen Volksfest[1124] ging. Der zweite Fall ist eine persönliche Dienstaufsichtsbeschwerde wegen unangemessenen Verhaltens eines öffentlich Beschäftigten. Der dritte Bescheid betrifft eine gemischte Dienstaufsichtsbeschwerde, in der die sachliche Komponente keinen Erfolg hatte, der persönlichen Beschwerde hingegen abgeholfen wurde.

Fall 1: Zurückweisender Bescheid

Herrn Rechtsanwalt Dr. A

Ihr Mandat für Herrn X

Sehr geehrter Herr Dr. A,

ich komme zurück auf die Dienstaufsichtsbeschwerde gegen den Mitarbeiter der Behörde Herrn Peter Z. In der Zwischenzeit habe ich mir die Akten vorlegen lassen und den Betroffenen angehört. Nach sorgfältiger Prüfung dieser Sache bin ich zu dem Ergebnis gekommen, dass eine Verletzung von Dienstpflichten durch Herrn Z nicht festzustellen ist. Ihre Dienstaufsichtsbeschwerde wird daher als unbegründet abgewiesen.

Eine Zusage darüber, dass Ihr Mandant auf einen bestimmten Platz des Veranstaltungsgeländes sein Fahrgeschäft würde aufstellen können, hatte Herr Z nicht gegeben. Das hat sich nach Prüfung der gesamten Unterlagen und der Anhörung des Herrn Z als gesichert herausgestellt. Ein Anspruch auf einen bestimmten Stellplatz ist aus dem von Ihrem Mandanten und der Behörde für XX geschlossenen Vergleich ebenfalls nicht ersichtlich. In diesem Vergleich ist lediglich zugesagt worden, dass Ihr Mandant Herr X zu zwei Volksfestveranstaltungen seiner Wahl im Jahr 2006 zugelassen werden würde. Darüber hinaus gehende Zusagen, insbesondere die Zulassung auf einem bestimmten Platz des Frühlingsfestes und des Hummelfestes wurden nicht gemacht.

Unrichtig ist schließlich die Annahme, die Behörde habe Ihren Mandanten »abstrafen« wollen, indem sie ihm einen Platz in der U-Bahn-Reihe zugewiesen habe. Bei der U-Bahn-Reihe handelt es sich nicht, wie von Ihnen behauptet, um einen »Platzannex«. Das Veranstaltungsgelände ist in einen Rundlauf und sogenannte Aufgangsreihen aufgeteilt. Haupt- und Nebenplätze gibt es nicht. Dieses ist schon daraus zu ersehen, dass die

1124 Dem »Hamburger Winterdom« – ein Volksfest.

Gebühren für die Standplätze in den betreffenden Sparten gleich sind und die Werbeumlage einheitlich nach Frontmetern bemessen wird.

Nach allem war die Dienstaufsichtsbeschwerde zurückzuweisen. Ich bedauere Ihnen keinen anderen Bescheid geben zu können.

Mit freundlichem Gruß

Fall 2: Abhilfebescheid

Frau Lisa K.

Ihre Dienstaufsichtsbeschwerde vom 11.04.2005 über Herrn Jürgen X

Sehr geehrte Frau K.,

wie ich Ihnen in meinem Zwischenbescheid vom 21.04.2005 bereits mitteilte, ist Ihre Dienstaufsichtsbeschwerde über den Jürgen X wegen der Vorgänge am 08.04.2005 von Herrn Senator Y (Minister Y) mir zur Prüfung und Entscheidung zugeleitet worden.

Ich habe in dieser Sache durch Einholung einer schriftlichen und mündlichen Stellungnahme ermittelt und bin zu dem Ergebnis gekommen, dass das Verhalten des Herrn Jürgen X bei dem Telefongespräch mit Ihnen in Tonfall und Wortwahl unangemessen und nicht akzeptabel war. Nur am Rande sei erwähnt, dass nach der Einlassung des Herrn X das abrupte Ende des Telefongesprächs auf einen Defekt an dem Akku seines Mobiltelefons zurückzuführen sei. Das vermochte ihn allerdings in keiner Weise zu entlasten.

Ich möchte mich wegen des Verhaltens von Herrn X bei Ihnen entschuldigen und werde prüfen, ob gegen den Revierförster X wegen dieses Vorfalls dienstrechtliche Maßnahmen einzuleiten sind.

Mit freundlichem Gruß

Ermahnung an den Beschäftigten:

Herrn Jürgen X

Sehr geehrter Herr X,

die Dienstaufsichtsbeschwerde der Frau Lisa K. vom 11.04.2005 über Sie wegen der Vorgänge am 08.04.2005 ist mir von der Behördenleitung zur Prüfung und Entscheidung zugeleitet worden. Ich bin nach Prüfung in dieser Sache, insbesondere auch Ihrer Einlassung hierzu vom 25.04.2005, zu dem Ergebnis gekommen, dass Ihr Verhalten in dem Telefongespräch mit Frau K in Ton und Wortwahl unangemessen und nicht akzeptabel war. Die Erklärungen in Ihrer Einlassung vermögen Sie nicht zu entlasten. Selbst wenn das abrupte Ende des Telefongesprächs auf einen Defekt an dem Akku Ihres Mobiltelefons zurückzuführen gewesen wäre, war Ihre Reaktion auf das Anliegen der Frau K nicht so wie man es von einem Mitarbeiter der Hamburgischen Verwaltung erwarten darf.

Ich bitte Sie eindringlich, sich künftig bei Anliegen von Mitbürgerinnen und Mitbürgern bürgernah, entgegenkommend und freundlich zu verhalten.

Mit freundlichem Gruß

Fall 3: Zurückweisung hinsichtlich der sachlichen Seite der Dienstaufsichtsbeschwerde und Abhilfe bei der persönlichen Seite

Herrn Klaus A

Ihre Dienstaufsichtsbeschwerde über Herrn B vom 15.03.2004

Sehr geehrter Herr A,

wie ich Ihnen in meinem Zwischenbescheid vom 22.03.2004 mitgeteilt hatte, wurde Ihre oben genannte Dienstaufsichtsbeschwerde mir zur Prüfung und Entscheidung vorgelegt. Ich bin Ihrem Vortrag nachgegangen und habe eine schriftliche Stellungnahme von Herrn B angefordert. Nach Würdigung aller relevanten Umstände und der sorgfältigen Bewertung der dargestellten Vorgänge bin ich zu dem Ergebnis gekommen, dass sich Herr B Ihnen gegenüber keines Dienstvergehens schuldig gemacht hat, und insoweit weise ich Ihre Dienstaufsichtsbeschwerde zurück.

Da es zu den dienstlichen Aufgaben des Herrn B gehört, als Mitarbeiter der Luftaufsicht, unter anderem Piloten auf mögliche Probleme hinzuweisen, ist sein Verhalten unter dienstrechtlichen Gesichtspunkten nicht zu beanstanden.

Falls Sie den Tonfall des Herrn B Ihnen gegenüber als »barsch und herrisch« empfunden haben sollten, so bitte ich dieses zu entschuldigen. Ich habe Herrn B darauf hingewiesen, sich künftig entgegenkommend und freundlich zu verhalten, so wie es sich für jeden Mitarbeiter einer Behörde, die eine Dienstleistung für die Allgemeinheit erbringt, gehört.

Mit freundlichem Gruß

Anhang 3

A: Kurzfassung der Ergebnisse

I. Ziel und Gegenstand der Untersuchung

1. Mit dieser Untersuchung soll zur Schließung einer Lücke in der Darstellung des Systems der förmlichen und nicht förmlichen Rechtsbehelfe beigetragen werden. Tatsächlich hat das Institut der Dienstaufsichtsbeschwerde bei den Rechtsuchenden einen beachtlichen Bekanntheitsgrad. Demgegenüber ist es bemerkenswert, wie wenig Beachtung die Dienstaufsichtsbeschwerde in der einschlägigen Literatur bisher gefunden hat. In einer Schrift aus dem Jahr 1950 wurde dies bereits festgestellt. 65 Jahre später hat sich daran kaum etwas geändert. In der vorliegenden Arbeit wird die Dienstaufsichtsbeschwerde definiert, zu anderen nicht förmlichen Rechtsbehelfen abgegrenzt und als einem Problemschwerpunkt der Frage nachgegangen, ob zurückweisende Bescheide über Dienstaufsichtsbeschwerden mit einer einschlägigen Begründung zu versehen sind oder ob der Umgang mit ihnen in das Ermessen der jeweiligen Verwaltungseinheit gestellt bleibt.
2. Weiterhin sollen mit dieser Untersuchung Überlegungen angeregt werden, ob es geboten ist, das Rechtsinstitut der Dienstaufsichtsbeschwerde in eine spezielle Rechtsnorm zu fassen. Hierzu wird der Entwurf einer entsprechenden Norm zur Einfügung in das Verwaltungsverfahrensgesetz vorgeschlagen.

II. Durchführung der Untersuchung

In der Arbeit wurden Dienstaufsichtsbeschwerden, die während eines Zeitraums von elf Jahren (1995 bis 2005) bei einer hamburgischen Fachbehörde eingegangen waren, ausgewertet. Wesentlicher Gesichtspunkt war hierbei die Prüfung, wie die Bearbeitung der Beschwerden erfolgte, insbesondere ob der Beschwerdebescheid im Fall der Zurückweisung der Beschwerde mit einer einschlägigen Begründung versehen war.

III. Ergebnisse der Untersuchung

Die Untersuchung hat gezeigt, dass Dienstaufsichtsbeschwerden bei der Beanstandung von Maßnahmen und Entscheidungen der Verwaltungseinheiten eine größere Rolle spielen als in der Vergangenheit. Wurde vor Jahrzehnten das Instrument einer Dienstaufsichtsbeschwerde als in der Regel wirkungslos eingeschätzt (»form-, frist- und fruchtlos«), so ist das heute nicht mehr so. Dies hat seinen Grund in der Art und Weise der Behandlung durch die Behörden. Um dem nicht förmlichen Rechtsbehelf der Dienstaufsichtsbeschwerde feste Konturen in Gestalt des Entwurfs einer speziellen Norm zu geben, waren im Wesentlichen folgende Problemschwerpunkte zu klären:

1. Was ist unter einer Dienstaufsichtsbeschwerde zu verstehen und wie ist sie von dem – ebenfalls ungeschriebenen – nicht förmlichen Rechtbehelf der Gegenvorstellung abzugrenzen? Hier waren in Literatur und Rechtsprechung keine einheitlichen Abgrenzungskriterien festzustellen. Vielmehr gingen die dargelegten Begriffsbestimmungen oftmals ineinander über. In der Untersuchung wird die Dienstaufsichtsbeschwerde in das »System der förmlichen und nicht förmlichen Rechtsbehelfe als ein außerhalb des Rechtsweges angesiedeltes Verfahren zur Beanstandung eines behördlichen Handelns oder Unterlassens« eingeordnet. Im Gegensatz zur Gegenvorstellung, mit der ein Betroffener ein abgeschlossenes Verfahren nicht unwidersprochen lassen will, aber kein Einschreiten der Behörde begehrt, macht der Beschwerdeführer einer Dienstaufsichtsbeschwerde ein Begehr (»Petitum«) geltend. Dies wird als Unterscheidungskriterium von Dienstaufsichtsbeschwerde und Gegenvorstellung herausgearbeitet.
2. In Literatur und Rechtssprechung ist die Terminologie uneinheitlich. Überwiegend wird zwischen Sach- und Dienstaufsichtsbeschwerden unterschieden. Im Untersuchungszeitraum hat sich jedoch gezeigt, dass von den Beschwerdeführern durchgehend der Begriff der »Dienstaufsichtsbeschwerde« verwendet wurde, unabhängig davon, ob eine sachliche Maßnahme oder Entscheidung beanstandet wurde (Sachaufsichtsbeschwerde) oder das Verhalten eines Behördenangehörigen bei seiner Dienstausübung (Dienstaufsichtsbeschwerde). Wenn auch die zutreffende Bezeichnung der Beschwerde durch den Beschwerdeführer nicht erforderlich ist, wird in der Untersuchung zwischen sachlicher und persönlicher Dienstaufsichtsbeschwerde unterschieden.
3. Problemschwerpunkt der Arbeit war die Beantwortung der Frage, ob in einem zurückweisenden Bescheid über eine Dienstaufsichtsbeschwerde der Behörde eine Verpflichtung zur Beifügung einer einschlägigen Begründung obliegt. Diese Frage stellte sich bei der Petition des Art. 17 GG als »Quellrecht« der nicht förmlichen Rechtsbehelfe in gleicher Weise. Hierzu wird in der Rechtsprechung, zurückgehend auf eine Entscheidung des Bundesverfassungsgerichts aus dem Jahr 1953 zur Bescheidung einer Petition, nahezu einhellig die Ansicht vertreten, dass ein ablehnender Petitionsbescheid keine Begründung enthalten müsse, solange ein besonderes Gesetz dieses nicht statuiere.
   In der Literatur hat diese Rechtsprechung in den vergangenen Jahrzehnten zunehmenden Widerspruch erfahren. Zur Auflösung dieses Problemschwerpunktes wird in der Untersuchung eine einschlägige Begründungsverpflichtung bei zurückweisenden Petitionen und Dienstaufsichtsbeschwerden aus Art. 17 GG mit den systematischen, historischen und teleologischen Auslegungsmethoden hergeleitet. Dabei wurden auch die Petitionsregelungen des Beitrittsgebietes (»neue Bundesländer«) mit einbezogen. Als Ergebnis wird festgestellt, dass das Recht, eine Petition oder Dienstaufsichtsbeschwerde einzulegen, im Laufe von mehr als 60 Jahren um die entsprechende Pflicht des Adressaten zu ergänzen ist,

im Fall der Zurückweisung einen einschlägig begründeten Bescheid zu erteilen, der nicht nur – wie in der Vergangenheit – die Art der Erledigung der Eingabe erkennen lassen muss. In diese Richtung hat die Praxis in der untersuchten Fachbehörde, aber auch in anderen angefragten Bundesländern, seit geraumer Zeit eine gewohnheitsrechtliche Übung entwickelt. Gestützt wird dieses Ergebnis durch eine Exegese des Art. 41 Abs. 2 lit. c Charta der Grundrechte der Europäischen Union (»Recht auf eine gute Verwaltung«).

4. Mit diesem Problemschwerpunkt in unmittelbarem Zusammenhang steht die Frage, ob ein Beschwerdeführer eine eigene Berechtigung bei der Erhebung einer Dienstaufsichtsbeschwerde vorzubringen hat oder ob »jedermann« eine »Popularbeschwerde« erheben kann. Letzteres wird in der Literatur ganz überwiegend vertreten. Zu dieser Frage wird in der Untersuchung auf den Inhalt des zurückweisenden Beschwerdebescheides abgestellt. Jedermann kann eine Dienstaufsichtsbeschwerde zu jeder Angelegenheit erheben. Ein Recht auf einen ablehnenden Bescheid, versehen mit einer einschlägigen Begründung, hat aber nur der Beschwerdeführer, der in einer Sache Beschwerde erhoben hat, die »ihn angeht«; d. h. der einen Sachvortrag macht, aus dem zumindest die Möglichkeit einer Beeinträchtigung seiner rechtlichen oder tatsächlichen Situation ersichtlich ist. Jeder andere Beschwerdeführer erhält eine auf allgemeine Ausführungen beschränkte Bescheidung.
5. Schließlich wird in der Untersuchung die Form der Beschwerdeeinlegung diskutiert und diese an den technischen Fortschritt angeglichen (elektronische Übermittlung, Ausfüllen eines Webformulars) sowie an die neu vorgeschlagene – bürgerfreundliche – Praxis der mündlichen Erklärung zur Niederschrift. Dies wird bereits in einigen Bundesländern mit der Einrichtung eines Bürgerbeauftragten praktiziert.
6. Abschließend wird in der Arbeit die Frage untersucht, ob Dienstaufsichtsbeschwerden gegenüber Richtern zulässig sind. Zudem wird auch dem Problem des Missbrauchs der Dienstaufsichtsbeschwerde nachgegangen: Missbrauch durch wiederholte Einlegung oder Beschwerden mit querulatorischem Charakter.
7. In der Literatur und Rechtsprechung wird die Frage, ob Dienstaufsichtsbeschwerden an Fristen gebunden sein sollten, praktisch nicht angesprochen. In dem vorgelegten Entwurf einer speziellen Norm zur Dienstaufsichtsbeschwerde (§ 79a Entwurf-VwVfG) wird hierzu angeregt, für die Beschwerdeeinlegung eine Frist von einem und für die Bescheidung eine Frist von drei Monaten festzulegen. Es ist zwar zutreffend, dass ein Beschwerdeführer bei Untätigkeit der Behörde länger als drei Monate Leistungsklage auf Bescheidung beim Verwaltungsgericht erheben kann (§ 75 VwGO). Jedoch hat eine Handlungsverpflichtung des Beschwerdeadressaten in einer speziellen Norm eine andere Qualität, insbesondere wenn man berücksichtigt, dass der Schritt zur Klageerhebung für einen Beschwerdeführer nicht immer einfach ist.

B: Abridged version of the results

I. Aim and subject of the dissertation

1. This dissertation aims at closing a loophole in the representation of the system of formal and non-formal remedy. The institution of disciplinary complaint has actually got a considerable degree of fame with the people seeking justice. It is therefore remarkable how little attention the disciplinary complaint has received so far in the relevant literature. This was discovered in a document dating from 1950. 65 years later hardly anything has improved. In the paper here present one can find a definition of what a disciplinary complaint is as well as dissociation from other formal remedy. Furthermore, there is a look into the question whether dismissive notification concerning disciplinary complaints has to be supplied with a relevant explanation or whether dealing with them should remain in the estimation of the respective administration.
2. On top of that this investigation is intended to reflect upon the question whether it is advisable to establish a legal norm concerning the emphyteusis of the disciplinary complaint. For this a draft of such a norm has been suggested for insertion into the administrative law of proceedings.

II. Undertaking the investigation

In the present dissertation disciplinary complaints have been evaluated covering a time span of eleven years (1995 until 2005) coming into an authority in Hamburg. The main emphasis was put onto the investigation of the handling of complaints with special reference to the fact whether an appropriate explanation was added in the case of the dismissal of the complaint.

III. Results of the investigation

The result of the investigation was that disciplinary complaints play a bigger role nowadays as to the complaints about measures and decisions taken by administrative units than they did in the past. Decades ago the instrument of disciplinary complaint used to be considered ineffective (»unaccompanied by a form, without notice, fruitless«), but this is not the case anymore. This is due to the way the authorities deal with them. In order to determine the character of a non-formal remedy of the disciplinary complaint the following aspects had to be clarified:

1. How can a disciplinary complaint be defined and how can it be distinguished from the non-formal remedy of the remonstrance? In the relevant literature and jurisdiction there were no standardized delimiting criteria to be found. The explanatory definitions more often than not simply merged with one another. In the investigation the disciplinary complaint is being classified as a procedure to complain about an administrative action or omission beyond legal action in the system of formal and non-formal remedy. In contrast to the remonstrance

with does not want to leave a closed procedure uncontradicted but which does not request the intervention of authority either, the complainant/appellant of a disciplinary complaint is asserting a »Petitum«. This can be defined as the distinguishing feature between a disciplinary complaint and a remonstrance.

2. In the relevant literature and jurisdiction the terminology remains diverging. Most of the time a distinction is being made between complaints concerning property and disciplinary complaints. Within the investigative period of time it became apparent that complainants used the term of disciplinary complaint constantly, no matter whether a factual measure or decision had been queried (complaint concerning property) or the conduct of a member of the authorities in the execution of this duty (disciplinary complaint). Although the exact definition of the complaint by the complainant is not necessary, one distinguishes between factual and personal disciplinary complaint in the present investigation.
3. The dissertation focussed attention on the question if – in the case of a dismissive notification concerning a disciplinary complaint – the authorities have to supply a relevant explanation. This question also came up in connection with the »initial right« of the non-formal remedy in the petition of Article 17 of the Basic Law for the Federal Republic of Germany. Going back to a decision of the Federal Constitutional Court in 1953 concerning the notification of a petition, there is an almost unanimous agreement within the jurisdiction that a dismissive notification of a petition would not need a justification as long as a specific law did not request it. In the relevant literature this kind of jurisdiction has undergone increasing protest in the past decades. In order to resolve this basic problem an appropriate obligation of justification as to dismissive petitions and disciplinary complaints from Article 17 of the Federal Constitutional Court is being derived from systematic, historical and teleological methods of interpretation in this investigation. At the same time the regulations concerning petitions of the »new states« were included. As a result one can say that within the course of 60 years the right to register a petition or a disciplinary complaint has had to be completed by the corresponding duty of the addressee. In the case of a dismissal well-founded notification has to be drawn up, and unlike in the past it does not only have to show the way the petition has been carried out. For some time now the investigated authority but also other involved states of the Federal Republic of Germany have developed a certain practice concerning customary right. This result is based on an exegesis of Article 41 paragraph 2 lit. c of the Charter of Basic Rights of the European Union (»right to a good administration«).
4. The main emphasis of the problem is closely connected to the question whether the complainant is entitled to register a disciplinary complaint or whether »everybody« can appeal in form of a »general complaint«, the latter being common practice in the relevant literature. The content of the dismissive notification is the most relevant aspect of the investigation. Everybody can initiate a disciplinary complaint concerning any matter. But only the complainant who puts forward his deeply personal matter, i.e. who presents facts showing the possibility of a

restriction of his legal or actual situation, has a right to dismissive notification containing a relevant reasoning. All the other appellants receive a notification restricted to general explanations.

5. Finally, the form of the lodging of complaint is being discussed in this dissertation and this is being aligned with the technical progress (electronic transmission, completion of a web form) as well as the proposed citizen-friendly practice of an oral declaration put down to record. This is already being practiced in some federal states through the establishment of an ombudsman.
6. The dissertation eventually ends with the question whether disciplinary complaints can be used against judges. Furthermore, the problem of abuse of a disciplinary complaint is being investigated: the abuse of a repeated lodging or complaints having a perpetually moaning character.
7. In the relevant literature and jurisdiction the question whether disciplinary complaints should be bound to certain deadlines practically never comes up. In the submitted draft of a special norm for a disciplinary complaint (§ 79a draft –VwVfG) it is being suggested to determine a deadline of one month to put forward a complaint and a deadline of three months for the notification. It is accurate that a complainant can suit for fulfilment of obligations at the Administrative Court (§ 75 VwGO) if the authority does not react within the deadline of three months. Concerning the addressee of the complaint the obligation to react in a special norm has got a different quality, especially if one considers that the step to the institution of proceedings is not always easy for the complainant.

Danksagung

Bei der Erstellung dieser Dissertation möchte ich Herrn Professor Dr. Ulrich Ramsauer von der Universität Hamburg Dank sagen für die Betreuung der Arbeit mit seinen kompetenten Hinweisen und fachlichen Anregungen. Insbesondere danke ich ihm, dass er mich trotz des ungewöhnlichen Alters für einen Doktoranden angenommen und geduldig durch die Jahre der Bearbeitung dieses Themas geführt hat.

Dank gebührt auch meinem Freund Herrn Rechtsanwalt Jörg von Hopffgarten und Frau Christiane Branscheid, BA, für die gründliche Korrektur sowie meinem 2009 verstorbenen Kollegen Assessor Wolf-Dieter Grune, mit dem ich viele Gespräche über dieses Thema führen konnte. Nicht zuletzt danke ich der Leiterin der Bücherei der Behörde für Wirtschaft, Verkehr und Innovation Frau Erika Schiller für ihre stets hilfsbereite Beschaffung von Fachbüchern und -zeitschriften.

www.ingramcontent.com/pod-product-compliance
Ingram Content Group UK Ltd.
Pitfield, Milton Keynes, MK11 3LW, UK
UKHW021914290926
8980IPUK00015B/1251

9 783631 701935